너무 작아서
실패할 수 없는 국가

"시대에 걸맞는 발상"
―하버드대 심리학 존스턴 패밀리 교수, 스티븐 핑커

"당신의 나라에 만족한다면 이 책을 읽지 마라.
하지만 당신의 나라가 훨씬 더 나아질 수 있다고 생각한다면
이 책이 그 방법을 보여줄 것이다."
―세계 스카우트재단 의장, 라스 콜린드

"전 세계의 거버넌스가 도전받는 상황에서
이 책은 성공개념의 채정의에 관한 작은 국가들의
도발적인 사고와 아이디어를 제시한다."
―유니레버 전 최고경영자,
이매진<IMAGINE>의 공동설립자 겸 이사회 의장, 폴 폴먼

"제임스 브라이딩의 새 책은 국가 번영에 사회통합과 신뢰가
점점 더 중요하다는 점을 보여준다. 사회는 배와 같아서 침몰할
경우 구글과 같은 신생 대기업이 구하지 못할 것이다."
―이스라엘 혁신가 및 연쇄창업가, 요시 바르디

"세계가 침체하는 상황에서 「너무 작아서 실패할 수 없는
국가」는 개방과 연결의 중요성을 상기시켜주는 소중한 책이다."
―네슬레 미주지역 최고경영자, 로렌트 프라이시

"어디 내세울 게 부족하다는 인식이 어떻게 작은 국가의 성공을 견인하는지를 탁월하게 보여주는 책: 작은 국가들은 외부의 힘에 적응해야 한다고 생각하고 실제로 그렇게 한다."
―<파이낸셜 타임스> 칼럼니스트, 자난 가네쉬

"정책입안자들과 투자자들은 너무 오랫동안 기업의 성과와 국가의 부에 대한 책임있고 장기에 걸친 소유권의 중요성에 거의 주목하지 않았다. 브라이딩의 「너무 작아서 실패할 수 없는 국가」에 실린 '책임감 있는 소유권'이라는 장은 우리에게 꼭 필요한 경종을 크게 울려준다.
―코펜하겐 경영대 기업경영구조센터 교수, 스틴 톰센

"핀란드에서 배워라. 핀란드가 가장 성공적인 학교인 까닭은 우리가 미국에서 배우는 것과 정반대로 하기 때문이다."
―하버드대 교육대학원 인식 및 교육 분야
존 H. & 엘리자베스 A. 홉스 연구교수, 하워드 가드너

"이 중요한 책은 작은 국가들이 어떻게 세계화 과제를 성공적으로 이루어냈는지 보여준다."
―프린스턴대 유럽학 클로드, 로레 켈리 교수 &
역사 및 국제문제 교수, 헤럴드 제임스

"이 책은 국가 경쟁력에 관심이 있는 모든 사람이 경청할만한 이야기다. 국가의 규모가 전부는 아니다. 작은 국가는 대체로 훌륭하며, 큰 국가들이 배울만한 많은 교훈을 제공한다."
―시티그룹 최고경영자의 수석 비서, 크리스틴 브래든

너무 작아서
실패할 수 없는 국가

왜 작은 국가의 성과가 큰 국가들보다 더 나은가
그들은 세계를 어떻게 만들어가고 있는가

R.제임스 브라이딩 지음

에피파니

TOO SMALL TO FAIL

Copyright © 2019 by R. James Breiding
All rights reserved.
Korean Translation Copyright © 2023 by Epiphany

이 책의 한국어판 저작권은 저자와 독점 계약한 에피파니에 있습니다.
저작권법에 의해 한국 내에서 보호를 받는 저작물이므로 복제를 금합니다.

미네코, 조한나, 조슈아, 니콜라스, 리브, 모리스에게

더 나아지길 원한다면 어리석고 아둔하다는 평가를
기꺼이 받아들여야 한다.

―에픽테투스

- 11 서문
- 15 프롤로그
- 17 서론

1부 비밀 소스

- 34 1장 규모의 오류
- 46 2장 개방성: 어떻게 컨테이너가 세계의 문을 열었는가
- 62 3장 혁신: 섹시한 아이디어
- 85 4장 겸손의 가치
- 102 5장 교육: 불평등을 근절하는 성배
- 129 6장 '우리'는 누구인가?
- 156 7장 결정적이지만 긴급하진 않은
- 179 8장 책임감 있는 소유권: 국가의 부

2부 선도적인 모범 사례

- 204 9장 핀란드: 교육
- 233 10장 싱가포르: 의료
- 266 11장 아일랜드: 셀틱 호랑이
- 294 12장 덴마크: 코펜하겐 방식
- 321 13장 북유럽국가들: 사랑의 이론
- 343 14장 이스라엘: 스타트업 국가 2.0
- 375 15장 호주: 무기를 내려놓다

3부 국가의 미래

- 390 16장 선택 가능한 시민권
- 406 17장 국가의 규모

- 434 에필로그
- 453 부록

토미 코, Tommy Koh
싱가포르 국립대학 법과대학 교수
싱가포르 국제문제 담당 장관 및 특사

서문

「너무 작아서 실패할 수 없는 국가Too Small to Fail」는 세계에 대한 많은 가정에 의문을 제기하고 다시 생각하게 한다.

1648년 베스트팔렌 평화조약 이후 우리는 여러 국가로 이루어진 세계 속에서 살아왔다. 세계에 대한 우리의 이해는 국제정치학자 한스 모르겐타우Hans Morgenthau와 같은 사람들이 제시한 것이었다.

모르겐타우는 그의 역작「국제정치학Politics Among Nations」에서 국력은 영토, 인구, 군사, 경제, 천연자원 등의 크기, 그리고 국민성, 사기, 정치체제와 외교력에서 비롯된다고 이론화했다. 국력에 대한 이런 관점은 국경선이 신성불가침하고, 경제가 비교적 자급자족하며, 다국적 기업과 정보기술, 세계 자본시장, 군사 분야의 급격한 변화가 발생하기 전에는 유효했다.

우리가 사는 오늘날의 세계는 50년 전과는 근본적으로 다르다. 이러한 근본적 변화는 국제무역, 글로벌 기업, 세계 금융, 정보기술, 인터넷, 그리고 국가의 가장 중요한 자연자원인 인재와 지식의 이동에 의해 이루어지고 있다.

나는 한스 모르겐타우의 영토 국가Territorial State개념이 필립 바빗Philip Bobbitt의 시장 국가Market State개념으로 대체되었다고 주장하고 싶다. 시장 국가란 무엇인가? 국제무역, 개방된 국경, 세계화, 정보기술, 인간의 이동성이라는 새로운 기회를 활용하는 국가를 말한다. 이런 국가는 국제무역의 중요한 주체이며, 중요한 금융중심지와 커뮤니케이션 허브의 역할을 수행하며, 대규모 다국적 기업과 외국의 인재를 끌어들인다. 브라이딩이 그의 책에서 특별히 소개하는 국가들은 내가 살고 있는 싱가포르를 포함하여 시장 국가의 모범사례들이다.

　브라이딩의 책은 국가에 대한 전통적인 지식에 의문을 제기하게 만든다. 예를 들어, 우리는 큰 것이 곧 성공이라고 보는 경향이 있다. 이것은 명백히 잘못이다. 모든 큰 국가들이 성공적인 것은 아니며, 모든 성공적인 국가가 크지도 않다. 사실, 세계에서 가장 성공적인 국가들 중 일부는 작은 국가들이다.

　성공적인 작은 국가에 포함될 수 있는 국가는 리히텐슈타인, 뉴질랜드, 노르웨이가 있으며, 에스토니아, 칠레, 코스타리카, 모리셔스 등과 같은 더 많은 야심찬 국가들도 전도유망한 길을 걷고 있다.

　브라이딩은 대부분의 사람들을 깜짝 놀라게 하는 작은 국가에 관한 내용을 다음과 같이 제시한다. 첫째, 세계에서 가장 부유한 국가들 중 일부는 소국들이다. 둘째, 세계에서 가장 경쟁력이 있는 경제권 중 일부는 규모가 작은 경제권이다. 셋째, 유엔 인간개발지수에서 최상위 국가들 중 일부는 작은 국가들이다. 넷째, 세계 무역규모 상위 20개국 중 일부는 작은 국가들이다. 다섯째, 세계 최대 자본수출국 중 일부는 작은 국가들이다. 여섯째, 부패지수가 가장 낮은 국가들 중 일부는 작은 국가들이다. 일곱째, 법규 준수율이 가장 우수한 국가들 중 일부는 작은 국가들이다. 여덟째, 최고의 교육체계를 갖춘 국가의 일부는 작은 국가들이다. 아홉째, 최고 수준의 성 평등을 이룬 국가들 중 일부는 작은 국가들이다. 열째, 사업 용이성 순위에서 최상위 국가들 중 일부는 작은 국가들이다.

브라이딩은 또한 세계은행이나 세계경제포럼과 같은 기관이 오늘날의 국가적 성공의 몇 가지 최대 결정요인 즉, 적응 능력, 겸손, 사회통합, 소유권과 환경에 대한 지속가능한 태도를 평가하지 않는다고 주장한다. 이런 요인들은 주로 성공적인 소규모 국가들의 특징이며 앞으로 더 큰 중요성을 갖게 될 것이다.

그러나 우리는 작은 것이 곧 성공이라고 동일시하지 않아야 한다. 성공을 거두지 못한 많은 소규모 국가들도 있다. 사실, 규모는 국가의 성공이나 실패에 영향을 주는 한 가지 요인에 불과하다. 가장 중요한 것은 국가가 추구하는 정책과 가치다.

작은 국가들이 경제가 개방적이고 자유무역을 추구할 때 더 나은 성공 기회를 누린다. 더 나은 성공 기회를 잡으려면 국내적으로, 법규를 준수하고 부패와 싸우고 여성과 아이들에게 자율성을 부여해야 한다. 수준 높은 교육과 훈련에 대한 투자도 필수적이다. 아울러 근면, 정직, 투명성, 책임성이라는 가치를 옹호하고 국제 협력과 다자주의를 지지해야 한다.

이 책이 중요한 이유는 대부분의 다른 저자들이 규모가 큰 국가에 초점을 맞추기 때문이다. 규모가 작은 국가에 초점을 맞추는 사람은 거의 없다. 매우 중요하고 새로운 길을 개척하는 책을 써준 제임스 브라이딩에게 감사드린다. 그는 세상 사람들이 작지만 탁월한 성취를 이룬 여덟 개 국가를 주목하게 했다. 이 책은 국가에 관한 전통적인 지식과 오늘날 우리가 살고 있고, 앞으로 살아갈 세계의 본질에 질문을 제기한다. 세계는 작은 국가들로부터 큰 교훈을 배울 수 있다.

프롤로그

규모가 작은 국가는 보통 큰 국가에 비해 작을수록 더 강하다.
    이 원리를 뒷받침하는 수많은 논거를 제시할 수 있다. 첫째, 거리가 더 멀수록 관리가 더 어렵다. 이것은 더 큰 지렛대 끝에 놓인 무게가 더 무거운 것과 같다.
    또한 권한을 행사하는 단계가 많을수록 국민들의 부담이 더 커진다. 관여하는 정부기관이 많으면 국민의 요구가 잘 처리되지 못한다. 오직 한 사람이 그들을 감독할 때 국민들이 편안할 것이다.
    이것이 전부가 아니다. 정부는 강하지도, 신속하지도 못할 뿐 아니라 국민들은 자신을 전혀 알지 못하는 지도자들에 대해 거의 애정을 갖고 있지 않다. 동일한 법이 아주 다양한 지역사회, 영역, 관습에 모두 적합하기란 불가능하다.
    자기 생각에 너무나 몰두해 있는 지도자들은 자신밖에 보지 않는다. 서로 알지 못하는 다수의 사람들 속에서는 재능이 묻히고 미덕은 인정되지 못하고, 악덕은 처벌되지 않는다.
    물체는 구조물 크기에 비례하여 심하게 쓰러지고 그 무게에 짓눌려 부서진다. 그런가 하면, 국가는 불가피한 충격에 견딜 수 있도록 스스로 견고한 토대를 확보해야 한다.
    따라서 국가가 팽창해야 할 이유도 있고, 축소를 선호할 이유도 있다. 모든 정치조직에는 그것이 초과할 수 없는 최대 국력이 존재하며, 정치조직의 규모가 증가할 경우 이 최대 국력이 상실된다. 큰 영토에서 획득할 수 있는 자연자원보다는 좋은 정부에서 비롯되는 활력에 의지하는 것이 더 낫다.

국가의 규모는 좋은 통치를 하기에 너무 크지도 않고, 자신을 유지하기에 너무 작지도 않은 수준으로 설정하는 것이 최선이다. 정치인에게 이 둘 간의 관계를 찾아내는 능력이 매우 중요하다.

―장 자크 루소, 「사회계약론」에서 발췌

큰 국가는 경제적 부가 풍부한 탓에 절제하는 정신을 거의 찾아보기 어렵다. 공공선은 수많은 고려사항 때문에 희생되며, 다양한 예외 조항이 추가되고, 우연에 의해 결정된다. 작은 나라에서 각 시민들은 공공선을 더 강하게 의식하며, 더 잘 알고, 더 가깝다.

―몽테스키외, 「법의 정신」

왕과 왕자들은 교수와 추밀 고문관을 임명하고 그들에게 작위와 훈장을 수여할 수 있다. 하지만 그들은 위대한 인간―이 세상의 기본적인 혼란 위로 솟아오르는 정신―을 만들 수 없다.

―베토벤, 「서신집, Selected Letters」

서론

세계에서 가장 성공적인 투자자로 알려진 워렌 버핏은 막대한 재산의 많은 부분을 인생의 행운 탓으로 돌리면서, 그 행운은 '적절한 시기에 적절한 국가'—이를테면 1930년대 미국—에 태어났기 때문이라고 했다(Crippen 2010년). 약 60년이 흐른 1988년, <이코노미스트>는 미국이 인생을 보내기에 가장 바람직한 장소였다는 한 연구에 전적으로 동의했다. 그러나 모든 행운이 그렇듯이 운수는 바뀐다. 2012년 다시 시행한 분석에서 이 잡지는 미국을 세계 순위에서 대만 아래, 아랍에미리트연합 위인 초라한 16번째 국가로 선정했다(Economist 2012년). 이 무렵 최고 순위로 급등한 곳은 스위스, 싱가포르, 아일랜드와 같은 인구 규모 2천5백만 명 이하의 작은 국가였다.

작은 국가들은 1인당 국민소득 기준 상위 15개 경제 선진국 중 11개를 차지한다. 이들은 국제경영개발원IMD의 최근 세계경쟁력보고서(Jamrisko 2019년)에서 상위 10개 국가 중 9개를 차지했다. 2018년 유엔 인간개발지수에서 상위 20위 국가들 중 15개가 작은 국가였다.

이 놀라운 상승은 무엇으로 설명할 수 있을까? 세계 경제의 성과에 대한 최근 논의는 많은 부분이 성공이 아니라 실패에 초점을 맞춘다. 선반을 가득 채울 정도의 많은 책들이 결함이 있는 국가들에 대해 논의하는데, 그 중 가장 유명한 책은 다런 에이스모글루와 제임스 로빈슨이 2012년에 출간한「국가는 왜 실패하는가Why Nations Fail」이다. 부분적인 이유를 들자면, 이것은 미국의 경제 상황이 시원치 않고, 미국 사례는 종종 온갖 종류의 연구에 자극제가 되기 때문이다. 하지만 하버드대 스티븐 핑커가 우리에게 이렇게 일깨워준다. "상황이 잘 돌아가기보다는 그렇지 않은 경우가 훨씬 더 많다." 실패보다는 성공을 설명하는 것이 훨씬 더 가치가 있다(Pinker 2017년).

우리는 실패에 관해 충분히 듣지 않았는가? 무엇보다도, 역사는 진보가 행운이 아니라 대개 무언가 유효한 것을 발견하고 그것을 잘 분석하여 적용함으로써 이루어진다는 것을 보여준다. 국가는 더 높은 피사(PISA 국제학업성취도평가)순위를 달성하고, 더 많은 특허를 등록하고 더 많은 상품을 수출할 수 있도록 저절로 조직되지 않는다. 접시에 담긴 음식, 몸에 입는 옷, 머리 위의 지붕이 저절로 생기지 않는다. 더 나은 설명이 필요한 것은 빈곤이 아니라 경제적 부다.

큰 국가에서 부의 불평등, 일자리 감소, 성장 정체, 정치 체계 신뢰 저하에 대한 관심이 증가하고 있다는 점을 고려할 때, 지금이 작은 국가들이 이런 분야에서 보여준 성공에서 무엇을 배울 수 있을지 살짝 엿보기에 좋은 때일 것이다. 규모가 큰 많은 국가들이 국가의 주권과 세계화 사이의 균형을 맞추려고 노력하는 상황에서—트럼프의 미국 대통령 당선, 영국의 브렉시트 찬성투표, 세계 도처에서 우파 포퓰리즘의 득세가 이것을 잘 보여준다—작은 국가들이 이에 대해 유용한 지침을 제공할 수 있지 않을까?

수세기 동안 국가의 위상은 영토, 군사력, 천연자원의 크기로 평가되었다. 이것들은 근대 국민국가 체계의 청사진이 된 1648년 베스트팔렌 조약의 기초였다. 이런 물리적 수치는 힘의 세계 균형에 여전히 중요하긴 하지만, 오늘날 세계 경제의 상호의존성에 직면하여 그 타당성이 줄고 있다. 이런 상호의존성은 주로 급격한 정보기술, 교통, 통신의 발달에 기인한다. 세계의 부에 대한 지배력은 이제 육군과 해군의 규모가 아니라 무역 전쟁과 세계적 차원의 전문 인력 쟁탈전의 승패에 달려 있다. 놀라울 정도로 많은 사례에 따르면, 더 작고 더 민첩한 국가가 이 싸움에서 이기고 있다.

거대 국가에서 작은 국가로의 변화는 세계 경제구조의 변화를 반영한다. 지난날 기업들은 지역에서 탄생해 조직이 점점 커진 다음 국제적인 기업이나 때로 다국적 기업으로 바뀌었다. 하지만 그들의 힘의 기원은 여전히 맨체스터, 세인트루이스, 슈투트가르트와 같은 산업시대의 탄생지였다. 오늘날 기업의 위치는 그다지 중요하지 않다. 상품은 수차례 국경을 넘어 전 세계의 고객들에게 전달된다. 과학기술, 제조, 고객, 경쟁자, 금융은 세계 어디에서나, 언제든지 접근할 수 있으며, 대부분의 전통적인 거대기업은 이런 추세에 뒤쳐진다.

작은 국가가 보여주는 큰 교훈

「너무 작아서 실패할 수 없는 국가」는 물리적 한계로부터 자신의 힘을 이끌어낸 몇몇 성공적인 국가를 분석한다. 이 책은 작은 국가들이 무엇을 다르게 했고, 더 나은 성과를 낸 이유가 무엇인지 이해하려고 시도한다. 작은 국가들이 국민에게 더 나은 교육, 평등, 경제적 부를 제공한 비결이 무엇일까?

이 책은 먼저 숲을 살펴보고 그 다음 나무를 자세히 조사한다. 첫 번째 섹션은 덴마크, 아일랜드, 스위스와 같은 작은 국가들을 연구하여 국가의 소규모성을 잘 활용한 것 이외에 그들의 성공 이면에 있는 공통점을 밝힌다. 탁월한 교육제도, 그리고 무역, 인재, 아이디어에 대한 개방성과 같은 것들은 매우 분명한 성공요인이다. 하지만 겸손, 취약성, 적응능력, 소유권에 대한 태도와 같은 요인은 우리의 직관과는 상반된다. 그 다음, 이런 결과를 가능하게 한 구체적인 공공정책 사례를 더 깊이 살펴본다.

예를 들어 싱가포르의 의료시스템이 어떻게 미국의 보건비용의 4분의 1, 그리고 영국의 40퍼센트 비용으로 탁월한 성과를 달성했는지, 그리고 아일랜드가 어떻게 빈곤과 무지 상태에서 유럽의 떠오르는 별로 탈바꿈했는지 알아본다. 아울러 이스라엘이 이스라엘판 실리콘벨리를 어떻게 만들었는지, 그리고 핀란드 학생들이 왜 세계의 다른 국가 학생들보다 더 뛰어난 성취를 이루었는지 살펴본다. 그런 다음 이런 교훈들이 다른 국가에도 타당한지, 그리고 전체적으로 또는 부분적으로 그것을 모방할 수 있는지 질문한다.

마지막으로, 국민 국가의 미래를 생각하면서 이와 같이 새롭게 등장하는 추세가 지금까지 세계 정치와 경제를 지배해 온 거대국가를 비롯한 세계의 나머지 국가들에게 무슨 의미인지 질문한다. 이 책의 결론은 세계가 작은 국가를 지향하며, 작은 국가의 방식에 성공을 보장하며, 결국 큰 국가들이 주목하지 않을 수 없는 방식으로 작은 국가의 힘을 확대하고 있다는 것이다. 또한 나는 미래에는 개인적 차원에서 시민들의 이동성과 대체 가능성이 더 용이할 것이라고 생각한다. 사람들이 더 자유롭게 이동하고, 경제성장 속도가 더 느려지는 환경에서 세계의 가장 똑똑한 인재와 부유한 사람들을 놓고 국가 간의 경쟁이 더 심화될 것이기 때문이다.

코끼리의 발가락 사이에서 기어 다니기

칼 마르크스는 한때 이렇게 말했다. "인간은 스스로 자신의 역사를 만들지만 그들이 원하는 대로 만들지 않는다. 그들은 자기가 선택한 환경이 아니라 이미 주어진 환경 속에서 역사를 만든다."(Karl Marx 1852년, Thompson 2011년에서 인용). 이 책은 이미 존재하는 환경에 성공적으로 적응한 국가들에 관한 이야기다. 하지만 작은 국가들이 세계적 도전에 맞서 상당한 발전을 이루어냈다는 점을 고려할 때 그들을 연구할 가치는 충분하다.

세계에는 거의 헤아릴 수 없을 정도로 다양한 형태의 작은 국가들이 있지만 가장 성공적인 국가들은 특정한 공통점을 갖고 있다. 그들은 경제의 개방성이 더 높고 국가의 생존을 해외 무역에 크게 의존한다. 그들의 경제는 새로운 기회와 위협에 더 많이 노출되어 있고 따라서 더 민감하고 더 큰 적응력과 의지를 갖고 있다. 그들의 소비자들은 더 다양한 신상품과 서비스에 노출되어 있고 그들의 사회는 유능한 이민자를 끌어들일 가능성이 더 높다. 이런 개방성과 더 큰 관용으로 인해 활동 무대가 더 평등하고, 흔히 성, 종교, 성적 취향에 따라 차별하지 않기 때문에 더 큰 인재 풀이 만들어진다.

작은 국가들의 경쟁력을 결정하는 것은 천연자원이 아니라 인재이기 때문에 그들은 대개 산업의 필요를 더 잘 반영하는 교육체계를 유지한다. 교사들은 일반인들의 존경과 높은 연봉을 받으며 부모들과 협력하여 학생들의 능력을 향상시킨다. 아이들은 특권과 엘리트주의가 아니라 능력주의와 평등주의를 받아들이도록 양육된다. 그들은 어릴 때 개인보다는 공동체에, 경쟁보다는 협력에, 규제보다는 사회규범을 더 중요하게 여기도록 배운다. 그들은 대학은 물론 직업학교와 도제 시스템을 통해 성공적인 경력을 쌓는데 필요한 기본적인 기량을 배운다.

작은 국가들은 또한 더 큰 이웃 국가들로부터 고통을 당한 약소국이라는 역사적 위치로부터 힘을 이끌어낸다. 50년 전, 신생독립국 싱가포르는 식민통치기를 끝내고 산업적 기초가 전무할 정도로 미약했던 시기에 싱가포르 소재 영국 해군기지의 주인이 되었다. 스위스는 대부분의 근대 역사 동안 인접한 제국주의적인 거대 국가들에 직면하여 중립과 같은 생존전략을 이용하여 침략을 막아냈다. 덴마크는 과거 제국주의 덴마크의 그림자에 지나지 않았는데, 외교적 재앙과 군사적 패배로 인해 넓은 영토를 상실했다. 그러나 덴마크는 더 적은 것으로 더 많은 일을 하는 법을 배웠다. 핀란드는 스웨덴 군주 정부와 러시아 차르 정부 사이에서 700년 동안 시달리다가 명실상부한 독립국가가 되었다. 네덜란드는 프랑스, 독일, 스페인, 그 이외 다른 국가들과 전쟁을 치렀으며, 스스로 창의력을 발휘해 북해의 국토 잠식을 막고 세계적인 무역 국가를 건설했다. 각 나라들은 저마다 약점을 각성, 융통성, 갱신의 원천으로 바꾸었다.

이런 역사는 각성과 함께 국민들에게 겸손함을 가르쳤다. 영국의 역사적 교훈을 후세에 전달하려면 아이들에게 좋든, 나쁘든 과거 제국의 영광과 해군제독 넬슨이나 윈스턴 처칠의 공적을 상기시켜야만 한다. 프랑스는 위대한 조국La

Grande Nation이라는 유산을 소중하게 생각한다. 중국이라는 한자어는 "가운데 또는 중심 국가"라는 뜻을 지니며, 세계가 베이징을 중심으로 돌아가며 한국과 일본은 변방국가라는 신념을 반영한다. 미국의 경우 도널드 트럼프의 강력한 슬로건 '미국을 다시 위대하게'는 그의 대통령 당선에 도움을 주었다. 그러나 자부심과 오만의 차이는 아주 미미하다. 점점 경쟁적인 세계에서 겸손은 종종 특별한 유익을 제공한다. 특히 사람들은 자신이 좋아하고 신뢰할 수 있는 상대방을 선호한다—당신의 장래 파트너가 광신적인 국수주의자라면 좋아하기 어렵다.

대국들은 경쟁—스포츠, 전쟁, 사업 등 무엇이든—을 승자독식의 관점으로 접근하는 경향이 있다. 하지만 상호주의가 더 큰 보상을 얻는다. 소국들은 변화하는 세계에서 상호 존중과 협력이 냉혹한 경쟁보다 더 가치가 있다는 것을 깨달았다. 가장 분명한 예를 들면, 상호주의는 무역의 기초이며 양당사자가 거래에서 이익을 얻을 수 있게 한다. 너무 작아서 실패할 수 없는 국가들(이후에는 TSTF로 표기한다-옮긴이)은 지배보다는 협력이 성공의 열쇠임을 깨달았다. 그들은 침략과 강요가 아니라 협상을 통해 자신의 목표를 달성하는데 능숙하다.

직관과는 반대로, 작은 국가들은 중앙 집중 방식의 장점을 버리고 보다 분산된 시스템을 선택한다. 이를 통해 더 큰 자립의식을 심어주고, 정부 서비스의 비용과 편익을 더 쉽게 확인할 수 있는 지역사회의 사람들에게 권한을 부여한다. 이런 시스템은 시민들에게 발언권을 부여하며 공동체 의식을 고양하며, 정부기관 간의 내부 경쟁을 자극한다. 예를 들어, 스위스 유권자들은 기후 변화나, 스위스 의회가 시민에게 부과하는 국가부채와 같은 구체적인 문제에 대해 입장을 밝힐 것을 요청받는다. 이를 통해 권력을 개인에게 분산하고 시민이 선출된 대표자들을 견제할 수 있다.

작은 국가에 사는 사람들에게 훨씬 더 근본적인 이점이 있다. 소국의 시민들은 더 많은 소득을 올리려는 성향이 있지만 대체로 덜 탐욕스럽다. 사실, 탐욕과 이기심의 특성은 요즘 경제학자들에 의해 다시 평가가 이루어지고 있다. 일찍이 18세기 중반부터 사상가들—가장 유명한 사람은 데이비드 흄이다—은 이런 성향이 경제적 진보의 원동력이 된다고 주장했다. 그러나 새로운 증거는 소국의 시민들이 대국의 시민들보다 자신을 위해 사용하는 돈을 덜 중요하게 여긴다는 점을 보여준다. 전반적으로 이것은 작은 국가들의 사회와 경제를 강화시킨다.

소국의 시민들은 미래를 위해 희생하려는 의지도 더 큰 것 같다. 소국들은 문제를 뒤로 미루는 대신, 아이들의 미래가 저당 잡히는 것을 막기 위해 장기적인 문제를 지금 받아들이려는 의지가 더 강하다. 정부부채 수준은 대체로 상당히 낮고 환경에 대한 관심은 더 크다. 스위스는 청정에너지 생산에서 세계를 선도하며, 덴마크는 2025년까지 이산화탄소 순배출량을 제로로 만들기 위해 노력하고 있다.*⁾

아울러 이런 추세는 지금부터 100년 뒤에 세계가 어떤 모습일지 알 수 있는 강력한 실마리를 제공한다.「너무 작아서

---

*⁾ 덴마크는 2025년까지 세계 최초로 이산화탄소 순배출량 제로인 수도를 목표로 삼고 있다."(코펜하겐 시).

실패할 수 없는 국가」는 더 작고 더 민첩한 국가들이 미래에 더 성공적이며, 그 결과 그런 국가가 더 많이 질 가능성이 있다고 주장한다.

역사적으로, 국가의 크기는 규모에 따른 편익과 인구 구성의 이질성 증가에 따른 비용 사이의 상쇄관계로 결정된다. 경제학자 알베르토 알레시나Alberto Alesina와 엔리코 스폴라오레Enrico Spolaore가 「국가의 규모The Size of Nations」(2002년)에서 이런 내용을 주장했다. 규모의 편익은 몇 가지 요인에서 비롯된다. 예를 들어 인구가 많으면 국방비를 더 많은 납세자에게 분담시킬 수 있어 1인당 지출액이 낮아진다. 천연자원이 풍부하면 산업 성장이 촉진되고, 내수시장이 크면 지역수요 창출을 통해 경제가 발전된다.

그러나 알레시나와 스폴라오레가 15년 전 그들의 책을 출간할 당시만 해도 이런 편익이 전부 사라지기 시작했다. 낮은 수송비용, 인터넷을 통한 더 값싼 재화와 정보에 대한 접근은 거대한 내수 시장 또는 천연자원의 편익을 감소시켰다. 소비 수요는 더 이상 국경에 의해 제한되지 않았으며, 자유 무역을 통해 엄청나게 더 큰 시장에 접근할 수 있게 되고 생산성이 증대되었다.

겸손이 더 커지면 갈등이 더 줄어든다. 작은 국가들은 세계무대에서 지정학적 경쟁을 회피함으로써 얻는 편익을 알게 되었다. 그들은 높은 군사지출 비용을 절약하고 군사지출의 결과를 입증하려는 유혹에서 벗어나게 되었다. 소수의 강대국과 세계의 나머지 국가들 간의 힘의 불균형이 증가하는 것을 고려할 때, '현실 정치'는 소국들이 점차 초강대국(미국이나 중국) 중 하나와 동맹을 맺을 수밖에 없고,

스스로 값비싼 방어체계를 구축하는 대신 강대국의 보호 비용을 지불해야 함을 의미한다.

규모의 편익이 감소하는 동안 인구 구성의 이질성에 따른 비용은 증가해왔다. 브렉시트Brexit, 트럼프의 대통령 당선, 프랑스, 네덜란드, 독일의 우파 운동 득세와 같은 최근 정치적 격변은 많은 사회에서 다양성이 어젠다에서 제외되고 있음을 보여준다. 양극화 시대에 양편은 자신의 가장 열성적인 지지자를 만족시키는 정책을 시행하고, 그 결과 많은 잠재적 지지자들은 소외된다.

'나 중심' 사회 대 '우리 중심' 사회
1960년대 이후 가족, 결혼, 군대, 종교와 같은 전통적으로 응집력이 강한 조직들이 약화되었다. 하버드대 정치학자 로버트 퍼트넘Robert Putnam은 「나홀로 볼링Bowling Alone」(2000년)에서 우리가 점점 서로간에 그리고 사회구조—가족, 교회, 고용주나 이웃을 의미할 수 있다—로부터 단절되고 있다고 주장했다. 이처럼 느슨해지거나, 많은 경우 깨어진 유대감은 성, 세대, 인종, 성적 취향, 이념과 관련된 새로운 정체성의 확산으로 이어졌다. 지난 수십 년 동안, 오래된 슬로건—'여럿으로 이루어진 하나'—의 변함없는 울림을 통해 일반적으로 다양성을 높이 평가하면서 마치 개별적인 정체성의 편익이 계속 무한한 것인 양 강조되었다.

하지만 최근 추세는 개별적인 정체성이 상대적으로 희미해졌고, 급기야 이런 질문을 하게 만들었다. "'우리'란 정확히 누구를 말하는 것일까?"

「너무 작아서 실패할 수 없는 국가」에 포함된 국가들은 적응력과 창의력을 제한하지 않으면서 국가의 화합을 유지해왔다. 그들은 평범한 사람들에게 더 큰 소속감을 갖게 하고, 그들이 시야에서 사라져서 결국 마음에서 멀어지게 하는 지역사회의 계층화를 막았다. 예를 들어 성gender과 관련하여 북유럽 국가들은 똑같게 되지 않고도 평등하게 되는 길을 찾았다. 그들은 인간 역사를 통틀어 규모가 큰 국가들의 특징인 원칙과 법보다 사회규범이 우리의 행동의 많은 부분을 규제한다는 것을 일깨워준다. 노벨상을 수상한 경제학자 케네스 애로Kenneth Arrow는 규모가 작고 동질성이 높은 사회가 통치하기 더 쉬우며, 유권자들이 매우 다양하고 양극화되면 민주주의가 제대로 작동하지 않는다고 주장했다.

더 작고, 더 민첩한 국민국가를 향하여
이 책은 이런 모델이 점점 타당성을 얻게 될 것이라고 주장한다. 대부분의 지난 세기 동안, 많은 국가들은 윈-윈 win-win 하는 환경을 누렸고, 꾸준한 생산성 향상과 무역장벽 완화로 더 부유해졌다. <파이낸셜 타임스>의 외교문제 평론가 기디언 래치먼Gideon Rachman에 따르면, 이제 국가들은 이기심이 훨씬 더 중요해지는 제로-섬zero-sum 세계에 직면해 있다(Rachman 2010년). 판카지 미슈라Pankaj Mishra는 「분노의 시대Age of Anger」에서 경제가 침체되고 불평등이 점차 심화되면서 세계가 더 분열되고 무질서해질 것이라는 비슷한 주장을 편다.

사회는 성장 정체와 맞서 싸우면서 더 적은 것으로 더 많은 일을 하는 법을 배워야할 것이다. 가진 자들은 못 가진

자들에게 더 자주 조사와 비판의 대상이 될 것이다. 연구에 따르면 우리는 친밀감을 느끼는 사람들과 공감할 가능성이 훨씬 더 크다. 스칸디나비아 국가들이 보여주듯이 공감적인 사회에서 부를 재분배하는 정책들이 더 쉽게 받아들여진다. 예를 들어 덴마크 사람들은 세금이 더 나은 사회를 위한 필수적인 투자라고 믿는다. 물론 개인에게 권리가 있지만 집단이 화합하려면 개인들도 의무를 부담해야 한다. 친밀감이 약해지면 개인은 세금을 부의 창출에 대한 연례적인 처벌로 보고, 그 결과 회피해야 할 것으로 여기기 시작한다―아니면 허점을 이용해 최소화해야 할 것으로 본다.

시민들은 '일을 열심히 하는 사람'과 '그런 사람에게 빌붙는 사람' 중에 어느 한 쪽이 되고, 그 결과 불평등을 줄이기 위한 재분배 정책을 수용하는 힘이 약화될 것이다.

선출직 관리가 아니라 임명직 관리가 이끄는 유럽연합과 같은 초국가적인 통치구조는 물론, 구시대의 유산인 지역적인 집단 안에 머무는 것을 불편하게 느끼는 사회는 이런 환경에서 함께 화합하기 더 어려워질 것이다.

「너무 작아서 실패할 수 없는 국가」는 국가들의 상대적 성공을 평가할 수 있는 '두루 적용되는' 기준을 찾으려고 하거나, 정확성과 타당성에 대한 잘못된 이해에 기초한, '상상력이 부족한' 평가방법에 관한 매뉴얼을 만들려는 것이 아니다. 연구 대상이 된 각 국가는 반복되기 어려운 독특하고 복잡한 경로를 경험했고, 많은 경우 다른 국가와 비교하는 것이 불가능하다.

그러나 이 책에서 다루는 국가들은 이러한 파편화의 큰 수혜자가 될 수 있었다. 더 작고, 더 민첩하고, 덜 이질적인

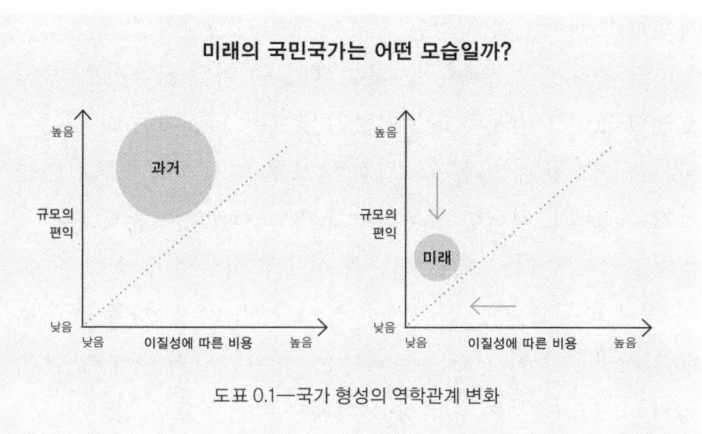

도표 0.1—국가 형성의 역학관계 변화

이 도표는 미래의 국가 형성에서 국가의 규모가 덜 중요해지고 사회적 통합이 더 중요해진다는 것을 보여준다.
(자료: Lambais and Breiding 2019; Alesina and Spolaore 2005)

사회가 유리한 경쟁력을 갖는다면 미래에는 그런 국가가 더 많아질 것이다. (도표 0.1)은 이런 추세를 보여준다. 공존하기 어려운 민족, 언어, 전통이 무거운 짐이 되는 전통적인 국가 연합체는 분열의 골이 더 깊어질 것이다. 유럽연합의 최근 금융위기는 앞으로 다가올 상황을 암시한다.

새로 나타날 국가구조가 어떤 모습일지 살펴보는 일은 우리의 호기심을 자극한다. 정치적 독립운동이 카탈루냐에서 캘리포니아까지 전 세계에서 세력을 얻어가고 있다. 마이애미 대도시권에 사는 6천만 명이 쿠바인과 푸에르토리코인과 힘을 합쳐 스페인 제국 최고 전성기의 자랑스러운 자취인 노보 하바나Novo Havana를 만들지 않을 이유가 있을까? 퀘벡, 스코틀랜드, 중동 민족 및 국가들과 같은 집단이 자치권을 주장하거나, 그런 주장을 이용해 기존 체계 하에서 더 나은 사회계약을 체결하고 싶은 유혹이 생기지 않을까?[*]

「너무 작아서 실패할 수 없는 국가」는 이런 시나리오가 오늘날 보이는 것처럼 터무니없지 않으며, 미래에는 더 작은 국가가 선호될 것이라고 주장한다. 또한 지정학적 재구조화는 과거에 그랬던 것처럼 행운이나 운명의 문제로 여길 필요가 없다고 주장한다. 그것은 선택과 설계의 대상일 수 있다.

작은 다윗과 같은 국가들이 골리앗과 같은 국가를 능가할 수 있지만 그들이 결코 유토피아는 아니다. 그와 반대로, 작은 국가는 우리 모두에게 영향을 미치는 복잡하고 도전적인 문제—이를 테면 기후 변화, 이민, 불평등, 환경오염, 의료와 테러—를 해결하려고 분투하는 실험실이다. 그러나 이 책은 이처럼 작고, 민첩하며, 미래지향적 사고를 가진 국가들이 이런 문제를 해결하는 선두에 서 있으며, 그렇기 때문에 헤겔의 말처럼 그들은 "미래의 땅, 곧 우리 앞에 놓인 시대에 세계 역사의 과제가 드러날 땅이 될 것이다."

---

[*] 사회계약은 정부와 시민의 책임과 의무를 규정하는 양당사자 간의 실제적인 또는 암묵적인 협약이다.

참고도서 및 추가 독서자료

Acemoglu, D. and J.A. Robinson. Why Nations Fail: The Origins of Power, Prosperity and Poverty (London: Profile Books, 2013). 「국가는 왜 실패하는가」(시공사).

Alesina, A. and E. Spolaore. The Size of Nations (Cambridge, MA: MIT Press, 2003).

Crippen, A. 'CNBC Transcript: Warren Buffet & Bill Gates – Keeping America Great'. CNBC, 2010. https://www.cnbc.com/id/33901003.

Human Development Report Office. '2018 Statistical Update'. Human Development Index (HDI), 2018. http://hdr.undp.org/en/2018-update.

Jamrisko, M. 'Singapore Dethrones U.S. as World's Most Competitive Economy'. Bloomberg, 2019. https://www.bloomberg.com/news/articles/2019-05-28/singapore-dethrones-u-s-to-top-world-competitiveness-rankings.

Københavns Kommune. 'The CPH 2025 Climate Plan', no date. https://urbandevelopmentcph.kk.dk/artikel/cph-2025-climate-plan.

Mishra, Pankaj. Age of Anger: A History of the Present (New York: Farrar, Straus and Giroux, 2017). 「분노의 시대」(열린책들).

Pinker, S. '2017: What scientific term or concept ought to be more widely known?' Edge, 2017. https://www.edge.org/response-detail/27023.

Putnam, R. Bowling Alone: The Collapse and Revival of American Community. (New York: Simon & Schuster, 2001). 「나홀로 볼링」(페이퍼로드)

Rachman, G. 'Zero-Sum World'. The Financial Times, 2010. https://www.ft.com/content/bcfb2d80-dd62-11df-beb7-00144feabdc0.

Schwab, K. et al. The Global Competitiveness Report 2018. World Economic Forum. http://

reports.weforum.org/global-competitiveness-report-2018/.

'The lottery of life: Where to be born in 2013'. The Economist, 2012. https://www.economist.com/news/2012/11/21/the-lottery-of-life.

1부
비밀 소스

1장 규모의 오류

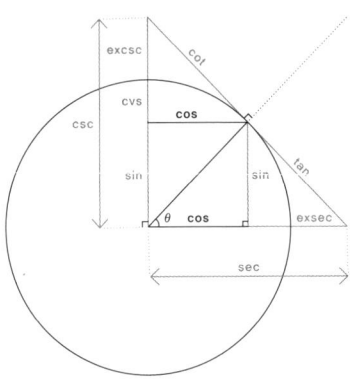

규모의 오류는 우리가 엄밀한 측정 방식에
과도한 가치를 부여하고 있음을 보여준다.
(자료: Wikimedia Commons)

지적인 바보들은 상황을 더 크게, 더 복잡하게,
더 격렬하게 만들 수 있다. 상황을 정반대로 바꾸려면
천재의 손길―그리고 많은 용기―이 필요하다.
　　　―E. F. 슈마허, 「작은 것이 아름답다」

중력과 물리학, '원주율 π'와 기하학, 또는 엔트로피와 화학의 관계는 '규모의 경제'가 번영에 갖는 의미와 같다. '더 큰 것이 더 좋다.'라는 금언은 역사를 통틀어 국가 형성의 동력이었다. 국가는 더 넓은 영토, 더 많은 천연자원, 더 많은 새로운 국민을 확보하기 위해 노력했다. 더 많은 인구는 더 큰 소비시장과 다양한 공공재에 대한 국민 1인당 비용의 대폭 감소를 의미했다. 따라서 병원, 도로, 공항, 학교, 하수처리시설, 경찰의 보호와 같은 공공 서비스의 1인당 비용은 가령 싱가포르보다는 미국이 훨씬 더 적다. 국방비는 인구 규모에 비례해 기하급수적으로 낮아진다. 징집병들은 전시에만 소집하고 직업군인들에게 지출되는 상대적으로 적은 비용은 더 많은 국민들이 분담하기 때문이다.

규모에 따른 편익을 이해하려고 할 때 초콜릿 칩 쿠키의 예를 생각하면 도움이 된다. 대기업은 달걀, 초콜릿, 밀가루를 훨씬 더 싼 가격에 구입할 수 있다. 대기업의 생산과정은 많은 부분 자동화되어 있고, 한 번에 생산하는 양과 기간도 더 많고 더 길어 쿠키 한 개당 비용이 적다. 쿠키 생산량이 증가할수록 이 기업의 이익은 기하급수적으로 증가한다.

그렇다면 한 국가의 인구 규모를 1인당 국내총생산량 GDP과 비교할 때, 인구 규모 증가로 인한 시너지효과를 반영하여 생산성이 점진적으로 증가할 것으로 예상하는 것은 당연하다. 하지만 몇 가지 이유 때문에 그 과정에서 규모의 편익을 상쇄하는 일이 발생한다. 연구에 따르면, 규모와 상대적 생산성 사이에는 상관관계가 없다. 실제로 (도표 1.1)은 작은 국가들이 규모에 비해 놀라운 수준의 생산성을 보여주며, 규모가 큰 국가보다 월등히 앞선다.

국가 규모와 직선적 관계를 보이지 않은 것은 1인당 생산성만이 아니다. 세계에서 가장 경쟁력이 있는 20개 국가 중 75퍼센트의 국가가 2천5백만 명 이하의 인구 규모를 갖고 있다(IMD 2018년). 미국은 1인당 의료비용 규모가 세계 2위이며 세계에서 가장 뛰어난 의료 산업을 유지하고 있다(Miller and Lu 2018년). 미국은 효과성 측면에서 규모의

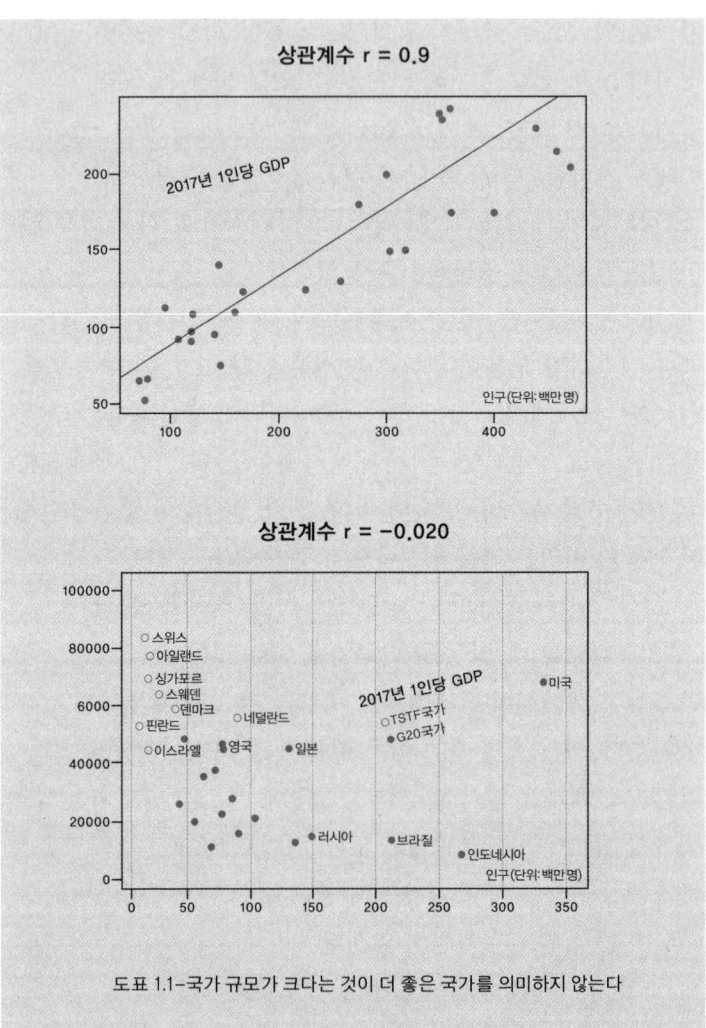

도표 1.1-국가 규모가 크다는 것이 더 좋은 국가를 의미하지 않는다

위 도표는 국가의 인구 규모와 1인당 GDP가 이론적으로 밀접한 관계가 있음을 보여준다. 아래 도표는 이 두 요소가 실제로는 아무런 관계가 없다는 것을 보여준다(상관계수=0은 관계 없음을 뜻한다). 또한 국가의 인구 규모가 작을수록 1인당 GDP가 매우 더 높다는 것을 보여준다.

(자료: World Bank, NZZ; R. J. Breiding)

편익과 거리가 먼, 아제르바이잔과 함께 세계 54위다. 전체 인구가 6백만 명이 채 안 되는 싱가포르는 세계에서 두 번째로 효과적인 의료시스템을 갖고 있는데, 1인당 의료비용은 미국의 4분의 1수준이다.

비슷한 결과를 다른 분야에서도 볼 수 있다. 널리 인정받는 초등교육 학력수준 평가 자료인 피사PISA 점수는 영국이나 미국보다 대부분의 작은 국가가 더 높다(Jackson and Kiersz 2016년). 더군다나 이런 결과는 더 적은 비용으로 달성되었다. 세계에서 워킹 맘이 살기 가장 좋은 10개 국가 중 8개 국가(예를 들어 우수한 아동 돌봄 시설, 보다 포용적인 노동시장, 동일한 노동을 하는 남성에 비해 여성에게 더 많은 임금을 지불하는 국가)는 인구 규모가 2천 5백만 명 이하다(John 2015년). 작은 국가들 중 최고 순위 국가에는 덴마크, 스웨덴, 노르웨이, 네덜란드, 핀란드가 포함된다.

산타페 연구소 제프리 웨스트 교수는 2017년 이런 주제를 제목으로 삼은 책을 출간했다―「규모: 성장, 혁신, 지속가능성의 보편적인 법칙, 그리고 생물 유기체, 도시, 경제, 기업에 나타나는 삶의 속도(Scale: The Universal Laws of Growth, Innovation, Sustainability, and the Pace of Life, in Organisms, Cities, Economies, and Companies)」. 도시와 관련하여 웨스트는 규모의 편익이 있지만 폭력 범죄, 교통 체증, 규제와 환경오염과 같은 부정적인 외부효과가 빠르게 증가한다고 지적한다. 샌프란시스코는 멋지고 부유한 도시지만 거주자 1인당 재산 관련 범죄율이 가장 높다(Economist 2019년). 이런 통계와 아울러, 작은 도시들은 점점 더 매력적으로 보인다. 살기 좋은 세계 도시 중 상위 25개는 작은 국가의 작은 도시들이 차지한다(Mercer 2019년). 살기에 더 좋은 곳은 자유주의, 가능성과 야망의 전초기지가 되는 경향이 있다. 이런 도시의 매력은 규모가 아니라 새로운 아이디어와 기술에 대한 더 높은 개방성과 타인 위에 군림하려는 태도에 대한 거부에 더 많이 기인한다.

기업과 관련하여 웨스트는 2만3천개 기업의 자료를 조사한

2019년 순위	도시	국가
1	비엔나	오스트리아
2	취리히	스위스
3	뮌헨	독일
3	오클랜드	뉴질랜드
3	밴쿠버	캐나다
6	뒤셀도르프	독일
7	프랑크푸르트	독일
8	제네바	스위스
9	코펜하겐	덴마크
10	바젤	스위스
11	시드니	호주
11	암스테르담	네덜란드
13	베를린	독일
14	베른	스위스
15	웰링턴	뉴질랜드
16	토론토	캐나다
17	멜버른	호주
18	룩셈부르크	룩셈부르크
19	오타와	캐나다
19	함부르크	독일
21	퍼스	호주
21	몬트리올	캐나다
23	스톡홀름	스웨덴
23	뉘른베르크	독일
25	싱가포르	싱가포르
25	오슬로	노르웨이

작은 국가의 작은 도시들이 세계에서 가장 살기 좋은 도시를 나타내는 머서(Mercer) 순위에서 대부분 선두를 차지한다. (자료: Mercer 2019)

도표 1.2— 세계에서 가장 살기 좋은 도시

후 기업의 생산성이 상당히 감소한다는 결론을 내렸다. 이것은 초기의 번영 시기가 지난 뒤 직원 1인당 이익이 직원수가 증가함에 따라 줄어든다는 뜻이다. 그의 표현에 따르면, "기업의 암울한 현실은 규모의 효율성이 거의 항상 관료주의의 무게에 압도당한다는 것이다."

TSTF 국가들의 많은 사례들은 소규모성이 크기의 장점으로 알려진 것들을 압도한다는 것을 보여준다.

도표 1.3— 규모와 생산성
(자료: Banx)

뉴질랜드의 올 블랙스All Blacks 팀은 20년 동안 럭비 경기를 제패했다. 이 팀은 5백만 명도 안 되는 사람들 중에서 15명의 팀원을 뽑았으며, 이 비율은 더 큰 국가들과 비교할 수 없을 정도로 컸다. 에르네스토 베르타렐리가 이끄는 요트 팀 알링기Alinghi는 역사적으로 세계에서 가장 훌륭한 해양 강대국들을 위한 항해 경기인 아메리카컵에서 우승했다.

알링기는 인구가 약 8백만 명이고 사면이 육지로 둘러싸인 국가의 요트 팀이다. 이스라엘 사람들은 구소련이 이스라엘의 소규모 집단 농장인 키부츠의 규모를 키우는 바람에 형편없는 성과를 낳았다고 농담을 한다. 스위스, 싱가포르, 스웨덴, 이스라엘은 미국, 영국, 중국, 인도와 같은 큰 국가들보다 국민 1인당 억만장자수가 상당히 더 많다(Brinded 2015년). 스웨덴과 스위스는 확실히 평등한 사회이지만 그럼에도 막대한 부를 창출할 기회를 만들고 있다. 캄프라드 가문(이케아IKEA), 라우싱 가문(테트라팩Tetrapack), 또는 쉰들러 가문을 생각해보라. 이들의 성공을 설명할 수 있는 방법은 많지만 규모의 이점은 결코 아니다. 이들은 국력과 국가 규모가 어떻게 불일치하는지 보여주는 사례 중 일부일 뿐이다.

과학기술이 유례가 없을 정도로 변화의 속도를 가속화하고 있다는 점을 생각할 때, 적응력은 국력을 유지하는 데 있어 규모를 보완하는 중요한 요소다(Our World in Data 2016년). 생물 유기체나 독립체로서의 기관은 내부의 변화 속도가 외부의 변화 속도를 따라가지 못하면 소멸하는 경향이 있다. 미국인의 90퍼센트가 자동차를 운전하는데 걸린 시간이 약 백 년이지만 스마트폰 이용률이 90퍼센트가 되기까지 약 5년이 걸렸다(Rieder 2015년). 에어비앤비, 구글맵스 또는 와츠앱과 같이 지금은 일상적인 것으로 느끼는 서비스들은 10년 전에는 존재하지 않았다. 유명한 이탈리아 소설 「표범 The Leopard」에서 탄크레디 팔코네리는 역설적인 말을 했다. "모든 것은 계속 존재하려면 반드시 바뀌어야 한다."

'적응력'은 국가 경쟁력에 매우 중요한 요소임에도 세계경제포럼, 세계은행, 국제통화기금이 실시하는 복잡한

계산에 포함되지 않는다.

호박벌의 신체구조는 이 벌이 날 수 없다는 것을 암시한다―하지만 호박벌은 난다.

도표 1.4― 호박벌의 신체구조
(자료: Blooms for Bees, 연도 미상)

흥미로운 이야기로 이 장을 마치려고 한다. 지금은 덴마크에서 A. P. 몰러 재단을 운영하는 전 덴마크의회 의장 헨리크 트바노에(Henrik Tvarnø)는 나에게 이른바 '호박벌' 비유를 설명한 적이 있었다. 그 내용은 다음과 비슷했다. 한번은 세계에서 가장 훌륭한 과학자들이 왕립협회에 모여 호박벌의 공기역학을 연구했다. 그들은 세계적으로 유명한 항공기 엔지니어, 물리학자, 기계 엔지니어, 동물학자들이었다. 그들은 호박벌이 물리적으로 날수 없다고 만장일치로 결론을 내렸다. 호박벌의 날개가 날개폭에 비해 너무 작아서 호박벌의 체중을 감당할 수 없다고 보았기 때문이었다.

덴마크에는 돈이 많이 소요되는 사회계약과 높은 세금이 있다. 또한 넉넉한 실업수당과 결합된 아주 유연한 노동법이 있다. 그러나 덴마크라는 호박벌은 난다. 그리고 다양한 성과 수치 측면에서 아주 훌륭한 성적을 보인다. 그 중 가장 중요한 것은 시민의 행복과 번영이다.

「너무 작아서 실패할 수 없는 국가」는 날지 않을 것 같지만 실제로는 날아다니는 호박벌에 관한 이야기이도 하다.

참고도서 및 추가 독서자료

Brinded, L. 'The 15 most billionaire-dense countries'. Business Insider, 2015. https://www.businessinsider.com/countries-ranked-by-billionaires-in-proportion-to-population-2015-7?r=US&IR=T.

'Bumblebee Anatomy'. Blooms for Bees, no date. http://www.bloomsforbees.co.uk/guide/.

Haldane, J.B.S. 'On Being the Right Size' in Possible Worlds and Other Essays (London: Heinemann, 1927).

'IMD World Competitiveness Rankings 2017 Results'. IMD, 2017. https://www.imd.org/wcc/world-competitiveness-center-rankings/competitiveness-2017-rankings-results/.

'IMD World Competitiveness Rankings 2018 Results'. IMD, 2018. https://www.imd.org/wcc/world-competitiveness-center-rankings/world-competitiveness-ranking-2018/.

Jackson, A. and A. Kiersz. 'The latest ranking of top countries in math, reading and science is out – and the US didn't crack the top 10'. Business Insider, 2016. https://www.businessinsider.com/pisa-worldwide-ranking-of-math-science-reading-skills-2016-12?r=US&IR=T.

Jones, R. 'The best and worst places in the world to be a mother'. The Telegraph, 2015. https://www.telegraph.co.uk/women/womens-life/11576970/The-best-and-worst-places-in-the-world-to-be-a-mother.html.

Lampedusa, Giuseppe Tomasi di. The Leopard (New York: Pantheon, 1958).

Lane, S. 'Former fed chief Volcker warns of US decent into "plutocracy"'. The Hill, 2018. https://thehill.com/policy/finance/412756-volcker-warns-ofus-descent-into-plutocracy.

'Quality of Living City Rankings'. Mercer, 2018. https://mobilityexchange.mercer.com/Insights/quality-of-living-rankings.

Miller, L.J. and W. Lu. 'These are the economies with the most (and least) efficient health care'. Bloomberg, 2018. https://www.bloomberg.com/news/articles/2018-09-19/u-s-near-bottom-of-health-index-hong-kong-and-singapore-at-top.

'Property crime rates test San Franciscans' values'. The Economist, 16 February 2019. https://www.economist.com/united-states/2019/02/16/property-crime-rates-test-san-franciscans-values.

Rieder, R. 'The topic we should all be paying attention to (in 3 charts)'. BlackRock, 2015. https://www.blackrockblog.com/2015/12/11/economic-trends-in-charts/.

Schumacher, E.F. Small Is Beautiful: A Study of Economics As If People Mattered (London: Vintage, 1933). 「작은 것이 아름답다」(문예출판사).

Schwab, K. et al. The Global Competitiveness Report 2017-2018. World Economic Forum. http://www3.weforum.org/docs/GCR2017-2018/05FullReport/TheGlobalCompetitivenessReport2017–2018.pdf.

The Global Competitiveness Report 2018. World Economic Forum. http://reports.weforum.org/global-competitiveness-report-2018/.

'Technology adoption in US households'. Our World in Data, 2016. https://ourworldindata.org/grapher/technology-adoption-by-households-in-the-united-states?time=1903..2016.

Thompson, P. 'Karl Marx, part 3: Men make their own history'. The Guardian, 2011. https://www.theguardian.com/commentisfree/belief/2011/apr/18/karl-marx-men-make-history.

West, G. Scale: The Universal Laws of Growth, Innovation, Sustainability, and the Pace of Life, in Organisms, Cities, Economies, and Companies (New York: Penguin Press, 2017). 「스케일」(김영사).

대담 및 인터뷰
헨리크 트바노에, 오스왈트 그뤼벨

2장 개방성
어떻게 컨테이너가 세계의 문을 열었는가

컨테이너 운송 (자료: A.P. Møller-Mærsk)

인류(동물도 역시)의 기나긴 역사는 다른 사람들과 가장
효과적으로 협력하고 적응하는 법을 배운 사람들이
승리했음을 보여준다.

―찰스 다윈

나는 지금 쇠렌 스코우 씨의 사무실에 앉아서 역사적으로
발틱해의 요새 항구였던 코펜하겐의 외레순(해협) 전경을
바라보고 있다. 연 이은 화물선들―각 화물선의 길이는
엠파이어스테이트 빌딩과 맞먹을 정도로 길다―이 덴마크와
스웨덴을 가르는 좁은 해협을 질서정연하게 드나든다.
발틱해와 대서양을 오가는 대부분의 선박들은 이곳을
통과하며, 그래서 이곳은 세계에서 가장 분주한 항구이자
세계 최고의 해운기업 몰러-머스크에게 최적의 모항이
되었다. 나는 커피를 마시면서 머스크의 상냥한 최고경영자인

스코우 씨로부터 어떻게 인구가 세계인구의 0.1퍼센트에 불과한 나라가 세계 무역 물동량의 25퍼센트를 운송하는지 알아보려고 한다.

이 이야기는 뉴저지주 뉴웍에서 시작한다. 1956년 가랑비가 내리는 4월 어느 아침, 2차 세계대전 때 사용하다 폐기 직전인 유조선 선박을 개조한 아이디얼 엑스Ideal X호가 뉴웍 항에서 휴스턴으로 똑같은 크기의 58개 대형 철제 박스를 싣고 항해했다. 이것이 컨테이너 운송의 시작이었다. 이 운송기술은 곧 세계 운송산업을 완전히 바꾸었고, 더 중요하게는, 세계 무역의 성격을 바꾸었다.

수세기 동안, 해운은 항구마다 상주하면서 화물을 처리하는 엄청난 노동력에 의존했다. 일반적인 대서양횡단 화물선은 20만 개의 화물 품목을 개별적으로 선적하여 수십 곳의 목적지로 운송했다. 이 화물을 부둣가에서 옮겨 선창에 빼곡히 싣고, 목적지에서 다시 화물을 내리는 일은 엄청나게 힘들고 원활하지 못해 많은 시간이 소요되었다.

1950년대, 북캐롤라이나주 농촌지역 출신의 트럭운전사 말콤 맥클레인Malcolm McLean이 더 좋은 방법을 생각해냈다. "나는 각 상자를 트럭에서 내려서 무거운 것을 들어 올리는 슬링 안으로 밀어 넣었고, 그런 다음 슬링이 그 상자를 들어서 선창에 넣는 것을 보았다. 그 당시엔 슬링이 매번 각각의 화물을 내려놓으면, 화물을 적절하게 선창에 집어넣어야 했다. 그때, 각각의 화물에 손대지 않고 트럭의 트레일러를 통째로 들어 올려 선적하면 더 쉽겠다는 생각이 들었다"(Levinson 2006년).

맥클레인은 자신의 아이디어를 실행하기 위해 아이디얼

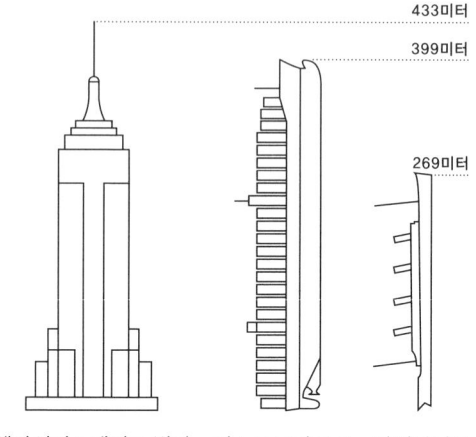

엠파이어스테이트 빌딩   머스크트리플-E   타이타닉호

도표 2.1— 엄청난 규모의 컨테이너 선박

이 특별한 머스크 선박은 엠파이어스테이트 빌딩의 높이와 거의 비슷하다.
이것은 컨테이너 선박의 크기가 증가했음을 보여준다.
(자료: A. P. Møller-Mærsk)

엑스호를 구입하여 운항했다. 그리고 엄청나게 놀라운 결과를 낳았다. 오늘날, 세계무역량의 약 90퍼센트가 표준화된 컨테이너를 운송하기 위해 특별히 설계된 화물선을 이용한다(IMO 연도 미상). 영화 <워터프런트>에서 말론 브란도의 연기로 유명해졌듯이, 부두가 부패하고 복잡하고 정치적 관심이 높던 빈민 지역이던 시절은 오래전에 지나갔다. 그 대신 컴퓨터가 거대한 크레인이 부둣가의 매끈한 레일 위를 오가며 완벽한 시차를 두고 작동하도록 조정한다. 글로벌 컴퓨터 네트워크가 수백 곳의 목적지로 향하는 수천 개의 컨테이너를 세심하게 안내하고 추적한다.

컨테이너화의 가장 분명한 첫 번째 편익은 운송 생산성의 엄청난 개선이었다. 1세제곱미터 크기의 화물의 평균 운송비용은 1930년 이후 80퍼센트 떨어졌다(Our World in Data 2007년). 그 이외에 훨씬 더 많은 편익이 있다. 해운회사가 화물운송 단가를 낮출 수 있게 되면서 운송량이 급격히 늘고, 더 효율적이면서 훨씬 더 큰 선박을 개발하게 되었다(Kremer 2013년). 그리고 가장 중요한 편익은 더 빠른 선박이 건조되면서 선박의 왕복운항 시간이 더 짧아진 것이다.

스코우는 창문 밖 몇 백 미터 떨어진 곳에 위치한 A. P. 몰러-머스크의 물류 허브를 가리키며 말한다. "대부분의 경우 어떤 기업이 제품을 톈진 또는 세인트루이스에서 생산할지는 더 이상 별로 중요하지 않습니다. 운송비가 제품 생산단가에서 차지하는 비중이 작아졌기 때문입니다."

노스캐롤라이나주 오지 출신으로 겸손한 스코틀랜드계 트럭 운전사인 맥클레인과 세계화의 관계는 르네 데카르트와 계몽주의, 루터와 종교개혁의 관계와 같았다. 수세기 동안 운송비는 국가 번영의 중요한 결정 요소였다. 뉴질랜드인들은 '폭군과 같은 운송비' 탓에 경제발전이 빈사상태라며 한탄한 것으로 유명하다. 1950년까지만 해도 세계 경제의 특징은 여전히 지역, 지방, 국가 단위의 제조기업과 유통기업이었다. 비싼 운송비를 피하려면 소비자와 가까이 있어야 했기 때문이다. 자연자원은 부피가 커서 운송하는데 많은 비용이 들었기 때문에 공장은 원재료 생산지 가까이에 위치하는 것이 유리했다. 이것은 자연자원 보유가 국가에 중요하다는 의미였다. 예를 들어, 피츠버그, 에센, 셰필드와 같은 지역의 철강 공장은 석탄과 철광 생산지 가까이 위치했다.

거리는 또한 생활방식을 결정했다. 도시는 원재료, 노동력,

완제품의 운송비를 최소화하도록 설계된 밀집된 도심지가 있는 사회경제적 공간을 잘 보여주는 기념비다. 물, 에너지, 공급자, 소비자와의 거리는 기업이 상품을 생산, 판매하는 장소, 철도 노선이 위치하는 장소, 거리가 건설되는 장소, 고용주가 노동자를 구하는 장소, 가족이 살고, 일하고, 물건을 사고, 노는 장소에 영향을 미쳤다.

20세기 후반기, 국제무역 장벽을 축소하려는 대대적인 정치적 움직임은 해상운송 혁명 시기와 동일한 시기에 나타났다. 이 두 힘의 결합으로 국경은 약화되었지만 그 당시 이런 결과를 예측하는 사람은 거의 없었고, 지금도 많은 사람들이 이를 후회하고 있다.

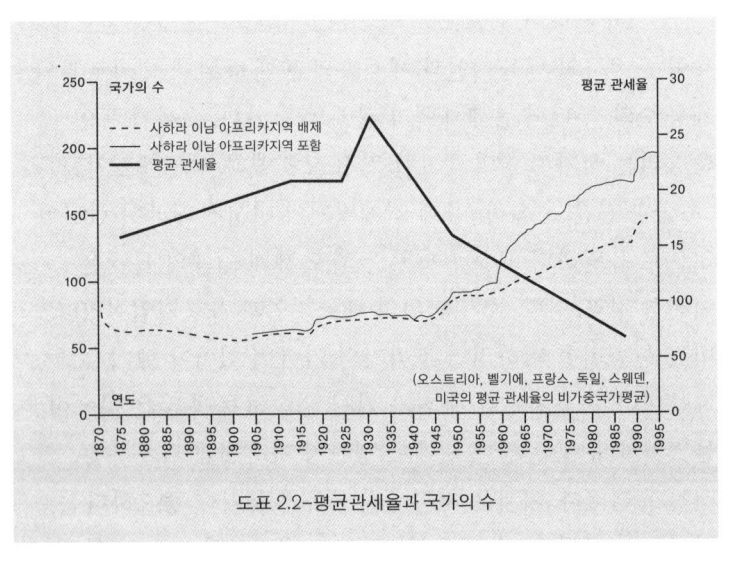

도표 2.2-평균관세율과 국가의 수

이 도표는 국가 수의 현저한 증가가 무역 장벽의 뚜렷한 감소와 동시에 발생했다는 것을 보여준다.
(자료: Alesina, Spolaore and Wacziarg, 2000)

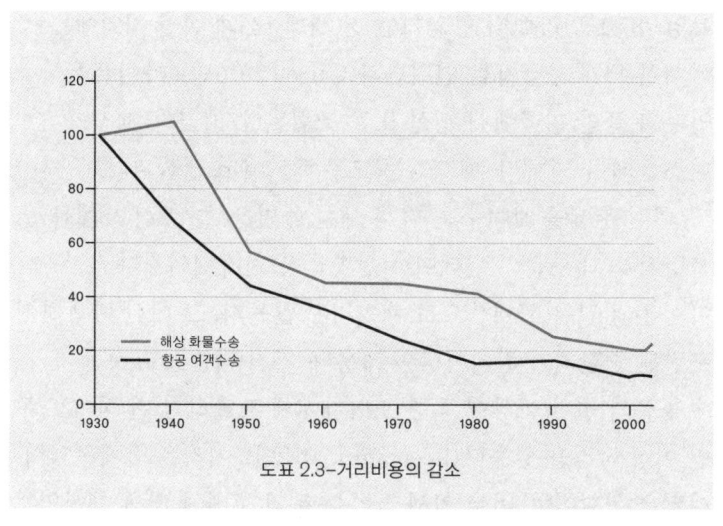

도표 2.3-거리비용의 감소

이 도표는 해상 화물운송비와 항공 여객운송비가 시간이 지나면서 감소했음을 보여준다. (자료: Minsch, 2019)

생산 전략은 극적으로 바뀌었다. 생산공장 위치의 주요 결정 요인으로서 운송노선과의 근접성이 자연자원과의 근접성에 추가되었다. 오늘날 철강 공장은 1세기 전에는 상상할 수도 없는 규모로 해안 지역에 건설된다. 해상으로 엄청난 양의 석탄과 철광석을 낮은 비용으로 쉽게 운송할 수 있기 때문이다. 헨리 포드가 디트로이트의 단일 공장부지에서 철광석, 석탄, 다른 원재료를 이용해 완성차를 만들면서 도입된 수직적 통합은 기업들이 가장 싸고 가장 품질이 좋은 부품을 찾아 세계를 샅샅이 뒤지면서 사라졌다. 바비 인형 제조기업 마텔사는 1950년대 미국에서 대부분의 부품을 생산했다. 지금은 바비 인형의 옷은 방글라데시, 나일론 소재 머리카락은 일본, 플라스틱 몸체는 대만에서 각각 만들어진다.

보잉 787 드림라이너 항공기는 전 세계 135개 이상 지역에 산재한 43개 공급자를 연결한다(Carroll 2016년). 아이폰은 일부 부품만 미국에서 생산 또는 조립된다. 배터리, 새시, 디스플레이, 카메라, 메모리는 모두 해외에서 생산된다.

이런 추세를 보여주는 다른 예를 들면, 오늘날 전 세계를 운항하는 대부분의 컨테이너 선박들은 전자레인지나 아이폰과 같은 완제품으로 채워지지 않는다. 그 대신 빡빡하게 포장된 중간재가 컨테이너를 채운다. 가격 기준으로 모든 수출품의 절반 이상이 최종 소비자에게 도달하기 전 적어도 두 번 이상 국경을 넘는다(Economist 2017년). 이것은 국제무역의 새로운 현실이며, 이로 인해 국가는 무역 문제에 대해 자신의 권한을 주장하기 어렵다. 이것은 또한 영국이 유럽연합을 탈퇴하려는 움직임에 영향을 미쳤다. 영국 공장에서 만드는 자동차에 사용되는 부품 조립은 최대 다섯 번 영국 해협을 건너서 비로소 최종 완성된다. 유럽연합의 관세동맹과 단일시장 덕분에 이 거대한 무역은 국경 제한이나 관세 없이 이루어진다. 현 정부가 결정한대로 영국이 관세동맹과 단일시장을 탈퇴한다면 어떤 일이 벌어질까?

역사적으로 재화의 교환은 부의 증가에 결정적 요소였다. 지중해 동부 연안의 페니키아인들은 지중해에서 가장 번영하는 민족이었다. 네덜란드와 동인도무역회사는 근대의 다국적 기업의 선구자들이었다. 한때 국제 설탕 무역은 엄청난 가치가 있어서 영국은 캐나다 소유권을 그 당시 중요한 설탕 수출국이었던, 프랑스의 작은 식민지 과들루프와 바꾸려고 생각했다.

오늘날 미국, 유럽, 또는 일본에 사는 사람들 중 직접 옷을 만들거나, 식료품을 재배하거나, 집을 짓거나, 자국에서 만든 제품만을 구입하는 경우는 드물다. 그렇게 하면 비용과 시간이 너무 많이 들기 때문이다. 대부분의 경우 전문성을 갖추고 더 쉽고 더 싸게 생산하는 다른 사람에게서 물건을 구입하는 것이 경제적으로 타당하다.

도표 2.4— "우리는 유리 압정의 세계시장을 장악하고 있다"
(자료: Banx)

이것은 또한 19세기 영국 경제학자 데이비드 리카도David Ricardo의 관점이었다. 그는 자원이 가장 효율적으로 사용되는 곳으로 자유롭게 흘러가야 하며, 국가가 자연적 '비교우위'를 추구하면 무역은 모든 당사자에게 이익이 되는 '포지티브 섬positive sum' 게임이 될 수 있다고 말했다(Ricardo 2001년). 애덤 스미스는 이 논리를 한 단계 더 발전시켜 각국이 수행하는 일을 더 잘 할 수 있도록 전문화하면 무역을 통해 추가적인 이익이 발생한다고 주장했다.

그러나 맥클레인의 '철제 박스' 아이디어를 통한 세계화는 그 정도, 종류, 결과 측면에서 전문화와는 많이 달랐다. 유례가 없는 속도와 규모로 세계무역의 해일이 몰아칠 정도로 운송비가 낮아졌다. 1970년대 이후 세계무역량은 GDP성장률의 약 2-3배로 증가했는데, 이는 보통 실리콘벨리의 유망 신생기업들이 보여주는 속도였다(Ortiz-Ospina, Beltekian and Roser 2018년). MIT의 폴 새뮤얼슨 교수는 서구사회에서 1980년대 이후 1인당 실질소득의 30퍼센트는 세계무역 증가 덕분이었다고 말했다(Samuelson and Barnett 2006년).

세계무역의 자유화는 특히 작은 국가에 이익을 제공했다. 전통적으로 그들은 양자간, 또는 다자간 무역협정에서 불리했고, 흔히 더 큰 국가의 뜻에 적응하는 수밖에 없었다. 무역의 장이 보다 평등해지면서 많은 작은 국가들은 새로운 기회를 잘 활용했다. 하버드대 로버트 배로Robert Barro교수는 작은 국가들이 대체로 개방을 장려하는 것은 생존을 위해 교역을 해야만 하기 때문이라고 말했다(Barro 2012년).

이 책에서 특별히 소개하는 국가들은 생존 이상의 것을 성취했다―그들은 가장 탁월한 수출 국가가 됨으로써 번영했다. 싱가포르는 GDP의 173퍼센트, 아일랜드는 120퍼센트, 네덜란드는 87퍼센트, 스위스는 66퍼센트, 덴마크는 55퍼센트를 각각 수출했다(World Bank 2017). 이 책에서 언급하는 작은 국가들의 수출액은 평균적으로, 경제개발협력기구OECD 회원국의 GDP 대비 수출비중 평균치와 비교할 때 약 3배, 미국과 비교할 때 6배 이상을 수출한다(독일은 선도적인 수출국 명단에 포함된 유일한 큰 국가다).

제너럴 일렉트릭, 히타치, 지멘스, 유나이티드 테크놀로지와 같은 강력하고 어디에든 존재하는 많은 다국적 기업들은 세계의 경제 생태계가 국경선에서 벗어나 가치사슬의 특정한 부분과 함께 점차 국경 없는 세계적 차원의 경쟁으로 나아갈 때 허점을 찔렀다. 「21세기의 숨은 챔피언들Hidden Champions of the Twenty-First Century」의 저자 헤르만 지몬Hermann Simon은 눈에 띄지 않게 조용히 일하는 중간 규모의 B2B기업들이 각 산업 분야에서 세계 시장의 리더가 되었다고 지적한다.*)

드러나지 않는 이런 기업들은 작은 국가들의 경제에 중심적인 역할을 한다. 우리가 그들의 이름을 모르는 것은 최종 이용자가 그들의 목표 소비자가 아니기 때문이다. 우리는 대부분 페이스북, 엠앤엠즈M&M's, 바비Barbie 또는 우리가 소비자로서 구매하는 제품들에 익숙하다. 우리 중 얼마나 많은 사람들이 스위스에 기반을 둔 지보당Givaudan과 퍼메니시Firmenich가 향미산업과 향수산업에서 큰 비중을 차지하는 기업이라는 것을 알까? 당신이 이용하는 세탁세제의 향기, 라벤더향의 샴푸나 바닐라향 요거트는 이 회사들의 제품일 가능성이 있다. 스위스의 프랑케는 맥도날드에서 사용하는 모든 주방기구를 생산하고, 코네(핀란드)와 쉰들러(스위스)는 세계 엘리베이터와 에스컬레이터 시장을 지배한다. 1세기 전, 열차가 우리 삶을 수평적으로 넓힌 것과 비교할 때 그들은 특히 아시아를 비롯한 세계를 수직으로

---

*) B2B란 기업 대 기업을 뜻한다. 이런 기업들은 최종 소비자가 아니라 주로 다른 기업에 제품과 서비스를 판매한다.

확장하는데 일조해왔다. 소형 개인 손목시계 생산자 그룹에 의해 1909년 설립된 우니베르소 에스에이Universo SA는 이제 세계 소형 손목시계의 대부분을 만든다. 스웨덴의 호가나스 에이비 Höganäs AB는 야금산업에 이용되는 분말금속의 세계 최대 생산기업이다. 지엔 리사운드GN ReSound는 특별히 아이폰용으로 설계된 덴마크 보청기다. 그 외에도 많은 사례가 있다(부록을 보라).

20년 이상 이와 같은 숨은 챔피언들을 연구해온 헤르만 지몬은 이 기업들의 성공 비결은 "세계 1등이 되어 그 자리를 계속 유지하길 원하기 때문"이라고 나에게 말했다. 그의 연구는 이런 회사가 특허 한 건당 평균비용의 4분의 1의 비용으로 직원 1인당 다섯 배의 특허출원 건수를 기록했음을 보여준다. 게다가, 그들의 직원이직률은 평균 3퍼센트(이에 비해 대기업의 경우 20퍼센트 이상이다)이며 연구개발 지출액도 두 배다(Simon 2009년). 그럼에도 그들은 평균적인 기업보다 훨씬 더 많은 이익을 거둔다.

결론

단순한 철제 박스가 국제무역의 자유를 양과 질적인 측면에 엄청나게 확장했다. 변화무쌍하고 경쟁적인 세계에서 세계무역은 국내시장보다 더 빨리 계속 성장한다. 해외에 초점을 맞춘 국가들은 수출 전쟁에서 점차 승리를 거두고 있다. 그 보상으로 그들은 더 많은 일자리와 더 많은 부를 창출하고 있다. 그들의 보상은 시혜로 받은 것이 아니다. 그들은 치열한 경쟁을 통해 궁극적으로 소비지에게 편익을 제공하는 제품과 함께 두각을 나타냈기 때문이다. 제품이 경쟁에서 이기려면 더 좋고, 더 싸고, 더 편리해야 한다.

물론 자유무역을 반대하는 사람들도 있다. 우리는 특히 경기 침체기나 경쟁에서 패배한 사람들로부터 더 심한 보호무역주의를 요구하는 목소리를 계속 들을 것이다. 그러나 데이비드 리카도가 1817년에 무역의 '비교우위론'을 분명히 밝힌 이후로 널리 확산된 자유무역의 변함없는 추세는 확실하고 강력하다—"상처를 입을 순 있지만 그럴만한 가치가 있다."

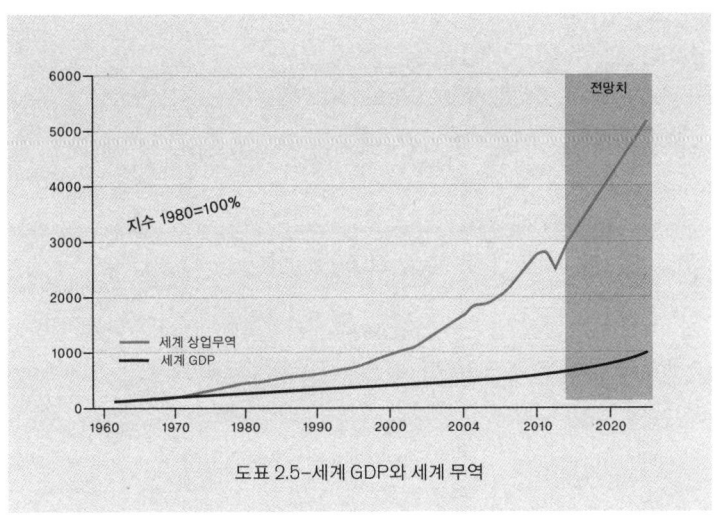

도표 2.5-세계 GDP와 세계 무역

이 도표는 세계 GDP와 달리 국제무역이 급격히 증가했음을 보여준다. (자료: WTO, Oxford Economics, 연도 미상)

이런 추세는 일찍이 우리가 경험한 것과 엄청나게 다르고 훨씬 더 경쟁적인 환경이며, 상당한 위험과 보상의 기회를 제공한다. 크든 작든, 모든 국가는 자국의 산업 생태계를 조정하여 새로운 게임 규칙에 적응함으로서 이익을 거둘 수 있다. 교역 증대에서 이익을 얻는 것과 더불어, 세계에서 가장 개방적인 경제는 아이디어, 인재, 혁신, 연결에서도 더 개방적이다. 인터넷 이용 증가로 물질적 재료에 기초한 제품보다 지식에 기반한 제품을 더 많이 이용할 수 있게 되고, 운송비 감소는 전통적인 국경을 희미하게 만든다.

지니가 호리병 밖으로 나온 것 같다.

참고도서 및 추가 독서자료

Alesina, A., E. Spolaore and R. Wacziarg. 'Economic Integration and Political Disintegration'. American Economic Review, vol. 90, no. 5 (2000): pp. 1276–1296.

Barro, R.J. 'Small is beautiful'. Wilson Initiative, 2000. http://wilson.cat/en/mitjans-escrits/lectures-recomanades/item/191-lo-pequeño-es-hermoso.html.

Carroll, J. 'From job losses to security threats: five myths about global trade'. City A.M., 2016. http://www.cityam.com/250602/job-losses-security-threats-five-myths-global-trade.

'Exports of Goods and Services (% of GDP)'. The World Bank (2017) https://data.worldbank.org/indicator/NE.EXP.GNFS.ZS.

Hummels, D. 'Have international transportation costs declined?'. University of Chicago, 1999. http://citeseerx.ist.psu.edu/viewdoc/download?doi=10.1.1.458.9651&rep=rep1&type=pdf.

Hummels, D. (2007). 'Transportation Costs and International Trade in the Second Era of Globalization'. Journal of Economic Perspectives, 21(3), (2007): pp. 131–154.

'IMO profile'. Business.un.org, no date. https://business.un.org/en/entities/13.

Jensen, L. Culture Shock in Maersk Line: From Entrepreneurs and Kings to Modern Efficiency. 3rd edition (Denmark: Vespucci Maritime Publishing, 2014).

Kremer, W. 'How much bigger can container ships get?'. BBC News, 2013. https://www.bbc.co.uk/news/magazine-21432226.

Krugman, P. 'Increasing returns and economic geography'. Journal of Political Economy, vol. 99, no. 3 (1991): pp. 483–99. https://pr.princeton.edu/pictures/g-k/krugman/krugman-increasing_returns_1991.pdf.

Krugman, P. 'Growing world trade: causes and consequences'. Brookings Papers on Economic Activity, 1995. https://www.brookings.edu/wp-content/ uploads/1995/01/1995a_bpea_krugman_cooper_srinivasan.pdf.

Levinson, M. The Box: How the Shipping Container Made the World Smaller and the World Economy Bigger (Princeton; London: Princeton University Press, 2006). 「더 박스: 컨테이너는 어떻게 세계 경제를 바꾸었는가」(청림출판).

Lukas, P. and M. Overfelt. 'Mattel: how a stylish doll became a head-turning classic and put a pair of fledgling entrepreneurs in play'. CNN, 2003. https:// money.cnn.com/magazines/fsb/fsb_archive/2003/04/01/341015.

Maersk. 'Risk Ahoy'. Pinterest, 2013. https://www.pinterest.dk/pin/447263806715332878/?autologin=true.

Minsch, R. 'Declining Cost of Distance'. Economie Suisse, 2019.

Ortiz-Ospina, E., D. Beltekian and M. Roser. 'Trade and Globalization'. Our World in Data, 2018. https://ourworldindata.org/trade-and-globalization.

Ricardo, D. On the Principles of Political Economy and Taxation (Kitchener: Batoche Books, 2001). https://socialsciences.mcmaster.ca/econ/ugcm/3ll3/ricardo/Principles.pd.

Samuelson, P.A. and W.A. Barnett. Inside the Economist's Mind: Conversations with Eminent Economists (Malden, MA: Wiley-Blackwell, 2007). 「위대한 경제학자들의 생애와 사상」(지식산업사).

Simon, H. Hidden Champions of the Twenty-first Century: The Success Strategies of Unknown World Market Leaders. (New York; London: Springer, 2009). 「히든 챔피언: 세계시장을 제패한 숨은 1등 기업의 비밀」(흐름출판).

Solow, R.M. 'Technical Change and the Aggregate Production Function'. The Review of Economics and Statistics, vol. 39, no. 3 (1957): pp. 312–20. http://www.jstor.org/stable/1926047.

'The decline of transport and communication costs relative to 1930'. Our World in Data, 2007. https://ourworldindata.org/grapher/real-transport-and-communication-costs?time=1930..2005.

'The retreat of the global company'. The Economist, 2017. https://www.economist.com/briefing/2017/01/28/the-retreat-of-the-global-company.

'World Trade and GDP'. The European Express Association, no date. http://www.euroexpress.org/the-express-industry/trade-competitiveness.

대담 및 인터뷰
헤르만 지몬, 로버트 배로, 쇠렌 스코우

3장 혁신

깨달음의 순간!
(자료: Wikimedia Commons)

아이디어의 아름다움이란 여러 아이디어가 섹스를 나누고 서로에게 유익할 경우 자손을 퍼트리는 것이다.
―매트 리들리, 「이성적 낙관주의자」

혁신은 가능성을 현실로 만드는 여정이다.
여정은 때로 마라톤, 때로 단거리일 수도 있다. '혁신'이란 단어는 '새롭게 만들다'라는 뜻을 가진 라틴어 'innovare'에서 왔다. '혁신'은 '자본주의'와 비슷한 뜻일 수도 있다. 노벨상 수상자 로버트 솔로는 기술혁신이 오늘날 대부분의 번영을 설명해준다고 말했다. 역사적으로 번영은 정복, 토지 소유, 값싼 노동, 그리고 가장 극단적이고 끔찍한 노동 형태인 노예제를 통해 이루어졌다. 오늘날 국가 번영은 점차 혁신 역량의 산물이 되었다. 여기에 「너무 작아서 실패할 수 없는 국가」의 근본적인 명제 중 하나가 있다―경제력은 국가 규모와

1.	스위스	
2.	미국	
3.	이스라엘	
4.	핀란드	
5.	독일	세계경제포럼은 2017-2018년
6.	네덜란드	세계경쟁력보고서에서 세계
7.	스웨덴	137개국의 혁신 순위를
8.	일본	평가했다. 상위 10개국 중
9.	싱가포르	7개국이 작은 국가였다.
10.	덴마크	(자료: McKenna, 2018년)

* 2017-2018년 137개국 중 상위 순위

도표 3.1– 상위 10개국 혁신 국가

일치하지 않으며, 이것은 국민 국가에 대한 베스트팔렌 개념과는 근본적으로 다르다.

아이디어는 재생력이 있지만 어떤 환경은 발아와 성장에 더 도움이 된다. 그러나 세계경제포럼에 따르면, 세계에서 가장 혁신적인 국가들 중 7개가 작은 국가다. 하지만 혁신 개념은 정의하기 까다롭고 아이디어의 발상과 창출의 길은 대개 험난한 과정이다. 그렇다면 작은 국가들은 어떻게 그럴 수 있었을까? 리들리의 말처럼, 그들은 어떻게 아이디어의 재생산이 더 잘 일어나게 한 걸까? 그리고 어떻게 그런 역량을 유지할 수 있었을까? 이 장은 혁신의 본질을 깊이 살펴보고 이런 질문에 대답하려고 시도한다.

혁신의 본질

혁신은 쉽게 변하고 그 실체를 파악하기 어렵다. 노벨경제학상 수상자 프리드리히 하이에크는 경쟁의 본질은 결과를 예측할 수 없다는데 있다고 주장했다. 모든 사실을 파악하고 결과를 미리 안다면, 그 결과를 얻으려고 힘들게 노력해야 할 이유가 없을 것이다. 그는 말했다. "학문, 스포츠 경기, 시 분야의 영광스러운 상을 받은 사람을 이미 알고 있다고 상상해보라. 우리가 왜 그런 경쟁에 뛰어들겠는가?"(Hayek 1968년).

하이에크는 학문과 마찬가지로 자유 시장도 모험적 실험에 기초한다고 생각했다. 자유 시장은 그 자체에 맡겨두면 발견을 촉진하고 발견에 성공한 사람에게 보상하고 실패한 사람에게 벌을 내린다. 보상을 얻기 위한 경쟁을 통해 개선이 이루어지지만 최종 결정권자는 소비자다. 소비자는 냉정하게 각각의 비용과 편익을 계산한다. 과학자는 물론 성공적인 기업가는 다른 기업가가 못 보는 기회를 보는 사람들이다. 혁신은 다른 사람에 의해 활용될 수 있고 2등에게는 보상이 적거나 전혀 없을 수도 있기 때문에 선발주자는 결정적으로 유리하다. 따라서 이전에 아무도 하지 않은 것을 해야 한다. 그래서 혁신에는 보통 상당한 위험이 따른다.

혁신 비용이 높은 까닭은 근본적으로 "시행착오"에 기초하고, 보통 많은 시도가 필요하기 때문이다. 따라서 위험을 감수하고 많은 실패를 용인하는 성향이 필요하다. 노보 노디스크, 로슈와 같은 기업들은 유효성분을 찾는 실험에서 1만개의 분자 중 1개 미만이 미국 식품의약국 승인 약물이 된다. 네슬레와 같은 기업이 출시하는 신상품의 성공률은 3퍼센트 미만이다(Breiding 2012년).

혁신은 잠재적 패배자와 잠재적 승리자 간의 싸움이기 때문에 정치적이다. 니콜로 마키아벨리는 말했다. "새로운 질서를 도입하는 일을 앞장서 이끄는 것만큼 착수하기 어렵고, 실행하기 위험하고, 성공이 불확실한 것은 없다. 왜냐하면 혁신자는 구질서 아래서 이익을 누리던 모든 사람의 적이 되고, 새로운 질서 아래서 이익을 볼 수 있는 사람들로부터 미온적인 지지를 받기 때문이다." 혁신에 저항하는 사람들은 끝이 없다. 노동자들은 일자리를 잃을까 두려워한다. 정부는 조세 수입이 사라질까 우려한다. 공급자들은 주문처를 잃을까 두려워한다. 학자들은 신망을 잃을까, 투자자는 돈을 잃을까 두려워한다. 종합하면, 마키아벨리는 이 집단들이 어마어마한 저항세력임을 알았다. 네슬레의 고위 임원 중 누구도 네스프레소가 성공할 것이라고 믿지 않았지만, 지금은 이 회사에서 가장 높은 수익을 올리는 제품이다.

이런 유형의 저항을 극복하려면 인내심과 체력이 중요하다. 혁신자는 이런 엄청난 장애물을 극복하려면 처음부터 충분한 운동에너지를 갖고 있어야 한다. 현재 상태를 유지하려는 사람들은 대부분 반대론자들이다. 영국 유전학자 J. B. S. 홀데인은 혁신의 "4단계 수용"을 이렇게 설명했다(Haldane 1963년).

1. 이것은 쓸모없는 엉터리다.
2. 이것은 흥미롭지만 잘못된 시각이다.
3. 이것은 맞지만 그다지 중요하지 않다.
4. 내가 늘 그랬잖아.

그러나 때로 혁신은 엄밀히 말해 새로운 것이 아니다. 대중매체가 테슬라, 애플의 아이폰, 우버와 같은 놀라운 혁신에 찬사를 보내는 까닭은 그것들이 근본적인 해결책을 제시하는 소비재이기 때문이다. 혁신의 성적 매력을 고려하지 않는다면, 혁신은 보통 혁명보다는 점진적 진보에 더 가깝다. 대부분의 산업은 하나의 큰 발견이 아니라 많은 작은 발견을 통해 발전하는 특징을 갖는다. 얼마나 자주 아이튠즈나 어도비 소프트웨어를 업데이트하라고 요구받는지, 그리고 우리가 그것을 거의 알아차리지 못하는지 생각해보라.

"나는 최신 로봇 모델로 대체되지 않았습니다."
도표 3.2- 혁신 (자료: Banx)

오늘날 혁신은 릴레이 팀을 점점 더 좋아한다. 루이스 M. A. 베텐코트 등은 매년 특허권수가 계속 증가하지만 근본적으로 새로운 기술도입은 예전보다 드물다고 지적한다(Bettencourt et al. 2015년). 그들은 특허청 자료를 조사한 뒤 19세기 동안 미국에 등록된 특허권의 약 절반이 전구를 발명한 토머스 에디슨, 트랜지스터를 발명한 쇼클리 또는 고무타이어를 발명한 굿이어와 같은 단일 코드 발명이라고 밝혔다. 요즘 특허의 90퍼센트는 적어도 두 가지 특허권 코드를 결합한 발명이며, 이는 지금의 발명이 주로 여러 기술의 재결합을 통해 이루어진다는 것을 보여준다.

TSTF 국가: 혁신의 특성들

혁신은 과거의 결과가 축적되는 과정이고 다양한 측면이 결합되어 긍정적인 결과를 내기 때문에 표준적인 성공 비결을 찾기가 어렵다. 그러나 몇 가지 특성은 작은 국가들이 대부분의 다른 국가들보다 탁월한 혁신을 달성하는 이유를 설명하는데 유용하다.

첫째, 작은 국가들은 더 열심히 노력한다. 최고의 혁신 성공률을 달성한 국가는 GDP 대비 연구비 지출액이 가장 많다는 것은 놀라운 일이 아니다. 그들은 주사위를 더 많이 굴린다. TSTF 국가들은 혁신을 위한 재정수단을 갖고 있을 뿐만 아니라도 예산지출 방법도 더 잘 안다.

둘째, 앞장에서 언급했듯이 그들은 더 '개방적'이기 때문에 위협과 기회를 감지하는 고도로 민감한 레이더를 갖고 있다. 싱가포르는 혁신 국가로 특별히 유명하지 않지만 혁신이 일어날 때 그것을 포착하고 수용하는 뛰어난 감시체계를 갖고 있다. 몇몇 정부 부처에는 유망한 혁신을 탐색하는 '미래 부서'가 있다.

작은 국가들이 경제에 예민한 이유 중 하나는 그들의 취약성에서 비롯된다. 수출은 그들의 경제에 매우 중요하며 모든 유형의 경쟁력 저하는 국가 경제에 심각한 타격을 준다. 작은 국가의 수출은 OECD 평균의 세 배, 미국의 일곱 배다. 미국의 수출액은 1990년에 GDP의 9퍼센트에서 최근 12.5퍼센트로 증가했다. 이것은 미국 경제가

순위	기업하기 가장 좋은 국가 (1)	세계 혁신지수 (2)	GDP대비 연구개발 비중 (%)	백만 명당 연구개발 인력 (3)	세계 경쟁력지수 (4)	부패인식지수 (5)
1.	영국	스위스	이스라엘	이스라엘	스위스	덴마크
2.	스웨덴	네덜란드	한국	덴마크	덴마크	뉴질랜드
3.	홍콩	스웨덴	스위스	스웨덴	노르웨이	핀란드
4.	네덜란드	영국	스웨덴	한국	오스트리아	스웨덴
5.	뉴질랜드	싱가포르	일본	싱가포르	네덜란드	노르웨이
6.	캐나다	미국	오스트리아	아이슬란드	캐나다	스위스
7.	덴마크	핀란드	독일	핀란드	핀란드	싱가포르
8.	싱가포르	덴마크	덴마크	노르웨이	스웨덴	네덜란드
9.	호주	독일	핀란드	아일랜드	룩셈부르크	룩셈부르크
10.	스위스	아일랜드	미국	스위스	독일	캐나다

■ 인구 5천만 명 이상의 큰 국가
■ TSTF 국가
■ 인구 5천만 명 이하의 기타 작은 국가

도표 3.3 – 규모는 작지만 경쟁력은 더 큰 국가들

TSTF 국가들은 세계적 차원에서 다양한 중요한 지표 순위에서 상위 10위 안에 올라있다.
(자료: Forbes; INSEAD; World Bank; The World Economic Forum Competitiveness Report 2018; Transparency International CPI 2014)

세계무역의 엄청난 증가로 거의 이익을 얻지 못했다는 것을 말해준다(World Bank 2017년).

덴마크, 핀란드, 아일랜드, 이스라엘, 스위스와 같은 TSTF 국가들은 1990년부터 2016년 동안 무역 증가로 1인당 GDP가 매년 증가했으며, 영국과 미국의 2-3.5배 수준이었다. 덴마크 상공회의소 소장이자 전 덴마크 국회의원인 브라이언 미켈슨은 나에게 말했다. "1990년 이래로 덴마크가 무역으로 벌어들인 수입은 덴마크의 공공보건, 교육, 아동 돌봄 서비스와 관련된 총지출액을 능가하여 이를 충분히 감당할 수 있었습니다. 지금 덴마크는 세계에서 최고의 복지국가 중 하나입니다."

과학기술은 융합 학문의 특성을 갖기 때문에 지식을 공유할 필요가 있다. 이를 위해선 상호성과 신뢰가 필요하다. 사람들과 계속 반복적으로 거래할 가능성은 공정한 행동을 할 때 높아진다—우리는 나중에 사회통합의 중요성에 대해 논의할 것이다. 외국어를 구사할 수 있으면 이런 능력이 증폭된다. 스위스는 외국인과 논문을 함께 작성하는 공동저자 비율이 가장 높으며, 덴마크, 네덜란드가 그 뒤를 바짝 뒤따른다(Schneider and Sørensen 2015년).[*] 이것은 스위스 학자들이 전 세계의 최고 전문가들과 교류하고 있으며, 발명에 대한 제약이 적다는 뜻이다. 언어에 대한 태도는 세계 무역을

---

[*] 스위스의 학문 관련 출판물의 70퍼센트가 외국인이 공저자이며, 미국의 경우는 약 20퍼센트다. 다른 TSTF 국가들도 이와 비슷하게 비율이 높다—덴마크(62퍼센트), 네덜란드(60퍼센트), 스웨덴(62퍼센트).

촉진하며 국가가 국제무역에 자신을 개방하도록 도와준다. 퓨Pew연구보고서에 따르면 덴마크, 핀란드, 스웨덴, 스위스의 학생들의 80퍼센트 이상이 외국어를 구사하며, 이에 비해 미국 학생은 20퍼센트만 외국어를 할 줄 안다(Devlin 2018년).

셋째, TSTF 국가들은 경제 분야에서 서비스보다는 제품을 강조한다. 혁신에 더 비옥한 토양을 제공하는 것은 제품의 제조활동이기 때문이다. 서비스는 노동시간과 관련되며, 소득신고, 콜센터, 또는 법률적 계약을 더 빨리 또는 더 잘 할 수 있는 방법은 제한적이다. 의료기기, 컴퓨터 소프트웨어와 같은 제품들은 끝없는 혁신 가능성이 있고 지식재산권을 통해 경쟁력 우위를 지킬 수 있다

제조업은 세계화와 기술 발전의 영향으로 지속적으로 감소 추세에 있지만 가장 성공적인 TSTF 국가들은 꾸준하게 자신의 제조업 기지와 연구 허브를 유지하고 있다. 반면 더 크고 근시안적인 국가들은 자신의 제조업 기지와 연구 허브를 떠나보냈다. 미국과 영국의 GDP에서 제조업이 차지하는 비율은 1980년대 이후 43퍼센트와 52퍼센트 각각 감소했다. 반면 덴마크, 싱가포르, 스위스의 제조업은 13퍼센트, 27퍼센트, 25퍼센트 각각 감소했다(Wold Bank 2017년).

혁신의 대리지표인 특허출원 건수를 살펴보면 역시 선두를 차지하는 것은 TSTF 국가들이다. 예를 들어 스위스는 1인당 특허권수가 영국에 비해 10배, 미국에 비해 8배 더 많다. 하버드 케네디 스쿨 리카도 하우스먼 교수와 MIT 미디어랩의 세자르 히달고 연구원은 한 국가의 번영은 많은 기술역량과 다른 국가들이 할 수 없는 제품을 생산하는 능력에서 비롯된다고 주장한다. 그들은 '경제적

복잡성'이라는 국가 활력 측정지표를 만들었다. 예를 들어 세계적인 합성인슐린 공급사인 노보 노디스크는 덴마크 양조회사의 발효 전문기술과 돼지의 췌장(돼지 생산은 과거나 지금이나 덴마크의 주력 수출품이다)을 결합하여 관련 기술을 개발했다. 세계 최대 보청기 회사인 포낙은 스위스 시계산업의 배터리 기술을 이용하여 귀 뒤에 감출 수 있는 소형 보청기 설계에 성공했다. '경제적 복잡성' 지표의 상위 15개 국가 중 9개 국가들의 인구는 2천5백만 명 이하다.

넷째, TSTF 국가들은 위험을 받아들이고 장기적 관점을 채택하는 데 더 능숙하다. 개인적 차원에서 TSTF 국가의 시민들은 더 탄탄한 사회계약을 통해 혜택을 누리기 때문에 더 안정적이고 선택의 자유가 더 크다. 창업한 기업이 성공하지 못하면 실직하거나 중년에 새로운 직업을 찾아야 한다(덴마크, 네덜란드 또는 스위스에서는 일반적인 현상이다)는 생각은 다른 나라만큼 그렇게 두려운 일이 아니다. 곤경에 대한 두려움 때문에 내키지 않는 직업에 매달리는 것은 혁신의 방법이 아니다.

TSTF 국가들은 시민들이 위험을 감수하도록 응원한다. 그들은 신생 기업에 가서 일하거나 창업하여 성공할 수 있을지를 조사한다. 스웨덴에서는 모든 직원이 6개월 동안 일을 쉬고 자신의 사업을 시작할 수 있는 법적인 권리가 있다(Fleming 2019년). 스웨덴은 '유럽의 스타트업 수도'라는 별명을 갖고 있는데, 실리콘밸리 이외의 어떤 지역보다 클라르나Klarna, 스포티파이Spotify, 스카이프Skype와 같은 유니콘 기업(10억 달러 이상의 가치가 있는 성공적인 스타트업)이 더 많이 탄생하는 것은 놀라운 일이 아니다(Fleming 2019년).

    기업 차원에서 보면, 소유권에 관한 장에서 지적하듯이 기업 소유자들은 규모가 더 크고 더 열정적이며 장기적인 관점을 갖고 있다. 따라서 분기별 목표를 달성하라는 압력이나 주가를 끌어올리기 위해 자사주를 재매입하려는 유혹 때문에 장기적으로 기업에 좋은 선택에 집중하지 못하는 경우는 적다. 노보 노디스크, A. P. 몰러-머스크와 같은 덴마크의 가장 중요한 수출 기업들 중 다수는 재단이 영구적으로 소유하고 있어 기업을 경영하는 관점은 단기적이라기보다 장기적이다. 이와 대조적으로 미국은 S&P 500개 기업의 최고경영자 평균 근속연수가 5년이다. 이는 모든 연구계획이나 신제품 출시가 그들의 후계자의 실적이 될 가능성이 있음을 뜻한다. 우리는 어떤 인센티브 제도가 더 큰 혁신을 추구하게 만드는지 이해할 수 있다.

    정부차원에서 보면, 덴마크에 관한 장에서 보듯이 덴마크는 선구적인 사업을 발전시키기 위한 인센티브 정책을 통해 풍력 재생에너지와 더 저렴하고 깨끗한 클라우드 저장시설 분야에서 세계적 선도자가 되었다. 싱가포르는 톱다운 방식으로 자국 경제의 20퍼센트를 제조업에서 창출한다는 목표를 달성했다. 아일랜드 산업개발청IDA은 고임금 일자리 중심의 외국인 직접투자 유치금액에서 꾸준히 세계 선두를 달리고 있다. 이스라엘 정부의 기술부서인 혁신국IIA의 활동적인 책임자 아미 아펠바움 박사는 최첨단 기술 프로젝트를 발굴하여 추진한다. 2018년 IIA는 민간 부문과 매칭 투자 조건으로 920개 스타트업에 4억7천만 달러를 투자했다.

대학 차원에서 보면, 미국 MIT와 비슷한 위상이며 스위스의 가장 중요한 연구수행 기관인 스위스연방공대ETH 총장 랄프 아이홀러 교수는 과도한 시간 압박과 지나친 평가는 혁신을 가로막는다고 생각한다. 그가 나에게 말했다. "아시아 국가들이 모든 것에서 '핵심성과지표KPI'를 요구하기 때문에 연구자들은 실력 없는 사람으로 보이지 않으려고 위험이 적은 프로젝트를 선택합니다. 이러면 위험 감수가 불가피한 획기적인 혁신이 위축됩니다."

그러나 혁신은 올바른 사고방식과 돈만 있다고 되는 것이 아니다. 아이흘러는 "연구는 50퍼센트의 계획과 50퍼센트의 우연한 발견으로 이루진다."고 주장한다. 이제 TSTF 국가들의 가장 중요한 특성을 살펴볼 차례가 되었다—TSTF 국가의 다섯 번째 성공요인은 행운의 뜻밖의 발견을 받아들이는 태도이다.

뜻밖의 발견은 의도적으로 노력하지 않았지만 가치 있는 무언가를 발견하는 현상이다. 텔레비전 리모컨을 찾다가 소파 밑에서 잃어버린 양말을 찾는 것과 같다. 우리의 역사는 우연한 발견을 통한 혁신 사례로 가득하다. 예를 들어, 플레밍은 우연히 페니실린을 발견했고, 초콜릿 칩 쿠키도 우연히 발명되었다. 이런 생각은 하이에크의 '발견에 의한 경쟁' 개념 또는 리들리의 섹스에 관한 생각과 관련된다—최종 제품은 무언가 완전히 다른 것의 결과로 나타난다. 이것은 행복한 우연이다. TSTF 국가들은 이런 행복한 우연을 받아들이며, 실제로는 그런 일이 더 잘 일어나도록 환경을 만들고 육성하기까지 한다.

발견은 놀라움과 우연의 일치를 수반한다. 뜻밖의 연결과 연상을 격려하는 환경은 '뜻밖의 발견을 찾아가는 방법'에 필요한 더욱 생산적이고 혁신적인 토대를 만든다. 이 방법은 느슨하고 산발적인 연상이 구체적이고 규칙적인 연상보다 훨씬 더 낫다는 개념이다. 전 로잔 연방 공과대EPFL 총장 패트릭 애비셔는 프리츠커상을 수상한 일본 건축가 카주요 제시마와 류 니시자와가 롤렉스 학습센터 설계공모에서 당선된 것은 비계획적이고 우연한 만남의 가능성을 최적화했기 때문이라고 나에게 말했다. 그는 이렇게 말했다. "그 건물의 핵심은 인간이 아니라 뜻밖의 발견이었습니다."

도표 3.4-롤렉스 학습센터 카주요 세지마와 류 니시자와는 롤렉스 학습센터를 비계획적인 만남의 가능성을 높이는 방향으로 설계했다.(자료: Alain Herzog, EPFL)

코펜하겐의 자전거도로와 보행도로의 종합적인 설계를 도와준 얀 겔Jan Gehl은 이렇게 말했다. "아침에 자동차를 타고 지하주차장을 걷고 엘리베이터를 타고 21층으로 가는 식으로 매일 똑같은 패턴을 두 번 반복하는 사람들에 비해 시속 3킬로미터로 걸어갈 때 발견의 기쁨이 더 큽니다." 자전거는 일상적이고 비계획적인 대중적 교류를 촉진하지만 자동차는 한 장소에서 다른 장소로 이동시켜줄 뿐이다. 겔은 말했다. "주목은 삶을 경험하고 다른 존재와 새롭게 연결되는 데 반드시 필요합니다."

이와 마찬가지로, 제인 제이콥스는 「위대한 미국 도시의 죽음과 삶The Death and Life of Great American Cities」에서 이렇게 주장한다. "우연한 발견의 기쁨과 즉흥성은 도시를 살아 있게 만든다." 우리는 우연한 발견의 기쁨을 통해 사회와 관계를 맺으며, '깊은 관계를 맺거나' 친교를 나누지 않고도 '사람들 사이의 친밀, 존경, 신뢰의 그물망'을 만든다. 제이콥스는 1950년대 자동차 중심의 도시계획 정책에 대한 노골적인 비판자였다. 그녀는 대도시 생활의 일반적인 특징이 반복적인 통근—매일 똑같은 지하주차장에 주차하고 똑같은 엘리베이터를 타고 똑같은 사무실로 간다—인데, 이는 우연한 발견의 기쁨이 일어나는데 필요한 우연한 만남을 차단한다고 주장했다. 우리의 삶이 점점 디지털에 의존하면서 비슷한 관점을 공유하고 미리 정해진 피드백과 똑같은 반응을 표출하는 사람들과 교류할 가능성이 더 커지고 있다. 이런 환경은 관점의 다양성을 억제한다.

TSTF 국가들은 비슷한 압박과 제약을 당하는 경향이 있지만 그런 것들로부터 부정적 영향을 덜 받을 것으로 보인다. 이들은 규모가 작아 의사소통을 연결하는 선의 길이도 작기 때문에 신호 왜곡 가능성이 더 낮다. 나는 딜로이트가 주최한 코펜하겐 콘퍼런스에서 연설하고 그 뒤에 한 참가자와 대화를 했던 기억이 난다. 그녀가 나에게 말했다. "정치적으로 무언가에 대해 불만이 있을 경우 여기에 모인 거의 모든 청중이 국회의원을 개인적으로 알거나, 그렇지 않은 경우 국회의원과 밀접한 관계를 맺고 있는 사람을 압니다."

네트워킹 용어로 이것을 "협업 거리collaboration distance"라고 부른다. 세상의 모든 사람은 다른 어떤 사람으로부터 여섯 또는 일곱 걸음 떨어져 있다는 생각은 흔히 '6단계 분리이론'이라고 부른다. TSTF 국가에서 위의 예가 잘 보여주듯이 대부분의 사람들은 두 단계 이내로 연결되고 똑같은 사람을 더 자주 상대한다. 따라서 '가짜 뉴스'나 다른 형태의 왜곡된 정보가 지속될 가능성이 더 낮다. 언급된 왜곡 정보가 거부될 가능성이 더 높기 때문이다.

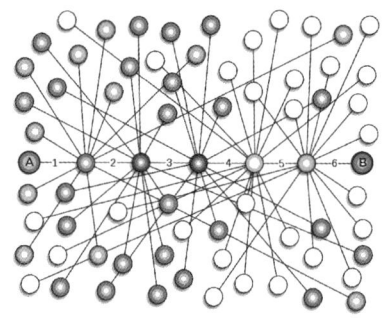

도표 3.5-6단계 분리이론 이 개념은 1929년 프리게스 카린시가 만든 용어로서, 1990년 존 구아레가 쓴 동명 연극을 통해 대중화되었다. (자료: Wikimedia Commons)

구조는 TSTF 국가들의 성공에 도움을 준 여섯 번째 요인이다. 니알 퍼거슨Niall Ferguson의 책 「광장과 타워The Square and the Tower」는 지금까지 등장한 네트워크 구조 대 위계적 계층구조의 상대적 강점과 약점을 비교한다. 그는 두 가지 형태의 구조가 나름의 이점을 갖고 있지만 네트워크 구조가 혁신의 측면에서 위계적 계층 구조보다 더 우수하다는 결론을 내린다. TSTF 국가들은 상대적으로 외부와 접촉하는 중심점과 아울러 수평적인 사회구조를 갖고 있어 외부인과 만날 기회를 더 많이 제공하고 아이디어가 '재생산될' 가능성이 더 크다. 위계적 계층구조는 명령체계를 통해 권력을 지키고 질서를 유지하는 데 더 낫다. 이런 구조는 새로운 아이디어를 자극하기보다는 새롭고 놀라운 것을 회피하기 위해 고안된다.

이스라엘에 관한 장에서 언급하듯이 이스라엘 군대와 스타트업계는 소속된 하급자들이 진정으로 더 나은 지식이나 개선을 위해서라면 상급자에게 대한 도전과 반대, 심지어 불복종까지도 장려한다. 네덜란드 직원들도 타당하지 않은 감독자들에게 도전하는 데, 이것은 미국인, 독일인, 일본인의 기준에는 시비를 거는 것으로 간주된다. 급변하는 지식기반 경제에서 혁신은 현재 상태를 맹목적으로 고수하는 것보다는 도전할 때 일어날 가능성이 더 높다.

TSTF 국가들은 흔히 구조적으로 더 평등하기 때문에 새로운 아이디어가 사회전반에서 더 폭넓게 생길 수 있다. 이것은 별로 중요하지 않은 것 같지만 실제로는 그렇지 않다. 시카고 대학 디어드레 맥클로스키Deirdre McCloskey는 그녀의 책「부르주아의 평등: 자본이나 제도가 아니라 아이디어가 세계를 어떻게 부유하게 하는가Bourgeois Equality: How Ideas, Not Capital or Institutions, Enriched The World」에서 산업혁명을 촉발시킨 것은 자본, 기술, 제도가 아니라 귀족들의 경멸과 성직자들의 비판과 농부들의 시기에 구애받지 않고 무역에 종사한 상인들의 능력이었다고 주장했다. 더 최근의 상황을 보면, 이민자에 대한 TSTF 국가들의 개방적인 태도에 대해 생각할 수 있다. 실리콘밸리, 취리히, 텔아비브의 일류 회사들은 대부분 창립할 때 적어도 한 사람의 외국인이 중심적인 역할을 한다. 여러 연구에 따르면 이민자는 위험을 더 많이 감수하는 경향이 있는데 이는 그들이 안전지대 밖에 있기 때문이다. 물론 이민은 런던, 팰로앨토의 성공 비결이었다―세르게이 브린, 일론 머스크, 지그문트 워버그를 생각해보라.

열린 마음을 갖는 것은 매우 중요하다. 아이흘러는 나에게 물었다. "최근 당신은 언제 마음을 바꾸었는가?" 그는 겸손하고 열린 마음은 대부분의 우리가 보지 못하는 '뭔가 중요한 것을 이해하거나 발견하는' 기회를 포착하는 소중한 촉매제라고 설명했다. 우리는 나중에 작고 성공적인 국가들의 공통적인 특징으로서 겸손에 대해 다룰 것이다. 겸손은 혁신 성향을 포함하여 많은 상황에서 유용하다. 개방적이고 거만하지 않은 마음은 모든 것을 알고 있다는 식의 오만한 태도보다는 혁신을 더 잘 성취할 수 있다.

열린 마음은 또한 학습될 수 있다. 나는 카이로 주재 스위스대사관에서 일하는 열정적인 외교관 사비나 레데라흐를 최근 만났다. 그녀는 대사관에 취업했을 때 지원자의 관심 분야에서 비롯된 기존 신념과 고정관념에 의도적으로 도전하기 위한 직원 배치가 처음으로 시행되었다고 나에게 말했다. 그녀는 아랍학 학사학위를 받은 뒤 이스라엘에 배치되었다.

아마도 가장 중요한 것으로, TSTF 국가들이 혁신적인

도표 3.6- 뜻밖의 발견의 기쁨! 유레카!

(자료: Banx)

까닭은 혁신으로 인한 보상을 받기 때문이다. TSTF 국가들의 높은 사회적 이동성은 개인의 사회적 지위 상승 기회가 더 많다는 뜻이다. 이것은 사람들이 분발하도록 더 큰 동기를 부여한다. 사회적 이동성이 낮거나 경직된 사회에서는 체념하거나 노력할 의욕이 꺾인다. 로스 레빈과 로나 루벤스타인은 2013년 논문에서 미국 기업가들의 공통적인 특성을 분석했다. 대부분의 기업가들이 백인, 남성, 고학력자들이었다. 레빈이 말했다. "가족의 유산형태로 물려받은 재산이 없으면 기업가가 될 확률은 상당히 낮습니다." 국가가 능력보다는 재산에 기초해 기업가가 되게 한다면 이것은 강점이 아니라 약점이다.

미래

기술혁신은 지금까지와 마찬가지로 앞으로도 계속 번영의 원천이 될 것이다. 자본주의는 경쟁을 통해 번영했다. 어떤 제품이 고객을 확보하려면 더 우수하고, 더 싸고, 또는 더 편리해야 한다는 뜻이다. 혁신은 번영의 사다리에서 매우 중요한 발판이다. (도표 3.7)은 국가의 번영과 혁신 역량 사이의 분명한 상관관계를 보여준다. 또한 TSTF 국가가 규모에 비해 훨씬 더 큰 혁신 성과를 올리고 있음을 보여준다.

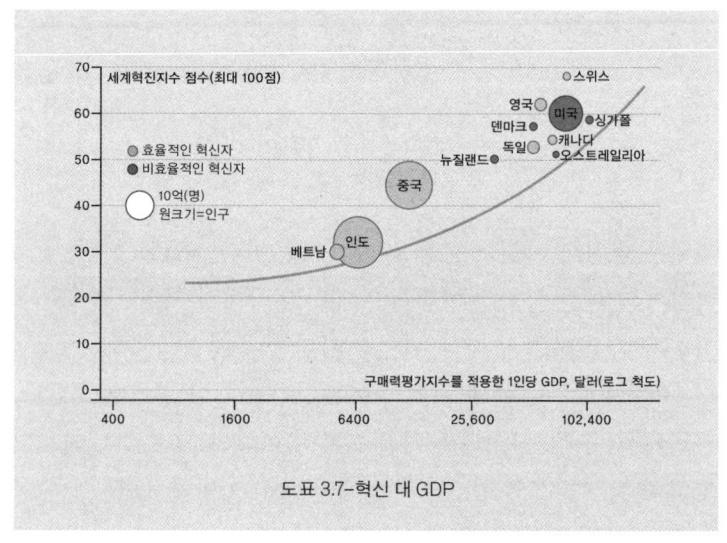

도표 3.7-혁신 대 GDP

이 도표는 국가의 번영과 혁신 역량 사이에 양의 상관관계가 있음을 보여준다. TSTF 국가들은 대부분의 국가보다 뛰어난 성과를 낸다. (자료: Mazzarol, 2013)

이런 결과가 발생한 이유는 많다. 혁신 국가들은 혁신에 더 많은 돈을 지출하고, 위협과 기회를 더 잘 파악하고(부분적인 이유는 국가가 취약하기 때문이다), 더 개방적이고 적응하려는 태도를 보이고(부분적으로는 사회의 네트워크 구조 덕분이다), 현재 상태에 도전하고, 서비스업보다는 경제적으로 바람직한 제조업을 선호하고, 위험을 더 많이 받아들이고 우연한 만남을 장려하고, 사회안전망을 보장하는 강력한 사회계약을 갖고 있다. 가장 중요한 것으로, 그들은 더 포용적이고 기업을 장려하고 기업의 혁신 활동을 보상한다.

일부 독자들은 이것을 지나치게 단순한 분석이라고 생각할 수도 있다. 어떤 독자들은 이런 내용을 읽고 팰로앨토, 시애틀의 일부 지역, 또는 런던 웨스트엔드의 헤지펀드 구역을 떠올릴지도 모른다. 아마 옳을 것이다. 하지만 여러 연구에 따르면 미국의 성공적인 스타트업들은 모두 샌프란시스코, 뉴욕, 보스턴의 반경 100킬로미터 이내에서 발생했다(Rachleff 2018년)— 런던의 경우도 마찬가지다. 이들은 충분히 폭넓은 지역인가? 충분한가?

무엇보다도, 혁신은 선도하는 것을 의미한다. 스티브 잡스는 한때 혁신하는 사람들은 추종자가 아니라 인도자라고 말했다. 그들은 새롭고 불확실한 것을 용감하게 시도해야 한다. 나는 TSTF 국가들이 많은 측면에서 먼저 미래에 도달했다고 주장한다. 그들은 한 번에 하나씩 혁신을 이루어냈다.

참고도서 및 추가 독서자료

Bergquist, K., C. Fink and J. Raffo. 'Identifying and Ranking the World's Largest Clusters of Inventive Activity'. WIPO, 2017. https://www.wipo.int/edocs/pubdocs/en/wipo_pub_gii_2017-chapter12.pdf.

Breiding, R.J. Swiss Made: The Untold Story behind Switzerland's Success (London: Profile Books, 2013).

Devlin, K. 'Most European students are learning a foreign language in school while Americans lag'. Pew Research Center, 2018. https://www.pewresearch.org/fact-tank/2018/08/06/most-european-students-are-learning-a-foreign-language-in-school-while-americans-lag/.

Ferguson, N. The Square and the Tower: Networks, Hierarchies and the Struggle for Global Power (London: Allen Lane, 2017). 「광장과 타워: 프리메이슨에서 페이스북까지, 네트워크와 권력의 역사」(21세기북스).

Fleming, S. 'Sweden gives all employees time off to be entrepreneurs'. World Economic Forum, 2019. https://www.weforum.org/agenda/2019/02/sweden-gives-all-employees-time-off-to-be-entrepreneurs/.

Groth, A. 'Entrepreneurs don't have a special gene for risk–they come from families with money'. Quartz, 2015. https://qz.com/455109/entrepreneurs-dont-have-a-special-gene-for-risk-they-come-from-families-with-money/.

Haldane, J.B.S. 'The Truth About Death' in Journal of Genetics, vol. 58 (1963): p. 464.

Hayek, F. 'Competition as a discovery procedure'. Translated by M.S. Snow. The Quarterly Journal of Austrian Economics, Vol. 5, No. 3 (2002): pp. 9–23. https://mises.org/sites/default/files/qjae5_3_3.pdf.

Hidalgo, C.A. and R. Hausmann. 'The building blocks of economic complexity'. PNAS, 2009. https://

doi.org/10.1073/pnas.0900943106.

Jacobs, J. The Death and Life of Great American Cities (London: Pimlico, 2000). 「미국 대도시의 죽음과 삶」 (그린비).

Levine, R. and Y. Rubinstein. 'Smart and illicit: who becomes an entrepreneur and do they earn more?' NBER Working Paper Series, 2013. https://www.nber.org/papers/w19276.pdf?new_window=1.

Machiavelli, N. The Prince. Translated by N.H. Thomson (Campbell, CA: FastPencil, 2010). 「군주론」(더클래식).

Mazzarol, T. 'At the bottom of the top, Australia and the 2013 Global Innovation Index'. The Conversation, 2013. https://theconversation.com/at-the-bottom-of-the-top-australia-and-the-2013-global-innovation-index-16246.

McCloskey, D. Bourgeois Equality: How Ideas, Not Capital or Institutions, Enriched the World. (Chicago; London: University of Chicago Press, 2016).

McKenna, J. 'South Korea and Sweden are the most innovative countries in the world'. World Economic Forum, 2018. https://www.weforum.org/agenda/2018/02/south-korea-and-sweden-are-the-most-innovative-countries-in-the-world/.

Rachleff, A. 'The 2019 Wealthfront Career-Launching Companies List'. Linkedin, 2018. https://www.linkedin.com/pulse/2019-wealthfront-career-launching-companies-list-andy-rachleff/.

Schneider, J.W. and M.P. Sørensen. 'Measuring research performance of individual countries: the risk of methodological nationalism'. 2015. https://pure.au.dk/ws/files/90990388/1bcd2793_df8a_42bc_92b8_722449962a7e.pdf.

Weissmann, J. 'Entrepreneurship: the ultimate white privilege?'. The Atlantic, 2013. http://www.theatlantic.com/business/archive/2013/08/

entrepreneurship-the-ultimate-white-privilege/278727/.

World Bank. 'Exports of goods and services (% of GDP)'. World Bank Group, 2017. https://data.worldbank.org/indicator/NE.EXP.GNFS.ZS.

World Bank. 'Manufacturing, value added (% of GDP)'. World Bank Group, 2017. https://data.worldbank.org/indicator/NV.IND.MANF.ZS.

Youn, H., D. Strumsky, L.M.A. Bettencourt and Jose Lobo. 'Invention as a combinatorial process: evidence from US patents'. Journal of the Royal Society Interface, vol. 12, no. 106 (2015). https://doi.org/10.1098/rsif.2015.0272.

대담 및 인터뷰
브라이언 미켈슨, 얀 겔, 패트릭 애비셔, 랄프 아이흘러, 사비나 레데라흐

4장 겸손의 가치

대조적인 겸손
존 맥켄로(좌측)와 로저 페더러(우측)—
테니스계의 대조적인 스타일은 사회규범에 의해 형성된다.

도널드 트럼프의 널리 알려진 슬로건 '미국을 다시 위대하게'는 대중의 지지를 끌어내 마침내 2016년 미국 대통령 선거에서 승리를 거두는데 일조했다. 우리에게 깊이 각인된 애국심에 호소하는 것은 트럼프만이 아니다. 애국주의의 사례들은 전 세계에서 볼 수 있다. 하지만 역사는 자부심과 오만이 약간의 차이 밖에 없다는 것을 일깨워준다.

지금까지 언급한 TSTF 국가들의 장점은 보다 전통적이고 직관적인 요소였다—더 우수한 교육제도, 무역개방, 낮은 정부 부채수준, 제조업과 혁신에 대한 더 큰 강조. 이런 요소들은 매우 명확하며 주목할 만한 정도로 두드러진다. 그러나 겸손과 같이 구체적이지 않고 미묘한 요소의 가치를 어떻게 계량적으로 파악할까? 그리고점점 더 많이 연결되고 경쟁적인 세계에서 겸손은 뚜렷한 이점을 제공할까?

이 장에서는 겸손modesty이 성공을 거둔 작은 국가의 고유한 특징이라고 제안한다. 그런 다음 겸손이 집단 차원과 개인 차원에서 제공하는 이점에 대해 논의한다.

국가의 정체성은 예외 없이 사회적으로 형성된다. 각 국가는 저마다 독특한 발전의 산물이다. 그 과정에서 전통이 확립되고 성취가 인정되며 사회규범에서 벗어나는 것들은 처벌된다. 각 사회는 그 사회가 열망하는 동화 이야기와 영웅 모델을 전파한다.

국가적 서사는 종종 전쟁을 특징으로 하는 역사를 통해 형성되었다. 삶과 죽음, 그리고 '우리' 대 '그들'이라는 의식을 깊이 각인시켜준 대대적인 파괴를 포함한 대립적 갈등이 오래 동안 반복적으로 발생했다. 명망 있는 군사 역사학자 찰스 틸리Charles Tilly는 말했다. "전쟁은 국가를 만들었고 국가는 전쟁을 일으켰다." 사실, 최근까지 한 세대가 멀다하고 전쟁이 계속 반복되었다. 이런 정복 게임을 벌여 성공한 국가들은 전승국의 권리를 얻고 자랑스러워했다. 로마 제국, 알렉산더 대왕, 대영제국, 구소련을 생각해보라.

그러나 전쟁은 민주주의의 확산과 상업 무역이 증가하면서 점차 줄어들었다. 갈등을 외교적으로 해결할 경우 얻는 인센티브가 커지고 반면 전쟁을 할 경우 감당해야할 비용이 커졌다. 코넬대학의 존 뮬러는 「전쟁이 남긴 것The Remnants of War」에서 전쟁이 급격히 감소했으며 대체로 더 이상 정복수단이 아니라고 지적한다. 하버드대 스티븐 월트는 말한다. "미국은 2차 세계대전 이래로 국방 분야에 약 300조

달러의 세금을 지출했지만 영토, 전략적인 항구, 또는 석유와 같은 귀중한 자연자원에 대한 권리를 크게 추가하지 못했다."

TSTF 국가들은 이러한 막대한 비용이 소요되는 정복 전쟁에 참여하지 않았거나, 했더라도 곧 물러났다. 하버드대 스티븐 핑커 교수는 나에게 말했다. "덴마크, 네덜란드, 스웨덴은 제국주의의 길을 걸었지만 곧 위대한 국가를 추구하는 정복 전쟁 게임에서 벗어나 자신의 장점을 추구했다." 16세기 칼마르 동맹(덴마크, 스웨덴, 노르웨이의 국가연합—옮긴이) 시기, 덴마크는 스칸디나비아, 아이슬란드, 독일의 발틱해 연안 지역을 모두 지배했다. 코펜하겐 경영대 정치학 명예교수 오베 카즈 페데르센Ove Kaj Pedersen은 수많은 전쟁에서 패하고 영토를 정복자에게 내준 뒤 패배한 사람들이 겪은 고통과 굴욕감은 덴마크 인들에게 소박과 겸손이라는 의식을 심어주었다. 네덜란드, 포르투갈, 스웨덴은 제국주의적 정복에 이어 축소(또는 현대 역사책에서 널리 홍보되는 '적절한 국가 규모')되는 비슷한 과정을 밟았다.

아일랜드인의 겸손 의식은 그들의 독특한 경험을 통해 형성되었다. 수세기 동안 아일랜드는 대영제국에 대해 피해의식과 열등감을 느꼈다. 훨씬 더 큰 이웃국가인 영국은 물리적 지배를 통해 아일랜드를 예속하지 않을 땐 오만과 조롱으로 아일랜드의 취약한 자부심에 상처를 주었다.

네덜란드, 스위스, 스코틀랜드와 같은 작은 국가들에서 배태된 종교개혁은 겉치레를 금하고 겸손을 장려했다. 겸손은 유대인들의 일반적인 문화적 특성이 아니었지만, 그들은 수천 년 동안 박해를 당하면서 겸손이 그들의 영혼에 깊이 새겨졌다.

국가의 기원과 별개로, 국가 규모와 겸손의 상관관계는 분명히 존재하는 것 같다. 도널드 트럼프, 쥐스탱 트뤼도, 또는 에마뉘엘 마크롱의 몸짓과 스위스 대통령 우엘리 마우러(그의 이름을 아는 사람도 별로 없다)의 몸짓을 비교해보라. 스포티파이를 설립한 스웨덴인 대니얼 에크가 단상에서 말하는 방식과 이를 테면 우버의 전 최고경영자 미국인 트래비스 칼라닉의 연설 방식을 비교해보라. 아주 유명한 스위스 테니스 스타 로저 페더러가 승리했을 때, 또는 특히 그가 패배했을 때 취하는 행동을 생각해보라.

사회적 차원

겸손은 사회적 차원에서 어떤 기여를 할 수 있을까?

첫째, 더욱 겸손할수록 갈등이 줄어든다. 작은 국가는 세계무대에서 지정학적 경쟁을 피함으로써 얻는 이점을 배웠다. 그래서 엄청난 군사비를 지출하고 그 효과를 입증하려는 유혹에서 벗어났다. 캐나다 출신 스티븐 핑커는 이렇게 지적한다. "갈등이 신뢰와 장기적인 상호주의와 관련될 때, 갈등에 따른 비용은 싸워서 얻는 편익을 거의 항상 능가한다." 그래서 TSTF 국가들은 무형적인 영향력인 소프트 파워 soft power에 강하게 되었다. 그들은 타국을 침략하지 않고 협상과 관용으로—강요와 금전적 보상, 정부 명령이 아니라—갈등을 해결하여 자신의 목적을 달성하는데 능숙하다. 그들은 또한 관용을 통해 목적을 달성했다. <파이낸셜 타임스>의 재치 있는 언론인 사이먼 쿠퍼는 이렇게 썼다. "네덜란드가 1602년 동인도회사를 설립한 이래 그들은 마음에 들지 않는 상황도 참고 누구와도 사업을 하는 법을 배웠다. 세계를 상대로 무역을 하는 작은 국가는 이익을 중시하는 현실적인 사고방식을 터득한다."(Financial Times 2018년)

둘째, 겸손은 불평등의 부정적 효과를 완화하는 데 도움을 준다. 여러 연구에 따르면, 범죄, 경기불황, 사회적 지위 불안, 신뢰와 사회적 이동성의 부재에서 비롯된 사회적 역기능은 타인을 경시하는 시각이 증가할 때 악화된다. 이것은 가장 부유한 사람들과 가장 가난한 사람들 간의 격차가 더 큰 사회에서 가장 잘 나타난다.

덴마크계 노르웨이인 작가 악셀 산데모세는 사회가 더 평등할수록 더 강해진다는 것을 알았다. 그는 1933년 자신의 소설 「도망자는 그가 갔던 길을 건넌다A Fugitive Crosses His Tracks」에서 일반적인 스웨덴 사람들의 사회적 지위 격차가 어떻게 감소했는지 체계적으로 보여주었다. 이 책은 얀테라는 전형적인 덴마크 시골 출신인 한 선원의 삶을 추적한다. '얀테의 법칙'은 10가지 원칙—같은 주제의 변형 형태—을 상세히 언급하는데, 이것은 스칸디나비아 문화를 보호하는 '얀테'의 방패'가 된다. 매우 중요한 원리는 공동체를 개인보다 앞세우며 과시하거나 자랑하지 않는 것이다.

첫 번째 법칙은 "당신은 자신을 특별한 사람이라고 생각해서는 안 된다."이다. 그 다음 자신이 남들보다 '더 똑똑하고, 더 낫고 또는 더 중요하다.'는 인상을 주어서는 안 된다고 조언한다. 이런 인격적 특징은 특히 도시 지역에서 미약해지고 있긴 하지만 공동체의 가치를 개인의 가치보다 우선시하는 사회규범의 기본요소가 된다.

겸손은 소셜 미디어 세계 어디에서나 곤경에 처해 있다.

자신의 중요성에 대한 끝없는 광고는 '가진 사람'과 '가지지 못한 사람' 사이에 시기, 울분, 분노를 유발한다. 여러 연구에 따르면, 사회적 지위에 대한 위협은 가장 큰 스트레스를 유발하고, 우리의 행복 또는 불행은 다른 사람들과 비교해 나의 생활수준을 어떻게 생각하는가에 달려 있다. 그래서 얀테는 일종의 중세 시대의 스칸디나비아 묘약처럼 보인다. 얀테는 자만의 유혹을 억제하고 사회통합의 유익을 가져온다. 이처럼 '나' 대신 '우리'를 지향하는 성향은 사회규범이 개인의 행동을 통제하는데 더 효과적이다. 사회규범 덕분에 치안 유지 및 단속에 따른 비용과 성가신 일들이 수반되는 규제의 필요성이 감소한다.

공동체 우선주의는 또한 경쟁 대신 협력을 장려한다. 유니레버의 네덜란드인 최고경영자 폴 폴먼이 나에게 말했다. "네덜란드는 규모가 작고 생활 조건이 친밀하기 때문에 개인들은 공동체를 더 고려해야 합니다." 그는 또한 TSTF 국가의 특징인 취약성에 대해 언급한다. 네덜란드 사람의 절반은 해수면 아래나 약간 위에 거주하며, 수백 년 동안 세대마다 큰 홍수가 발생해왔다. 네덜란드 국토의 많은 부분은 이른바 제방을 쌓고 바다를 메워 간척지로 만든 저지대인 해안 간척지다. 이 간척지에 이 나라의 가장 큰 도시 중 몇 개가 건설되어 있다. 폴먼은 말한다. "임박한 홍수의 위협 탓에 공동체 구성원들은 자신을 보호하기 위해 협력해야 하며, 그 결과 공동체 의식과 공동 목적이 개인의 이익을 우선하게 됩니다."

데이비드 슬로안 윌슨과 노벨경제학상(2009년)을 받은 유일한 여성인 고(故) 엘리노어 오스트롬은 인류학적 관점에서

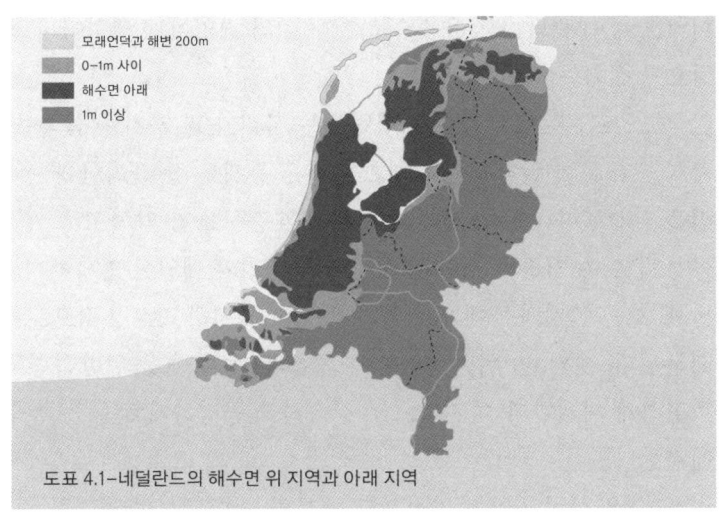

도표 4.1-네덜란드의 해수면 위 지역과 아래 지역

네덜란드 국토의 절반이 해수면 아래이거나 약간 높으며, 그린 덧에 홍수가 잦다. 이런 상황은 사회통합을 이루는데 도움이 된다. (자료: Simon, 2010)

볼 때 무엇이 집단을 강하게 만드는지 밝히려고 노력했다(Wilson 2019년). 무엇보다 인간은 최근 2백만 년 동안 소규모 집단 속에서 서로 협력하고 배우면서 사냥꾼과 채집자로서의 능력을 발전시켰다. 개인들이 협력하면 다른 집단—예컨대 기업이나 축구팀—을 더 효과적으로 이길 수 있다. 다윈주의 관점에서 보면, 협력 문화는 정직, 책임, 상호성, 영웅주의와 같이 신뢰와 통합을 개선하는 미덕을 갖추고 있을 때 더 오래 존속하고, 더 많이 확산된다.

도전 과제는 '공유지의 비극'과 '무임승차' 문제를 해결할 방법을 찾는 것이다. 이런 문제들은 '나'가 '우리'를 질식시킬 때 발생한다. 공동시설과 목초지는 명확한 규칙이 없으면 흔히 과도하게 사용되거나 경시된다. 한 구성원이 불공정한 이익으로 간주되는 것을 획득하거나 여러 편익이 호혜적이지 않으면 신뢰는 깨진다.

오스트롬은 효과적으로 협력하는 사회가 몇 가지 핵심적인 사회구조 설계 원칙을 준수함으로써 공동체를 잘 관리한다는 점을 발견했다—첫째, 사회의 위계적 계층구조가 약하고 공동체 소속 기준과 소속된 사람들의 권리와 책임이 명확하다. 둘째, 모든 관계자들에게 편익과 비용이 공평하고 포용적으로 배분된다. 셋째, 법 위반행위를 단속한다. 넷째, 법을 위반하면 적절하게 제재한다. 마지막으로 신속하고 공정하게 갈등을 해결한다.

윌슨은 사람들이 단기적으로 체류하는 대도시나 엄격한 계층구조가 나타나는 농업사회나 중공업 중심 사회에서는 이런 사회구조 설계 원리를 적용하기 어렵다고 생각했다. 그는 노르웨이를 '지구촌을 위한 청사진'으로 간주했지만, 이런 관점을 확대하면 비슷한 TSTF 국가들이 포함될 수 있을 것이다.

이런 국가에는 겸손과 공동체 이익에 대한 인식이 기업을 포함한 사회 전반에 스며있다. 이케아 설립자이자 세계 최고 부자 중 한 사람인 잉그마르 캄프라드는 비행기를 탈 때 이코노미 클래스 좌석을 이용하고 자동차는 10만 킬로미터 이상 달린 볼보 스테이션왜건을 타고 다녔다. 그는 이익이 자신보다는 소비자에게 돌아간다고 공급자들이 느낄 때 그들과 더 효과적으로 거래할 수 있다고 생각했다. 네덜란드와 덴마크의 왕실 사람들은 일반 시민들과 같은 여정을 공유하려고 예전부터 공립학교에 다닌다. 스위스의 유명한 금융가의 일원인 한스 베어는 보통 수준의 똑같은 녹색 아우디

차량 두 대를 갖고 있었는데, 사람들은 그가 한 대의 차량만 갖고 있는 걸로 생각했다. 내가 네슬레 이사회 의장 폴 불케에게 네슬레에서 일하는 것과 예를 들면 프록터 앤 갬블Procter & Gamble에서 일하는 것의 차이는 무엇인지 묻자 이렇게 대답했다. "네슬레에서는 아침에 공장의 전등을 켜는 직원이든, 가장 수익성이 좋은 사업 부서를 맡은 직원이든 모든 직원을 똑같이 존중과 품위를 갖고 대합니다."

이런 존중의식 덕분에 사회뿐만 아니라 작고 성공적인 국가에서 공적인 논쟁과 거래 과정에서 더 높은 수준의 예의가 나타나는지도 모른다. 미국과 영국에서 사회적 이슈에 대해 숙고보다는 개인적 공격에 대한 신랄함과 적대감의 수준이 너무 높아서 더 발전된 시민 사회의 많은 시민들은 어떻게 공익을 도모할 수 있는지 상상하기 어려울 정도다.

림분헹Lim Boon Heng이 1948년에 태어났을 때 싱가포르는 만신창이 상태였다. 싱가포르는 패배한 일본의 점령에서 막

"그래. '이것을 당신보다 더 나은 나의 삶' 사이트에 올리자."
도표 4.2– 소셜 미디어 행태 (자료: Banx)

해방된 상황이었고, 제대로 작동하지 않는 대영제국의 통치권 아래에 있었다. 싱가포르는 우리 세대에서 가장 성공적으로 국가를 건설한 나라가 되었다. 이 국가의 1인당 GDP는 건국 당시 최저 생활수준(1인당 428달러) 이었지만 지금은 약 6만 달러로 영국, 일본, 미국을 능가한다 (World Bank 2017년). 내가 테마섹 싱가포르Temasek Singapore 이사회 의장이며 세계 최대 국부펀드 중 하나를 맡고 있는 림분헹의 사진을 페이스북에 올리자 나의 룸메이트가 이런 댓글을 달았다. "그는 2,750억 달러를 관리한다는데 더 나은 양복을 살 여유가 없는 거야?"

싱가포르의 성공을 뒷받침하는 결정적인 요인들 중 하나는 능력주의에 대한 신념으로서 지위가 아니라 능력이 있는 사람들에게 보상하는 것을 말한다. 이런 유형의 사회에서 중요한 것은 겉모습이 아니라 실질이다.

사람의 겉모습 또한 사회가 엘리트주의적인지, 평등한지를 보여준다. 덴마크, 이스라엘, 스위스, 싱가포르의 고위관리자, 정부와 기업의 수장들의 겉모습에서 특별한 차이를 확인하기가 훨씬 더 어렵다. 스위스 산업의 상징 울리히 브레미는 냉장고 배달원처럼 보일 수도 있다. 순자산이 600억 달러가 넘는 이케아 설립자 잉그마르 캄프라드의 겉모습만 보면 목수로 오해할 수 있다. 이런 사회에서 패션은 성취보다는 허세와 더 밀접한 관련이 있다고 느낀다.

이런 태도는 특정 성gender이나 젊은 세대에만 국한된 것이 아니다. 대중문화에서 여성을 대상화하는 것은 상당한 비난의 대상이며 문화적 규범은 두 성이 서로 존중하는 관계임을 강조한다. 이런 사회의 여성이 다른 국가의 여성보다 더 많은 연봉을 받고 더 책임 있는 직위로 승진하는 것은 우연의 일치일까? 스칸디나비아와 이스라엘의 청년들이 추구하는 패션 트렌드인 합리적인 가격, 단순하고 편안한 실용적인 스타일, 경쾌하고 차분한 분위기가 세계적으로 유행하고 있다. 스웨덴 의류체인 에이치앤엠H&M은 자산 가치가 2천억 달러 이상으로 이러한 사회적 특성을 활용하는 성공적인 기업이다.

덴마크에는 엘리트 교육과 고급, 영재 또는 수재 프로그램이 없다. 왕자인 프레더릭의 자녀들은 일반 시민들과 똑같은 공립학교에 다닌다. 오베 카즈 페데르센 교수가 나에게 말했다. "덴마크 어린이들은 모두 10년 동안 똑같은 학교에 다니면서 가치관, 공통의 정체성, 기회의 평등을 함께 나눕니다." 아이들은 모둠형태로 공부하며, 한 아이가 다른 아이보다 어떤 과목에서 더 잘할 경우 그 아이가 뒤처진 다른 아이들을 도와주게 한다. 학생들은 8학년까지 성적표를 받지 않으며 15세나 16세가 될 때까지 표준화된 시험이 거의 없다. 핀란드 교육 전문가 파시 살베리Pasi Sahlberg가 말한다. "아이들의 일은 노는 것입니다." 아이들에게 성공이 제로섬 게임이 될 필요는 없다는 생각을 심어준다―상대방이 승리하기 위해 내가 반드시 패배자가 될 필요는 없다.

이것을 미국, 영국, 중국, 한국, 일본의 치열한 경쟁과 비교해보라. 이들 국가의 아이들은 최고 학교의 선두 자리를 놓고 치열하게 경쟁한다. 뿐만 아니라 어린 학생들은 '전부 아니면 전무' 방식의 입학시험에서 최고 점수를 얻으려는 경쟁 때문에 스트레스를 받는다. 이런 경쟁 문화는 운 좋게도 선두를 차지한 학생들에게 어떤 영향을 미칠까? 16세 때 「이튼 연대기Eton Chronicle」를 쓴 어린 보리스 존슨은 사립학교를 단호하게 옹호한다. "있잖아요. 인간에게는 선택의 자유가 있으니 그걸 사용해요. 그러면 자녀에게 가장 중요한 것, 즉 자신이 중요하다는 인식을 심어줄 수 있어요"(Mount 2019년).

덴마크 학교에서는 아이들의 사회적 생활을 가장 중요한 것으로 여긴다. 아이들에게 친구가 있는가? 그들은 잘 어울리면서 수업시간에 다른 아이들과 함께 공부할 능력이 있는가? 학교에 가고 싶어 하는가? 아이들이 학교를 즐겁게 다닐 때 학업의 성공도 이루어질 것이라고 생각하는 것이다. 스칸디나비아 학교 제도가 느슨하다고 생각하면 잘못이다. 덴마크의 교육 수준은 세계 최고이며, 핀란드의 학생들은 수학과 읽기 분야에서 가장 높은 피사 점수를 받았다. 덴마크 교육제도는 높은 수준의 독립적인 생활을 장려한다. 덴마크 아이들은 10세가 되면 보통 혼자서 학교에 간다.

개인적 차원

겸손은 집단적 차원의 편익에 더하여 개인적 차원에서도 중요한 유익을 제공한다. 우리가 자신을 덜 진지하게 받아들일 때 삶이 더 쉬워진다. 자신의 브랜드를 만들어 페이스북, 인스타그램, 트위터에서 쉼 없는 홍보활동을 통해 이미지를 제고하려면 큰 대가를 치러야 한다. 삶이 조건반사적인 시스템과 약간 비슷하게 되고 있다. 우리는 세상에 전송한 내용을 기록하고 어떤 반응이 오는지 열심히 기다린다. 어떤 사람들은 자신이 가장 바라는 목적을 성취하기보다 자신을 포장하여 드러내는데 대부분의 에너지를 소진하는 것 같다. 이런 행위는 우리를 괴롭히고 싶거나, 우리가 세상으로부터 받는 인정을 비하하고 싶은 사람들로부터 시기와 비난을 불러일으킬 수 있다. 워런 버펫이 신뢰하는 파트너 찰리 멍거는 이렇게 말했다. "시기는 당신이 어떤 기쁨도 누릴 수 없는 유일한 죄다." 하지만 그럼에도 사회가 사회적 지위를 중요하게 여기는 것에 비례하여 시기도 널리 퍼져 있다.

우리가 자기 브랜드를 덜 강조하면 서로 소통하고 공감하는데 도움이 된다. 모든 사람이 계속 자신을 드러내기만 하고 타인을 경청하지 않는다면 양쪽 다 제대로 소통하기 어렵다. 휴대폰과 카메라를 끌 때 우리는 진짜 중요한 것―일, 가족, 친구, 취미 등―에 집중할 수 있다.

겸손은 또한 좋은 현실 점검수단이다. 자신의 한계와 약점을 알고 그에 따라 행동하면 자신을 과대평가하지 않고 더 바람직한 결과를 내기 쉽다. 다른 사람에게 자신을 투사하거나 다른 사람보다 자신이 더 우월하다는 것을 보여주려고 애쓰지 않는 사람들이 더 많은 협력자를 끌어들이고, 시기, 멸시 또는 분개심을 덜 불러일으킬 것이다. 이럴 때 우리는 현실에 더 주의를 기울여 능숙하게 더 나은 판단을 내리고, 그 결과 성공을 거둘 가능성이 더 높아질 것이다. 또한 타인의 이해관계를 신중하게 고려할 가능성이 높아져 다른 사람을 공격하거나 갈등을 일으킬 가능성이 낮아진다.

마크 저커버그는 수년 전 그의 새해 결심이 "매일 페이스북 밖에서 새로운 사람을 한 사람씩 만나는 것"이라고 밝혔다(Carlson 2013년). 작은 국가의 최고경영자, 이사회 의장, 성공적인 기업가들은 대부분 사회 각계각층의 사람들을 계속 만난다. 그들은 대중교통을 타고 지역 학교 이사회에 참석하고 지역 식료품 상점에서 물건을 사거나 동네 레스토랑에서 식사를 한다. 내가 덴마크의 선도적인 제약회사 노보 노디스크의 최고경영자 라스 프루어가르드 요르겐센을

만났을 때 그는 자신의 사무실조차도 없었고 걸어서 나를
승강기까지 배웅했다.

    이것과 세계경제포럼이 열리는 다보스의 벨베데레 호텔을
비교해보라. 이 포럼에 참석하는 프랑스, 미국, 중국, 러시아
기업의 최고경영자들은 경호원, 언론인, 수행원들에게
둘러싸인 채 자신의 중요성과 탁월함을 홍보한다. 어떤 사람이
우리가 살고 있는 세상과 더 잘 어울리는가?

<u>결론</u>

요약하자면, 비록 구체적으로 측정하기 어렵지만 겸손은
사회와 개인에게 다양하고 소중한 특성들을 제공한다. 다른
국가들보다 더 나은 성과를 올린 작은 국가들이 특별한
우위를 보이는 까닭은 사회적 지위의 격차가 상대적으로 작기
때문이다. 따라서 이런 우위는 모든 이들이 추구할 수 없는
그림의 떡이 전혀 아니다.

    과학자들이 '겸손'을 발현하는 유전자를 발견하지
못했다는 점을 꼭 유의할 필요가 있다. 겸손은 역경(전쟁),
필요(공동체), 경험(성공)에서 우연히 생겨난 특성이다. 이와
같이 겸손은 타고난 특성이라기보다 외부로부터 주어진다.
다시 말하지만 오베 카즈 페데르센이 나에게 말했다.
"덴마크의 비결은 과시하지 않고 지적 능력 향상에 힘쓴
덕분이다."

    앞서 지적했듯이, 다행스럽게도 세계는 거리 비용의 감소와
더 높은 연결성으로 인해 더 협력적이고 덜 적대적이게 될
것이다. 따라서 겸손이라는 이 미묘한 특성은 앞으로 더
소중해질 것이다. 사람들은 그들이 좋아하고 신뢰할 수 있는

상대를 더 선호한다―당신의 미래 파트너가 거만하거나 국수주의적이라면 협력하기 어렵다.

겸손은 점증하는 기술 지상주의의 급속한 확산과 그에 따른 파괴를 막는 방패가 될 수 있다. 우리는 스마트폰 덕분에 삶의 매순간을 온갖 자극으로 채울 수 있다. 스마트폰은 현기증이 날 정도로 많은 선택지를 제공하여 삶에서 지루함을 없애고, 그 대신 즉각적인 만족과 사회적 지위에 대한 끝없는 자화자찬으로 채운다. 우리는 휴대폰에서 보이는 내용이 우리가 드러낸 선호를 강화하고 광고를 최적화하고 우리의 중독을 이용하도록 설계된 알고리즘에 의해 점차 결정된다는 사실에는 신경 쓰지 않는다. 퓨 연구센터는 사람들 중 거의 절반이 스마트폰 없이 살 수 없다고 밝혔다(Anderson 2015년).

수많은 선택지를 제공하는 기술 덕분에 얄궂게도 우리가 선택지를 택할 필요가 없어졌다. 우리는 스스로 묻는다. 왜 우리의 삶은 원하지 않는 수많은 것들과 정말 좋아하는 소수의 활동으로 채워져야 할까?

하지만 세계는 겸손의 가치에 공감하고 겸손한 사람들은 상당히 많은 혜택을 얻는다. <파이낸셜 타임스>의 통찰력 있는 정치평론가 자난 가네쉬는 이것을 훌륭하게 요약했다. "작은 국가가 성공하게 된 것은 자신의 입장을 내세울 만한 자격이 없다는 태도 때문이란 생각이 듭니다―그래서 그들은 외부 세력에 적응해야 한다고 생각하고 실제로 그렇게 합니다." 세계가 급변하고 외부 세력의 영향이 큰 상황에서 이것은 승리 전략처럼 보인다.

참고도서 및 추가 독서자료

Anderson, M. '6 facts about Americans and their smartphones'. Pew Research Centre, 2015. http://www.pewresearch.org/fact-tank/2015/04/01/6-facts-about-americans-and-their-smartphones/.

Carlson, N. 'This year, Mark Zuckerberg is meeting a new person every day.' Business Insider, 2013. https://www.businessinsider.com/this-year-mark-zuckerberg-is-meeting-a-new-person-every-day-2013-4?r=US&IR=T.

Ganesh, J. 'The belle époque of the small nation is over'. Financial Times, 2018. https://www.ft.com/content/464edd30-c247-11e8-95b1-d36dfef1b89a.

'GDP per capita (current US$)'. World Bank Group. https://data.worldbank.org/indicator/NY.GDP.PCAP.CD?end=2017&locations=MY-SG-Z4&start=1960.

Kuper, S. 'When Trumpist rhetoric crashes into European reality'. Financial Times, 2018. https://www.ft.com/content/bbb3f7ba-0094-11e8-9650-9c0ad2d7c5b5.

Mount, H. 'What's Boris really like?' The Oldie, 2019. https://www.theoldie.co.uk/blog/boris-johnson-tory-leadership-poll.

Mueller, J.E. The Remnants of War. (Ithaca; London: Cornell University Press, 2004).

Sandemose, A. A Fugitive Covers His Tracks. Kindle Edition (Lulu.com, 2018).

Tilly, C. Coercion, Capital and European States, A.D. 990–1992. Revised edition (Malden, MA; Oxford: Wiley-Blackwell, 1992). 「유럽 국민국가의 계보」(그린비)

Simon. 'IPCC: sea level blunder angers Dutch environment minister. Australian Climate Madness, 2010. https://australianclimatemadness.com/2010/02/05/ipcc-sea-level-blunder-angers-dutch-environmentminister/.

Wernick, A. 'The Netherlands, always vulnerable to floods, has a new approach to water management'. PRI, 2017. https://www.pri.org/stories/2017-07-16/netherlands-always-vulnerable-floods-has-new-approach-water-management.

Wilson, D.S. This View of Life: Completing the Darwinian Revolution (New York: Pantheon, 2019).

대담 및 인터뷰
자난 가네쉬, 라스 프루어가르드 요르겐센, 사이먼 쿠퍼, 오베 카즈 페데르센, 파시 살베리, 폴 불케, 폴 폴먼, 스티븐 월트, 스티븐 핑커

5장 교육
불평등을 근절하는 성배

배우는 것은 재미있다.
(자료: Wikimedia Commons)

교육은 수수께끼다. 미국이나 영국에서는 몇 년마다 열광적인 분위기 속에서 임명된 신임 교육부장관이 미국 또는 영국의 방치된 교육시스템을 회복시키겠다는 공약을 발표한다. 사람들에게 위로와 안심, 확신을 주려고 '뒤쳐지는 아이가 없는 교육', '최고를 향한 경주', 또는 '교육 우선주의'와 같이 듣기에 그럴듯한 계획들이 시도된다. 이 방안들은 종종 혁신적일만큼 대담하다. 데이비드 카메론은 영국의 국가 교육체계에 대한 '국가 독점'을 그만두고, 민간기업, 자발적인 집단, 자선기관이 학교를 운영하는 것을 인정하라고 요구하기까지 했다(Curtis and Mulholland 2011년).

교육은 국가와 시민 간의 사회계약 중 가장 중요한 내용일 것이다. 무엇보다도 아이들은 미래의 가장 소중한 자원이다.

지식기반 경제가 심화되는 상황에서 국가경쟁력의 결정 요인으로 노동 인력의 교육과 기술보다 더 중요한 것이 있을까?

국가 정책 중 교육 분야처럼 많은 야심찬 약속이 발표되는 곳도 없을 것이다. 교육 분야는 모든 부모가 자기 자녀의 매우 제한한 사례에만 기초하여 탁월한 전문가로 자처하는 곳이다. 당연하겠지만 개혁의 바람은 종종 실망으로 바뀌고 이런 패턴은 계속 반복된다.

세계 각국 정부들은 교육에 2조 달러 이상을 지출한다(Barber and Mourshed 2007년). 막대한 교육비 지출 증가와 야심찬 교육개혁 노력에도 불구하고 대부분의 학교 시스템의 성과는 수십 년 동안 거의 개선되지 않았다. 미국은 대부분의 다른 국가보다 학생 1인당 교육비지출액이 훨씬 더 많고, 미국 정부 관리는 공립학교에 시장경쟁을 도입하려고 몇 번이고 시도했다. 하지만 지난 10년 동안 미국은 중간 정도의 교육 순위에서 갈팡질팡해왔다. 이와 마찬가지로 영국도 학교시스템의 거의 모든 측면을 개혁했지만 눈에 띨만한 성공을 거두지 못했다. 신임 교육부장관은 저마다 짧은 임기 동안 근본적인 변화를 제안했지만 새로운 정부가 등장하면서 폐기되었다. 리처드 애덤스는 이렇게 요약했다.

"경제협력개발기구의 연구결과에 따르면 선진국들 중 영국은 16세에서 24세까지 연령층의 읽기 능력과 산술 능력이 거의 바닥수준이다. 교육시스템 개선을 목표로 수십 년 동안 지속적인 개혁 노력―아마도 부분적으로는 그런 노력 덕분에―에도 불구하고 말이다."(Guardian 2013년).

교육시스템을 끊임없이 바꾸려는 열망을 가진 국가는 미국과 영국만이 아니다. 교육개혁은 몇 가지 분명한 이유에서 세계 모든 국가의 거의 최우선 순위 과제다. 전문가들이 모두 동의하는 것은 미래 세대가 직면하게 될 가장 중요한 도전과제 중 하나가 불평등의 증가이며, 교육이 이와 같은 파괴적인 사회적 추세와 맞서는 가장 효과적인 수단이라는 점이다.

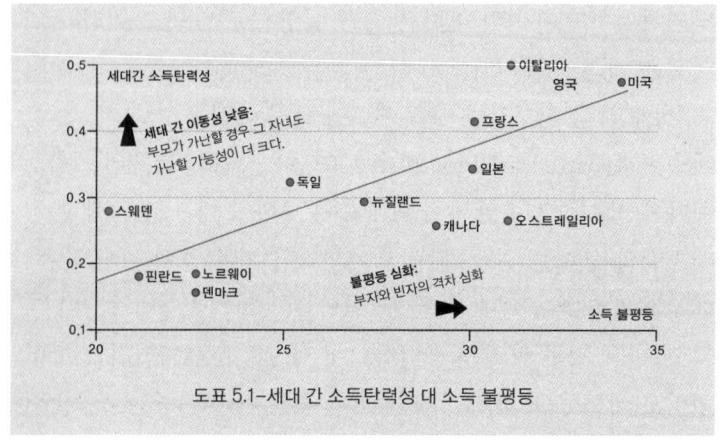

도표 5.1-세대 간 소득탄력성 대 소득 불평등

위대한 개츠비 곡선Great Gatsby Curve은 불평등과 사회적 비이동성이 강한 상관관계가 있음을 보여준다. 또한 당신이 부유한지 가난한지 여부는 개인의 자질이나 노력이 아니라 당신이 태어난 곳과 교육시스템 제공 여부에 상당 부분 달려 있음을 보여준다. (자료: Corak (2013))

소수의 TSTF 국가들—덴마크, 핀란드, 네덜란드, 싱가포르, 스위스—은 힘을 다해 이런 추세와는 반대로 개혁을 시행해 수학, 읽기, 과학 분야에서 학생들의 세계 순위를 크게 올려놓았다. 이들 국가의 사회는 계층의 상향 이동성 또는 이른바 '세대 간 소득탄력성'이 더 높다. 이것은 부모의 배경과 재산이 자녀의 최종적인 성공에 영향을 덜 미치며, 시민들은 훨씬 더 쉽게 자신의 경제적 계층을 바꿀 수 있다는 의미다.

가장 중요한 것으로, 그들은 탁월한 교육시스템이 국가 경제의
경쟁력에 기여하며, 불평등 감소 역시 청년 실업을 없애고
사회적 긴장을 완화하는데 도움이 된다는 것을 보여준다.

이 장에서는 우수한 교육시스템의 구성요인이 무엇이며,
어떻게 다른 국가들보다 더 뛰어난 성과로 이어지는지
분석한다. 이들 국가가 다른 국가들과 다른 점은 무엇이며,
그것을 다른 국가에서도 그대로 따라 해도 될까?

성공적인 교육시스템에 대한 철저한 분석

많은 요인이 탁월한 교육시스템에 기여한다. 이들 국가를
연구하는 과정에서 성공적인 교육시스템의 공통 특성으로
10가지 요인이 반복적으로 나타났다.

1. 교육에 부여하는 가치

한 사회가 교육에 부여하는 가치는 교육의 성공에 필수
요소다. 하지만 여기서 가치는 가격(단순한 지출액)과는
다르다. 덴마크, 네덜란드, 핀란드, 스위스 사람들은 대부분
세속적인 문화를 갖고 있는 반면, 교육은 교회에 속한
사람들은 모두 문해 능력을 갖추어야 한다는 루터교와
칼뱅주의적 전통에서 비롯되었다. 이스라엘에 관한 장에서
설명하듯이, 아이들은 토라를 읽고, 지역의 랍비와 가능한
해석 방법을 놓고 거의 자유롭게 토론을 벌이게 하는 확고하고
오랜 전통이 있다. 전통적인 유교 문화 역시 교육에 높은
가치를 부여한다. 이것은 싱가포르뿐만 아니라 한국, 일본,
대만, 상하이의 탁월한 성과를 설명해준다. "자녀에게 물고기
한 마리를 잡아주면 한 끼 밖에 먹을 수 없지만 물고기를 잡는

법을 가르쳐주면 평생을 먹고 살 수 있다."는 중국 속담이 수천 년 전부터 전해져온다. 이것은 여전히 교육적 영감의 원천이다.

여러 연구는 부모 교육과 같은 단순한 활동이 자녀 교육에 중요한 영향을 미친다는 것을 보여준다. 이스라엘판 실리콘벨리인 실리콘 와디의 아버지 요시 바르디가 내게 말했다. "유대인 어머니들은 우리의 교육 성공비결입니다. 그들은 태어나 죽을 때까지 자녀에게 반드시 성공해야 한다고 말합니다." 그는 덧붙였다. "성공의 주요 요인은 어머니의 기대에 부합하는 것입니다." 하지만 이스라엘 어머니만이 아이들의 동력되는 것은 아니다. 예일대 에이미 추아 교수는 그녀의 책을 통해 전 세계 부모들 사이에 부모가 자녀에게 학업 성취를 강하게 요구하는 '타이거 맘'에 관한 논쟁을 불러일으켰다.

교육에 대한 국가의 태도가 교육시스템에 기여한다는 것은 매우 분명하다. 퓨 연구센터나 피사PISA도 시수(sisu, 핀란드의 국민성을 표현하는 2음절의 핀란드 국가(國歌), '역경에 맞서는 투지'로 번역된다)를 평가하지 않고, 추츠파(chutzpha, '당돌함' 또는 '뻔뻔한 용기'를 뜻하는 히브리어)에 관한 공식적인 수치도 없지만 누가 이런 특성의 가치를 의심하겠는가?

2. 모든 사람에게 동등한 기회: 그리고 무상으로

최상의 성과를 올리는 국가들에게 가장 중요한 철학은 교육은 '공공재'이지 '위치재'가 아니라는 것이다. 독일 경제학자 소스타인 베블런이 만든 용어인 위치재positional good는 개인이 적어도 부분적으로는 자신의 지위를 입증하기 위해 구입하거나 투자하는 것을 말한다—벤틀리 승용차, 롤렉스 시계, 하버드대 학위 또는 사이 트럼블리 그림과 같은 것이다.

교육을 공공재로 취급한다는 것은 민족, 연령, 가족의 재산이나 지위, 거주 지역에 상관없이 모든 시민에게 동일한 기회를 제공해야 한다는 뜻이다. 성공적인 교육시스템의 또 다른 특별한 특징은 학교 교육이 학생들에게 무상으로 제공된다는 것이다. 대부분의 이들 국가에서는 교육은

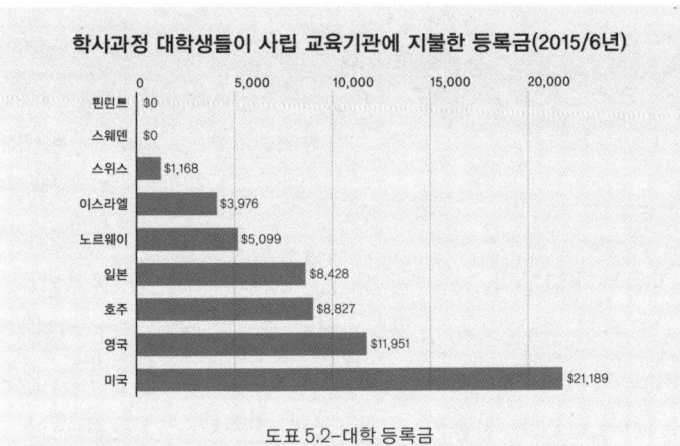

도표 5.2-대학 등록금

「매우 좋은 공립 학교교육을 제공해야 할 더 현실적인 이유는 교육을 통해 국가 경쟁력을 갖추고 유지하는데 도움이 된다는 것이다. 모든 사람이 적절한 속도로 같은 배의 페달을 밟는 사회는 소수의 빠른 사람과 다수의 느린 사람이 있는 사회보다 더 빨리 그리고 더 쉽게 움직일 것이다.」

TSTF 국가의 대학 등록금은 영국이나 미국보다 훨씬 적다.
(자료: OECD, 2017)

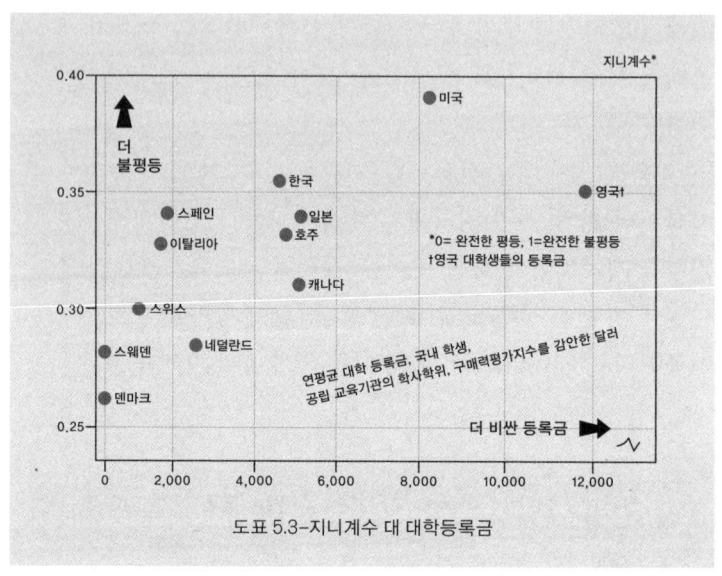

대학등록금이 더 비싼 국가들은 더 불평등하다.
(자료: The Economist and Martin Vetterli)

유치원부터 고등학교까지 무상 또는 거의 무상으로 제공된다. 핀란드에서 식사, 교과서, 건강보험도 무료로 제공된다. 이와 반대로 미국의 경우 대학생들이 교육을 받기 위해 빌린 부채가 1조5천억 달러로, 신용카드 대출금과 자동차 구입 관련 대출금으로 발생한 부채금액을 능가한다(Spicer 2019년).

성공적인 시스템의 한 가지 놀라운 특징은 단순히 돈이 더 많다고 해서 더 나은 교육이 이루어지는 것은 아니라는 점이다. 핀란드는 규모가 큰 국가보다 아동 1인당 초등교육비 지출액이 30% 더 적고, 초등 교사의 임금도 OECD 국가보다 적다. 싱가포르는 세계에서 최고의 찬사를 받는 학교 시스템 중 하나이지만 OECD 30개 국가 중 28개국보다 초등교육

지출액이 적다(Barber and Mourshed 2007년).

학교 시스템 개선에 대한 전통적인 대응은 문제 해결을 위해 더 많은 자원을 투자하는 산업적 또는 군사적 논리를 따랐지만, 핀란드와 싱가포르는 이런 정설을 근본적으로 뒤집어 자원을 더 적게 투자해도 더 많은 성과를 거둘 수 있다는 점을 입증했다.

도표 5.4- 교육 (자료: Banx)

3. 공립학교는 선호하는 선택지다

자유시장를 대변하는 수호성인인 밀턴 프리드먼은 미국 공립학교를 학교 바우처 제도로 바꾸어야 한다고 소리 높여 주장했다. 그는 말했다. "부모들은 자녀를 학교에 보내지 않음으로써 학교에 대한 자신들의 입장을 직접적으로 표현할 수 있다." 제약이 없는 자유 시장이 국가의 '사회계약'에 따라 느릿느릿 움직이는 정부보다 우수하다는 철학은 미국과 영국 전통 속에서 입안되는 공공 정책의 결정적인 특징이었다―가령 교육, 보건 또는 교도소가 포함된다.

앨버트 허쉬먼은 「떠날 것인가 남을 것인가Exit, Voice and Loyalty」에서 작고 성공적인 국가들이 자신의 문제들을 얼마나 색다르고 더 효과적으로 해결하는지에 대한 통찰을 제시한다. 일부 국가들은 본능적인 반사작용처럼 어떤 문제에 더 많은 자원을 투입하거나 민영화를 하지만, 허쉬먼은 이런 대응이 아래로부터가 아니라 위로부터 나오기 때문에 문제가 있다고 생각했다.

허쉬먼은 사람들이 성과가 나쁜 시스템에 대응할 때 사용하는 두 가지 전략을 흥미롭게 비교했다. '떠남'은 퇴장함으로써 반대의사를 나타내는 것인데, 사업을 다른 곳으로 이동시킴으로 불만을 표현하는 것이다. '머무름'은 그대로 머무르면서 목소리를 높이면서 내부로부터 개혁을 위해 싸우는 것이다.

미국과 영국처럼 천성적으로 대립적인 사회는 정책수립 수단으로 '떠남'을 사용하는 경향이 있다. 반면 보다 협력적인 TSTF 국가들은 '머무름'을 선호한다. 허쉬먼은 '떠남'은 더 편리한 방법일 수 있지만 성과가 저조한 사람들에게는 유용한 메시지를 전달하지 못한다. 허쉬먼은 미국의 무능한 공립학교에서 일어난 최악의 일은 사립학교의 증가였다고 생각했다. 사립학교는 최고의 교사와 가장 부유한 학생들을 선별하고, 나머지 교사와 학생들은 공립학교에 남게 된다. 이것은 아이들이 첫 이갈이를 하기도 전에 그들의 삶에 사회적 차별과 불평등을 심어준다. 허쉬먼은 또한 달리 수단이 없었다면 공립학교 내에서 개혁을 요구했을, 쉽게 만족하지 않은 유형의 부모들을 사립학교가 빼내 간다고 주장한다.

그들의 비판에서 자유로워진, 성과가 낮은 공립학교들은 더 이상 상위권에 머물기 위해 필요한 격렬하고 반복적인 비판의 대상이 되지 않는다. 이로 인해 교육의 질이 저하되는 악순환에 빠지고, 한 국가 내에서 가장 좋은 학교시스템과 가장 나쁜 학교시스템 간의 격차가 확대된다.

허쉬먼은 심지어 '떠남'은 비겁한 사람들이 두려워하며 표출하는 조용한 항의라고 말한다. 반면 '머무름'은 더 힘들지만 용기와 합의가 요구되며, 따라서 '공공재'의 더 좋은 토대가 된다.

가장 중요한 점이 있다. 피사 점수가 가장 높은 곳은 사립학교와 공립학교가 서로 경쟁하지 않고 지역 공립학교가 시민들이 가장 선호하는 학교가 되는 국가라는 사실이다. 핀란드, 한국, 네덜란드, 일본, 싱가포르, 스위스가 그런 국가들이다.

4. 공통의 여정

스위스와 영국을 비교해보면 두 나라의 교육시스템이 믿기 힘들 정도로 다르다는 것을 알게 된다. 영국시스템은 승자와 패자를 구분하고 학생을 두 범주 중 하나로 구별하고 분리한다. 스위스의 접근 방식은 모든 학생들에게 평생 동안 필요한 것을 준비시켜 주는 것이다. 그 결과, 학생들은 훨씬 더 공평한 발판을 제공받음으로써 영국 학교에서 볼 수 있는 것과 근본적으로 다른 사고방식을 갖게 된다. 이와 비슷한 교육시스템을 다른 작은 국가에서도 볼 수 있는데, 이들 국가의 청소년들은 학교에서 계획적인 사회적 분리가 없는 덕분에 잘 자랄 수 있다.

분리가 되지 않는다는 것은 이들 국가의 청소년들이 공통의 여정을 공유한다는 것을 뜻한다. 그들은 같은 학교 시스템에 참여하고 종종 학교 친구들과 함께 이웃 동네를 걷거나 그곳으로 자전거를 타고 간다. 학생들은 다양한 배경을 갖고 있지만 이들 국가의 학교는 학생들에게 매우 비슷한 교육적 경험을 제공한다. 교육은 보통 경제적 측면에서 통합적이기 때문에 가난하거나 부유한 학생들이 같은 교실에 있다. 다양한 배경과 소득 수준을 가진 학생들을 받아들임으로써 뛰어난 피사 성적은 물론 아주 많은 주창자들이 추구하는 까다로운 목표—국가가 아이들에게 공평한 기회를 제공하는 것—도 성공적으로 달성했다. 이런 사회는 더 공정하고, 불평등도 줄어들며, 사회적 신뢰도 높아진다(탁월한 성과를 보이는 국가들의 공통된 특징).

이와 반대로, 미국 학교와 영국 학교의 질은 천차만별이다. 학교는 흔히 인종과 소득으로 분리되고, 가난한 학생들은 학교에서 더 적은 자원으로 덜 숙련된 교사로부터 배운다. 맥킨지 연구는 미국의 학생 1인당 연간지출액은 5,700달러에서 12,700달러까지 편차가 크다는 것을 보여주었다(Barber and Mourshed 2007년). 이것은 놀라운 일이 아니다. 미국은 지역에 따라 차이가 많은 재산세를 이용해 그 지역의 학교에 재원을 지원하기 때문이다. 따라서 학교를 지원하는 재원이 크게 차이나는 것은 불가피하다. 이 시스템은 가장 불우한 학생들이 가장 열악한 학교로 모이게 만들고 그에 따라 미국의 불평등이 확산된다. 우리는 저마다 '자녀에게 더 나은 출발선을 제공하고' 싶어 하지만 이것은 운동장을 기울어지게 만들고 사회분열을 강화하는 수단이 된다. 여러 연구에 따르면,

수학성적이 상위 25퍼센트에 들고 저소득층 출신인 8학년(14세) 아이들이 수학성적이 하위 25퍼센트에 들고 고소득 출신인 학생들보다 졸업할 가능성이 더 적다. 에드워드 루스가 요약한대로, 이것은 능력주의가 작동하는 방식과 정반대다.

5. 실용적인 돌봄

우리는 어려서부터 사람마다 능력과 역량이 다르다는 것을 깨닫게 되었다. 스포츠 팀에 선발되지 못했을 때 창피한 마음이 들지 않은 사람이 있을까? 재능은 똑같이 주어지지 않는다. 어떤 사람은 클라리넷 연주에 최고의 소질이 있고, 다른 사람은 여자 농구팀 센터가 가장 적합할 수 있다.

상처가 되는 것은 성과의 차이가 개인의 재능이 아니라 학교의 기능에서 비롯될 경우다. 예를 들어 핀란드는 학교별 학생 성과의 차이가 세계에서 가장 작다. 가장 잘하는 학교와 가장 못하는 학교 간의 차이는 5퍼센트 미만이다. 미국과 영국의 가난한 학생들은 가장 부유한 학생들보다 성과가 낮을 가능성이 세 배 더 많다(Sahlberg 2011년). 이튼 칼리지의 전 교장 토니 리틀은 이렇게 묻는다. 영국의 소수 사립학교들은 교육을 선도하는 국가들과 비슷한 수준이지만 이튼, 해로우, 웨스트민스터와 같은 학교에 입학하지 않은 학생들은 어떨까요?(Little 2015년)

핀란드와 같은 국가의 교육당국은 타고난 능력의 차이에도 불구하고 남들만큼 학문적인 성향을 갖지 못한 아이들을 위한 지원을 보장한다. 헬싱키 대학 한넬레 니에미 교수가 나에게 말했다. "한 국가의 성공은 그 나라의 하위 50퍼센트를 교육하는 방식에 달렸습니다. 가장 똑똑한 10퍼센트는 어떠한 교육제도에서도 대체로 잘합니다. 특별한 정책과 지원이 가장 필요한 곳은 평균 이하의 능력을 가진 사람들입니다."
핀란드의 실용적인 시스템은 '필요한 건 무엇이든지' 정책을 통해 힘들어하는 아이들을 조기에 찾아 특별 지원을 제공하여 그들을 다른 아이들보다 뒤처지지 않게 한다. 더 똑똑한 아이들은 학습을 힘들어하는 아이들을 돕게 한다. 그 결과, 니에미의 말을 인용하자면, "아무도 배에서 떨어지지 않는다."

가장 도움이 필요한 학생들을 지원하는 이런 정책은 핀란드가 가장 잘하는 학생과 가장 못하는 학생 간의 차이가 세계에서 가장 작은 이유를 설명해준다.

6. 근본적인 개혁

교육개혁을 간절히 바라는 우리들에게 이 소원이 이루어 질 수 있다는 것은 좋은 소식이다. 핀란드, 한국, 싱가포르의 탁월한 학교시스템은 근본적인 개혁을 통해 만들어졌으며, 비교적 짧은 기간에 목적을 달성했다. 호주, 아일랜드, 포르투갈, 에스토니아 역시 중요한 개혁을 단행하여 과목 전반의 점수를 꾸준히 개선해 미국과 영국을 앞질렀다.

그렇다면 이것은 교육개혁이 가능하다는 증거다. 그런데 어떻게 했을까?

이와 같은 교육에 관한 전반적인 검토와 개혁은 겉만 조금 손본다고 이루어지지 않는다는 것을 보여준다. 망가진 기존 시스템에 새로운 것을 접목하려고 시도하는 대신 이들 국가는 기존 시스템을 완전히 없애버리는 쪽을 택했다. 그 자리에 그들은 장기적인 원칙에 기초한 새롭고 견고한 기초를 세웠다.

이 원칙과 목표는 야심 찬 것이었다. 싱가포르 리콴유의 많은 개혁에 대한 핵심적인 조언자였던 토미 고Tommy Koh가 내게 말했다. "목표는 '여러 작은 단계'로 나누어졌습니다."

핀란드는 물려받은 구소련 시대의 교육시스템을 없애고 처음부터 다시 시스템을 설계했는데(핀란드 교육시스템에 대해 더 자세한 설명은 9장 '신이 선택한 직업'을 보라), 1980년대의 일반적인 정설과 달랐다. 대만은 중국 공산주의 학교 시스템의 굴레를 벗어나려고 노력했다.

싱가포르는 또한 과거의 전통과 맞서 싸웠다. 영국 통치하의 싱가포르 교육은 부유한 사람들의 전유물이었고 공공재라기보다 특권으로 간주되었다. 리콴유의 지도력 하에서 '싱가포르 방식'이 탄생했다. 그것은―경직된 관료들이나 이론적인 대학교수들이 아니라―탁월한 교육시스템의 기초를 새롭게 만들 수 있는 상당한 자유를 갖고 있는 교사들로 구성된 팀이 창안한 것이었다.

싱가포르에서 아이들을 가르치는 방식은 근본적으로 바뀌었다. 교육의 초점이 단순 암기 학습방식에서 벗어나 문제해결 방법을 가르치는 것으로 바뀌었다. 교과서는 제롬 브루너와 같은 교육심리학자들의 저서에 영향을 받았다. 브루너는 인간은 세 가지 단계―실물, 그 다음 그림, 마지막으로 상징을 사용한다―를 이용해 학습한다고 가정했다(Vasagar 2016년). 이 이론은 싱가포르가 전통적인 교육과정과 정통적인 교육기법에 기초한 일반적인 독일식 '학습계획' 시스템에서 확실하게 벗어나는데 기여했다. 그 대신 싱가포르는 예를 들어 색깔 블록을 사용해 분수나 비율을 나타내는 방식처럼 수학 문제를 시각자료를 이용해 모형으로 만드는 것을 매우 강조했다. 핀란드는 최근 이른바 '현상에 기초한 학습'으로 바꾸었다. 이 방법은 고전적인 과목보다는 주제와 상황별로 가르친다.

이런 교육시스템은 모든 차원에서 탁월성의 필요조건을 확실히 보여준다. 싱가포르의 전 교육부장관 옹예궁은 싱가포르가 성공을 거두게 된 네 가지 요건을 다음과 같이 설명했다. "모든 학생은 열정적인 학습자, 모든 학교는 좋은 학교, 모든 교사는 배려하는 교육자, 모든 부모는 지지하는 동반자가 되어야 한다." 이 시스템의 한 부분만 개선하고 다른 측면들을 무시해서는 성공할 수 없다. 이런 요건은 특정 부분의 개혁이 바람직한 성과를 거두지 못하는 이유를 잘 설명해준다.

이런 개혁은 모두 '떠남'보다는 '머무름'에 기초해 있다. 이것은 야심찬 전면적인 개혁이 합의에 기초해야 하며, 단기 계획이 아니라 집권당이 다음 선거에서 권력을 잃어도 지속되는 장기 계획이어야 함을 의미한다. 예를 들어 리콴유는 교육개혁과, 경제에서 제조업의 비중이 사실상 전무한 상태에서 20퍼센트 수준에 이르게 한다는 국가목표를 연결했다.

성공적인 개혁은 원대한 계획과 지칠 줄 모르는 추진력이 필요하다. 니에미 교수는 나에게 말했다. "핀란드의 학교 개혁은 40년 동안 진행되었고, 우리의 실험은 지금도 계속되고 있습니다."

7. 어머니들이 살기 좋은 곳

성공적인 교육시스템을 갖춘 국가들은 대개 어머니들이

살기에 더 좋은 곳이다—나중에 성gender에 관한 장에서 이에 대해 더 자세히 다룬다. 여러 연구들은 아이들의 성공은 많은 경우 지지하는 가정환경의 결과이며, 여성이 점차 풀타임으로 일하는 상황에서 부모 역할의 짐을 덜어주는 정책이 필수적임을 보여준다. 미국은 주간 돌봄 비용이 비싸다—주택비용 다음으로 두 번째로 큰 지출항목이다. 핀란드와 같은 국가들은 3년의 출산휴가를 제공하며 주간 돌봄 비용에 관한 보조금을 부모에게 지급한다. 185개국을 조사한 유엔보고서에 따르면, 유급 출산휴가를 보장하지 않는 국가는 파푸아뉴기니와 미국이 유일하다(Kim 2015년). 여성 노동력의 증가, 인구 재생산율 저하, 인구 노령화가 진행되는 상황에서 직업경력과 부모역할이라는 상충되는 요구에 균형을 맞추기 위해 가족에게 더 큰 유연성을 제공할 수 있는 사회가 비교우위를 갖는다.

8. 직업: 막다른 골목은 없다

OECD의 교육 및 기술훈련 담당 책임자 안드레아스 슐라이어는 "여러 국가에서 부족한 것은 학위소지자가 아니라 기술자다."라고 주장한다. 흥미롭게도, 핀란드, 덴마크, 네덜란드, 스위스의 성공적인 교육시스템에서 또 다른 중요한 측면은 아이들이 공통의 교육 여정을 걸어갈 때 대학 진학뿐만 아니라 직업 훈련도 목표로 삼는다는 것이다. 어떤 학생들은 좀 더 학문적인 성향을 갖고 있지만 다른 학생들은 상업적인 성향을 갖고 있다. 하지만 우수한 교육시스템을 갖춘 국가들은 한계 학생들을 위해 대학 교육을 고교 학력과 같은 수준으로 상품화하는 대신, 상업적 성향을 가진 학생들이 10대 후반에 전문기술과 상업을 배우는 길을 제공한다.

    기업들은 전통적인 교육이 현실 세계에서 항상 성공으로 이어지지 않다는 것을 인식하기 시작했다. 구글은 대학 학점이나 시험 점수와 일을 잘 하는 것 사이에 상관관계가 없다는 것을 깨달은 뒤 학위 자격증만을 바라보지 않게 되었다(Nisen 2013년). TSTF 국가들의 경우 기술 인력에 관한 나쁜 낙인이 전혀 없고 기꺼이 받아들인다. 핀란드에서는 전문기술과 상업 분야의 훈련을 받아도 미래의 선택지가 열려 있다. 이들 국가의 신념은 어떠한 교육과정도 16세 때 학생이 자신이 선택한 것 때문에 특정한 경로를 추구할 수 없는 막다른 골목으로 몰아서는 안 된다는 것이다. 직업 훈련을 선택한 학생들은 나중에 대학에 진학하는 경로를 따를 수 있다.

9. 징병제도

    TSTF 국가에서 현장 조사를 해보면 사회적 신뢰도가 높다. 개인보다 공동체를 더 강조하고, 경쟁의식보다는 협력의식이 더 크며, 정부와 민간부문의 협력이 더 뚜렷하고, 더 분명한 정체성과 더 확고한 소속감을 보여준다. 이런 결과의 상당 부분이 앞서 설명한 공통의 여정에서 비롯된다. 핀란드, 이스라엘, 노르웨이, 싱가포르, 스위스와 같은 작은 국가에서 청년기에 군사훈련에 참여하는 것은 이러한 공통의 여정에서 중요한 부분이다.

    징병제도에는 다른 실질적인 편익이 많다. 제약회사 로슈 홀딩의 전 이사회 의장이자 스위스군 대령인 프리츠 거버 박사는 스위스의 법률가나 박사 학위자가 군대 내 계급이 더 높은 제빵사나 배관공에게 보고하는 일이 흔한 일이라고 말했다. 이것은 상호 존중에 기초한 평등 사회를 북돋운다. 더 나아가 소속감은 더 큰 목적을 위해 자신의 이익을 희생하게 만든다. 따라서 징병제도는 이것을 보여줄 수 있는 드문 기회 중 하나다. 「균열의 시대Age of Fracture」의 저자 프리스턴대의 대니얼 로저 교수는 미국이 직업 군인제도를 선택한 후 사회적으로 흐트러지기 시작했다고 말한다. 그는 말한다. "우리는 무엇을 지향하고 무엇을 반대하는지에 대한 감각을 잃어버렸다."(Rodger 2012년).

거버는 징병제가 사회 통합 외에도 소중한 경영 훈련을 제공한다고 생각했다. 이스라엘에 관한 장에서는 이스라엘 군대의 정보 및 사이버공간 방어 특별부대원 8,200명이 전 세계적으로 찬사를 받고 있는 이 나라의 활기찬 스타트업 분야를 거의 단독으로 책임지고 있음을 설명한다. 군사시스템은 국가의 미래 인재와 지도력을 발굴하는 실험실이기도 하다. 얼마 전까지만 해도 군대에서 적어도 대위 계급 이상을 달지 않으면 로슈Roche, 스위스 리Swiss Re 또는 유비에스UBS와 같은 스위스의 주요 다국적 기업의 이사회 의장이나 최고경영자가 될 수 없었다. 사실, 핀란드, 이스라엘, 노르웨이, 싱가포르의 주요 기업들의 지도자들 역시 군대에서 고급 장교로 복무했다.

물론 징병제가 사회 통합을 달성하는 수단이라고 생각하는 것은 새로운 일이 아니다. 장 자크 루소는 직업 군인제도를 맹렬히 반대했으며, 사회 전체를 방어하는 일에 참여하는 것은 시민의 권리이자 특권이며, 직업 군인에게 책임을 넘기는 것은 도덕적 쇠퇴의 신호라고 생각했다. 그는 자신의 관점의 근거를 로마제국의 역사에서 찾았다―로마 제국은 로마군을 징병제에서 직업군 제도로 바꾸면서 멸망했다. 하버드대 스티븐 월트는 미국의 군사적 개입의 성공률 저하가 동일한 현상에서 비롯된 것이라고 말한다. 그는 나에게 말했다. "유권자의 자녀들이 직업 군인들처럼 생명의 위험에 노출되면 전쟁을 벌이려는 경향이 줄어듭니다." 흥미롭게도, 프랑스의 젊은 지도자 에마뉘엘 마크롱 대통령은 최근 모든 16세 남녀 청소년의 의무적인 군대복무 제도를 다시 도입했다.

10. 우리는 교사를 신뢰한다

2005년 이튼 칼리지의 중세풍 회랑 중 하나에 딸린 방을 보수하던 노동자가 희미한 글자를 찾아냈다. 그것은 'Virtus preceptoris est ingeniorum notare discriminia'라는 로마의 교육자 퀸틸리안의 라틴어 인용구절로서, '교사의 탁월함은 학생이 지닌 재능의 차이를 아는 것'이라는 의미였다. 영국인들은 가장 초기의 영국 학교가 2천 년도 더 되는 시기에 언급된 이 구절처럼 되어야 한다고 믿었다.

학교 시스템이 성공하려면 다양한 시스템이 필요하며, 이 시스템들이 조화롭게 협력하여 청소년들과 미래 노동력의 재능을 적절하게 발전시켜야 한다. 가장 중요한 성공요소를 선택하려는 사람들은 이 경고를 명심해야 한다. 하지만 여러 연구는 가르치는 교사가 모든 학교 시스템의 성공(또는 실패)을 가장 의미 있게 설명해준다는 것을 일관되게 보여준다. 전 세계 학교시스템에 관한 맥킨지의 기념비적 연구는 "적절한 사람을 교사로 선발하고 그들이 모든 아이에게 가능한 최고의 교육을 제공하도록 격려하는 것"이 성공적인 시스템의 가장 중요한 요소라고 밝혔다(Barber and Mourshed 2007년). 학생이 거둔 성과의 50퍼센트 이상은 교사의 가르침에서 기인하는 것으로 여겨진다. TSTF 국가들이 다른 국가에 비해 더 나은 성과를 보이는 것은 더 우수한 교사가 있기 때문이다. 니에미 교수는 다음과 같이 적절히 요약했다. "교육 시스템의 질은 교사의 질을 능가할 수 없다." 이들 국가에서 교사는 가장 똑똑하고 가장 열정적인 학생들이 희망하는 직업이며 사회에서 크게 존경을 받는다.

이렇게 영민하고 열정적인 사람들이 교사가 되면 신뢰의 환경이 조성된다―최고의 성과를 내는 학교 시스템에서 교사직을 특별히 돋보이게 하는 또 다른 특징이다. 교사들을 위협하고 과도하게 통제하고 경시하는 관료적 시스템을 가진 국가들과 달리, TSTF 국가의 교사들은 신뢰와 존경을 받는다. 싱가포르의 접근방법은 부지런함을 강조하는 반면, 덴마크, 핀란드, 네덜란드, 스위스의 교사들은 보통 자신이 적절하다고 여기는 모든 방법을 이용해 수업을 계획하여 실행하는 것이 허용된다. 그들은 스스로 교수방법, 수업 시수, 숙제, 시험 방식은 물론 필수 교과서와 학습 자료를 결정한다.

싱가포르에서 교사들은 학교 근무일에 자신의 업무를 평가하고 서로의 수업을 관찰하는 시간을 갖는다. 다른 국가의 경우와 달리 성공적인 교사는 관리직으로 보직을 변경해야 한다는 압력을 받지 않지만, 멘토가 되거나 교육과정을 설계하는 일을 지원하는 기회를 부여받는다. OECD의 교육 및 기술훈련 담당자 슐라이어는 말한다. "다른 학교 시스템에서는 최고의 교사를 형편없는 관리자로 만든다." 이것을 영국과 쉽게 비교할 수 있다. 영국에서는 학교 관리자와 교사 간의 신뢰 부재는 통제에 대한 욕구로 이어진다. 교사들은 정기적인 점검의 대상이 되고, 학사 자료 관리자는 시험을 채점할 때 어떤 색깔의 펜을 사용할지 지시하고, 마녀사냥을 통해 책임을 묻는 문화를 조성하고, 가르치는 사람들을 배려하지 않는 메시지를 보낸다.

성공적인 학교 시스템에서는 역설적으로 교사들이 가르치는 시간이 더 적다. 이를 통해 교사들은 수업을 준비하기 힘들어하는 학생들과 일대일로 공부하는 시간을 더 많이 확보할 수 있다. 핀란드, 한국, 일본의 경우 중등 교사들은 미국의 중등 교사들보다 가르치는 시간이 50퍼센트, 영국보다는 25퍼센트 각각 더 적다(Sahlberg와의 인터뷰 내용). 싱가포르의 학교 운영 슬로건은 '더 많이 배우고 덜 가르치자'이다—그리고 이것은 효과가 있다.

여전히 문제는 남아 있다

성공적인 학교 시스템은 전 세계의 교사들이 직면한 다양한 도전에 영향을 받는다. 내가 살베리와 인터뷰를 할 때 그는 아이폰이 도입된 이후 핀란드에서 하루에 30분 이상 독서를 하는 15세의 비율이 50퍼센트에서 3분의 1로 떨어졌다고 말했다. 사회학자들은 소셜 미디어에 의해 특별히 주입된 '나의 삶이 너의 삶보다 더 낫다.'라는 사고방식의 위험성에 대해 지속적으로 경고하고 있다. <이코노미스트>는 인스타그램 이용자의 63퍼센트가 비참하다고 느끼며, 이것은 비단 핀란드만의 문제는 아니라고 보고했다(Economist 2018년). 게다가 소셜 미디어는 이성보다는 완고함을 강화하도록 작용하기 때문에 지적 발달을 방해할 수 있다.

페이스북, 인스타그램, 트위터와 같은 플랫폼은 다양한 관점에 대한 이해를 촉진하기는커녕, 자신의 신념과 성향에 대해 이의를 제기하기보다 확신하게 만들어 종종 진공상태의 반향실과 같은 역할을 한다.

과학기술 역시 직업 훈련에 위협이 되고 있다. 인공지능 전문가들은 오늘날의 직업 중 많은 부분이 15년 이내 사라질 수 있다고 예측한다. 10년 전에 교육을 받은 자동차 수리공은 소프트웨어 전문가로 대체될 것이다. 여행사는 우리가 스스로 즉시 이용할 수 있는 엑스피디아Expedia나 부킹닷컴Booking.com과 같은 웹사이트로 대체되고 있다.

결론

우리가 이처럼 탁월한 성과를 올린 작은 국가들에게 주목할 충분한 이유들이 있다. 그들은 개인, 사회, 국가 차원에서 놀라운 성공을 거두었다. 비벌리힐스 고교의 학생들은 수학과 과학에서 좋은 성적을 거두고 미국 전체에서 상위 12퍼센트 안에 든다. 하지만 싱가포르 고교생들과 비교하면 그들의 성적 순위가 하위 34퍼센트에 해당한다는 것을 알면 깜짝 놀랄 것이다(MacLellan 2018년). <이코노미스트>는 싱가포르의 십대들이 미국의 십대들보다 대략 3년 정도 앞서 있다고 보고했다(Economist 2016년). 12년 동안 지속되는 학교 시스템을 감안할 때 이것은 의미심장한 것이다. 이 사례는 개인적 차원에서 성공과 실패가 좌우될 수 있는 엄청난 결과를 보여준다.

집단적 차원에서 이런 차이는 훨씬 더 충격적이다. 핀란드에서 학교들 간의 성과 차이는 OECD 평균의 약 10분의

1이다. 핀란드에서 교육적 불평등이 아주 작다는 사실은 학생들이 교육에 관련하여 동일한 크기의 '빵'을 얻는다는 의미다. 작은 차이나 불평등은 주로 학생들의 선천적인 재능 차이에서 기인한다.

 이것은 이들 국가가 인력 자원과 관련하여 더 많은 실린더를 자동차에 장착하고 더 빨리 달리는 것을 말한다. 따라서 이들 국가의 경쟁력이 상승하는 반면 규모가 큰 국가들의 경쟁력이 정체되고 있는 것은 놀라운 일이 아니다.

 작은 국가에 주목해야 할 두 번째 이유는 그들이 각고의 노력으로 개방적인 경제와 기업 친화적인 정책과 인간 자본에 대한 공적 투자를 결합시켰기 때문이다. 그들은 우파의 '자유경쟁주의'와 좌파의 '세금과 재분배' 사고방식을 기계적으로 절충하지 않고 더 미묘하고 유연한 방식으로 접근한다.

 작은 국가들은 전체 시민의 재능을 더 잘 이끌어낸다. 그들은 청년 실업률이 더 낮으며 여성의 노동시장 참여율이 이례적으로 높다. 그들은 결과가 아니라 기회를 더 평등하게 제공한다. 또한 세계 최고수준의 사회적 이동성을 보이며, 모성을 처벌하기보다 지원하는 성gender 정책을 시행한다. 아마 가장 놀라운 점은 성공을 통해 돈이 더 많다고 해서 더 나은 교육을 살 수 없다는 것을 보여주는 것이리라.

 많은 미국 연구자와 교육자들은 인구학적, 문화적 차이가 있기 때문에 미국이나 영국을 최고의 성과를 보이는 작은 국가와 비교하는 것은 잘못된 것이며, 따라서 도움이 되지 않는다고 주장한다. "교육시스템의 질은 교사의 질을 능가할 수 없다."는 니에미 교수의 주장은 다른 국가들에게도 적용할 수 있을까? 이런 주장은 헬싱키, 맨체스터, 또는 휴스턴 등 지역에 따라 달라질까? 더 나은 교육과 기술 훈련을 받은 노동력을 가진 국가들이 더 나은 경쟁력을 갖는 것은 우연의 일치일까?

    이것들은 이 장에서 내가 제기하고자 하는 질문들이다. 쉽게 대답할 수 없는 질문들이다. 끝으로, 이런 국가들을 주목하는 마지막이자 가장 중요한 이유는 그들이 멀지 않은 과거에 망가진 무언가를 바로잡았다는 것이다. 그것을 위해 그들은 우리 모두의 근본적인 관심사에 대해 스스로를 성찰했다. 학교의 목적은 무엇인가? 교사를 어떻게 교육해야 하는가? 좋은 학교는 어떻게 운영되어야 하는가? 그들은 좌파와 우파의 지겨운 통설을 거부하는 매우 혁신적인 해결책을 제시하고, 특정 정파의 집권 여부에 상관없이 개혁을 실행함으로써 성공을 거두었다. 교육 개선은 국가의 긴요한 과제가 되었다.

참고도서 및 추가 독서자료

Adams, R. 'OECD literacy leagues: poverty and inequality blamed for England's poor results'. The Guardian, 2013. https://www.theguardian.com/education/2013/oct/08/oecd-adult-literacy-numeracy-uk-poverty-inequality.

Barber, M. and M. Mourshed. 'How the world's best-performing school systems came out on top'. McKinsey & Company, 2007. https://www.mckinsey.com/industries/social-sector/our-insights/how-the-worlds-best-performing-school-systems-come-out-on-top.

Curtis, P. and H. Mulholland. 'David Cameron promises to "end state's monopoly" over public services'. The Guardian, 2011. https://www.theguardian.com/society/2011/jul/11/david-cameron-promises-end-state-monopoly-public-services.

'Education at a glance 2017: OECD Indicators'. OECD Publishing, 2017. https://www.oecd-ilibrary.org/education/education-at-a-glance-2017_eag-2017-en.

Friedman, M. Capitalism and Freedom: Fortieth Anniversary Edition (Chicago; London: University of Chicago Press, 2002). 「자본주의와 자유」(청어람미디어).

Hirschman, A.O. Exit, Voice and Loyalty: Responses to Decline in Firms, Organizations, and States. (Cambridge, Mass.: Harvard University Press, 1970). 「떠날 것인가 남을 것인가」(나남)

'How heavy use of social media is linked to mental illness'. The Economist, 2018. https://www.economist.com/graphic-detail/2018/05/18/how-heavy-use-of-social-media-is-linked-to-mental-illness?fsrc=scn/tw/te/bl/ed/?fsrc=scn/tw/te/bl/ed/howheavyuseofsocialmediaislinkedtomentalillnessdailychart.

'How to be top'. The Economist, 2007. https://

www.economist.com/international/2007/10/18/how-to-be-top.

Kim, S. 'US is only industrialized nation without paid maternity leave'. ABC News, 2015. https://abcnews.go.com/Business/us-industrialized-nation-paid-maternity-leave/story?id=30852419.

Krueger, A.B. 'The Rise and Consequences of Inequality in the United States', 2012. https://cdn.americanprogress.org/wp-content/uploads/events/2012/01/pdf/krueger.pdf.

Little, T. An Intelligent Person's Guide to Education. UK edition (London; New York: Bloomsbury Continuum, 2015).

Luce, E. 'Amy Chua and the big little lies of US meritocracy'. Financial Times, 2019. https://www.ft.com/content/7b00c3a2-8daa-11e9-a1c1-51bf8f989972.

MacLellan, L. 'The best US high schools aren't as good as they think they are'. Quartz, 2018. https://qz.com/work/1266735/us-only-rankings-for-schools-like-beverly-hills-high-mislead-students/.

Nisen, M. 'Google HR boss explains why GPA and most interviews are useless'. Business Insider, 2013. https://www.businessinsider.com/how-google-hires-people-2013-6?r=US&IR=T.

'Relationship between Economic Inequality and Mobility across Countries'. Equitable Growth, no date. https://equitablegrowth.org/another-attack-on-the-great-gatsby-curve/roadtoserfdom1/.

Rodgers, D.T. Age of Fracture (Harvard: Belknap Press, 2012).

Sahlberg, P. 'Paradoxes of educational improvement: The Finnish experience' in Scottish Educational Review, vol. 43, no. 1, 2011. pp. 3–23 (p. 17). Available at: https://pasisahlberg.com/wp-content/uploads/2013/01/Paradoxes-of-improvement-SER-2011.pdf.

Spicer, J. 'Red flags emerge as Americans' debt load hits another record'. Reuters, 2019. https://www.reuters.com/article/us-usa-economy-debt/red-flags-emerge-as-americans-debt-load-hits-another-record-idUSKCN1Q11YV.

'The Great Gatsby Curve: Declining Mobility'. Bloomberg, 2013. https://www.bloomberg.com/graphics/infographics/the-great-gatsby-curve-explained.html.

Vasagar, J. 'Why Singapore's kids are so good at maths'. Financial Times, 2016. https://www.ft.com/content/2e4c61f2-4ec8-11e6-8172-e39ecd3b86fc.

'What the world can learn from the latest PISA test results'. The Economist, 2016. https://www.economist.com/international/2016/12/10/what-the-world-can-learn-from-the-latest-pisa-test-results.

대담 및 인터뷰
프리츠 거버, 한넬레 니에미, 파시 살베리,
스티븐 월트, 토미 고, 요시 바르디

6장 '우리'는 누구인가?

렘브란트의 <야간순찰>
(자료: Rijksmuseum)

세계에서 극찬을 받는 그림 중 하나인 렘브란트의 <야간순찰>은 암스테르담 국립미술관 벽에 걸려 있는데, 매년 2백만 명 이상이 방문한다. 이 그림은 가끔 발생하는 화재나 싸움을 진압하기 위해 자원자들로 구성된 암스테르담 민병대를 묘사한다. 전통적으로 단체 초상화는 여러 인물의 단조로운 모습을 인내심을 갖고 반복적으로 그리는 것이었다. 이와 반대로 렘브란트의 그림에 나타난 각 구성원은 민병대에서 자신이 맡은 역할을 보여주는 특별한 동작을 취하고 있다. 미술사가들은 인물들을 강조하기 위해 렘브란트가 빛과 그림자를 이용하는 것에 대해 극찬한다. 각 개인의 치밀한 세부묘사는 이 그림에 생명력을 불어넣는다.

<야간순찰>은 네덜란드가 미술, 학문, 무역에서 독보적인

성공을 거둔 황금시대의 상징이다. 렘브란트가 이 걸작을 완성한 1642년, 네덜란드는 스페인 제국과 로마 가톨릭교회의 굴레서 벗어났다. 로마 가톨릭은 천 년 이상 전 유럽 사람들의 정신과 마음을 사실상 지배해왔다. 렘브란트 하우스 박물관 책임자 리드베이 드 콕콕Lidewij de Koekkoek은 황금시대의 특징은 '창의성, 기업가 정신, 국제적인 시각'이었다고 말한다—이 특징은 오늘날까지 계속 네덜란드 사람들의 사고방식을 규정한다.

17세기는 또한 상업주의가 부흥했다. 네덜란드의 선박들이 전 세계를 항해하며 인도네시아, 일본과 같이 이전에는 도달할 수 없었던 지역까지 진출하여 이국적인 상품을 찾았다. 아프리카와 아시아의 귀중한 옷감과 도자기, 향신료를 실은 배들은 호기심 많은 유럽 소비자를 사로잡았고, 그 결과 신생 독립국 네덜란드의 부가 폭발적으로 증가했다. 많은 선원, 지도제작자, 엔지니어, 조선업자가 기술 인력 수요의 증가에 따라 네덜란드의 항구도시로 이동했다. 증가하는 무역량을 처리하기 위해 운하, 항구, 사회기반시설이 건설되었다. 렘브란트가 태어나기 수년 전인 1602년, 세계 최초의 다국적 기업 네덜란드 동인도 회사가 설립되어 낯선 지역으로 가는 위험한 항해에 자금을 공급했다. 이것은 세계 최초로 암스테르담에 주식거래소와 중앙은행의 탄생으로 이어졌다. 프랑스어로 출판된 「가제트 드 레이드Gazette de Leyde」는 세계에서 가장 권위 있는 신문으로 간주되었다.

내가 <야간순찰>로 이 장을 시작하기로 한 것은 렘브란트의 예술적 탁월성 때문이 아니라 이 그림이 그 당시 과도기적인 사회를 어떻게 반영하는지 보기 위해서다.

지배계층과 피지배계층 간의 수직적 통합—농노는 주인을 위해 땅을 경작하거나 일요일 예배 때 뒤쪽 좌석에 순종적인 모습으로 앉았다—은 더 이상 존재하지 않았다. 기존 정치제도는 더 이상 참여를 수용할 수 없었고, 사람들은 왕이나 주교의 지도 없이 스스로 조직해야 했다. 달리 말하면 그들은 시민이 되었다.

   <야간순찰>은 시민의 자부심과 의무를 잘 표현하고 있다. 18명의 시민으로 구성된 민병대는 그들의 정체성을 확인하고 그들이 봉사하는 지역사회에 대한 헌신을 알리기 위해 이 그림을 의뢰했다. <야간순찰>은 '나'를 넘어선 '우리'라는 초월을 잘 포착한다. 이 그림은 공동체를 위한 행동, 곧 개인이 공동선에 헌신하길 요청받은 중요한 순간을 묘사한다. 왼편 앞쪽에 뿔 화약통을 들고 선 어린 소년은 더 많은 화약을 모으려고 달려 나가고, 다른 부대원은 화승총을 장전한다. 북치는 사람은 피날레를 장식하고, 다른 사람들은 자신의 임무에 맞는 자세를 취한다.

   번영과 힘과 부는 어떻게 생겨날까? 그리고 이것을 계속 유지하는 데 도움이 되는 것은 무엇일까? 왜 어떤 국가들은 이런 것들을 더 많이 얻고 어떤 국가들은 그렇지 못할까? 세계경제포럼과 세계은행과 같은 기관들은 정기적으로 혁신, 교육, 기업 환경을 포함한 잘 알려진 성과지표를 분석하고 순위를 매긴다. 이 장에서 나는 그들이 가장 중요한 요소 중 하나인 사회 통합을 간과했다고 주장한다—렘브란트는 <야간순찰>에서 사회 통합의 힘을 생생하게 표현했다.

   먼저 우리는 통합이 무엇이며, 왜 그렇게 중요한지 질문한다. 그리고 남다른 성과를 보이는 작은 국가들이 더 능숙하게 사회통합을 이루고 유지하는 것을 살펴보고 그 이유를 설명한다. 결론으로, 더 커지고 다양화된 사회들이 사회 통합과 신뢰라는 점증하는 비용을 힘들게 감당해야 하기 때문에 이런 비교우위가 미래에 더 큰 중요성을 갖게 될 것이라고 주장한다.

브렉시트, 트럼프의 대통령 당선, 프랑스, 네덜란드, 독일의 우파 운동의 득세와 같은 최근 정치적 격변은 무엇보다 사회가 예전만큼 통합적이지 않다는 것을 말해준다. TSTF 국가들은 대안적인 모습―<야간순찰>에서 묘사된 사회 통합과 아주 비슷한 모습―을 제시한다.

사회통합이 중요한 이유

'통합cohesion'의 유의어를 잠시 생각해보면 익숙하고 편안한 단어들―함께함, 연대, 유대, 연속성, 연결―이 생각난다. 이 단어는 화학에서 어떤 원소들이 서로 친화성을 갖거나 분자들이 함께 결합하는 특성을 묘사할 때 사용된다. 소프트웨어 전문가들은 프로그램의 호환성을 평가하기 위해 이 단어를 사용한다. 우리 가운데 누가 약체이지만 응집력 있는 팀웍을 발휘하여 강팀을 이기는 스포츠 팀을 응원하지 않겠는가?

인간은 독특한 종이다. 우리는 살아가면서 충성을 요구하는 이중적인 주장과 부딪힌다. 이기심 대 타인에 대한 배려, 협력 대 경쟁, 대결 대 타협, 개인주의 대 공동체주의가 그것이다. 우리는 상황에 따라 이것에서 저것으로 입장을 바꿀 수 있다. 개방성에 관한 장에서는 기회를 찾고 가능성을 현실로 바꾸는 인간의 성향을 강조한다. 이런 성향에는 어떤 형태의 협력—그리고 이기심의 억제—이 필요하며, 다른 사람들과 함께 일하는 것은 필수적이다.

뉴욕대 조너선 하이트 교수는 협력이 사회통합의 핵심이라는 말에 동의한다. 그는 도덕적 자본의 한 유형인 통합을 "공동체가 하나의 세트로 서로 맞물려 있는 가치, 미덕, 기준, 관습, 정체성, 제도, 과학기술을 공유하는 정도라고 말한다. 이런 요소들은 심리학적 메커니즘 발달과 연결되며, 공동체가 이기심을 억제하거나 규제하고 협력이 가능하게 만든다."(Haidt 2013년).

자발적으로 협력하려는 성향은 성공적인 사회의 가장 중요하지만 과소평가된 특성이다. 알렉시스 드 토크빌Alexis De Tocqueville이 한때 말했다. "행동의 어머니는 연대의 기술이다."(Tocqueville 1835년). 그는 이것이 이례적으로 미국이 세계에서 가장 강력한 경제국가가 된 이유라고 주장했다. 그가 말했다. "모든 연령층, 모든 계층, 모든 성향의 미국인이 끊임없이 연대한다."(Tocqueville 1835년).

토크빌은 한쪽에서는 친족이나 가족과의 협력이 계속 이어지고, 다른 쪽에서는 국가나 군주국과의 협력이 이어진다고 생각했다. 통합적인 사회를 위한 핵심 요소는 이 두 가지 제한적인 틀 중 어느 한쪽에 의존하지 않는, 더 넓은 범위의 신뢰와 협력이다. 가족에 대한 과도한 의존은 정실주의를 낳아 사회의 발전을 저해한다. 국가에 대한 과도한 의존은 사회의 주도성과 경쟁을 앗아간다. 그 대신 사회는 특정 목적—새로운 로터리클럽, 병원 설립, 또는 보이스카우트 지부 창설 등 어떤 것이든—에 적합한 자발적이고 자율적인 협력을 많이 조성해야 한다.*)

자발적인 협력의 필수적인 요소는 신뢰다―구성원이 공유한 가치에 따라 예측가능하고, 정직하며 협력적인 행동을 보여줄 것이라는 기대. 우리가 다른 사람들의 봉사를 받을 때마다 우리는 그들을 실망시키지 않겠다는 약속을 하는 셈이다. 인류학은 우리가 기대한 대로 행동하는 사람을 신뢰하고 그렇지 않은 사람을 불신하도록 각인되어 있다고 말한다. 생물학적 용어인 '상호 이타주의'는 삶의 많은 거래에 적용할 수 있다―"네가 나를 도와주면 나도 너를 도와주겠다." 어떤 사람이 다른 사람을 위해 봉사하면 혜택을 입은 사람은 고마워하면서 관계 유지에 적절한 방식으로 보답하려고 한다.

　상호성은 모든 문화에 나타나는 규범이다. 때로 이것은 명확한 기대를 수반할 수 있다―가령, 소비자가 동네 빵집에서 빵을 사면 빵집 주인은 소비자가 돈을 지불할 것으로 기대한다. 모든 구매자와 판매자가 거래의 결과로 더 나아질 것이라고 기대한다. 그렇지 않다면 왜 그렇게 하겠는가? 때로 어떤 행위에 대한 보답으로 상대방의 호의를 기대할(바랄) 경우 상호성이 유보된다―예를 들어 우리가 어떤 사람을 만찬에 초대하거나 선물을 줄 때 그렇다. 뇌물의 효과도

---

*) 토크빌은 협력이 민주국가에 필수적이라고 인정했다. 그는 말했다. "귀족정치(또는 금권정치)사회에서 사람들은 강력하게 결속되어 있기 때문에 행동하기 위해 별도로 뭉칠 필요가 없다. 부유하고 유력한 시민은 영속적이고 의무적인 연합의 우두머리가 되고, 그에게 의존하는 모든 사람들은 이 연합의 구성원이 되거나, 그의 의도를 실행할 때 복종한다. 이와 반대로, 민주국가의 모든 시민은 독립적이고 약하다. 그래서 서로 돕기 위해 자발적으로 협력하는 법을 배우지 못하면 혼자서는 거의 아무 것도 할 수 없다."

상호성에 의존한다.*⁾

　상호성은 많은 사회규범의 기초다. 스위스 사람들은 시간엄수를 매우 중요하게 생각한다. 시간엄수를 양당사자가 특정 시간과 장소에서 만나기로 합의한 계약으로 보기 때문이다. 한쪽 당사자가 약속 시간에 나타나지 않거나, 자신이 더 우월해서 다른 당사자를 계속 기다리게 한다면 이것은 신뢰의 파괴로 간주된다. 신뢰는 말한 것을 어김없이 실행할 때 생긴다. 이것이 브랜드가 매우 가치가 높은 이유다. 브랜드는 우리가 기대한 바가 이행될 것이라는 약속을 제공한다. 우리는 선천적으로 무임승차자와 배신자를 처벌하도록 각인되어 있는데, 이것은 '죄수들의 딜레마' 실험 결과가 왜 그렇게 복잡한지를 설명해준다.**⁾

　이것이 중요한 까닭은 여러 연구가 통합과 신뢰의 수준이 높은 사회에서 자본주의가 번영한다는 것을 설득력 있게 보여주기 때문이다. 세계은행의 이코노미스트이자 사회통합과 신뢰 분야를 연구하는 스티브 넥Steve Knack은 더 나아가 이렇게 말한다. "이것은 미국과 소말리아의 1인당 소득수준

---

　　*⁾ 시카고 대학의 게리 S. 벡커와 리처드 A. 포스너는 모든 조직에서 개인들의 선호와 목표가 집단의 선호와 목표와 다를 수 있기 때문에 차선의 결과를 낳고, 조직 비용의 또 다른 형태인 마찰 비용이 존재한다고 주장했다. 다시 말하면 생각이 비슷하거나 통합적인 국가들은 단합된 결과를 더 잘 만들어낸다.

　　**⁾ 죄수들의 딜레마는 가설적인 시나리오로서 두 사람이 협력이 아니라 이기적인 선택을 하여 결국 자신에게 해를 끼칠 가능성이 있는 이유를 보여준다. 이 개념은 메릴 플러드와 멜빈 드레서가 만들었다.

차이를 대부분 설명해준다."(Keefer 1997년). 달리 말하면 사회적 신뢰가 없다면—그리고 사회적 신뢰를 핵심적으로 보완하는 사회적 통합이 없다면—경제 발전의 전망은 암울하다.

사회통합 수준과 경제적 성공 간의 상관관계를 조사해보면 TSTF 국가들의 순위가 가장 높다. 이것은 외부적 차원과 내부적 차원에서 발생한다. 덴마크, 핀란드, 네덜란드, 싱가포르, 스웨덴, 스위스는 보통 다른 국가들로부터 세계에서 가장 신뢰받는 국가로 평가된다. 또한 이들 국가의 시민들은 상호신뢰 수준도 가장 높다. 신뢰는 많은 유익을 제공한다. 예를 들면, 서로 신뢰하는 사람들은 상호 이익을 위해 협력할

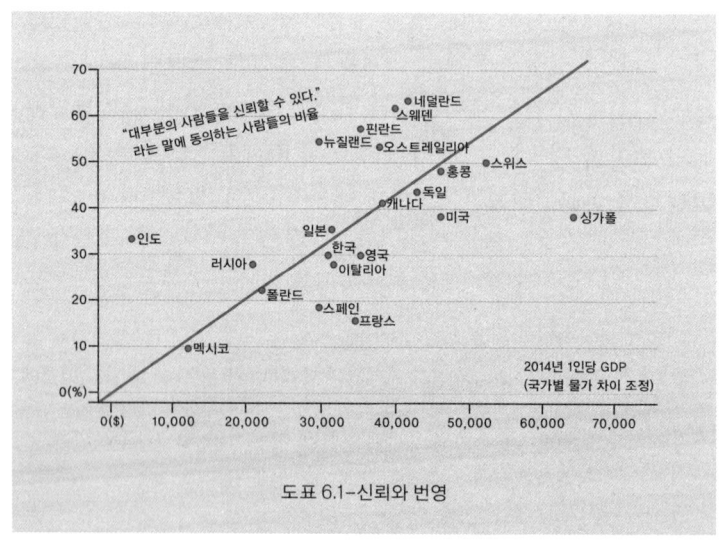

도표 6.1-신뢰와 번영

이 도표는 1인당 GDP와 제도적 신뢰 간의 관계를 보여준다.
TSTF 국가가 높은 수준을 보여준다.
(자료: Boda and Medve-Bálint, 2012)

가능성이 더 높다. 또한 서로 그리고 재산이 적은 사람들과 이익을 나눌 가능성이 더 높다.

유익은 경제적인 것에만 그치지 않는다. 노벨경제학상 수상자 케네스 애로는 더 작고, 더 통합적인 사회가 통치하기 더 용이하다는 것을 보여주었다(Arrow 1974년). 유권자들이 매우 다양하고 양극화될수록 합의 형성이 어렵다. 퓨 연구센터의 보고서에 따르면, 신뢰수준이 높은 국가들은 범죄와 부패 수준이 더 낮다(Holzwart and Wike 2008년). 이들 국가는 확고할 정도로 능력주의이며 재능과 근면에 대해 보상하고 상위계층 이동을 촉진하는 제도를 갖고 있다. 미국, 영국, 프랑스, 한국, 일본과 같은 국가와 비교해보면, 이들 국가에서는 일생 중 십대 때 대단히 힘든 입학시험에 합격할 때나, 옥스퍼드대, 국립행정대학원ENA, 도쿄대, 예일대와 같은 대학에 진학하여 누가 성공을 거둘지 분명하게 결정될 때, 사회적 이동의 기회가 단 한 번 주어진다.

국가마다 공동체에 대한 강조와 사회 통합의 정도가 다르다. 스탠퍼드대 프랜시스 후쿠야마 교수는 '신뢰도가 높은 사회'와 '신뢰도가 낮은 사회'로 구분한다. 신뢰도가 높은 사회의 시민들은 서로에게 예측 가능한 행동을 보여주는 반면, 신뢰도가 낮은 사회의 시민들은 일탈된 또는 이해하기 힘든 행동 규범에 의해 도전받는다. 행동이 예측 불가능할 경우 시민들은 심각한 부패, 렌트 추구행위(rent-seeking; 시장진입 장벽이나 정부 규제를 이용해 이익을 보려는 행위—옮긴이), 불평등을 경험할 가능성이 더 높다.

서로 신뢰하는 사람들은 형식적인 규칙과 규제에 덜 의지한다. 그들은 흔히 강제적인 수단에 의한 협상, 합의, 소송,

법 집행으로 이루어지는 제도에 의존하지 않고도 서로 협력한다. 이런 규제 장치는 신뢰에 대한 비싼 대체수단 역할을 하며, 경제학자들이 말하듯이 '거래비용'을 수반한다. 사회에 불신이 널리 확산되면 모든 형태의 경제 활동에 일종의 세금이 부과된다. 하지만 신뢰도가 높은 사회에서는 이런 세금을 지불할 필요가 없다. 하나의 작은 예로 공항 보안검색 절차라는 성가신 행위를 생각해보라. 규제는 신뢰 상실에 대한 대가다. 통합과 신뢰가 부재한 사회에서 간단한 활동도 어려워진다. 당신은 어떤 사람이 청구금액을 지불할 것이라고 어떻게 확신할 수 있는가? 또는 동네 식료품점으로 가는 길에 강탈당하지 않을 것이라고 어떻게 확신하는가? 초등학교, 영화관, 나이트클럽에 무장 경비원이 필요하다면 좋은 신호가 아닐 것이다. 사회적 신뢰와 통합의 부재로 미국은 다른 선진국들보다 경찰 보호와 감금을 위해 훨씬 더 많은 돈을 지출한다.

거의 전 세계적으로 사회통합 부재로 인한 비용이 계속 크게 증가하고 있다. 스탠퍼드대 금융사기연구소의 연구자들은 미국에서 '소비자 사기금액'만 매년 500억 달러 이상일 것으로 추정한다(Economist 2018년). 노벨경제학상 수상자 조지 애커로프George Akerlof와 로버트 쉴러Robert Shiller는 「피싱의 경제학Phishing for Phools」에서 이익을 추구하는 기업들이 소비자를 조종하고 이용하기 때문에 시장은 본질적으로 기만적이라고 주장한다. 어떤 국가도 사기를 완전히 피할 수 없겠지만 여러 연구에 따르면, TSTF 국가들은 부패지수가 가장 적은 국가로 지속적으로 평가되며 G7국가와 비교할 때 1인당 사기 발생건수가 상당히 적다(NationMaster 2002년).

무엇이 사회통합을 만들어내는가?

높은 신뢰수준이 번영을 촉진한다는 것은 논쟁의 여지가 없는 것 같지만 더 나은 사회통합에 기여하는 것이 무엇인지 분명하게 이해하기는 쉽지 않다. 몇 가지 측면이 결합되어 사회통합의 정도를 결정한다. 우선 소규모성이 도움이 된다. 분리의 정도가 작은 경우 거래의 빈도가 더 높고 무임승차, 사기, 또는 부정행위가 일어날 가능성이 더 낮다. 상호 교류가 더 자주 일어나기 때문에 더 쉽게 통제할 수 있다.

신호 대 잡음 비율(Signal to noise ratio) 역시 작은 사회에서 더 높다. 따라서 '가짜 뉴스' 확산이나 사람들을 속이는 것이 더 어렵다. 규모가 크고, 서로 멀리 떨어져 있고 다양성이 높은 국가들은 소셜 미디어 채널을 통해 잘못된 정보가 전파되기 아주 좋은 사회다. 흔히 전파 과정에서 오류가 증폭되고 진실을 입증하는 데 시간이 걸리는 탓에 입증이 어려워지기 때문이다. 이런 전파 과정에서 거짓이 확산되며, 사실 확인 과정이 이루어지기 전에 다음 단계의 전파로 이어진다. 이를 통해 청중들은 영구적으로 잘못된 정보를 갖게 된다. 파렴치함을 비교우위로 삼는 전략이나, '성공할 때까지 속여라.'는 태도를 발전을 위해 이용 가능한 방법으로 보는 관점은 작고 통합적인 사회에서는 절대 통하지 않는다.

소규모성은 취약성을 띠기 때문에 여러 지역사회가 함께 뭉쳐서 해결책을 찾으려는 동기를 부여한다. 우리는 앞서 네덜란드의 해안 간척지에 대해 언급하면서 그들이 어떻게 사회적 통합을 이루어냈는지 설명했다. 우리는 또한 스위스

"우리는 작지만 사회통합 수준이 높습니다."
도표 6.2 – 사회 통합 (자료: Banx)

알프스 지역사회들이 어떻게 협력하여 눈(또는 산)사태로 인한 피해를 경감했는지 언급했다. 이런 내용은 다른 TSTF 국가에도 그대로 해당된다. 이스라엘 사회는 세계에서 가장 통합적인 사회 중 하나다. 이는 상당부분 적대적인 이웃 국가들이 발사한 파괴적인 미사일이 수 분 내에 이스라엘에 도달할 수 있기 때문이다. 겸손과 통합성은 높은 연대의식으로 나타난다.

TSTF 국가들이 최고 수준의 사회통합을 보여주는 또 다른 이유는 많은 국가가 군대에서 배운 교훈을 간직하고 있기 때문이다. 이들 국가의 시민들은 성장기인 사춘기에 수년 동안 군대에 복무할 때 국가가 싸워서 지킬만한 가치가 있다는 점과 소속감을 배운다. 렘브란트의 <야간순찰>과 같이, 그들은 이기심과 '나' 중심의 성향을 유보하고 '우리'라는 공동선을 더 중요하게 여긴다. 바로 이 시기에 서로간의 밀접한 경험을 통해 '우리'의 가치가 강화된다.

사회구조 역시 사회통합에 상당한 영향을 미친다. 세 가지

주요 영역에서 이것을 확인할 수 있다. 첫째, 사회구조는 공통의 가치관, 정체성, 소속감을 갖게 하는 지배적인 신념을 갖도록 도와준다. 국교가 없는 국가임에도 스칸디나비아 국가들은 아직도 그들의 사회규범을 규정하는 강한 루터교 가치관을 갖고 있다. 이와 비슷하게, 아일랜드는 가톨릭의 가치, 이스라엘은 유대교의 가치를 갖고 있다. 이질적인 혼합에도 불구하고, 싱가포르의 70퍼센트는 민족적으로 화교로서 유교적 가치관을 지니고 있다. 스위스의 70퍼센트는 독일계 스위스인이거나 개신교 출신이다. 여기서 중요한 점은 인종, 민족 또는 종교가 아니라 선호와 규범의 다양성이 사회통합에 미치는 영향이다. 말레이시아의 '세 가지 문화, 하나의 국가' 정책과 같이 다문화주의는 칭찬할만한 목표지만 실제로 그것을 유지하려면 많은 비용이 들고 문제가 발생할 수 있다. 지배적인 신념과 가치관이 있으면 이민자가 더 쉽게 동화될 수 있다.

둘째, 도시-농촌의 분열은 규모가 큰 많은 국가에서 정치의 중심축이 되고 있다. 미국은 진보 성향인 서부와 북동부 연안지역과, 보수 성향인 광범위한 내륙 지역으로 분열되어 있다. 데이비드 굿하트는 「엘리트가 버린 사람들The Road to Somewhere」에서 영국도 이와 비슷하게 분열되어 있다고 밝힌다. 그는 브렉시트가 지난 세대의 두 가지 큰 가치집단─교육받고 이동성이 높으며 '지역 평등의 입장'에서 세계를 보는 사람들과, 덜 교육받고 특정 지역에 뿌리 내리고 있고 공동체와 안정을 우선시하며 '특정 지역의 입장'에서 세계를 보는 사람들─의 등장에서 비롯되었다고 주장한다. '지역 평등의 입장'의 사람들은 상향 이동성이 디 크고, '특정 지역의 입장'의 사람들은 뒤쳐진다. 일부 사람들에게 이것은 왜 런던이 한 국가 안의 국가가 되었는지, 그리고 영국 국민의 60퍼센트 이상이 왜 자신이 성장한 곳에서 30킬로미터 이내에서 계속 살고 있는지를 설명해준다. 농촌지역 인구는 전체 인구에서 차지하는 비중이 점차 줄고 있지만 그들은 국가적 양심을 더 강하게 대변하고 있으며 미덕이 살아 있는 곳으로 인식된다. 선거인단과 미국 상원과 같은 선거제도는 '특정 지역의 입장'의 사람들에게 그들의 수에 비해 더 많은 권력을 부여한다.

이보다 앞선 시기에는 국가들은 국내 자동차 생산이 필요했다. 그러기 위해선 철강이 필요했고, 또 이를 위해선 철광석과 석탄이 필요했다. 그래서 클리블랜드, 디트로이트, 피츠버그, 뉴욕과 같은 도시들은 서로 분리할 수 없는 가치 사슬로 연결되었다. 똑같은 현상이 에센, 드레스덴, 뮌헨, 슈투트가르트, 코번트리, 버밍햄, 런던에도 일어났다. 하지만 오늘날 이러한 자본과 노동집약적인 산업은 전에 비해 축소되었고 지역사회가 공동화되면서 생활수준이 나빠졌다. 극단적으로 보자면, 영국이 보여주듯이 한 국가 안에 두 개의 나라가 있는 것처럼 느껴질 정도다.

프랑스의 최근 노란조끼 운동을 예로 들어보자. 지리학자 에르베 르 브라Hervé Le Bras에 따르면, 인구비율을 기준으로 노란조끼 운동이 가장 집중적으로 일어난 지역이 대각행렬 방향과 일치한다. 이 지역은 뫼즈 지역에서 랑드 지역에 이르는 프랑스 영토의 긴 띠를 이루는 곳으로, 대부분 농촌 탈출과 도시화로 인해 인구밀도가 낮다. 사진작가 레이먼드 디파던에 따르면 이 지역들은 '도시와 농촌의 중간적인 특성을 보이는 프랑스'다. 그는 버려진 도심과 텅 빈 로터리를 찍는다―바로 이곳을 노란조끼를 입은 사람들이 점거했다. 유사하게도, 트럼프의 슬로건이 된「힐빌리의 노래」는 '미국에서 도시와 농촌의 중간적인 특성'을 보여주는 오하이오주의 작은 마을에 사는 어느 가족의 이야기다.

이와 반대로 TSTF 국가들은 거대한 내륙지역이 없다. 그들의 산업적 유산은 위계질서의 형태로 관리되는 산업단지가 아니라 작업실 형태로 이루어졌다. 이것은 사회 통합과 관련하여 그들이 가진 이점의 한 요인이 된다. TSTF 국가에서 대부분의 사람들은 '지역 평등의 입장'이면서도 동시에 '특정 지역의 입장'을 갖고 있다. 그들은 비슷한 수준의 고등교육 기회를 누리며 여러 언어를 구사하고, 청년 시기에 해외를 여행한 뒤 사회생활을 하도록 권장된다. 그럼에도 그들은 자신의 지역 사회에서 뿌리를 유지할 수 있다. 덴마크, 네덜란드, 스위스의 가장 외딴 농촌 지역까지 보통 자동차로 몇 시간이면 도착할 수 있기 때문이다.

셋째, TSTF 국가들은 사람들에게 권한을 위임하는 일에 능숙하다. 에이브러햄 링컨이 게티즈버그 연설에서 언급한 명언―"국민의, 국민에 의한, 국민을 위한 정부"―은 덴마크, 네덜란드, 스위스, 스웨덴의 민주주의를 더 적절하게 설명해준다. 이들 국가의 사회는 위계질서보다는 네트워크로 조직되어 권한이 더 넓게 퍼져 있다. TSTF 국가의 사람들이 정부에 대한 신뢰가 훨씬 더 큰 이유는 정부가 그들의 의견을 듣는다고 느끼기 때문이다. 미국 의회의 각 의원은 약 60만 명의 대표한다. 영국은 국회의원 한 명당 10만 명이다. 이에 비해 대부분의 TSTF 국가의 경우 4만 명 이하인데, 이것은

「연방주의자 논집Federalist Papers」의 저자들이 상상하는 대략적인 유권자수다. TSTF 국가의 시민들이 자신의 의사가 더 잘 대변되고 있다고 느끼는 이유를 이해하기 어렵지 않다.

TSTF 국가들의 특징은 네덜란드 정치학자 아렌드 레이프하트Arend Lijphart가 「민주주의의 유형Patterns of Democracy」에서 묘사했듯이 비례대표 또는 '합의 민주주의'다. 레이프하트는 다수결주의, 즉 미국, 영국, 뉴질랜드 등에서 채택한 '승자독식' 민주주의와 덴마크, 독일, 네덜란드, 스위스, 스웨덴처럼 정치적 연합형성을 촉진하는 선거제도를 비교했다. 그는 TSTF 국가들의 시민들이 자신의 관점을 더 잘 대변하는 정치지도자를 선택한다고 밝혔다. 또한 이들 국가의 정치는 부패가 적고, 그리고 성별, 성소수자, 소수집단의 이익에 대해 더 포용적이고, 더 정중하며, 적대적인 관계가 적고, 안정적인 정치가 필요한 장기적이고 중요한 이슈에 더 주안점을 둔다고 밝혔다. 여러 연구는 비례대표제를 채택한 국가의 시민들이 '승자독식' 시스템에 비해 정치 참여율과 선거투표 참여율이 더 크다는 점을 보여준다. 더 큰 포용력은 장기적이고 집중적인 노력이 필요한 정책—교육, 연금, 환경 등—이 이들 국가에서 지속적인 지지를 얻은 주요한 이유일 것이다.[*]

이와 반대로 영국은 점점 한 국가 안에 두 개의 나라가 있는 것 같다. 영국의 신임 수상은 유권자의 0.3퍼센트에 의해

---

[*] 예를 들어, 덴마크에는 평균 8명의 대표를 선출하는 17개 선거구가 있다. 8퍼센트의 적은 득표율을 얻는 소수당들이 자신의 목소리를 낸다.

선출되고, 국민의 20퍼센트를 대변하는 하나의 정당이 주도하는 정부를 구성한다. 이럴 경우 정부는 국민의 대다수가 반대하는 정책을 내놓으려는 시도를 하게 된다.

이와 대조적으로, '승자독식' 선거제도는 정치인이 과도한 공약을 제시하고, 그 결과 실제로는 이행하지 못하게 되는 동기를 부여한다. 이들 국가의 시민들이 정부에 대한 신뢰도가

도표 6.3- 민주주의 선거 제도

TSTF 국가들은 대체로 '승자독식'선거제도보다는 비례대표제를 채택한다. 그 결과 더 많은 시민들이 자신의 의견이 정치에 반영된다고 생각한다. (자료: Moscrop, 2016)

낮은 것은 놀라운 일이 아니다. 퓨 연구센터에 따르면 미국인 10명 중 3명 이하의 사람들이 미국 연방정부를 신뢰한다(Holzwart and Wike 2008년). 이 수치는 중고차 판매원에 대한 신뢰수준보다 약간 더 높은 수준이며, 한 세대 전만해도 10명 중 약 8명이 미국 정부를 신뢰했다는 점을 고려하면 급격히 감소한 것이다. 영국도 급격하지는 않지만 비슷하게 감소해왔다. 이런 결과는 '요요Yoyo' 효과로 일부 설명된다. 이를테면, 새로 선출된 집권당이 개혁 입법을 시행해도 권력을 잃으면 다시 거꾸로 뒤집히거나 억제된다.

힘들지만 스스로 강화하는

사회통합은 상당한 노력이 필요하다. 비슷한 생각을 가진 참여자가 다수를 이루어야 하고 도덕성 평가에 대한 공통 기준도 필요하다. 이것은 대립적인 행동보다 합의를 촉진하고 신뢰할만한 사회규범을 확립하는데 중요하다. 어떤 사람이 헤어질 때 그동안 거래했던 사람을 절대 다시 만날 일은 없을 것이라고 생각한다면 불만을 해소하거나 상호성을 존중할 동기가 거의 사라진다. 그럴 경우 삶은 관계보다는 거래를 중심으로 이루어지게 된다.

사회 통합이 스스로를 강화한다는 점은 좋은 소식이다. 궁극적으로 신뢰수준이 높은 사회는 대부분의 사람들이 마땅히 해야 할 것을 이행하는 긍정적인 균형상태다. 이행으로 얻는 이득이 불이행으로 얻는 이득보다 더 크기 때문이다. 높은 경제적 성과는 신뢰가 필요할 뿐 아니라 신뢰를 촉진한다. 이미 편안한데 왜 성가시게 부정행위를 하겠는가? 이와 반대로 신뢰도가 낮은 사회는 체포될 가능성이 낮기 때문에 부정행위를 할 동기가 높다.

작은 국가와 큰 국가가 모두 사회 통합을 구축, 유지, 강화하는 일에 더 많은 비용이 필요한 상황이 되고 있다. 우리는 공동체 대신 개인을 점점 더 강조하는 시대에 살고 있기 때문에 여러 힘들이 사회통합에 반대하는 방향으로 작용한다. 개인의 정체성을 더 강조하면서 사람들은 가족, 종교와 같은 전통적인 구조에서 멀어지고 있다. 전통적인 구조를 대체하는 새로운 소속집단이 사회 통합적일지 여부는 앞으로 지켜보아야 한다.

높은 수준의 사회 통합이 선순환을 만들듯이 낮은 수준의 사회통합은 악순환을 불러일으킨다. 신뢰도가 낮은 사회는 더 심각한 경제적 불평등을 경험하고, 이는 사회통합 비용을 가중시킨다. 시민들은 '능력이 있는 사람'과 '능력이 있는 사람들에게 빌붙는 사람'으로 양극화되어 불평등을 감소시키기 위한 재분배 정책의 수용력이 약화된다. '각자도생'의 사고방식이 정착하면 가장 강한 사람들은 마음대로 이익을 약탈하거나 렌트 추구행위를 할 수 있는 권리를 갖고 있다고 느낀다. 버클리대 심리학 교수 폴 피프와 다처 켈트너의 연구에 따르면, 부의 증가는 공감 능력을 떨어뜨리고 타인에 대한 비윤리적 행동을 북돋워서 사회통합이 약화된다(Piff et al. 2012년).

우리는 정부와 시장에 대해서는 상당히 많이 주목하지만, 유명한 독일철학자 위르겐 하버마스가 '공론장'―사회의 모든 영역에 미치고 영역들 사이에 작동하는 중추신경계―이라고 말한 것에 대해서는 거의 주목하지 않는다(Habermas 1991년).

하버마스는 성공적인 사회는 위계 구조보나는 네트워크

구조일 때 가장 잘 돌아간다고 주장한다. 이것은 사람들이 수직적으로가 아니라 수평적으로 자유롭게 소통하는 것을 뜻한다. 사람들이 같은 언어를 이용하고 같은 관용구를 이해하고 배경과 가치관과 신앙이 비슷할 때 사회 통합이 더 쉬워지고 갈등이 줄어든다.

정치적 추진력은 감정보다는 이성이라는 점이 중요하다. 이렇게 되려면 시민들이 넓은 식견과 비판적인 정신이 있고, 자신의 정직한 의견을 제한 없이 표현할 수 있어야 한다. 그렇게 되면 경쟁적인 심사숙고가 이어지고 최고의 주장이 채택된다. 주권은 국민들에게 있기 때문에 선출된 지도자는 밑에서 올라온 공적인 합의에 따라 집행한다.

이런 유토피아의 정반대편에는 엄청나게 다양한 집단이 경쟁적으로 제기하는 이해관계 때문에 합의를 중재하려고 고군분투하는 정치시스템이 있다. 권력을 얻기 위해서 정치가들은 감정에 호소하고 가장 열성적인 구성원을 기쁘게 해주려는 입장을 갖게 된다. 이렇게 되면 정치적 담론이 양극화된다. <파이낸셜타임스>의 정치평론가 에드워드 루스는 이와 같은 미국의 혼란스러운 전개 양상을 이렇게 요약한다. "[트럼프]가 소수자를 더 악마화할수록, 진보적인 미국인들은 더욱 좌측으로 이동한다. 이로 인해 정치적으로 올바르지 않은 트럼프의 매력이 더 상승한다."(Financial Times 2019년).

이와 같은 예에서는 공적인 합의 또는 '공론의 장'이 존재하지 않는다. 공통의 목소리도 없고, 서로 분리된 청중들의 지리멸렬한 토론의 불협화음만 있을 뿐이다. 소셜 미디어의 알고리듬이 조장하는 증폭 효과와 '가짜뉴스'의 확산 탓에 시민들이 정보를 찾고, 이해하고, 판단하는 능력이 심각하게 약화된다. 이럴 경우 성공적인 민주주의에 필요한 참여와 활발하고 비판적인 논쟁이 미약해져 어떤 '국가' 시스템이라도 제대로 작동하지 않게 된다.

TSTF 국가들은 결코 유토피아가 아니다. 하지만 그들은 하버마스가 잘 작동하는 사회라고 생각했던 다양한 평가항목에서 높은 점수를 받고 있다.

결론

사회통합과 신뢰는 깨지기 쉽다. 이것들이 사라지면 사회는 값비싼 대가를 치를 수 있다. 신뢰가 깨지면 관계는 자세하게 설명해야 되고, 불문율의 규칙은 법률로 만들어야 하고, 논쟁을 중재하기 위해 제삼자들을 임명해야 한다. 자발적이고 협력적인 공동 작업은 중단된다. 이런 상황은 법조계 종사자들에게 금광이지만 사회에는 역병과 같다.

개인에 대한 숭배가 곳곳에서 증가하고 있다. '가장 많은 장난감과 함께 죽는 사람이 승리자다.'라는 만트라가 널리 퍼져 있는 것 같다. 네덜란드에서 성장한 사이먼 쿠퍼는 신뢰수준이 높은 사회에서의 삶이 어떻게 다르게 느껴지는지 이렇게 묘사한다. "아이들과 함께 저녁을 먹으려고 직장에서 집으로 귀가하고 교육비나 치료비 지출 문제로 스트레스 받지 않고, 안전한 지역의 안전한 거리가 있고, 다른 가족들 근처에 합리적인 가격으로 집을 구할 수 있고, 휴가도 자주 가고 오래 산다. 당신은 부자가 되지 않겠지만 굳이 부자가 될 필요도 없다."(Kuper 2018년).

큰 국가들의 발전 잠재력은 성장이나 놀라운 혁신과 별로 관련이 없을지도 모른다. 그 대신 이들 국가는 사람들 간에 더 많은 신뢰를 쌓고 사회 통합을 개선하는 방법에 더 집중해야 할 것이다.

시대가 바뀌었다. 거리 비용은 과학기술 덕분에 급격히 줄어들 수 있지만, 가장 필요한 통합을 위한 비용은 상당히 증가했다. <야간순찰>에서처럼 사회 통합에는 새로운 사회질서가 필요할 것이다.

렘브란트의 <야간순찰>의 가장 두드러진 특징은 용감하고 위엄 있는 순찰대원 뒤편 어둠 속에서 등장하는 신비하고 천사 같은 소녀다. 닭다리가 소녀의 허리춤에 거꾸로 매달려 있다. 각 민병대원은 엠블럼을 갖고 있으며, 그것은 각 개인의 소지품이었다. 대원들은 소속감의 상징으로 그것을 착용했다. 그것은 필요한 순간이 오면 '우리'를 위해 '나'를 기꺼이 유보하겠다는 증거였다. 여기에 비밀이 있다.

참고도서 및 추가 독서자료

Alberto, A., E. Spolaore and R. Wacziarg. 'Economic Integration and Political Disintegration'. American Economic Review, vol. 90, no. 5 (2000): pp. 1276–96. doi:10.1257/aer.90.5.1276.

Alberto, A., R. Baqir and C. Hoxby. 'Political Jurisdictions in Heterogeneous Communities'. Journal of Political Economy, vol. 112, no. 2 (2004): pp. 348–96. doi:10.1086/381474.

Alberto, A., R. Baqir, and W. Easterly. 'Public Goods and Ethnic Divisions'. The Quarterly Journal of Political Economy, vol. 114, no. 4 (1999): pp. 1243–84. doi:10.1162/003355399556269.

Arrow, K.J. The Limits of Organization (New York: Norton, 1974).

Blais, A. and M.A. Bodet. 'Does proportional representation foster closer congruence between citizens and policy makers?' Comparative Political Studies, vol. 39, no. 10 (2006): pp. 1243-1262. doi:10.1177/0010414005284374.

Boda, Z. and G. Medve-Bálint. 'Figure 3: Association between Institutional trust and per capita GDP (2010)'. Blogs.lse.ac.uk (2012). https://blogs.lse.ac.uk/europpblog/2012/08/21/institutional-trust-zsolt-boda/.

Butler, J.V., P. Giuliano and L. Guiso. 'The Right Amount of Trust'. Journal of the European Economic Association, vol. 14, no. 5 (2016): pp. 1155-80. https://doi.org/10.1111/jeea.12178.

––'Trust, Values, and False Consensus'. International Economic Review, vol. 56, no. 3 (2015): pp. 889–915. https://doi.org/10.1111/iere.12125.

Campbell, J.L., J.A. Hall and O.K. Pedersen. National Identity and the Varieties of Capitalism: The Danish

Experience (Canada: McGill-Queen's University Press, 2006).

'Edelman Trust Barometer'. Edelman, 2019 https://www.edelman.com/trust-barometer.

'Frauds: Countries Compared'. NationMaster, 2002. https://www.nationmaster.com/country-info/stats/Crime/Frauds

Fukuyama, F. Trust: The Social Virtues and the Creation of Prosperity (London: Penguin, 1996). 「트러스트」(한국경제신문사).

Goodhart, D. The Road to Somewhere: the Populist Revolt and the Future of Politics. (London: Hurst & Company, 2017). 「엘리트가 버린 사람들」(원더박스).

Goodhart, D. 'Why I left my liberal London tribe'. Financial Times, 2017. https://www.ft.com/content/39a0867a-0974-11e7-ac5a-903b21361b43.

'Governments need better ways to manage migration'. The Economist, 2018. https://www.economist.com/briefing/2018/08/25/governments-need-better-ways-to-manage-migration.

Grewal, D. 'How Wealth Reduces Compassion'. Scientific American (2012). https://www.scientificamerican.com/article/how-wealth-reduces-compassion/.

Guiso, L., H. Herrera M. Morelli. 'Cultural Differences and Institutional Integration'. Journal of International Economics, vol. 99 (2016). doi:http://dx.doi.org/10.1016/j.jinteco.2015.11.005.

Guiso, L., P. Sapienza and L. Zingales. 'Civic Capital as the Missing Link'. Handbook of Social Economics, vol. 1 (2011): pp. 417–80. http://dx.doi.org/10.1016/B978-0-444-53187-2.00010-3.

——'Long-Term Persistence'. Journal of the European Economic Association, vol. 14, no. 6 (2016): pp. 1401–36. http://dx.doi.org/10.1111/jeea.12177.

Habermas, J. The Structural Transformation of the

Public Sphere: An Inquiry into a Category of Bourgeois Society (Cambridge, MA: MIT Press, 1991).

Haidt, J. The Righteous Mind: Why Good People are Divided by Politics and Religion (London: Penguin Books, 2013). 「바른 마음」(웅진지식하우스).

Hirschman, A.O. Exit, Voice and Loyalty: Responses to Decline in Firms, Organizations, and States (Cambridge, Mass.: Harvard University Press, 1970). 「떠날 것인가 남을 것인가」(나남).

Holzwart, K. and R. Wike. 'Where Trust is High, Crime and Corruption are Low'. Pew Research Centre, 2008. http://www.pewglobal.org/2008/04/15/ where-trust-is-high-crime-and-corruption-are-low/.

Horst, H.V.D. The Low Sky: Understanding the Dutch (Schiedam: XPat Scriptum Publishers, 2016). 「낮은 하늘-네덜란드 이야기」(박영사).

Hume, D. A Treatise of Human Nature. (London, Clarendon Press, 1896). 「인간이란 무엇인가」(동서문화사).

Israel, Jonathan. The Dutch Republic: Its Rise, Greatness, and Fall 1477-1806 (Oxford: Clarendon Press, 1998)

Keefer, P. and S. Knack. 'Does Social Capital Have an Economic Payoff? A Cross-Country Investigation'. The Quarterly Journal of Economics, vol. 112, no. 4 (1997): pp. 1251–88. doi:10.1162/003355300555475.

Koot, T. Rembrandt's Night Watch: A Fascinating Story (Amsterdam: Meulenhoff International, 1969).

Kuper, S. 'The new American dream? Northern Europe'. Financial Times, 2018. https://www.ft.com/content/4ccd99be-f2a1-11e8-ae55-df4bf40f9d0d.

Lijphart, A. Patterns of Democracy: Government Forms and Performance in Thirty-six Countries. 2nd ed. (New Haven; London: Yale University Press, 2012). 「민주주의의 유형」(성균관대학교출판부).

Luce, E. 'US liberal over-reach on gender identity

risks benefiting Trump'. Financial Times, 2009. https://www.ft.com/content/065210f0-87f2-11e9-a028-86cea8523dc2.

Moscrop, D. 'An Electoral System for All'. Broadbent Institute, 2016. https:// www.broadbentinstitute.ca/an_electoral_system_for_all.

Mueller, J. The Remnants of War (Ithaca; London: Cornell University Press, 2007).

Norris, P. 'Choosing electoral systems: proportional, majoritarian, and mixed systems'. International Political Science Review, vol. 18, no. 3 (1997): pp. 297-312. https://sites.hks.harvard.edu/fs/pnorris/Acrobat/Choosing%20Electoral%20Systems.pdf.

Piff, P.K., et al. 'Higher social class predicts increased unethical behavior'. PNAS, 2012. https://www.pnas.org/content/109/11/4086.

Porta, R.L. et al. 'Trust in Large Organizations'. The American Economic Review, vol. 87, no. 2 (1997): pp. 333–38. http://www.jstor.org/ stable/2950941.

Putnam, R.D. Bowling Alone: The Collapse and Revival of American Community (New York; London: Simon & Schuster, 2000). 「나홀로 볼링」(페이퍼로드)

'Renewal of Swiss residence permits now depends on good behavior and integration'. Le News, 2019. https://lenews.ch/2019/01/04/renewal-of-swiss-residence-permits-now-depends-on-good-behaviour-and-integration/.

Schama, Simon. The Embarrassment of Riches: An Interpretation of Dutch Culture in the Golden Age (London: Collins, 1988).

Smith, A. The Theory of Moral Sentiments (CreateSpace Independent Publishing Platform, 2016). 「도덕감정론」(비봉출판사).

Tocqueville, A. de. 'Chapter V: Of the Use Which the Americans Make of Public Associations in Civil Life'. Democracy in America (New York, Harper Perennial

Modern Classics, 2006). 「미국의 민주주의」(한길사).

'Why do so many people fall for financial scams?'. The Economist, 2018. https://www.economist.com/finance-and-economics/2018/12/08/why-do-so-many-people-fall-for-financial-scams.

대담 및 인터뷰
폴 폴먼, 오베 카즈 페데르센

7장 결정적이지만 긴급하진 않은

2018년 7월 미국의 국가 부채
(자료: Wikimedia Commons)

하늘이 당신을 덮칠 때까지 당신은
하늘이 무너지고 있다는 것을 믿지 않는다.
―마가렛 앳우드, 「증거들The Testaments」

두려움은 자연스러운 감정이다. 두려움은 흔히 가장 평범한 행동과 활동에서 나타난다. 남들이 나를 싫어할까봐, 학위를 마치지 못할까봐, 일자리를 얻지 못할까봐, 올바른 배우자를 찾지 못할까봐, 은퇴를 대비해 충분한 저축을 하지 못할까봐 우리는 두려워한다. 적당한 두려움은 동기부여의 중요한 원천이 될 수도 있어 유익하다. 이런 두려움은 우리를 더욱 분발하게 하고 다른 해결책을 찾게 하고, 위험을 감수하고 시도하게 하고, 우선순위를 조정하게 하고, 그리고 매우 자주 놀라운 결과를 낳는다.

「행복에 걸려 비틀거리다Stumbling on Happiness」의 저자 하버드대 대니얼 길버트Daniel Gilbert 교수가 갑자기 빠르게 날아오는 창의 위협을 묘사하는 내용이 기억난다. 이런 상황은 우리 인류의 진화가 시작된 아프리카의 사바나 지역에서는 드물지 않은 일이다. 수천 년의 진화과정에서 우리는 순간적인 위험을 어떻게 피하도록 각인되었는지 설명하면서 그는 이렇게 말했다. "우리는 몸을 홱 숙입니다. 문제는 이 창이 우리에게 도달하는데 50년이 걸릴 경우 우리의 뇌는 제대로 반응하지 못한다는 것입니다."

사람들은 긴급하고 이해관계가 걸린 일을 처리하는데 매우 능숙하다. 자유 시장은 이런 인간 특성에 기초해 번영한다. 가령, 사람들은 고장 난 전구를 갈거나, 생일선물을 사거나, 심한 허기를 달래기 위해 근처 버거킹 가게로 가야할 때 재빠르게 행동한다.

개인과 사회는 이와 반대 상황의 문제—중요하지만 꼭 긴급하지 않은 문제들—를 해결하는 일에는 매우 무능하다. 민주주의 사회는 사람들의 동의에 기초하기 때문에 이런 측면에서 특히 불리하다. 민주주의 사회에서 대부분 중요한 위치를 차지하는 시장은 장기적으로 효과적인 행위자가 될 수 있지만 그다지 신뢰할만하지는 않다.

민주주의 사회에서 다양한 형태의 문제가 발생한다. 첫 번째 범주는 '지금 소비하고 나중에 지불하라.'는 것이다. 선출직 관리들의 가장 중요한 행동 동기는 다시 선출되는 것이다. 세금을 줄이고 지출을 늘리는 것은 대중의 지지를 얻을 수 있는 확실한 방법이다. 두 번째 범주는 이른바

'공유지의 비극'이다. 이것은 우리 모두에게 해로운 결과를 초래하지만 자유 시장이 설정하는 가격에 반영되지 않는다. 이에 대한 일반적인 예는 오염, 교통 혼잡, 소음이다. 세 번째 범주는 소비자인 우리가 우리 행동의 장기적인 결과를 충분히 인식하지 못하기 때문에 발생하는 사각지대와 관련된다. 여기에는 젊은 시기에 저축을 하지 않거나 적절히 투자하지 않는 것이 포함된다. '침묵의 살인자'로 알려진 비만은 많은 사람들의 사각지대다. 비만은 신부전증과 심장병과 같은 많은 질병으로 이어질 수 있다.

자유의지론자들은 개인의 의지의 탁월성과 선택의 자유를 내세우면서 우리의 능력으로 당면한 많은 도전들을 이해하고 해결할 수 있다고 말한다. 처칠이 한때 말했듯이, 그들은 "사회는 목발이 아니라 사다리가 되어야 한다."라고 주장한다. 우리는 대부분 자유 시장을 칭찬하고 소비자 주권이 가장 중요하다고 생각한다. 사람들이 아이폰이나 새 신발을 구매하거나 위험한 투자를 한다면 그것은 그들이 선택한 일이다. 그들은 자신의 가치관과 취향을 안다. 시장은 스스로 판단하는 독립적인 소비자에 의존하며, 매수자 위험부담원칙(구매 물품의 하자 유무에 대해서는 구매자가 확인할 책임이 있다는 원칙-옮긴이)을 소비자의 독립적 선택을 위한 자본주의의 선언이라고 말한다.

하지만 우리의 삶은 더 미묘하다. 어디에서나 일상적으로 이용당하는 소비자의 취약성을 보여주는 신호들이 있다. 피트니스 클럽이 이익을 보는 까닭은 사람들이 보통 새해 무렵에 회원권을 구입하고 몇 달 뒤에는 운동하러 오지 않을 것이라고 예상하기 때문이다. 물론, 우리는 젊을 때 더 많이

저축하거나, 이자가 매우 비싼 신용카드 빚을 일찍 갚거나,
과체중을 줄여야 한다. 우리는 모두 새해 결심을 계속 지키고
싶지만 얼마나 많은 사람들이 실제로 그렇게 하는가?*⁾

   아는 것과 바라는 것을 실천하는 건 별개의 문제다. 우리는
페이스북과 구글이 이윤을 추구하는 광고회사가 아니라고
생각하고 싶어 한다. 그래서 우리는 그들의 방대한 알고리즘
체계가 우리의 행복을 증진하는 것이 아니라 자신의 수익을
최적화하고 인간의 약점을 이용하도록 설계되었다는 것을
알고 깜짝 놀란다. 이런 일이 일어나는 까닭은 반드시 기업들이
악하거나 부패했기 때문이 아니라, 이윤을 추구하는 시장이
그들이 그렇게 하도록 동기를 부여하기 때문이다. 기업들이
인간의 약점을 이용하는 방법에 관한 애컬로프와 쉴러의 책은
상당한 논쟁을 불러일으켰고, 이 둘은 모두 노벨경제학상을
수상하여 지난 반세기 동안 가장 중요한 경제학자에 꼽혔다.
그들은 지적인 반항아이기도 하다.

   세계를 연구해보면 사회적 긴장의 최대 근원이며 해결하기
가장 힘든 문제들은 공통의 특징을 갖고 있는 것 같다. 이런
문제는 흔히 길버트의 사라진 유전학과 애컬로프와 쉴러의
기만당하기 쉬운 취약성이 교차하는 지점에서 발생한다.
기후변화, 재원이 부족한 연금제도, 폭발적으로 증가하는
국가부채, 대유행하는 비만, 사회기반시설의 붕괴 등이
그것이다. 우리는 이런 것들이 우리 모두에게 영향을 미치는

---

*⁾ 미국 임상심리학자 조셉 루시아니의 연구에 따르면, 8퍼센트의
사람들만이 새해의 결심을 계속 유지한다.

중요하며 심각한 문제라는데 동의한다. 그렇다면 우리는 우리의 쓸모없는 유전자와 기만과 조종에 대한 취약성을 보완하기 위해 무엇을 할 수 있을까?

이 장에서는 오늘날 TSTF 사회가 다른 국가보다 미래 문제 해결에 더 잘 대처해왔다는 것을 설명한다. 우리는 각 사회가 문제를 장기적인 관점으로 바라보는 정도를 잘 비교할 수 있는 세 가지 분야—정부 부채, 노후 대책, 지구온난화—를 살펴본다.

이 접근방법은 단순히 사다리와 목발 중 하나를 선택하는 것보다 더 미묘하며, 걱정스러운 점들이 많다는 것을 보여준다.

괴물 길들이기

역사적으로 부채에 대해 경고하는 내용은 많다. 에머슨은 부채가 우리의 자유를 위협한다고 생각했다. 그는 말했다. "부채를 진 사람은 어느 정도는 노예와 같다." 토머스 제퍼슨은 "공공 부채는 두려워해야 할 가장 큰 위험이다."라고 경고했다. 우리 역시 실제 생활의 많은 경험을 통해 부채의 위험성을 알고 있다. 로마 제국, 1789년의 프랑스, 미국 남북전쟁 시기의 남군, 바이마르 공화국을 생각해보라. 1800년 이래 정부의 채무불이행이 약 300건 발생했고, 각국 정부가 이런 사건에서 교훈을 얻은 경우는 거의 없다. 요즘의 터키나 베네수엘라를 생각해보라.

전 세계적으로 볼 때, 과거에 대한 기억은 짧고 미래의 약속에 기초해 오늘 소비하려는 유혹은 큰 것 같다. 부유한 국가의 정부 부채는 2007년부터 지금까지 폭발적으로 증가하여 평균 GDP의 53퍼센트에서 거의 100퍼센트로 두 배

늘었다.

    모든 것을 감안할 때 큰 국가들은 작은 국가들보다 더 낭비가 심했다. 일본의 GDP대비 부채비율은 1980년대 50퍼센트에서 248퍼센트로 폭증했고, 이것은 경제성장이 부진한 시기와 일치했다. 미국은 여러 국가들 중 가장 부채를 축소하지 않은 국가 중 하나다. 국제통화기금의 계산에 따르면 미국의 GDP 대비 부채비율은 현재 105퍼센트로, 1980년 이후 다섯 배 증가했다. 마찬가지로, 영국도 GDP 대비 89퍼센트에 달하는 부채가 있는데, 같은 시기 동안 상당히 증가했다(IMF 2018년).

    이에 비해 TSTF 국가들은 경제적 능력 범위 내에서 생활한다. 스칸디나비아 국가들과 네덜란드는 세계에서 가장 비용이 많이 소요되는 사회보장제도를 갖추고 있다. 그럼에도 그들은 정부 부채를 40-60퍼센트 수준으로 유지한다. 이스라엘은 64퍼센트, 덴마크는 35퍼센트, 노르웨이는 39퍼센트다(IMF 2018년).[*]

    역사적으로 보면 정부 부채는 주기적인 성격을 띠었다. 전쟁 재원 마련을 위해 부채를 지고 평화 시기에 부채를 상환했다. 그 후 각국 정부들은 경기침체기에 경기를 부양하고 경기가 회복되면 부채 수준을 낮춘다는 케인즈 이론을 채택했다. 최근의 부채 증가에서 놀라운 점은 전쟁이 없는 상태에서도 부채 증가가 발생하고, 경제 회복 시기에도 계속 늘어난다는

---

[*] 아일랜드는 79퍼센트로 높은 편이다. 이것은 2008년 금융시스템 붕괴로 인해 공적 구제 금융을 실시했기 때문이다.

것이다. 이것은 정치인들이 당선되려고 재정 여건과 경제 상황에 상관없이 세금을 낮추고 지출을 늘리려는 동기를 갖고 있기 때문이라고 많은 이들이 말한다. 상환 부담은 후임 정권이나 미래 세대에게 손쉽게 전가될 수 있다.

과도한 정부 부채는 재정적 해이와 정치적 영합주의를 나타내는 지표가 되었다. TSTF 국가들은 시민 사회가 그런 단기적인 남용을 견제할 능력이 더 크다는 것을 보여준다. 예를 들어, 스위스 시민들은 2001년 이 문제에 직접 개입하여, 정부 부채와 지출액에 유권자들이 제한을 두는 안건에 85퍼센트가 찬성했다. 많은 국가들이 역할모델로 간주하는 이 개혁은 '부채 브레이크'(Schuldbremse)라고 불린다. 이것은 선출직 관리들에게 '정부의 돈'이란 존재하지 않으며 모두 '납세자의 돈'이라는 신호를 분명하게 보냈다. 관련법이 제정된 이후 정부지출 증가율은 연간 4.3퍼센트에서 2.6퍼센트로 줄었다(Mitchell 2012년). 스위스는 세계에서 가장 부채가 적은 국가로서 GDP 대비 33퍼센트에 불과하다(IMF 2018년).

스웨덴 역시 경기순환 주기 동안 흑자 예산을 유지하겠다는 약속을 통해 정치인들에게 제약을 가했다. 그 이후 스웨덴의 공공 부채는 1995년 GDP의 80퍼센트에서 2017년 41퍼센트로 감소했다. 연간 국가예산 역시 같은 기간 11퍼센트 적자에서 0.9퍼센트 흑자로 바뀌었다(Wooldridge 2013년). 아일랜드는 금융위기 여파로 금융시스템이 붕괴한 후 대부분의 국가보다 더 심각하게 긴축 재정을 받아들인 국가일 것이다. 그 이후 아일랜드는 완전히 회복했다(다만 아일랜드는 정부 신용보증을 이용해 은행들에 구제 금융을 제공했으며, 아직도 GDP대비 부채비율이 높다). 긴축재정의 수호자 싱가포르는 상당한 흑자를 유지하고 있다.

자본시장은 다양한 시각을 통해 국가의 재정관리 방식에 대한 가장 독립적인 평가를 제공한다. 덴마크, 네덜란드, 싱가포르, 스웨덴, 스위스는 모두 신용평가회사 스탠다드 앤 푸어스S&P로부터 AAA 신용등급을 받고 있다. 영국도 AAA등급이지만 향후 전망은 부정적이다. 이는 국가 재정상태가 악화되고 있다는 뜻이다. 미국과 일본은 각각 AA+등급과 AA-등급으로 내려갔고, 향후 전망이 모두 부정적이어서 미래 재원조달 능력이 악화되고 있음을 보여준다.

경제가 탄탄하고 이자율이 낮은 데 왜 조마조마할까? 이런 상태가 우호적인 방향으로 계속 지속될 것 같지 않기

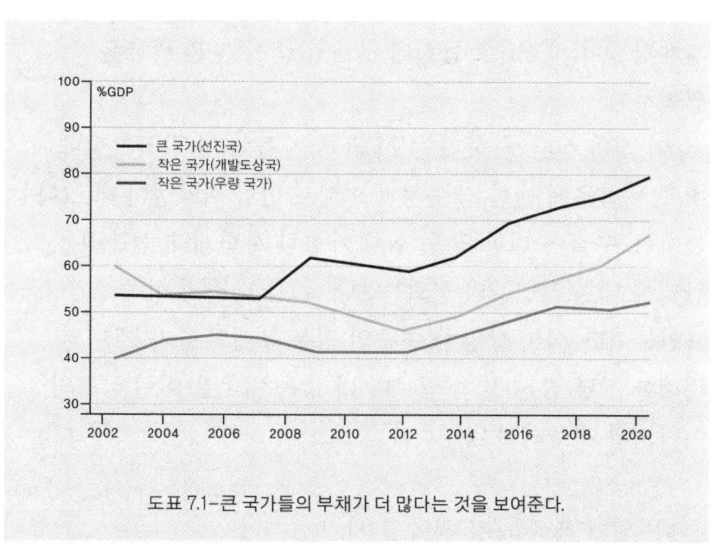

도표 7.1-큰 국가들의 부채가 더 많다는 것을 보여준다.

(자료: World Bank, Credit Suisse)

때문이다. 사회가 젊고 활동적인 인구와 생산성 증가를 통해 성장했다면 부채 수준은 별로 위험하지 않을 것이다. 하지만 인구는 정체하고 있으며, 이는 퇴직자에 비해 신규 노동자수가 적다는 뜻이다. 이럴 경우 연금과 의료보험을 위한 부채가 증가한다. 정부 부채의 가장 중요한 결정 요소인 이 두 가지는 노령사회의 주요 특징이다.

요점은 한 국가의 부채가 너무 많을 경우 많은 일이 발생하는데, 게다가 그게 모두 나쁜 일이라는 것이다. 케네스 로고프와 카르멘 라인하트는 공동연구를 통해 부채가 많은 시기는 오랜 경제침체 시기와 일치한다고 밝혔다. 부채가 많은 국가는 다음 경제침체기에 대응할 수 없다. 이와 반대로, 부채가 적은 국가들은 경제 침체기가 올 때 재정적 여유가 있기 때문에 불가피하게 상황을 더 악화시키는 끔찍한 재정긴축 조치를 취하는 대신 경기회복 정책을 실시할 수 있다. 경제성장이 저조하고 동시에 부채 수준이 높은 세상은 위험하다.

이 책의 신념 중 하나는 TSTF 국가들이 다른 국가들에 비해 두려움에 대한 감수성과 실패로 인한 취약성이 더 크다는 것이다. 수출에 대한 의존, 실행 가능한 사회계약, 선출직 관리에 대한 시민들의 신뢰는 모두 이들 나라의 성공 요인들이다. 이미 상당한 수준인 정부 부채의 증가, 자녀의 미래를 저당 잡는 것, 수입보다 더 많은 지출은 이런 국가의 이야기와 어울리지 않는다.

은퇴: 우리 생애 가장 취약한 시기
개인적으로, 안락한 은퇴 생활을 위해 충분한 돈을 저축하는 것보다 더 중요한 일은 별로 없다. 사람들은 대부분 자신이 얼마나 오래 살지, 언제, 어떻게 건강이 나빠질지 예상하지 못한다. 그래서 얼마나 많은 돈이 필요할지 알 수도 없다. 따라서 은퇴는 우리 인생에서 가장 어려운 시기가 된다. 이 시기에는 저축 능력이 없어지고 가족, 국가, 또는 대부분 둘 다에게 부담이 될 상황이 되기 때문이다. 저축이 불충분한 사람들은 빈곤에 직면한다. 불가피하게도, 대부분의 선진국들은 기본적으로 개인의 문제를 사회 문제로 받아들여 왔다. 다양한 국가들은 이런 도전과제를 어떻게 대처하고 있을까?

모든 정부의 재정 전망이 대단히 심각한 것은 사회가 급속하게 노령화되기 때문이다. 퇴직 인구가 노동자보다 더 많은 경우 연금 부담이 더 커진다. 이것은 적은 수의 젊은 사람들이 더 많은 퇴직자를 부양해야 한다는 뜻이다. <이코노미스트>에 따르면 1950년, OECD국가의 경우 노동연령(20-64세) 인구 100명이 부양해야 할 65세 이상 인구는 13.9명이었다. 2015년 기준, 노령 인구 비율은 27.9명으로 두 배 증가했다. 2050년에는 다시 거의 두 배 증가하여 53.2명이 될 것이다. 이런 결과는 부분적으로는 출산율 저하 때문이다. 많은 국가들의 경우 현재 부부 출산율이 인구 성장에 필요한 출산율인 2.1명 이하다. 수명 증가도 또 다른 요인이다. 1970년 이래 OECD 평균 65세 퇴직자의 기대수명이 4-5년 늘어났다(Economist 2018년). 별로 놀랄 일은 아니겠지만, 전 세계 퇴직제도의 앞날은 암울하다.

미국의 경우 민간부문 노동자의 절반 이상이 전혀 민간연금에 가입하지 않고 있다. 55-64세 연령대의 중위

1.	네덜란드
2.	덴마크
3.	핀란드
4.	오스트리아
5.	스웨덴
6.	노르웨이
7.	싱가포르
8.	칠레
9.	뉴질랜드
10.	캐나다

작은 국가들은 세계 최고 연금 제도에 관한 2018 머서Mercer 순위에서 단연 돋보였다.
(자료: Solanki, 2018)

도표 7.2 – 세계 최고의 연금제도

연금저축액은 불과 8만 달러에 불과하다(Buttonwood 2018년). 지금 많은 미국인의 경우 성공적인 중산층 은퇴계획의 일반적인 기준―근로소득의 70퍼센트를 지급한다―에 미달한다는 것은 확실하다.

연금자문회사 머서Mercer는 호주 재정연구센터와 함께 매년 전 세계 연금제도의 수준과 효율성을 평가하여 순위를 매긴다. 그들은 한 국가의 연금 제도의 상대적 '적절성'을 판단하기 위해 40개 이상의 지표를 조사한다. 이 순위에서 돋보이는 국가는 탁월한 성과를 나타내는 작은 국가들이다. 2019년, 네덜란드는 1위를 차지했고, 세계 상위 9개 연금제도는 2천5백만 명 이하의 인구를 보유한 국가들이다.

OECD에 따르면 네덜란드의 퇴직자들은 그들이 일할 때 받은 수입의 101퍼센트를 기대할 수 있다. 이에 비해 영국은 29퍼센트, OECD 국가의 평균은 63퍼센트다. 싱가포르와 스위스의 시민들은 각자 자신의 이름으로 별도의 사회보장저축 계좌를 갖고 있으며, 여기에 연금의 개인분담금이 적립된다. 이 제도를 시행하는 국가가 높은 순위에 오른 까닭은 언제든지 연금액 축소를 결정할 수 있는 정부의 약속에 의존하지 않기 때문이다(OECD 2017년).

이와 대조적으로 큰 국가들의 연금 재원 전망은 암울하다. 시티 은행의 최근 보고서에 따르면, 20개 OECD 국가들의 단기 연금부채 총액은 780조 달러이며(2016년), 이는 미지불된 정부 부채의 거의 두 배 수준이다.

예측에 따르면, 과학기술 덕분에 100세 시대는 충분히 가능하고, 아마도 그렇게 될 것이다. 한 사람이 25세에 일을 시작하고 65세에 은퇴한다고 가정하면 40년 동안 일해서 35년 동안의 은퇴 기간에 필요한 자금을 마련해야 한다는 뜻이다. 게다가, 지금의 추세는 미래의 노동은 점점 프리랜서 형태로 이루어질 것임을 보여준다. 이러한 변화 때문에 은퇴 자금을 지급해야할 책임이 고용주에서 개인이나 국가로 바뀌게 된다. <사이언티픽 아메리칸Scientific American>은 미국에서 취업 노동자와 퇴직자의 비율이 1950년 16:5에서 현재 4:6으로 감소했다고 밝혔다. 이런 추세라면 2100년에는 1:9로 감소할 것으로 예상된다. 이는 지금에 비해 절반 이하의 노동자들이 퇴직자를 부양해야 한다는 뜻이다. 독일의 비율은 2:9에서 1:4로 감소할 것이다. 급격하게 성장하는 국가들은 훨씬 더 심하게 붕괴할 것이다―중국은 7:8에서 1:8로, 브라질은 8:6에서 1:5로, 인도는 10:9에서 2:3으로 각각 감소할 것이다(Fischette 2014년).

퇴직연금 재원 부족은 부분적으로는 금융서비스 부문의 부적절한 연금지급과 속임수 탓이다. 연금저축은 전문적인 펀드 관리자의 남용과 조작에 취약하다. 많은 퇴직연금 저축자들이 상대적으로 금융지식에 어둡고 관련 규제도

느슨하기 때문이다. 보스턴 컨설팅그룹의 자료에 따르면, 전세계의 은행은 2008년 금융위기 이후 지금까지 다양한 불법행위 또는 부주의 때문에 3,210억 달러의 벌금을 냈다(Finch 2017년). 퇴직연금 저축자들은 가장 심각한 피해자들이었다. 규모가 큰 국가에서 이와 같은 법률 위반이 발생했다는 것은 언급할만한 가치가 있다. 우리의 연구에서 자세히 다루는 국가들은 이런 문제에 연루되지 않았다(다만 스위스 은행의 미국과 영국 영업조직은 예외다).

퇴직연금 저축 상황의 악화는 비록 도덕적으로 정당화될 수 없다 해도, 경우에 따라 완전히 합법적이다. 여러 연구에 따르면 뮤추얼 펀드의 고객들은 높은 수수료 때문에 실제 연금지급액보다 적은 금액을 받는다. 아울러, 펀드 관리자와 투자자들이 시장이 하락할 때 공포에 사로잡히고 시장이 활황일 때 최고점에서 투자하는 성향 때문에 소비자의 수익률이 낮아지게 된다.

노령화 사회, 재원이 부족한 퇴직연금 계획, 소비자의 금융지식 부족, 금융전문가들의 남용 행위, 낮은 수익률 전망이 합쳐져 미래는 매우 어둡다. 이것은 모든 사회가 해결해야 할 어려운 과제이며 많은 두려움을 갖게 한다. 잘 설계되고 효과적인 연금은 더욱 더 중요하게 될 것이다. 퇴직연금저축과 관련된 힘든 도전과제를 잘 해결한 작고 민첩한 국가들이 또 다시 우리에게 길을 제시해줄 것이다.

지구 온난화
지구 온난화에 대한 경고—해변의 주택들이 곧 물에 잠길 것이라는 경고, 극심한 가뭄으로 농작물이 황폐화할 것이라는 보도, 북극곰이 빠르게 사라지는 유빙 위에서 불안하게 서성이는 사진—는 이제 너무나 익숙하다.

상당한 수준의 기온 상승으로 세계가 입게 될 피해의 범위를 정확히 평가하기는 어렵다. 환경에 대한 위협은 장기적 관점보다 즉각적인 이익을 우선하는 우리의 이기심 때문에 우리가 공통적으로 상실한 전형적인 사례다. 이런 위협은 또한 자유 시장이 위기탈출에 얼마나 무능한지 일깨워준다. 환경보호 의무를 부과하지 않는다면 어떤 영리 회사가 주주들의 이익을 포기하고 환경보호에 투자하려고 하겠는가? 길버트의 시각적 비유를 빌리자면, 많은 전문가들이 보기에 지구 온난화는 은연중에 우리의 머리로 날아오는 가장 날카롭고 위험한 창이다.

세계야생기금의 공동설립자 고(故) 뤽 호프만은 한 때 이렇게 말했다. "사람들은 동물을 돌보려면 우선 알아야 합니다." 기온은 역사적 평균 기온에 비해 확실히 크게 상승했으며, 대부분의 기온 상승은 지난 35년 동안에 발생했다(Economist 2016년). 여러 연구에 따르면 기후과학자들이 발표하고 동료 연구자의 검토를 거친 논문의 97퍼센트가 "지난 세기 동안 기후 온난화 추세가 인간 활동 탓일 가능성이 매우 높다."는데 동의한다. 하지만 정부 부채와 퇴직연금 저축에서 보았듯이, 아는 것만으로는—필요하긴 하지만—실천을 촉발하기에 충분하지 않은 것 같다.

기후변화 논쟁은 정치적 이유 때문에 양극화되어 두 편으로 갈렸다. 트럼프 대통령과 다른 사람들이 주장하듯이 지구온난화가 '사실이고, 인간이 유발한 위험한 것인지' 아니면 '거짓말'인지는 산업의 이익에서 환경 보호로 관심으로 돌리기 싫어하는 태도 여부에 의해 갈렸다. 제3의 진영은 배출가스 증가에 따른 광범위하고 필연적인 결과를 확실히 예측할 수 없다고 주장하며 모호한 태도를 보인다. 그들은 "왜 확실하지 않은 위험을 받아들여야 합니까?"라고 묻는다.

이런 논쟁의 불협화음과 달리, 세계의 많은 지역에는 기후변화에 대처하기 위한 계획, 약속, 정책이 넘쳐난다. 하지만 합의 부족으로 집단적 차원에서는 사실상 아무런 일도 일어나지 않았다. 유명한 사회학자이자 기후변화 회의론자인 매트 리들리는 이렇게 지적한다. "10년 전, 세계는 화석연료에서 주요 에너지의 87퍼센트를 생산했습니다. 오늘날 널리 존경받는 영국석유BP의 세계에너지 통계분석에 따르면, 이 수치는 아직도 87퍼센트입니다"(Ridley 2015년).

다행스러운 점은 화석연료 연소과정에서 배출되는 이산화탄소의 지속적인 증가 추세가 안정화된 것처럼 보인다는 것이다. 이제 이 수치가 떨어져야 한다.

세계의 많은 국가들이 집단적인 차원에서 빈둥거리거나, 국제회의에서 대담하지만 공허한 연설을 하고 있지만, TSTF 국가들은 구체적인 조치를 통해 실제로 행동으로 보여주었다. 산업국가 중 1인당 최저 이산화탄소 배출국은 TSTF 국가들이 압도적이다. 게다가, 이들 국가는 탄소 중립적 성장에 가장 근접한 국가로 평가받는다.

스웨덴과 스위스는 제조업 비중이 큰 경제이지만 미국에 비해 1인당 가스배출량이 30퍼센트 더 적다. 이들 국가는 1990년 이후 가스배출량을 3분의 1 수준으로 줄였다. 캘리포니아주를 포함한 미국의 다른 몇몇 주들은 개선이 이루어졌지만 이 시기 동안 미국의 1인당 이산화탄소 배출량의 감소는 미국의 환경오염 물질을 배출하는 제조업을 중국으로 이전한 탓으로 볼 수 있다. 미국은 아직도 대부분의 산업국가에 비해 지구온난화에 2-3배 더 많은 원인을 제공하고 있다.

더 포괄적인 자료를 살펴보자. 컬럼비아대, 예일대, 세계경제포럼이 협력해 산출하는 환경성과지수EPI는 국가가 환경문제에 얼마나 좋은 성과를 내고 있는지를 포괄적으로 평가한 것이다. 이 지수는 대기오염, 살충제, 위생관리, 어류자원, 생태계와 같은 20가지 선도적인 지표를 조사한다. 다시 말하지만, TSTF 국가들은 이 순위에서 압도적 선두에 있다. 세계에서 이산화탄소를 가장 많이 배출하는 국가에는 일본(20위), 미국(27위), 중국(120위)이 포함되며, 이들 국가의 성과는 상당히 나쁘다(Emerson et al. 2018년).

가장 환경 친화적인 국가는 우연이 아니라 보다 효과적인 정책의 결과다. 예를 들어, 네덜란드는 차량 구입자에게 폐차 재활용을 위한 수수료를 부과한다. 한편 덴마크는 오염감소

1.	스위스
2.	프랑스
3.	덴마크
4.	몰타
5.	스웨덴
6.	영국
7.	룩셈부르크
8.	오스트리아
9.	아일랜드
10.	핀란드

작은 국가들이 유엔 밀레니엄 개발목표에 제시된 환경 목표를 달성할 가능성이 가장 높은 순위에서 압도적인 두각을 나타낸다.
(자료: Environmental Performance Index 2018)

도표 7.3- 환경문제에 가장 대응을 잘하는 국가들

활동을 경제적 기회로 바꾸었다. 1973년 석유 위기가 발생해 1배럴당 가격이 네 배로 폭증했을 때 덴마크에는 재난이었다. 덴마크는 에너지의 약 90퍼센트를 수입한 석유에 의존했다(Whitehead 2014년). 덴마크는 이 역경을 재생가능 에너지와 에너지 효율적인 시스템에 대대적으로 투자하는 계기로 삼았다. 덴마크는 재생가능 에너지원에 대한 늘어나는 요구에 부응하는 기업 생태계를 통해 풍력에너지 분야에서 세계적인 선두주자가 되었다. 덴마크의 모든 전력소비량의 약 42퍼센트가 풍력에서 나오고 2020년까지 50퍼센트까지 증가할 것으로 예상된다. 풍력 에너지(제품은 물론 지식이나 노하우)는 덴마크의 가장 중요한 수출품목 중 하나가 되었다. 세계 풍력 터빈발전기의 3분의 1이 덴마크 제품이다(Nielsen 2017년).

덴마크 사람들은 "가장 값싸고 깨끗한 에너지는 낭비되는 에너지를 절약하는 것"이라고 말한다. 그들은 '지역난방' 기술을 개선하여 대부분의 다른 국가들보다 훨씬 더 꾸준하게 이용했다. 영국과 미국의 시민들은 각 가정의 보일러까지 연결된 파이프로 가스를 공급받지만, 덴마크 사람들은 보일러를 개별적으로 사용하지 않고 훨씬 더 크고 효율적인 공동 보일러에서 만든 난방수를 배관을 통해 각 가정까지 직접 공급받는다(Whitehead 2014년).

공동난방시스템은 다른 방식으로 할 경우 낭비될 수 있는 열에너지를 포착하여 재분배한다. 이를 위해서 덴마크의 마을과 도시 아래 거대한 배관망을 건설하여 공장, 소각로, 교통시스템 등에서 발생하는 잉여 열에너지를 모아야 한다. 이 열에너지는 태양열 에너지 시설, 풍력 터빈, 전통적인 가스 및 석탄발전소에서 만든 열에너지와 통합되어 저비용, 고효율 난방 공급시스템이 만들어진다.

한때 석유수출국기구의 변덕에 의존했던 덴마크는 에너지 순수출국이 되었고, 이제는 서늘한 기후, 값싸고 깨끗한 에너지, 정치적 안정 덕분에 링크드인, 구글, 페이스북와 같은 IT기업들이 건설하는 클라우드 저장시설 유치 분야에서 선두주자다.

공포스러움, 걱정이 됨, 걱정할 것이 없음,
아주 나쁘지 않음, 나쁘지 않음, 괜찮음, 좋음, 아주 좋음.
도표 7.4 – 자기만족 (자료: Banx)

한 국가의 성공은 자유 시장이 실패하는 이런 영역들을 정확히 해결하는 능력을 기준으로 점차 평가될 것이다. 이런 문제들은 저절로 사라지지 않을 것이며, 사회가 지금 해결하지 않으면 미래에는 상당한 짐이 될 것이다—보통 미래 세대에는 훨씬 더 큰 대가를 치러야 한다.

이 장에서는 탁월한 성과를 보이는 작은 국가들이

혁신적이고 효과적인 정책 변화를 이루어냈다는 사실을 소개했다. 또한 그들의 성취가 찬사를 받을만하지만 아직 충분하지 않다는 것도 보여주었다. 길어진 노년기와 빈약한 퇴직 연금을 비롯해 은퇴 후 생활에 중요한 영향을 미치는 요인들은 목표점이 계속 뒤로 물러나고 있음을 의미한다. 기후변화와 같은 문제는 지구적 차원의 문제이기 때문에 국제적 차원에서 공동으로 대응해야 한다.

나심 니콜라스 탈레브는 그의 최근 저서「스킨 인 더 게임Skin in the Game」에 대해 설명하면서 이렇게 말했다. "우리 인간은 20만 년 동안 살아남았다. 우리가 생존한 이유가 있지 않을까? 우리는 위험관리 능력이 우수하다. 우리의 위험관리란 무엇일까? 위험에 대한 과도한 의심이다. 낙관주의는 좋은 것이 아니다."(2018).

부채 수준, 퇴직연금, 지구온난화에 대해 낙관적인 전망을 갖기는 어렵다. TSTF 국가에서 보았듯이 아마 위험에 대한 과도한 의심이라는 보약이 효과가 있을 것이다.

참고도서 및 추가 독서자료

Akerlof, G.A. and R.J. Shiller, Phishing for Phools: The Economics of Manipulation and Deception (Princeton, NJ: Princeton University Press, 2015). 「피싱의 경제학」(알에이치코리아).

Breiding, J. 'Heaven's eyes: Luc Hoffmann, unsung hero of nature conservation'. The Ecologist, 2016. https://theecologist.org/2016/nov/23/heavens-eyes-luc-hoffmann-unsung-hero-nature-conservation.

Buttonwood. 'Fixing America's pensions: A plan that needs more money'. The Economist, 2018. https://www.economist.com/buttonwoods-notebook/2018/04/09/a-plan-that-needs-more-money.

Churchill, W.S. A History of the English Speaking Peoples (London; New York: Bloomsbury Academic, 2015).

Cohen, S.S. and B. DeLong. The End of Influence: What Happens When Other Countries Have the Mone (New York: Basic Books, 2010).

'Countries with the best pension systems in the world'. Consultancy.uk, 2015. https://www.consultancy.uk/news/2932/countries-with-the-best-pension-systems-in-the-world.

DeLong, J. B. 'When is Government Debt Risky ?' Project Syndicate, 2013. https://www.project-syndicate.org/commentary/the-impact-of-public-debt-on-economic-growth-by-j--bradford-delong?barrier=accesspaylog.

Emerson, J.W. et al. '2018 EPI Results'. Environmental Performance Index, 2018. https://epi.envirocenter.yale.edu/epi-topline.

Finch, G. 'World's biggest banks fined $321 billion since financial crash'. Bloomberg, 2017. https://

www.bloomberg.com/news/articles/2017-03-02/
world-s-biggest-banks-fined-321-billion-since-
financial-crisis.

Fischetti, M. 'Ratio of Workers to Retirees Will
Plummet Worldwide'. Scientific American, 2014. https://
blogs.scientificamerican.com/observations/ratio-of-
workers-to-retirees-will-plummet-worldwide1/.

Gilbert, D. Stumbling on Happiness (London: Harper
Perennial, 2007). 「행복에 걸려 비틀거리다」(김영사).

Greshko, M., et al. 'A running list of how President
Trump is changing environmental policy'. https://
www.nationalgeographic.com/news/2017/03/ how-
trump-is-changing-science-environment/

'Hope I save before I get old'. The Economist,
2018. https://www.economist. com/buttonwoods-
notebook/2018/04/27/hope-i-save-before-i-get-old.

'IMF DataMapper: Debt % of GDP'. International
Monetary Fund, 2018. https://www.imf.org/external/
datamapper/DEBT1@DEBT/OEMDC/ ADVEC/
WEOWORLD.

'Life Expectancy for Social Security'. Social Security,
no date. https://www.ssa.gov/history/lifeexpect.html.

Mitchell, D.J. 'How the Swiss "Debt Brake"
Tamed Government'. CATO Institute, 2012. https://
www.cato.org/publications/commentary/how-swiss-
debt-brake-tamed-government.

Nielsen, V.V. 'The Danish Wind Cluster: The
Microeconomics of Competitiveness', 2017. https://
www.isc.hbs.edu/resources/courses/moc-course-
at-harvard/Documents/pdf/student-projects/
Denmark_Wind_2017. pdf.

'Net pension replacement rates'. OECD Data,
2019. https://data.oecd.org/ pension/net-pension-
replacement-rates.htm.

'Pensions at a Glance'. OECD, 2017.
https://www.oecd-ilibrary.org/social-issues-

migration-health/pensions-at-a-glance-2017/old-age-dependency-ratio_pension_glance-2017-22-en;jsessionid=P-NV_gvA9kEO5u8mKkKFLIkL.ip-10-240-5-110.

Reinhart, C.M., V.R. Reinhart and K.S. Rogoff. 'Public Debt Overhangs: Advanced-Economy Episodes since 1880'. Journal of Economic Perspectives, vol. 26, no. 3 (2012). https://www.aeaweb.org/articles?id=10.1257/jep.26.3.69.

Ridley, M. 'Fossil Fuels Will Save the World (Really)'. The Wall Street Journal, 2015. https://www.wsj.com/articles/fossil-fuels-will-save-the-world-really-1426282420.

Rust, S. 'Melbourne Mercer: Netherlands beats Denmark as world's top system'. IPE, 2018. https://www.ipe.com/news/pensions/melbourne-mercer-netherlands-beats-denmark-as-worlds-top-system/www.ipe.com/news/pensions/melbourne-mercer-netherlands-beats-denmark-as-worlds-top-system/10027394.fullarticle.

Solanki, M. 'The Netherlands has the best pension system in the world'. I Am Expat, 2018. https://www.iamexpat.nl/expat-info/dutch-expat-news/netherlands-has-best-pension-system-world.

Taleb, N.N. Skin in the Game: Hidden Asymmetries in Daily Life (New York: Random House, 2018). 「스킨 인 더 게임」(비즈니스북스)

'The Coming Pensions Crisis'. City GPS, 2016. http://www.agefi.fr/sites/agefi.fr/files/fichiers/2016/03/citi_retraite_hors_bilan_21_mars_1.pdf.

'Too darn hot'. The Economist, 2016. https://cdn.static-economist.com/sites/default/files/images/2016/11/blogs/graphic-detail/20161119_woc234_0.png.

Whitehead, F. 'Lessons from Denmark: how district

heating could improve energy security'. The Guardian, 2014. https://www.theguardian.com/big-energy-debate/2014/aug/20/denmark-district-heating-uk-energy-security.

Wooldridge, A. 'Northern Lights'. The Economist, 2013. https://www.economist.com/special-report/2013/02/02/northern-lights.

'You'll fail your New Year's resolutions by this date'. Newscorp Australia.

https://www.news.com.au/lifestyle/real-life/the-date-most-people-give-up-on-their-new-years-resolution/news-story/91f50b7c5eef040100fcdd04963efd15

Zumbrun, J. 'Since 1880, Global Government Debts Have Rarely Been So High'. The Wall Street Journal, 2018. https://blogs.wsj.com/economics/2018/04/18/since-1880-global-government-debts-have-rarely-been-so-high/.

대담 및 인터뷰
대니 로드릭, 대니얼 길버트

8장 책임감 있는 소유권
국가의 부

지멘스의 2015년 연차 주주총회.
(자료: Wikimedia Commons)

다수가 주식을 소유한 기업은 주인 없는 기업이 된다.

−앤드루 카네기

나는 스위스의 대표적인 연필, 펜, 크레용 제조기업 까렌다쉬Caran d'Ache의 제네바 공장을 둘러보면서 모든 분위기에는 어울리는 색이 있다는 것을 알았다. 지난 세기 동안 학생들은 이 기업이 만든 다양한 색연필을 이용해 예술적 환상—단순한 기쁨—을 표현했다. 하지만 이 기업의 이사회 의장이자 4대째 소유주인 캐롤 셔에게 필기도구 제조는 예술작업이다. 까렌다쉬가 파블로 피카소가 선택한 브랜드가 된 것은 당연하다.

스위스 최초의 연필 공장은 1915년 제네바에서

시작되었으며, 연필의 원재료인 흑연이 풍부한 산과 가까운 곳에 위치해 편리했다. 공장을 견학하면서 보니 그들의 기술이나 제조 방식에는 특별한 특허가 없는 것 같아보였다. 하지만 까렌다쉬는 강력한 주인의식 문화를 기반으로 과거 백 년 동안 많은 갈림길을 헤쳐왔다. 셔는 강력한 주인의식에 대한 신념을 보여준다. 대화를 나누는 동안 나는 그녀의 눈에서 신뢰받는 연필 브랜드에 대한 자부심을 볼 수 있었다. 이런 신념은 이 기업과 만나는 모든 사람에게 전해진다. 나는 회사 입구에서 전직 스위스에어 승무원이었던 쾌활한 안내직원을 만났다. 그녀는 나에게 까렌다쉬는 제네바에서 가장 매력적인 기업 중 하나라고 말했다.

까렌다쉬는 스위스에서 기업적 유산과 전통적인 소유 체계를 지닌 훌륭한 기업 중 하나다. 그들은 항상 스위스 내에서 제조 공장을 유지하고 세금을 납부하려고 노력해왔다. 소유주들은 지속적인 관여, 연구 및 개발에 대한 투자의 가치를 인정한다. 그 결과 까렌다쉬는 오랫동안 혁신적이고 대표적인 제품을 만들어왔다―그들은 1929년에 최초의 버튼식 펜인 픽스펜슬을 출시했고, 1952년에 오일 펜슬(크레용)을, 1953년에 다양한 종류의 에크리도 볼펜을, 1969년에 금속으로 마감 처리한 849가지 종류의 펜을 각각 출시했다(Caran d'Ache 2015년). 오늘날 그들은 네슬레와 협업을 통해 에스프레소 캡슐을 재활용해 품격 있는 펜을 만들고 있다.

까렌다쉬는 책임감 있는 소유권이 만들어낸 성공 이야기다. 세계 도처에는 그와 같은 많은 기업들이 있다. 하지만 미국이나 영국과 같은 규모가 큰 경제권에서는 다른 모델―임원들의

과도한 연봉, 전문직의 기생적 속성, 공동체에 대한 책임감
상실을 초래하는 모델—이 등장하고 있다. 이 장에서 우리
시대의 가장 지저분한 기업 추세가 미묘하지만 극적인 소유권
변화에 의해 촉발되어 왔음을 보여준다. 그 다음 이런 폐해가
TSTF 국가들에서 드문 이유에 대해 논의한다. 까렌다쉬
이야기는 TSTF 국가들이 소유권에 대한 더 탁월한 태도와
접근방식을 갖고 있음을 보여주는 더 많은 이야기 중 일부다.

소유주가 너무 많을 경우의 문제
소유권은 기업가 정신과 기업의 발전에 매우 중요하다.
소유권은 혁신을 추구하고 기술을 연구하고, 창업하고, 기업을
회생시키려는 동기를 제공하여 자본주의가 발전하도록
돕는다. 소유권의 매력은 야심찬 직원이 안정적인 직장이라는
안전망을 포기하고 스스로 창업의 불확실성을 받아들이게
만든다. LVMH 이사회 의장이며 유럽에서 가장 부유한
베르나르 아르노는 이것을 이렇게 요약한다. "한 국가의 부는
기업의 성공에 의해 만들어진다."

    역사적으로 공동 소유권은 위험을 공유하기 때문에 대단한
자산이었다. 예를 들어 유한책임 회사의 도입은 다수의
투자자로부터 사업 재원을 조달할 수 있다는 의미였다.
투자자는 자신이 투자한 금액에 대해서만 책임을 진다. 손해의
가능성은 최초의 투자금액으로 제한되기 때문에 투자자들은
더 혁신적이고 위험한 사업에 자금을 투자하기 시작했다.
주주가 유한책임만을 지는 최초의 회사 중 하나인
동인도회사의 예를 들어보자. 투자자들은 배가 침몰할 경우
그들의 손실액이 제한적이라는 것을 알고서 위험한 항해에

투자했다. 그들이 투자를 하게 된 동기는 배가 귀한 상품을 가득 싣고 안전하게 돌아와 투자금의 몇 배에 달하는 이익을 안겨줄 가능성이 있기 때문이었다.

유한책임 회사들은 지금도 엄청나게 일반화되어 있으며 그 이유를 쉽게 이해할 수 있다. 그들은 투자자들에게 '책임 있는 행동'을 해야 한다는 의식을 제공한다. 또한 일정 정도의 신중함을 불어넣고, 탐욕과 두려움 사이의 건전한 균형을 만들어낸다. 무엇보다도, 유한책임 회사는 혁신적이고 기상천외한 사업을 고취한다. 일론 머스크는 스페이스엑스 사업을 위해 20억 달러의 투기성 자본을 끌어 모았다(Knapp 2018년). 이 새로운 운송회사는 우주선을 지구궤도에 보내려고 한다.

동인도회사와 스페이스엑스가 보여주듯이, 유한책임 회사들은 효율적으로 경영할 경우 여러 장점이 있다. 하지만 소유권이 다수에게 주어지고 대체될 가능성이 있는 경우 여러 가지 문제가 발생한다. 유한책임은 사업이 실패할 경우 기업이 진 부채에 대한 책임으로부터 주주를 보호하기 위해 고안되었지만, 아무도 이 제도의 어두운 면—많은 사람이 소유한 기업의 이사회와 경영진이 기업의 책임을 다하지 않는 경향—이 있다고 생각하지 않았다.

소유권에 대한 재고찰

50여 년 전, 소유권 개념의 문제와 모호성에 대한 대표적인 설명을 제시한 사람은 영국 법학자 앤서니 모리스 오노레 Anthony Maurice Honoré였다. 그는 소유권에는 많은 특징이 있으며 실제적인 소유권은 그런 특성을 충분히 갖추었는가에 달렸다고 생각했다. 나는 소유권을 이용할 수 있는가 아니면 이용할 수 없는가? 소유권을 팔거나 빌려주거나, 타인에게 제공하거나, 포기하거나 또는 도둑이 소유권을 훔칠 경우 경찰에 신고할 수 있는가? 소유권은 타인이 완전히 배제된 나의 것인가? 예를 들어 내 차를 어떤 사람에게 빌려주었는데 그가 사고를 낸 경우 나는 그 사고에 책임이 있는가? 등등. 어떤 사람은 소유권에 대한 실제적인 척도는 위험―자산이 파괴될 경우 가장 큰 손해를 보는 사람―이라고 주장한다. 법이 뭐라고 하든, 이 사람이 '진정한' 소유자가 아닐까?

수많은 사람이 소유한 주요 다국적 기업의 소유권을 조사해보면 주주들을 살펴보고 싶은 마음이 들 수 있다. 하지만 경제학자 존 카이John Kay가 제안하듯이, 주주들은 일반 소비자들과 마찬가지로 그들이 '소유한' 기업의 제품이나 서비스에 대한 권리가 없다. 주주들이 기업의 공장 부지에 들어가면 아마도 거부당할 것이다. 기업의 행동은 그들의 책임이 아니며 기업의 자산은 그들의 부채를 상환하는데 사용할 수 없다. 주주들은 그들이 이해관계를 가진 기업을 경영할 권리가 없으며, 심지어 경영진들을 임명하는 권리조차도 실제적인 것이라기보다 이론상의 권리에 가깝다. 그들은 이사들이 잉여금이라고 선언한 수입의 일부를 받을 권리가 있을 뿐이다. 그들은 대부분의 결정에 대해 아무런 발언권이 없다―이것은 이사와 경영진으로 구성된 이사회의 영역이다. 사실, 카이는 오노레가 학자적 관점에서 제시한 소유권의 11가지 기준 중에서 수많은 대규모 상장 기업들의 주주들은 단지 두 가지만 충족한다고 지적한다―그리고 이것들은 상당히 사소한 기준이며, 세 가지는 부분적으로 충족하고, 여섯 가지는 전혀 충족하지 못한다.

실제로 대부분의 대기업이 이사와 경영진에 의해 통제된다고 주장할 수 있는 강력한 근거가 있다. 아돌프 벌리와 가디너 민스는 1932년 다수의 일반인들이 소유한 기업들의 주주들이 널리 흩어져 있고 무관심한 주식 소유자를 부당하게 이용할 수 있는 이사들에게 종속되어 기업은 영구적으로 스스로 존속하는 조직이 된다는 유명한 말을 했다. 앤드루 카네기는 더 실용적으로 표현했다. "다수가 주식을 소유한 기업은 주인 없는 기업이 된다."

벌리와 민스 이후 75년 이상 거의 변화가 없었다. 수십 년 동안 우리는 에이티앤티AT&T, 제너럴 일렉트릭과 같은 대기업의 이사회가 최고경영자의 훌륭하고 나이든 친구들로 채워지고 최고경영자의 경영을 확실하게 뒷받침하는 모습을 관례적으로 보아왔다. 최고경영자들이 책임 있게 경영하는 동안은 그들은 거의 반대에 직면하지 않았다.

임원 연봉 문제가 책임 있는 소유권이라는 생각에 문제를 제기하면서, 최고경영자가 기업의 이익을 최고로 생각한다는 환상을 완전히 깨부수었다. 1990년 이후 임원 연봉이 다섯 배 증가했지만 직원들의 임금은 정체되었다(Frydman and Jenter 2016년). 아울러, 연봉이 더 많다고 해서 주식의 가치가 증가하거나 기업 경쟁력이 더 강해진다는 증거도 거의 없다. 여러 연구에 따르면, 이 둘 간의 관련성은 좋은 경우 우연의 결과이며, 가장 나쁜 경우 음의 상관관계(더 많은 연봉=더 나쁜 성과)가 있다. 이 모든 것들은 많은 사람이 소유한 대기업의 임원연봉이 새로운 가치를 창출하는 촉매제가 아니라 기존 가치를 빼내가는 수단이 되었음을 말해준다.

상황은 더 나빠지고 있다. 일반적으로 고위 임원은 주식 옵션이 있는데 이는 임원의 이익을 회사의 이익에 따라

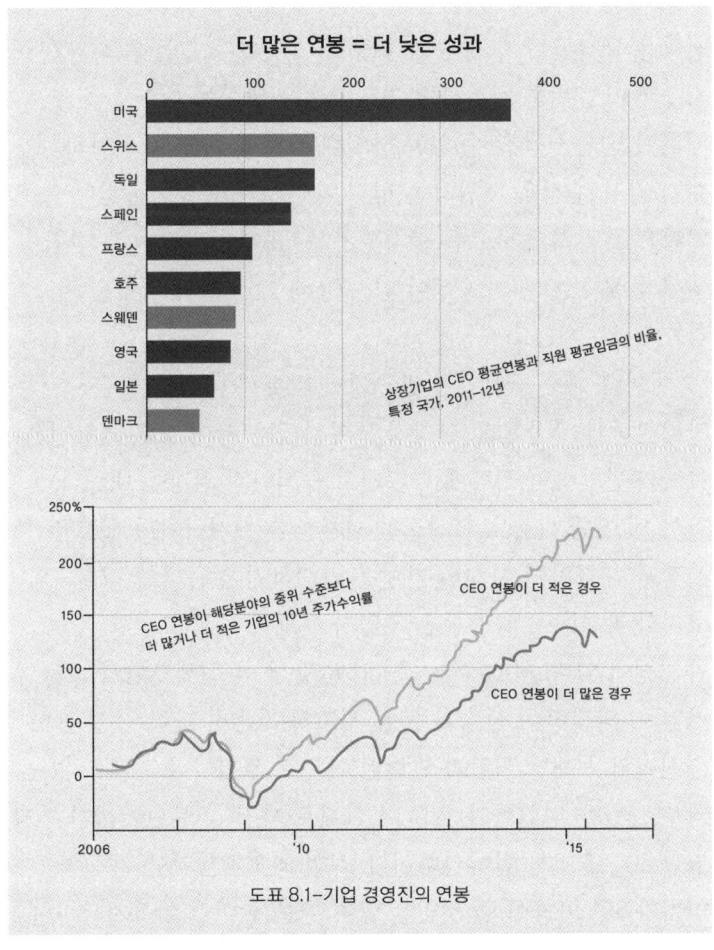

도표 8.1-기업 경영진의 연봉

위 도표는 미국의 CEO들이 평균적으로 나머지 국가들의 CEO보다 훨씬 더 많은 연봉을 받는다는 것을 보여준다. 아래 도표는 더 많은 연봉을 받는 CEO의 주가수익률이 (달갑지 않게도) 더 낮다는 것을 보여준다.
(자료: The Wall Street Journal)

조정하기 위한 것이다. 이 옵션의 가치는 전적으로 주가 상승에 달려 있다. 이 인센티브 탓에 공통적인 행태가 나타난다. CEO의 평균 재직 기간이 짧아지면서 신임 CEO의 최적의 전략은 급격한 주가 상승에 집중하는 것이다. 그들은 성과가 저조한 사업부를 개선하여 경상지출을 줄이는 대신 매각하거나, 성공할 수 있는 사업에 주주의 자금을 투자하는 대신 자사 주식을 매입하는 방식으로 주가를 끌어올린다. 기업을 튼튼하게 만드는 장기투자는 CEO가 퇴직한 후 한참 뒤에나 성과를 낼 가능성이 있는데 왜 그런 투자 위험을 왜 감수하겠는가?

이처럼 매우 근시안적 집중에서 비롯된 나쁜 영향은 광범위하게 확산된다. 단기성 투자자들을 끌어 모은 경영진은 그들의 단기적인 시각에 의존하고 근시안적 결정을 내린다. 회사 내 어떤 사람도 혁신적인 신제품을 제시하거나 새로운 시장을 개척하여 자신의 가치를 입증하지 않는다는 점을 고려할 때 최고경영자들은 후임자 문제를 놓고 고심할 가능성이 있다. 최고경영자는 임원 탐색 회사(헤드헌터 기업)에 의뢰하여 상당한 돈을 지출하고 흔히 다른 산업 분야 출신이거나 해당 기업과 관련된 아무런 경험이나 관계도 없는 외부 사람을 영입한다. 그들이 실제로 가진 것은 단기적인 투자 집단에게 솔깃한 이야기뿐이다. 신임 최고경영자는 자신의 임기가 5년 미만이 될 것임을 알기 때문에 이런 이야기를 되풀이한다. 이런 악순환이 계속 반복되면 기업은 시간이 흐르면서 위축되고 경쟁력을 잃게 된다. 얼마 전 <이코노미스트>의 커버스토리에는 글로벌 다국적 기업이 '후퇴 중'이며 수익과 이윤율이 악화되고 있다는 기사가 실렸다(Economist 2017년).

존 개퍼는 최근 최고경영자들이 그렇게 많은 돈을 받는 것은 이사회가 정보 부족, 비난에 대한 두려움, 개인적인 헌신 부족으로 인해 최고경영자의 의견을 흔쾌히 수용하기 때문이라고 말했다.

이유가 무엇이건, 우리는 국부의 저장고로서의 기업의 가치를 평가절하 했으며, 널리 확산된 무책임한 소유권 문화를 좋게 여기게 되었다. 임원의 연봉은 우리가 임원이 된 사람들에게 보상한다는 것을 시사한다.

재무담당 이사

도표 8.2- 모두 내 것!(자료: Banx)

기업을 소유할 의도가 없는 주주들

애덤스미스는 「국부론」에서 기업의 임원들은 "다른 사람들의 돈을 관리하는 사람"이며, 따라서 사업 파트너나 자영업자들이 하는 것과 같은 관심을 갖고 그 돈을 관리할 것이라고 기대할 수 없다고 썼다. 저스틴 폭스와 제이 W. 로쉬는 이런 사고가 현재의 소유권 문제를 설명하는데 도움이 된다고 말한다. 그들은 이런 곤경에 대한 현대적 이해를 마이클 젠슨과 윌리엄 맥클링의 논문에서 찾는다. 젠슨과 맥클링은 "이 문제를 이른바 '소유주(주주)'와 '대리인(경영진)' 간의 갈등으로 본다. 그들은 대리인이 기업을 소유한다면 갈등이 존재하지 않는다고 주장했다. 하지만 소유권 비율이 내려가면 대리인들은 필연적으로 소유주보다 자신의 이익을 위해 행동하려는 유혹에 직면한다."(Fox and Lorsch 2012년).

많은 사람들이 공유하는 기업에서 대리인이 소유주를 능가하는 이익을 갖게 된 것은 주식 소유권이 개인 투자자에서 뮤추얼 펀드, 연금 펀드, 헤지 펀드, 상장지수펀드ETFs와 같은 수탁기관이 관리하는 집단 투자로 넘어가는 걷잡을 수 없는 추세 때문에 촉진되었다. 이런 펀드들은 주식거래에서 경멸적인 표현인 '다른 사람들'의 돈(other peoples' money, OPM)으로 알려져 있으며, 그들은 주식을 소유한 기업의 장기적 전망에 별 관심이 없다. 이런 단순한 증거는 대기업의 주식을 보유하는 기간에서 드러난다. 다국적 대기업 투자자의 평균 주식보유기간은 1년 미만이다(Bogle 2010년). 이것은 기업의 차기 주주총회 전에 '소유주들'이 일종의 '의자 바꾸어 앉기 활동'처럼 바뀔 가능성이 있다는 뜻이다.

의결권을 행사할 의도가 없는 소유권(ETFs)
집합 펀드가 소유주의 책임을 포기하면서 새로운, 그리고 거의 우스꽝스러운 왜곡이 발생했다. 인덱스 상장지수펀드는 가장 대중적인 형태의 OPM이 되었다. 이것은 해당 주식이 인덱스상장지수펀드가 추종하는 인덱스 안에 있다는 사실에만 기초해 기업의 주식을 사는 펀드다. 따라서 주식 소유자들은 의결권을 행사할 의도가 없다. 임시적이고 자기만족적인 소유권을 지향하는 추세는 이미 압도적이며 계속 증가할 전망이 있다. 인덱스 ETF의 세계 최대 관리자이자 보관자인 블랙록Blackrock은 현재 다국적 기업들의 가장 중요한 소유주다. 기이하게도, 주식자본 기업의 폭넓은 소유권에 기초한 자본시장 시스템은 책임 있게 행동해야 할 아무런 의도와 인센티브, 지시도 없이 펀드관리자 집단에 소유권을 부여하는 방향으로 발전했다.

이것은 영국-네덜란드 식품기업 유니레버의 사례에서 분명하게 드러났다. 이 기업은 영국 사무소를 폐쇄하고 네덜란드에만 본사 사무소를 유지하길 원했다. 이 조치는 의결권을 적극적으로 확보하려는 투자자들의 도전에 더 강력하게 맞서려는 이사회의 희망에 따라 추진되었다. 하지만 ETF와 다른 수동적인 펀드 관리자들은 이 조치가 기업의 장기적인 전망에 좋은지, 나쁜지 고려하지 않고 반대했다. 그들이 반대한 까닭은 유니레버가 영국 상장주식 목록에서 빠지면 많은 OPM 펀드가 추종하는 FTSE100 주가지수에서 유니레버 주식이 빠지게 되기 때문이었다. 이것은 그 펀드들이 원하든, 그렇지 않든 자신의 유니레버 주식을 즉시 매각해야 한다는 의미였다. 게다가 이런 상황 탓에 많은 주식이 매물로 나와 주식가격이 떨어질 것이 거의 확실했다.

일반적으로 OPM 기관의 소유권은 한 사람의 이름으로 주식명부에 등재되고, 다른 사람이 주식의 매수 또는 매도를 결정한다. 하지만 의결권 행사는 또 다른 사람이 결정하며, 제삼의 실제 투자자들은 기업 활동으로 얻은 수익에서 이익을 얻을 수 있다. ETFs, 뮤추얼 펀드, 거대 연금펀드들은 앞서 언급한 유니레버 사례와 같이 자신의 이익과 상관없는 한 이사회와 대립하지 않는 것으로 알려져 있다. 그들의 활동 규칙은 '퇴장함으로서 반대의사를 나타내거나, 목소리를 내지 않고 떠나는 것'이다(Hirschman 1970년). 그들이 지배구조 문제에 참여할 경우 보통 전문 대리인(더 심한 렌트 추구자)을 내세운다.

이것은 매우 충격적이다. 이제 최대 규모의 다국적 기업들은 시장가치가 막대하기 때문에 발언권을 가진 비중 있는 소유주들조차도 실제로 그렇게 할 가능성이 낮아지는 시대가 되었다. 가장 터무니없는 남용이 발생하는 곳은 느리게 움직이는 거대한 규모와 안주하는 소유권이 정확히 만나는 지점이다―엔론, 휴렛 팩커드, 스코틀랜드 왕립은행이 겪은 불행한 사건을 생각보라.

TSTF 국가: 그들의 다른 점

코넬대학의 피터 카첸스타인은 「세계 시장의 작은 국가들Small States in World Markets」에서 성공적인 작은 국가들은 보통 수출 산업에 의존하기 때문에 자국의 가장 성공적인 기업의 생존력(그리고 국가적 충성)을 보호하기 위해 책임 있는 소유권을 홍보하고 지원할 필요가 있다고 지적한다. 미국, 영국과 같은 경제에는 안전장치가 많다. 이들 국가는 기업의 탄생과 소멸에 관해 자유방임적 태도를 채택할 정도로 기업의 생태계가 크고 다양하다. 작은 국가들은 대개 상대적으로 전체 기업의 수가 적다. 이는 하나의 기업이 사라지면 전체 가치사슬에 큰 영향을 줄 수 있다는 뜻이다.

작은 국가에서는 큰 국가보다 더 보호적인 사회계약을 시민들에게 제공하는 경향이 있다. 이는 부분적으로는 변덕스러운 세계무역에 대한 의존으로 인한 영향을 완화하기 위한 것이다. 이것은 주요 기업이 사라질 경우 사회적 비용이 매우 높아질 수 있다는 뜻이다. 작은 국가가 직면한 문제는 자국 기업의 성공이 거의 대부분 해외에서 이루어지지만, 실패의 부담은 국내에서 져야 한다는 것이다. 이런 측면에서 볼 때, 그들은 규모가 너무 작기 때문에 기업이 실패해서는 안 된다. 그래서 부실기업을 버리기보다는 개선하는 데 초점을 맞추는 경향이 있다. 노키아는 애플이 아이폰을 개발하기 전에는 전 세계 휴대전화 시장을 지배했다. 이 회사는 공개적인 수모를 당하기 전에 핀란드에서 가장 중요한 기업이었다. 그 이후 이 회사는 재탄생했으며 향후 전망도 긍정적이다.

스위스를 예로 들어보자. 이 나라는 세계에서 선도적인 다국적 수출기업의 밀도가 가장 높다(Breiding 2012년). 스위스의 성공은 주로 이런 기업들의 긴 생존력과 적응력 덕분이다. 스위스 다국적 기업들의 평균 수명은 125년이며 이에 비해 S&P500지수에 속한 기업들의 평균수명은 15년이다(Breiding 2012년; Sheets 2107년). 하지만 이들이 항상 순탄한 길을 걸어온 것은 아니다. 네슬레와 로슈와 같은 기업은 파산 직전까지 갔었다. 스위스 시계산업 역시 거의 파산지경이었다. 세계 최대 자산관리기업 유비에스UBS는 정부 지원에 힘입어 겨우 금융 위기에서 살아남았다.

소유권의 지속은 스위스뿐만 아니라 TSTF 국가들도 공유하는 특징이기도 하다. 칼스버그(1847년), 노보 노디스크(1923년), 윌리엄 디만트(1904년)와 같은 덴마크 기업,

그리고 에릭슨(1879년), 엔스킬다(1871년), 필립스(1891년)와 같은 스웨덴 기업, 핀란드의 코네(1910년)는 지난 3세대 동안 계속 발전했다. 물론 스위스의 사례처럼 그 과정에는 상당한 고통도 있었다. 유니레버와 로열 더치 쉘Royal Dutch Shell은 네덜란드 기업과 영국 기업을 성공적으로 합병하여 더 큰 경쟁력을 가진 기업이 되었다. 볼보는 한때 무기력해져 구조조정을 해야 했지만, 지금은 중국 자동차 기업 길리 홀딩스Geely Holdings와 합병 후 선도적인 트럭 제조 기업이 되었다.

이런 연속성의 결과로 탁월한 성과를 보인 작은 국가들은 더 크게 성장하여 탄탄한 산업국가가 되었다. 스위스는 <포춘>이 선정한 가장 가치 있는 다국적 기업의 글로벌 500대 순위에 독일, 미국, 일본에 비해 네 배 더 많은 기업이 포함되었다. 네덜란드, 스웨덴, 덴마크 역시 1인당 다국적 대기업 밀도에서 높은 순위를 보인다. 유니레버의 폴 폴먼은 나에게 이렇게 말했다. "유니레버는 1872년, 네슬레는 1857년에 각각 설립되었습니다. 이 회사들이 그렇게 오랜 동안 활동해온 것은 사회의 요구에 부합했기 때문입니다. 물론, 그들은 해결해야 할 도전과제도 많았고, 비난할 점도 있습니다. 하지만 그들의 성공은 책임감을 갖고 상황에 잘 대응했기 때문입니다."

그들이 성공한 또 다른 요인은 다른 국가들에 비해 역사적으로 소유권에 더 큰 관심을 두었다는 것이다. 그들은 자국의 산업적 유산에 더욱 의존하고 있어 그것을 상실할 경우 더 큰 타격을 받는다. '붕괴' 또는 '창조적 파괴'라는 개념이 런던과 실리콘밸리에서 유행하지만 TSTF 국가에서는

'재창조', '재건', '생존'이 핵심 단어다.

더 지속가능한 소유권

카네기는 대부분의 TSTF 국가들이 시행하는 소유권 형태에 찬성했을 것이다. 이들 국가의 소유권의 특징은 장기적인 전망과 소유주로서 더 책임 있는 태도를 가진 다수의 개인 주주이다. 그 결과, 그들은 기업 활동에 더 면밀하게 관심을 기울이며, 기업의 변화가 매끄럽게 이루어져 연속성이 보장되도록 한다.

이 책에서 자세히 설명하는 모든 국가들은 자유 시장을 지지하고 매우 기업 친화적이다. 모든 자유 시장 시스템에서 기업들은 번영하고 소멸하거나 마지막에는 다른 성공적인 경쟁자로 대체된다. 합병도 일어나고, 종종 고통스러운 파산도 발생한다. 기본적인 요점은 그런 과정이 더 경쟁적인 기업을 낳는다는 것이다. 하지만 TSTF 국가에서 더 높은 가격의 입찰자에게 기업을 매각하여 매수자의 진열장에 트로피를 하나 더 추가한다는 생각은 거부당한다—설령 기업을 매각하는 사람에게 더 많은 수익이 돌아간다 해도 말이다.

이들 국가들은 나름대로 자국의 산업적 자산을 보존하는 특유한 방법을 갖고 있다. 스웨덴의 인베스터에이비Investor AB와 인더스트리바덴Industrivarden은 이 나라에서 가장 중요한 기업들에게 장기적으로 영향을 미칠 수 있는 소유지분을 갖고 있다. 칼스버그, 레고, A. P. 몰러 머스크, 노보 노디스크를 비롯한 덴마크의 주요 기업들은 기업 활동에 대해 여러 세대에 걸친inter-generation 장기적 관점을 가진 재단에 의해 지배된다. 싱가포르의 국영투자사 테마섹Temasek은 자국의 산업기반을 만들고 통제하는 데 적극적인 역할을 한다.

유니레버의 최고경영자 폴 폴먼은 본사 사무소를 헤이그로 이전하려고 시도했다가 무산된 사건이 크레프트Kraft와 3G에 의한 적대적 기업인수 시도 이후 그룹을 보호하기 위한 의도였다는 점을 부인한다. 하지만 여러 연구에 따르면, 네덜란드의 우선권 주식제도, 재단과 수탁기관을 이용하여 투표권을 보유하고, 투자자들에게 재정적 자격만 부여하는 제도는 네덜란드가 산업기반을 유지하고 적대적 기업인수를 방지하는 효과적인 방법이었다(Kabir, Cantrijn and Jeunink 1997년).

이들 국가의 성공의 원천은 소유권에 관한 차이에서 비롯되었다고 할 수 있다. 덴마크의 스틴 톰센 교수와 토벤 페데르센 교수는 435개의 유럽 최대 기업들을 대상으로 소유권 구조가 경제적 성과에 미치는 영향을 조사했다(Pedersen and Thomsen 2000년). 산업, 자본 구조, 국가 영향을 확인한 후 그들은 소유권 집중이 주주 가치(주식의 장부가치 대비 시장가치) 및 수익성(자산수익)과 상당한 상관관계가 있다고 밝혔다. 하지만 그 이익은 주요 규제가 시행된 후에는 점점 줄어든다. 미국과 그 밖의 다른 지역의 연구들도 비슷한 결론에 도달했다.

TSTF 국가들의 특징인 집중도와 참여도가 높은 소유권의 부대효과는 신제품 개발에 더 많이 투자하고, 제조역량을 아웃소싱하기보다는 자체적으로 보유할 가능성이 더 높다는 것이다. TSTF 국가들은 더 강력한 제조 기반을 보유하거나 증강했으며 연구개발 분야에 더 많이 지출한다. 그 결과 앞장에서 언급했듯이 그들은 대체로 더 혁신적이고

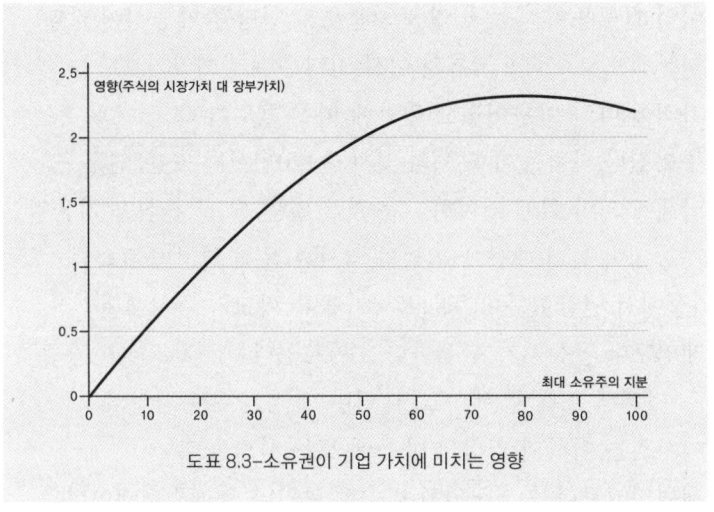

도표 8.3-소유권이 기업 가치에 미치는 영향

이 도표는 보유 주식이 많고 장기적인 관점을 지닌 소유주가 있을 때 기업의 경쟁력과 수익성이 더 낮다는 것을 보여준다.
(자료: Pedersen and Thomsen, 2000)

수출지향적이다.

헤르만 지몬Hermann Simon은 「히든 챔피언Hidden Champions」에서 독일, 덴마크, 스위스, 스웨덴의 제조 기업들이 연구개발 분야에서 미국의 기업 평균에 비해 세 배 더 많이 지출하며 직원 1인당 특허권수가 다섯 배, 직원 이직율이 5분의 1 수준을 달성했다고 지적한다. 이들 기업은 또한 자사의 제품 개발에 투자할 가능성이 더 높고, 자사 주식을 매입할 가능성이 더 낮다—자사주 매입은 많은 사람들이 소유하는 기업들이 자사 주가를 끌어올리기 위해 사용하는 방법이다.

소유권자들이 참여적일수록 이사회 구성원들은 소유권자(경영진이 아니라)에 대한 충성과 기업의 장기적

이익에 도움이 되는 능력을 기준으로 임명될 가능성이 많다. 전통적으로 TSTF 국가의 이사 임명은 보상이라기보다는 자격에 따라 이루어졌고 권한에 따른 책임이 주어졌다.사람들이 회사의 역사가 120년이며 고용, 연구, 납세에 의미 있게 기여한다는 것을 알면 더 큰 관심을 기울일 가능성이 높기 때문에 기업의 역사와 목적 역시 중요하다. 6장에서 언급했듯이, TSTF 국가들은 학교와 가정에서 개인보다 공동체가 우선한다고 가르친다.

그래서 스웨덴, 덴마크, 네덜란드, 싱가포르 기업의 이사회는 이사회 의장의 마음에 드는 사람들로 채워지기보다는 기사단과 비슷해 보인다. 인베스터에이비의 이사회 의장 야콥 월렌버그는 내가 스웨덴의 스위스 상공회의소에 참석했을 때 이렇게 말했다. "우리가 할 일은 오직 한 가지입니다—적절한 사람들을 적절한 곳에 배치하는 것입니다."

이들 회사의 경영진은 보통 내부에서 승진되어 임명된다. 안정적이고 참여적이며 서로 잘 아는 주주들은 안정적이고, 참여적이며, 익숙한 경영자들을 더 선호하기 때문이다. 2016년 쉰들러의 최고경영자로 임명된 토마스 외털리는 23년 동안 이 회사에서 일했다. 이 기업은 외부인을 최고경영자로 임명한 적이 없다. 마찬가지로, 쇠렌 스코우는 19세에 A. P. 몰러-머스크에 입사하여 다양한 부서에서 일하며 승진했다. CNBC는 스칸디나비아 지역 최고경영자의 연봉이 유럽지역 경영자들이 받는 평균 연봉의 75퍼센트 이하이며, 미국 평균의 약 50퍼센트라고 보도했다. 그럼에도 노보 노디스크의 주가는 지난 20년 동안 세계 경쟁기업들의 주가보다 훨씬 높았다.

따라서 중요한 의미를 지닌 소유주들은 권한을 책임 있게 행사하지만 그렇지 못한 소유주들은 그렇게 행동하지 않는다—때로 그렇게 할 수도 없다. 소유주의 감독과 견제가 사라지면 기업에서 가치 창출도 사라지고 흔히 가치 약탈 쪽으로 급격히 기울어진다.

"Yes, the planet got destroyed
But for beautiful moment in time we created
a lot of value for shareholders."

"그래, 지구는 파괴되었어.
하지만 우리가 주주를 위해 많은 가치를
창출하는 시간은 아름다운 순간이었지."

도표 8.4– 소중한 수업

(자료: Wikimedia a Commons)

결론

사람들은 소유권의 성격과 중요성에 대해 거의 주목하지 않는다. 소유권은 아마 자본주의의 핵심일 것이다. 베르나르드 아르노가 옳다. 한 국가의 기업은 그 나라의 국부이며 국가가 소유권을 다루는 방식은 국가의 번영을 지속시키고 고임금 일자리를 제공하며, 혁신의 역량과 기회를 확보하는 능력에 큰 영향을 미친다.

그럼에도 소유권에 대해 관심을 갖는 사람은 드물다. 세계은행은 매년 발표하는 획기적인 보고서인 '기업환경평가'에서 190개국에서 기업 활동을 촉진하거나 억제하는 요소를 조사한다. 이 보고서는 건축허가, 신용, 국제무역, 계약이행, 지급불능과 같은 변수를 고려하지만 소유권은 포함하지 않는다. 마찬가지로, 세계경제포럼이 매년 발표하는 '세계경쟁력보고서'는 수백 개의 요소를 조사하지만 소유권 문제는 특별히 포함하지 않는다. 하버드대 마이클 포터 교수가 쓴 831쪽에 달하는 방대한 책 「국가의 경쟁력Competitive Advantage of Nations」의 참고도서 목록에도 '소유권'에 관한 책은 단 하나도 없다.

이 장에서 나는 다른 관점을 제시한다. 즉 탁월한 성과를 올린 작은 국가들이 번영하는 것은 소유권에 대한 더 책임 있는 태도를 갖고 있기 때문이라는 것이다. 무엇보다, TSTF 국가들은 연속성의 가치를 인정한다. 안정적인 소유권을 보유한 기업들은 장기적인 성과를 고려할 가능성이 더 높다. 이는 더 많은 투자와 연구와 혁신에 도움이 된다. 이들 국가의 기업들은 책임적이지 못한 소유권 관행을 따르는 기업들에 내재된 부의 약탈 경향을 방어하는데 더 효율적이다. 그들은 기업의 가치창조 활동을 보상하고 가치약탈 행위를 차단함으로써 공정성을 키운다. 최고경영자와 이사진을 임명할 때 그들은 성취와 보상의 지속적인 관계와, 사리사욕보다는 의무를 존중하는 성향이 있다.

TSTF 국가들은 산업과 사회가 공존할 필요성을 인정한다. 기업 지도자들은 보통 '낮은 인지도, 낮은 경제적 보상'이라는 특성을 보인다. 개인적으로 그들은 더 약할지 모르지만, 집단적으로는 다른 국가의 기업 지도자들보다 더 유력하다. 사람들이 국가적 공론장에서 그들의 의견을 경청하는 까닭은 그들이 사심 없다고 보기 때문이다. 오랫동안 제너럴 모터스의 최고경영자를 역임한 찰스 어윈 윌슨이 이런 말을 했다고 알려져 있다. "제너럴 모터스에게 좋은 것은 국가에도 좋다. 그

반대도 마찬가지다." 오늘날 영국이나 미국에서 어떤 사람이 진심으로 이런 말을 할 수 있을까? TSTF 국가에는 알프레드 쉰들러, 폴 폴먼, 야곱 월렌버그처럼 정직하게 그렇게 말할 수 있는 사람들이 있다.

백 년 후에도 까렌다쉬는 색연필을 만들고 있을 것이다. 이 기업이 다른 국가에 있었다면 이사회 의장의 한바탕 자만심에 희생양이 되거나, 비용을 줄이고 부채를 끌어 모으는 사모펀드 기업에 의해 매수될 수 있다는 생각이 든다. 로마로 가는 길은 많고, 거친 자본주의의 세상에서 제약은 거의 없다. 하지만 까렌다쉬가 분명히 보여주듯이, 기업들이 사회와 더 잘 조화롭게 운영될 때 그들은 세대를 뛰어넘고 국부의 저장고가 될 수 있다. TSTF 국가들이 계속 대리인의 비용과 남용을 견제할 수 있다면, 앞으로도 비교우위를 확보하고 큰 국가의 기업들보다 우위에 서서 오랫동안 생존하면서 투자자, 노동자, 납세자들을 위해 더 크고 더 포괄적인 수익을 올릴 것이다.

참고도서 및 추가 독서자료

Berle, A.A. and G.C. Means. The Modern Corporation and Private Property, 2nd edition (New York: Transaction Publishers, 1991).

Bogle, J.C. 'Restoring Faith in Financial Markets'. Wall Street Journal, 2010. https://www.wsj.com/articles/

SB10001424052748703436504574640523013840290.

Breiding, R.J. Introduction. Swiss Made: The Untold Story behind Switzerland's Success (London: Profile Books, 2013).

'Doing Business 2019', The World Bank, 2018. http://www.doingbusiness.org/en/reports/global-reports/doing-business-2019.

'Executive pay: Neither rigged nor fair'. The Economist, 2016. https://www.economist.com/briefing/2016/06/25/neither-rigged-nor-fair.

'Fortune Global 500'. Fortune, 2018. http://fortune.com/global500/.

Fox, J. and J. W. Lorsch. 'What Good Are Shareholders?'. Harvard Business Review, 2012. https://hbr.org/2012/07/what-good-are-shareholders.

Gapper, J. 'It is a mystery why bankers earn so much'. Financial Times, 2018. https://www.ft.com/content/760fb4c2-7eb3-11e8-bc55-50daf11b720d.

Hirschman, A.O. Exit, Voice and Loyalty: Responses to Decline in Firms, Organizations, and States (Cambridge, Mass.: Harvard University Press, 1970).

'In retreat: the multination company is in trouble'. The Economist, 2017. https://www.economist.com/leaders/2017/01/28/the-multinational-company-is-in-trouble.

Jensen, M.C. and W.H. Meckling. 'Theory of the Firm:

Managerial Behaviour, Agency Costs and Ownership Structure'. Journal of Financial Economics, vol. 3, no. 4 (1976): pp. 305–360. https://papers.ssrn.com/sol3/papers.cfm?abstract_id=94043.

Kabir, R., D. Cantrijn and A. Jeunink, A. 'Takeover defences, ownership structure and stock returns in the Netherlands: an empirical analysis'. Strategic Management Journal, vol. 18, no. 2 (1997): pp. 97–109. https://ris.utwente.nl/ws/files/6899459/Kabir_SMJ_1997.pdf.

Katzenstein, P.J. Small States in World Markets: Industrial Policy in Europe (Ithaca; London: Cornell University Press, 1985).

Kay, J. 'Shareholders think they own the company – they are wrong'. Financial Times, 2015. https://www.ft.com/content/7bd1b20a-879b-11e5-90de-f44762bf9896.

Knapp, A. 'SpaceX is raising a $500 million funding round at a $25 billion valuation'. Forbes, 2018. https://www.forbes.com/sites/alexknapp/2018/04/12/spacex-is-raising-a-500-million-funding-round-at-a-25-billion-valuation/#2bd44c02055c.

'Lower CEO pay and better results in Europe?'. CNBC, 2013. https://www.cnbc.com/id/100540655.

'Manufacturing, value added (% of GDP)'. World Bank Group, 2017. https://data.worldbank.org/indicator/NV.IND.MANF.ZS.

'100 years of history'. Caran d'Ache, 2015. https://www.carandache.com/100/history.php?lang=en.

Pedersen, T. and S. Thomsen. 'Ownership structure and economic performance in the largest European companies'. Strategic Management Journal, vol. 21, no. 6 (2000): pp. 689–705. https://doi.org/10.1002/(SICI)1097-0266(200006)21:6<689::AID-SMJ115>3.0.CO;2-Y.

Porter, M.E. The Competitive Advantage of Nations

(Basingstoke, UK: Palgrave Macmillan, 1998). 「마이클 포터의 국가 경쟁우위」(21세기북스).

Schwab, K. and X. Sala-i-Martin. 'The Global Competitiveness Report 2016-2017'. World Economic Forum, 2016. http:// www3.weforum.org/docs/ GCR2016-2017/05FullReport/ TheGlobalCompetitive nessReport2016-2017_FINAL.pdf.

Sheetz, M. 'Technology killing off corporate America: Average life span of companies under 20 years'. CNBC, 2017. https://www.cnbc.com/2017/08/24/ technology-killing-off-corporations-average-lifespan- of-company-under-20-years.html.

Simon, H. Hidden Champions of the Twenty-first Century: The Success Strategies of Unknown World Market Leaders (New York; London: Springer, 2009).

Smith, A. The Wealth of Nations (New York, Random House, 2016). 「국부론」(비봉출판사).

Zaretsky, S.. 'The big law firms with the highest partner billing rates'. Above the Law, 2014. https:// abovethelaw.com/2014/01/the-biglaw-firms-with-the- highest-partner-billing-rates/.

대담 및 인터뷰
캐롤 훕셔, 야곱 월렌버그, 폴 폴먼

2부
선도적인 모범 사례

9장 핀란드: 교육
신이 선택한 직업

학습 (자료: Wikimedia Commons)

핀란드의 계절은 전부 아니면 전무가 되는 경향이 있다. 여름의 끝없는 낮이 지나면 겨울의 긴 밤이 온다. 분위기는 이미 가라앉고 동지가 되기 며칠 전인 2000년 12월 음산한 오후, OECD는 핀란드가 처음 참여하고 오랫동안 기다리던 국제학업성취도평가PISA의 결과를 발표했다. 오래전부터 가장 영향력 있고 흥미로운 조사로 인정받는 피사의 평가는 3년마다 실시되는데, 50개국 이상의 15세 청소년의 읽기, 수학, 과학 능력을 비교한다.

    핀란드의 학교가 당혹스럽고 수치스러운 평가를 받을 것으로 예상되었기 때문에 핀란드 사람들은 속이 탔고 교사들은 가슴을 졸였다. 그러나 결과는 놀랍게도 정반대였다. 앞서 핀란드는 초등교육 시스템을 완전히 바꾸는 대대적인 구조조정을 막 끝냈다. 1963년 핀란드 의회는 공립교육을 국가 경제 회복의 핵심 추진력으로 선택하는 대담한 결정을 내렸다. 전 교육문화부 총괄책임자 파시 살베리가 말했다. "나는 이것을 핀란드 교육의 위대한 꿈이라고 부릅니다." 그는 「핀란드의 교훈Finnish Lessons」을 비롯하여 핀란드 교육시스템에 관한 다수의 책을 썼다. "모든 아이들이 매우 좋은 공립학교[교육]를 누려야 한다는 생각뿐입니다. 경쟁력을 원한다면 모든 사람을 교육해야 합니다. 이 모든 것은 생존 욕구에서 비롯되었습니다." 그의 말은 이 책의 주제를 그대로 보여주며 책 제목에 영감을 주었다(Hancock 2011년).

핀란드는 오랜 세월 험난한 길을 걸어왔다. 핀란드는 7백 년 동안 스웨덴의 군주제와 러시아의 차르 체제 사이에 끼인 신세였고, 20세기에는 내전과 세계대전을 거치는 동안 심하게 파괴되었다. 하지만 핀란드 국민들은 지조 있고 독립적인 사람들로 알려졌다. 린넬 핸콕이 자신의 통찰력 있는 저서에서 이렇게 썼다. "스칸디나비아 지역 사람도, 발트해 연안 지역 사람도 아닌 핀란드인들은 자신의 뿌리가 노르딕계인 것과 그들만 발음할 수 있는 독특한 언어를 자랑스럽게 여겼다. 핀란드 학교가 성공을 거둔 이유는 무엇일까?"(Hancock 2011년). 법규, 민주주의 제도, 평등사상, 대학시스템을 비롯하여 핀란드 사회의 기초를 제공한 것은 바로 이러한 노르딕 유전자다. 문화적으로, 핀란드인은 앵글로색슨계, 독일계, 또는 라틴계 유산을 가진 국가들보다는 좀 더 수줍어하고 수완이 좋은 일본인들과 비슷하다.

1960년대 말까지 핀란드인은 소련의 굴레에서 벗어나고 있는 중이었다. 그 당시 핀란드의 학교는 수준 이하였다.

대부분의 아이들이 6년 뒤에는 공립학교를 떠났다. 성인 핀란드인 10명 중 1명이 9년 이상의 기본 교육을 마쳤다(Hancock 2011년). 대학 학위는 일반적이지 않았고 소수 특권층들을 위한 것이었다. 살베리에 따르면, "핀란드의 교육수준은 말레이시아나 페루와 비슷했고, 북유럽 이웃국가인 덴마크, 노르웨이, 스웨덴보다 상당히 뒤쳐져 있었다. 중퇴율이 높았고 대학들은 열의가 없는 입학지원자들에 대해 불평했다. 산업계는 점진적인 기술 퇴보에 대해 개탄했다."

핀란드가 교육시스템을 대담하게 개편한 2000년, 교육관계자들은 새로운 시스템이 제대로 작동할지 회의적이었다. 공적인 토론과 미디어는 비판적이었다. 핀란드가 선도적인 휴대전화 기업 노키아와 몇몇 다른 성공적인 첨단 기업을 보유하고 지식기반 경제가 심화되는 상황인데도 수학과 과학 분야에서 다른 국가들보다 절망적일 정도로 뒤처졌다고 보도했다.

그런 가운데 2000년도 피사의 평가결과가 발표되었을 때 핀란드인들은 대부분의 다른 국가들처럼 깜짝 놀랐다. 핀란드의 15세 학생들은 대부분의 OECD 회원국 학생들보다 앞섰다(43개국이 1차 시험에 참여했으며 15세 학생들의 읽기능력을 평가했다). 과학과 수학 분야의 평가결과 역시 조짐이 좋았다. 핀란드는 각각 3위와 4위를 차지했다. 3년 뒤 핀란드는 수학에서 1위를 차지했다. 2006년 핀란드는 과학과 수학 분야에서 57개국 중에서 1위를 올랐고 읽기 분야는 2위를 차지했다(Ministry of Education and Culture 2016년). 1952년 17세의 아미 쿠셀라가 미스 유니버스대회에서 핀란드인 최초로 우승한 이래, 핀란드는 1952년 이후 자국의 청소년에 대해 이와 같은 국가적 자부심을 느껴본 적이 없었다. 헬싱키 종합중학교 교장 아자리타 하이키넨은 너무 놀라서 말을 잘 잇지 못했다. 그가 말했다. "우리가 이렇게 잘하는지 몰랐습니다." 당시 핀란드 대통령(그리고 나중에 노벨상을 수상한) 마르티 아티사리는 핀란드인 특유의 겸손과 진지한 태도로 농담을 했다. "다른 국가들이 얼마나 못했는데요?"(Niemi interview).

교육에 관심이 있는 사람이라면 누구나 핀란드가 어떻게 그렇게 극적으로 교육시스템을 전환했는지 알고 싶을 것이다. 다른 국가의 주요 반응은 부러움에서부터 당혹감에 이르기까지 다양했다. 사람들은 당연히 핀란드 정부가 교사들에게 월급을 더 많이 주거나 최신 교육시설과 놀라운 기술에 많은 투자를 했다고 생각했다. 대부분의 교육 이론은 고전적인 산업적, 또는 군사적 논리에 기초한다―무언가를 발전시키려면 그것에 더 많거나 더 나은 자원을 투입해야 한다. 그래서 관찰자들은 핀란드가 더 적은 자원으로 더 많은 것을 성취한 것을 알고 놀랐다. 앞서 교육에 관한 장에서 언급했듯이, 핀란드는 많은 큰 국가들보다 초등학생 1인당 교육비를 30퍼센트 적게 지출하며, 핀란드 교사들은 대부분의 OECD 국가의 교사들보다 월급을 적게 받는다(OECD Data 2019년). 마찬가지로, 피사평가 점수가 세계 최고 수준인 싱가포르도 초등학생 1인당 지출비용이 OECD 30개국 중 27개국보다 더 적다(Barber and Mourshed 2007년).

이들 국가들의 차이점은 지출방식에 있다. 핀란드는 관리보다는 학습에 돈을 지출하는 것을 더 선호한다. 살베리가 나에게 말했듯이 예를 들어, 관리자와 학생의 비율이 로스엔젤리스의 10분의 1이며, 이는 우리가 '규모의 오류' 장에서 본 내용의 또 다른 예를 보여준다. 유행하는 교육이론에 대해 말하자면, 핀란드 교실은 기술 측면에서 1950년대 분위기가 난다. 개당 4천 달러에 달하는 환상적인 디지털 화이트보드는 없고 교실에는 소박하고 가식 없는 분위기가 흐른다.

    기존 관리자들의 금언은 '측정되는 것만이 성취된 것이다.'이다. 그렇다면 핀란드인들이 학생들과 교사들을 더 자주 평가하고, 성과를 독려하기 위해 석차를 매겨서 더 탁월한 결과를 달성했을까? 학생들은 거의 시험을 치지 않고, 교사들은 전혀 평가를 받지 않는다. 핀란드사람들은 다른 국가들보다 유치원 과정에 더 집중적인 학습과정을 집어넣어 조기교육을 시행하는 걸까? 아니면 주당 학습 내용을 더 많이 가르치며 숙제를 더 많이 내주는 걸까? 아니다. 핀란드는 대부분의 선진국보다 1-2년 더 늦은 7세에 학교를 시작하며 아이들은 아동기를 즐겁게 보내도록 권장한다. 핀란드에서 1명의 일반적인 중등 교사는 연간 600시간 이내로 가르친다. 미국의 중등교사는 보통 연간 1,080시간을 가르친다(Sahlberg 2011년). 숙제는 최소한으로 낸다. 일부 사람들은 핀란드가 '분리 교육방식', 즉 학생들의 능력에 따라 그들을 분리하여 학생의 학습능력에 적합한 교사와 교육과정을 제공할 거라고 추측했다. 아니다! 핀란드 시스템은 '우리는 모두 같은 배를 타고 있다.'는 개념을 고수한다. 서로 다른 능력을 지닌 네 명의 아이들이 보통 한 테이블에 앉으며, 가장 똑똑한 학생들이 뒤처진 아이들을 도와주도록 한다. 나중에 이에 대해 더 언급하겠지만, 이런 방식은 교육 수준의 편차를 최소화하고 아이들이 이용할 수 있는 기회를 평등하게 제공하는 데 핵심적인 부분이다.

간단히 말해, 핀란드인들은 전통적인 사고를 완전히 바꿈으로써 풀기 어려운 교육의 매듭을 푼 것 같다. 하버드대 교육전문가 하워드 가드너는 이렇게 요약했다. "핀란드로부터 배우라. 핀란드의 학교는 가장 효과적이며, 미국에서 하고 있는 것과 정반대로 교육하는 국가다."(Doyle 2016년).

우리는 먼저 핀란드 교육모델의 핵심 원칙을 살펴본다. 마지막으로 이 시스템의 한계와 직면한 도전과제를 살펴보고,

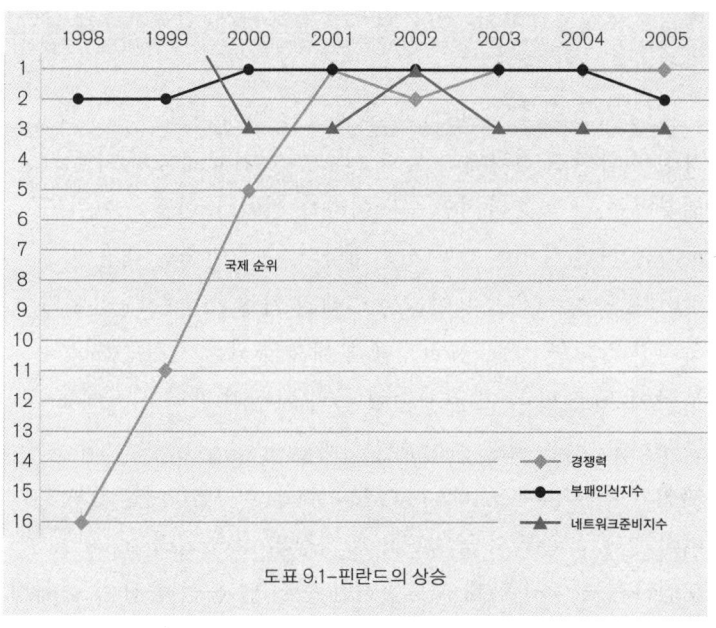

핀란드는 교육시스템 개선 이후 세계 경쟁력 순위가 크게 상승했다. (자료: World Economic Forum)

핀란드 교육시스템의 주요 내용이 교육시스템을 개선하기 위해 노력하는 국가에 유용한 교훈을 제공한다고 주장한다.

<u>핵심 원칙</u>

핀란드 초등교육의 탁월한 성공에 기여하는 요인은 많다. 내가 생각하는 가장 중요한 일곱 가지는 다음과 같다.

1. 모두에게 공평한 기회

교육의 평등은 핀란드 교육의 가장 중요한 원칙이다. 모든 시민들은 자신의 민족, 연령, 가족의 부, 사회적 지위, 사는 지역에 상관없이 똑같은 교육 기회를 이용할 수 있다. 교육비는 대학교육까지 무료다. 여기에는 급식, 교과서, 건강보험과 같은 간접비용까지 포함된다.

전문가들이 합의하는 것 중 하나는 미래 세대가 직면한 가장 긴급한 도전과제는 불평등의 증가이며, 교육이 이 문제를 해결하는 가장 효과적인 수단이라는 점이다. 이것은 아마도 국가와 시민 사이에 맺은 사회계약의 가장 귀중한 내용일 것이다. 무엇보다도, 아이들은 미래의 가장 소중한 자산이다. 하지만 막대한 지출 증가(지난해 세계의 각국 정부는 교육 분야에 20조 달러 이상 지출했다)와 야심찬 개혁 시도에도 불구하고, 많은 학교 시스템의 성과는 수십 년 동안 거의 개선되지 않았다(Barber and Mourshed 2007년). 예를 들어, 미국은 정부 관리가 공공교육에 시장의 경쟁 원리를 도입하려고 여러 차례 시도했지만 수십 년 동안 중간 수준에서 계속 혼란 상태에 머물고 있다. 영국은 입학, 재원, 교육과정 기준, 지역사회와 학교의 관계, 관리 행정을 포함하여 학교

시스템의 거의 모든 측면을 개혁했지만 눈에 띠는 성공을 거두지 못했다.

핀란드의 탁월한 평가점수보다 훨씬 더 인상적인 것은 이 나라가 '최대 다수의 최대 행복'을 달성했다는 것이다. 핀란드에서 여러 학교 간의 학생 성과 편차는 세계에서 가장 작으며, 가장 좋은 학교와 가장 나쁜 학교 간의 점수 차이는 5퍼센트 이하다. 반면에 독일은 60퍼센트의 차이를 보인다. 이것은 독일의 가장 나쁜 학교의 학생들은 가장 좋은 학교의 학생에 비해 교육성취 수준이 절반 이하라는 뜻이다(Sahlberg 2011년).

도표 9.2- 불평등한 기회
(자료:Banx)

2. 함께하는 여정

핀란드의 청소년들은 배움의 여정을 공유한다. 그들은 모두 같은 학교 시스템에서 배운다. 핀란드는 사회규범—우리 행동의 많은 부분을 통제한다—을 비슷한 환경에서 어린 연령의 아이들에게 가르침으로써 소속감과 사회통합을 강화한다. 물론 모든 사람이 저마다 개성을 유지하기 원하지만 공동체와 사회통합에는 유사성이 중요하다. 핀란드 교육에서 중요한 것은 사회적 지위가 아니라 배움이다. 입학 제한이 없기 때문에 부모들은 자녀를 가장 좋은 학교에 보내려고 뉴욕이나 런던에서처럼 교육시스템을 교묘하게 활용할 필요가 없다. 부와 특권을 가진 사람들에게만 허용되는 엘리트 사립학교가 없다. 규모가 큰 사립학교가 없기 때문에 최고의 교사와 가장 부유한 학생을 뽑아가기 위한 공립학교와의 불가피한 경쟁이 없다. 이런 경쟁은 첫 아이의 치아가 빠지기 전에 사회적 차별과 불평등을 강화하는 길이다. 재산 상위 1퍼센트 가정의 아이들은 재산 하위 60퍼센트 전체 가정의 아이들보다 더 많은 아이비리그에 입학한다(Luce 2019년). '내 아이에게 더 나은 출발을 제공하는 것'이 기울어진 운동장을 만들어 사회적 분열을 증가시키는 수단이 아니라면 무엇이란 말인가?

핀란드, 한국, 일본, 싱가포르, 스위스처럼 사립학교와 공립학교가 경쟁하지 않고 공립 대안 학교 방식이 두드러진 국가가 최고의 피사 평가 점수를 받은 것은 우연이 아니다. 사실, 이들 국가에서 사립학교는 흔히 우수한 공립학교에 입학할 수 없는 학생들을 위해 마련된 것이다. 사립학교를 부정적으로 인식하고 심지어 낙인까지 찍기 때문에 사립학교에 다니는 아이들은 사립학교를 특권적 기회라기보다 제약으로 여긴다.

3. 두려움이 아니라 흥미

'아이들의 일은 노는 것'이라는 유명한 핀란드 격언이 있다. 핀란드 사람들은 두려움보다는 흥미가 더 탁월한 배움의 동기라는 것을 발견했다. 그리고 아이들과 교사들이 비판적으로 생각하고 실생활의 문제를 해결하는 법을 배울 때 배움의 기쁨이 향상된다는 것을 알았다. 핀란드 교육은 학습을 북돋우는데 가장 중요한 것은 외부적인 압력이 아니라 내적인 동기라는 개념에 기초한다. 이것은 시험 중심 학습을 그만두는 것을 뜻한다. 시험은 또한 엘리트 학생과 나머지 학생을 구별하는 경계선을 만든다. 헬싱키 대학의 존경받는 교육가 한넬레 니에미Hannele Niemi가 나에게 말했다. "학생들에게 큰 부담감을 주는 시험 방식이 학습에 긍정적인 영향을 미친다는 명확한 증거는 없습니다. 반면 시험 방식과 연관된 비의도적인 결과가 상당합니다. 예를 들어, 중퇴자율, 시험 부정행위, 탈진과 스트레스 관련 질병이 증가합니다."

전 세계의 교육시스템은 대부분 경쟁에 기초하며 권위적인 특성을 보인다. 가장 중요한 것은 몇 가지 표준화된 시험에서 좋은 점수를 받는 것이다. 그래서 교육 시스템은 이런 특별한 이벤트에 초점을 맞추도록 만들어져 있다. 교육계에서는 이것을 '시험을 위한 교육'이라고 부른다. 아만다 리플리가 흥미로운 책 「세계에서 가장 똑똑한 아이들: 그들이 목표에 도달하는 방법The Smartest Kids in the World: And How They Got That Way」에서 이렇게 말한다. "이렇게 비교하고 점수를 매기는 것은 문제가 있습니다." 리플리는 매우 부담스러운 표준화된 시험에 기초하는 시스템은 '교육적 자기학대 문화'를 촉진한다고 믿는다. 그녀는 한국 학생들은 한국에서 최상위 3개 대학에 입학하려고 쉴 새 없이 공부해야 한다고 말한다. 심한 경쟁으로 아이들의 동기가 파괴되는 빈약한 교육시스템을 가진 국가의 청소년들은 힘든 고통과 함께 낮은 자존감을 갖는다. 그들은 비참하거나 낙심에 빠지지 않은 경우에도 스트레스를 느낀다. 예일대 마크 브라켓이 미국의 고등학생 22,000명을 대상으로 시행한 최근 조사에 따르면, 학생들의 80퍼센트가 스트레스를 받는다고 응답했다(Brackett 2015년).

핀란드의 청소년들이 피사평가 점수가 좋은 이유는 부분적으로는 핀란드의 교육방식이 피사가 평가하는 내용-특정 지식을 암기하는 능력보다는 핵심 개념에 대한 폭넓은 이해에 기초해 실제 상황과 관련된 문제를 해결하는 능력-을 수행하도록 설계되어 있기 때문이다(OECD 2001, p.19). 살베리가 내게 말했다. "보통 암기한 내용을 다시 생각해내는 능력을 테스트하는 다지선다형 질문으로 아이들을 테스트하는 대신, 학생들이 긴 이야기 형식으로 스스로 해답을 작성하여 교육내용을 습득하고 핵심 내용을 이해했음을 입증하는 방식이 필요합니다."

기업들은 전통적인 교육에서 좋은 성과를 보인 학생이 사업 분야에서 항상 성공을 하는 것이 아니라는 점을 깨닫기 시작했다. 구글은 학점 평균, 시험 점수와 성공적인 직장인 간에 상관관계가 없다는 것을 알았기 때문에 더 이상 학위를 보지 않는다고 말했다(Lamb-Sinclair 2016년).

지루함은 언제 어디서든지 학습의 적이다. 특히 고등학교에서는 더 그렇다. 오랫동안 실험을 중시해온 핀란드는 '현상에 기초한 학습'을 채택했다. 이 방식에서 특정 교과과정의 고전적인 주제보다는 주제와 상황에 기초하여 교육이 이루어진다. 핀란드 교육 시스템은 경쟁이 아니라 협력에 기초한다. 아울러 경쟁이 아니라 지원, 두려움이 아니라 편안함, 권위가 아니라 신뢰에 기초한다. 두려움이 없다는 것은 학생들이 자신의 의견을 억누르는 대신 마음에 떠오르는 것은 무엇이든지 말한다는 뜻이다. 그들은 안전하다고 느끼며 자신의 의견에 대해 교사가 방어적이라고 느끼지 않기 때문이다. 학생들은 문제 해결을 위해 소집단으로 활동하는데, 이를 통해 의사소통 기술이 개선된다. 그들은 존칭 없이 교사의 이름을 그대로 부른다. 이와 같은 협력적이고 거리낌 없고 실행중심의 학습방법은 학생들이 흔히 너무 두려워 질문조차 하지 못하는 전통적인 강의 위주 방식과는 상당히 거리가 멀다.

헬싱키 초등학교에서 나는 숲에서 이루어지는 오리엔테이션 활동을 지켜보았다. 아이들은 하나의 이정표에서 다른 이정표로 나아가면서 다양한 종류의 식물, 곤충, 바위에 관한 정보를 습득했다. 그 다음 그들은 교실에 모여 신이 나서 서로의 경험을 비교하고 지식을 나누었다. 아이들이 휴식시간 동안 키득거리며 웃고 소리치고 노래를 부르는 소리를 듣거나, 복도에서 체스 게임을 하는 아이들을 보는 것은 특별한 일이 아니다. 한 교사가 나에게 자랑스럽게 말했다. "이것은 행복의 합창입니다."

비디오 게임 <앵그리버드>를 만든 기업 로비오Rovio의 야단스러운 최고경영자 케이티 레보란타가 이렇게 설명했다. "기본적인 사고방식은 고등학교가 유치원 같아야 한다는 겁니다." 4억 회 다운로드된 <앵그리버드>는 역사상 가장 인기 있는 비디오 게임이다. 핀란드는 게임용 컴퓨터 코딩과 관련된 최고급 인재가 많은 유일한 국가다. 그녀는 이것이 길고 고독한 겨울과 유치원 교육 같은 접근방식 덕분일지도 모른다고 생각한다. 그녀는 말한다. "아이들에게 실험을 권장하고 일단 부딪혀 볼 수 있는 기회를 줍니다. 이를 통해 훌륭한 게임 코딩전문가가 만들어집니다."

4. 필요한 것 뭐든지

학생들은 보통 처음 6년 동안 같은 교사와 함께 공부한다. 그래서 교사들은 모든 학생을 개인적으로 잘 안다. 교사들은 뒤처지는 학생들을 최대한 일찍 파악할 수 있도록 훈련받는다. 니에미가 말했다. "조기 발견과 개입이 매우 중요합니다. 우리는 1학년 때부터 이미 문제에 대응하기 시작합니다." 그는 덧붙였다. "읽기, 쓰기, 말하기 분야의 문제를 교정하는 전문 교사들이 있습니다. 그들은 학교를 순회하면서 교사들에게 '문제가 있는 학생들이 있습니까?'라고 질문하죠. 그런 학생이 있을 경우 각 학생은 해당 문제를 교정할 수 있는 특수한 방법을 이용해 훈련을 받습니다." 핀란드 아이의 약 30퍼센트가 초등교육 시기에 특별한 도움을 받는다(Hancock 2011년). 학교 시스템이 이런 활동에 따른 비용을 지급한다.

가장 도움이 필요한 아이를 돕기 위해 필요한 모든 것을 제공한다는 태도는 핀란드에서 가장 앞선 아이와 가장 뒤쳐진 아이의 격차가 세계에서 가장 작은 이유를 설명해준다.

5. 학생의 잠재력(대학수능시험 점수나
주요 교과목 점수가 아니라)의 극대화

니에미가 계속해서 말했다. "핀란드 모델은 학생 중심, 개선 중심입니다. 우리의 목적은 각 학생의 잠재력을 극대화하는 것입니다." 핀란드는 고등학교 상급반 학년 말에 한 차례 시험을 보는 것 이외에 공식적인 표준화된 시험은 없다. 학생과

학교의 평가결과와 순위는 공개되지 않기 때문에 학생, 학교, 또는 지역 간의 일반적인 비교와 경쟁을 피할 수 있다. 교육적 강조점은 아이들이 자신의 특정 강점과 약점에 기초한 잠재력을 개발하도록 도움을 주는 것이다. 학생들의 필요에 따라 그들을 지도하고 도와주기 위해 지속적인 평가가 제공된다. 각 학생은 매 학년마다 적어도 한 번은 개별 학생 맞춤형 보고서를 받는다. 테스트는 자주 이루어지지만 두려움보다는 자신감을 불러일으키도록 설계된다.

 핀란드의 교사들은 학생들로부터 많은 것을 기대하는데, 여러 연구에 따르면 이것이 학교시스템의 성공을 결정하는 중요한 요소다. 아이들이 일단 공동의 여정을 시작하면 대학이나 직업 훈련으로 이어진다. 전문 공예기술이나 상업에 대해 어떠한 부정적인 낙인도 없다—사회는 숙련된 장인들을 요구하고 꼭 필요하다. 핀란드의 최대 부호인 코네 기업(세계 최대의 고층빌딩용 엘리베이터 제조회사)의 이사회 의장 안티 헤를린이 나에게 말했다. "엘리베이터 관리업무는 중요하고 복잡합니다. 높은 연봉을 받을 자격이 있습니다. 이 일은 이론적인 대학 교육이 아니라 전문적이고 실제적인 기술이 필요합니다."

 핀란드 교육의 근본적인 생각은 교육 경로가 학생들을 막다른 상황으로 몰아가 그들의 이전 선택 때문에 고등 교육을 받는 것이 가로막혀서는 안 된다는 것이다. 직업 훈련을 선택한 학생은 다시 대학으로 돌아갈 수 있다. 대학 역시 우수하며, 학비가 무료이기 때문에 학생들의 미래 직업 선택을 제한하고 재정적 운용을 옭아매는 버거운 학자금대출이 없다.

6. 통합적

핀란드의 사회계약의 많은 부분이 교육시스템을 강화하기 위한 지원 역할을 한다. 이들 중 일부는 핀란드의 특유한 문화에 기초한 것이어서 다른 국가에서 그대로 모방하기 어렵지만 다른 것들은 쉽게 모방할 수 있다.

한국, 이스라엘, 싱가포르와 같은 우수한 성과를 달성한 국가에서 보듯이, 한 사회가 교육에 두는 가치는 중요하다. 핀란드에서 교육은 국가의 DNA 속에 통합되어 있는 것 같다. 핀란드인들은 상당히 세속적인 문화를 갖고 있지만 그 기원은 읽기를 결혼의 전제조건으로 보는 엄격한 루터교 전통에 있다. 알렉시스 키비Aleksis Kivi가 쓴 「일곱 형제들The Seven Brothers」(1871년)은 핀란드의 국민 소설로 널리 인정받는다. 이 소설은 일곱 명의 시골 농부에게 교육의 중요성을 말하는 이야기다. 예를 들면 오늘날 평균적인 핀란드인들은 공공도서관에서 일 년에 16권의 책을 대출하는데 이는 세계 최고 수준이다(Ministry of Education and Culture 2019년). 사람들이 교육에 중요한 가치를 두지 않았다면 핀란드의 교육개혁은 제대로 성공하지 못했을 것이다.

핀란드의 교육 시스템, 실제로는 전체 사회계약의 기초는 신뢰다. 핀란드는 신뢰로 살고 숨 쉰다. 모든 자율시행제도가 그렇듯이(로터리클럽의 자발적인 소액 융자제도를 생각해보라), 이 시스템이 운영되려면 모든 사람이 '기꺼이 협력'해야 한다. 핀란드가 국제투명성기구의 가장 부패하지 않은 국가 순위에서 3위를 차지한 것은 우연한 일이 아니다(2018년). 이런 덕분에 핀란드는 중요한 정치문제를 중요한 당사자들의 동의로 결정하는 사회적 합의에 기초한 국가가 되었다. 이에 비해 분쟁적인 사회에서는 이익집단이 자신의 이익을 얻기 위해 정치적 갈등을 초래한다. 핀란드는 귀족정치 체제가 된 적이 없었고, 사회적 분열이 고착화된 적도 없었다. 거친 기후에서 농업과 어업에 종사하는 사람들에 의존하는 핀란드는 근면, 예의바른 행동, 자기계발을 추구하는 태도와 같이 극기심이 강한 국민성을 형성했다. 모든 교사들은 이런 특성이 학생들에게 정말 바람직한 것이라고 말할 것이다.

핀란드는 어머니들이 살기에도 매우 좋은 곳이다. 여성의 노동시장 참여와 교육수준이 세계 최고 수준이다. 핀란드는 부모에게 3년간의 육아휴직과 육아수당을 지급한다. 총 5년간의 보편적인 유치원 시기에는 놀이와 사회화 과정에 초점을 맞춘다(Hancock 2011년). 핀란드 여성은 9개월 동안 임금의 70퍼센트를 출산예정일 5주 전부터 받는다. 육아휴직 수당이 12개월 뒤부터 줄지만 3년 동안 계속 지급된다.

나는 <앵그리버드>를 제작한 커다란 업무빌딩 옆에 위치한 재미있는 주간보육 시설을 방문했다. 비디오게임 회사에서 일하는 부모들이 편리하게 통근할 수 있어 매우 효율적이었다. 세 명의 자녀를 둔 워킹맘은 나에게 "그들은 나보다 내 아이들을 더 잘 돌봅니다."라고 말하며 그곳에 일하는 교사와 시스템을 전적으로 신뢰했다. 미국은 이와 대조적으로 주간보육 비용이 주거비용 다음일 정도로 엄청나게 비싸다. 최근 연구에 따르면, 28개 미국 주에서 유아를 온종일 돌보는 연간 비용이 4년제 대학 연간 학비와 각종 수수료보다 더 많다(Zillman 2018년). 185개국을 조사한 2015년 유엔보고서에 따르면, 미국은 유급 육아휴직을 보장하지 않는 유일한 선진국이다(Kim 2015년).

다른 장에서 언급했듯이, TSTF 국가들은 보통 정치구조가 안정적이어서 강력한 개혁과 철저하고 안정적인 실행이 가능하다. 교육 개혁은 적어도 한 세대 이상 지속되어야 영향력을 미칠 수 있다. 핀란드, 싱가포르, 한국은 학교 시스템의 성과가 수십 년 이내에 낮은 수준에서 높은 수준으로 바뀔 수 있음을 보여준다. 따라서 꾸준히 지속하는 것이 중요하다. 매우 중요한 프로그램을 시작한 뒤 포기할 경우 미국의 건강보험개혁법이 보여주었듯이 값비싼 대가를 치르고 역효과를 낳는다. 때로 작은 조치들도 큰 영향력을 발휘할 수 있다. 살베리는 1957년 핀란드의 결정에 대해 언급했다―핀란드는 외국 TV쇼 프로그램에 자막을 포함시키라고 요구했는데 핀란드의 교육적 성공의 핵심 요인이 되었다. 이것은 아이들이 재미있는 영화를 볼 때도 읽기를 요구했다는 뜻이었다.

오랜 사냥 전통이 있는 핀란드는 미국만큼이나 국민 1인당 보유 총기가 많다. 하지만 엄격한 규제 덕분에 미국에서 발생하는 잔학행위들은 핀란드에서는 결코 일어나지 않는다. 교사들이 미래의 공격을 방어하기 위해 무장해야 한다는 트럼프 대통령의 제안은 핀란드인들에게는 터무니없는 말이다. 교사가 아이들을 가르치다가 살해당할 수 있다는 가능성은 상상할 수 없다. 나는 헬싱키에서 8세 소녀가 동반하는 어른도 없이 지하철을 타는 것을 보았다.

7. 우리는 교사를 믿는다

위의 내용이 모두 중요하지만 핀란드의 가장 중요한 성공 요인을 마지막으로 언급하려고 한다. 내가 이전 작품을 쓰던 중 스위스의 영향력 있는 교육개혁자 요한 하인리히 페스탈로치가 교사를 '신이 선택한 직업'이라고 표현한 것을 알게 되었다. 핀란드 교육시스템을 연구할 때, 마치 익숙한 노래가 내 머릿속에 반복적으로 맴돌듯이 이 표현이 계속 떠올랐다. 핀란드가 다른 어떤 국가보다 더 잘 한 것은 아마 훌륭한 교사를 양성한 것이라고 생각한다.

핀란드에서 교사들은 아주 높은 존경을 받는다. 교사직은 핀란드 고등학생들의 가장 선망하는 직업 중 하나로 계속 인정받고 있다. 남자들은 교사를 가장 선망하는 결혼 대상자로 평가한다. 여자들은 교사를 의사 다음으로 평가한다. 역설적이게도 사회적 지위는 월급보다 더 중요하다. 교사는 모든 직업의 전국 평균과 아주 비슷한 수준의 월급을 받는다—OECD 국가들에서 중간 경력의 중학교 교사들이 받는 연봉 수준—약 41,000달러—과 비슷하다(Sahlberg 2011년). 살베리에 따르면, "교사들은 학교수업 전과 후에 학생들을 정기적으로 만나 인격 발달을 돕고 학습 활동을 살펴서 수업계획을 보완하고 저녁과 주말에는 학생들의 가족을 만나러 가며, 학생들의 지식과 기술을 향상시키려고 노력한다. 따라서 학생들이 교사를 인정하고 더 나아가 존경하는 것은 중요하다."

핀란드에서 초등교사는 선망의 대상이기 때문에 교사 선발과정은 경쟁이 매우 치열하다. 교사 후보자들은 최고 수준의 대학 석사학위를 소지해야 한다. 매년 입학지원자 중 약 10퍼센트만이 초등교사 교육과정에 입학한다(Sahlberg 2015년). 핀란드에서 가장 우수한 학생들만이 이 과정에 입학하여 필수적인 학문적 소양을 비롯한 모든 기술을 습득한다. 성공적인 교사 후보자들은 좋은 성적, 우수한 대인관계 기술은 물론 학교에서 가르치고 일하는 것에 대한 개인적 깊은 열정이 반드시 있어야 한다(Sahlberg 2015년). 후보자들은 학교 환경과 동일한 실습활동을 거치는데 이 과정에서 사회적 상호작용과 의사소통 기술을 함양한다. 마지막으로 후보자들은 숙련된 교사와 인터뷰를 하면서 교사가 되려는 이유에 관한 질문을 받는다. 가르치려는 교사의 열정은 능력 못지않게 중요하다.

자율성은 핀란드 교육방식의 또 다른 차별성이다. 학급 규모를 정하는 규정이 없다. 따라서 학교는 하나의 학급을 어느 정도 규모로 할지 자유롭게 결정할 수 있다. 교육과정은 전국 단위로 설계되며, 모든 학교의 교육 목표는 동일하며, 대학교육을 받은 동일한 교육전문가 집단이 목표를 제시한다. 교육재정 수준은 지역 사회의 경제력에 따라 다르지 않다. 이런 방식을 통해 핀란드 아이들은 부모의 경제수준과, 거주지역이 농촌마을이든 대학도시든 상관없이 동일한 수준의 교육을 받을 수 있는 좋은 기회를 갖는다.

이와 대조적으로 미국은 학생 1인당 지출액이 최대 200퍼센트까지 차이가 난다(Barber and Mourshed 2007년). 미국은 지역마다 상당한 차이가 나는 재산세를 이용해 학교 재정을 지원하기 때문에 초등학교 재정은 엄청난 차이를 보인다—부유한 지역에 있는 학교들은 더 많은 교육 예산을 확보한다. 이런 상황은 가난한 지역의 가장 불우한 학생들이 가장 열악한 학교에 다니게 되는 결과를 초래한다. 그 결과 미국의 아이들은 어린 시기부터 불평등한 상황에 놓이게 된다.

핀란드 학교의 업무 환경의 핵심적인 특징은 교사들에게

많은 자율권이 주어진다는 점이다. 그들은 학습계획에서부터 숙제의 빈도에 이르기까지 모든 것을 결정할 수 있다. 이는 그들이 자신의 교육방식을 학급의 요구에 맞게 조정할 수 있다는 뜻이다. 간단히 말해, 그들은 신뢰와 존경을 받는 전문가다. 이에 비해 영국의 학교에는 자료 관리자가 있는데 그들은 교사에게 마킹할 때 어떤 색연필을 사용할지 지시하고, 참고 자료가 학습의 의도에 적합한지 정기적으로 확인한다.

게다가, 핀란드에서 신임 교사가 학교에 채용되면 보통 평생 교사직을 유지한다. 공식 통계에 따르면, 일생동안 교사의 10-15퍼센트만이 도중에 교사직을 그만둔다(Sahlberg 2011년). 이 수치는 영국과 미국의 연간 교사 이직율과 비슷하다.

핀란드 교사들은 그들이 배운 지식과 기술을 실제로 활용할 수 있는 자유를 누린다고 말한다. 니에미는 이렇게 지적한다. "우리는 아이들의 성장기에 그들의 발달을 도울 수 있습니다." 다른 교사들은 개인 맞춤식 학습과 창의성에 대한 강조가 효과를 거두었다고 생각한다. 그들은 6년 동안 이런 교육을 한다. 살베리는 개탄한다. "핀란드 교사의 이런 태도와 몇 개월이 지나면 문제아동을 포기하는 교사의 태도를 비교해보세요." 또한 교육은 개인적이며 통합적인 것이지 틀에 박힌 반복 활동이 아니다. 오로지 시험을 위한 교육은 특히 효과가 없으며 학생은 물론 교사의 동기도 박탈할 수 있다. 살베리가 말한다. "우리의 교육방식은 정상적인 인간에게 활기를 불어넣을 수 있습니다." 학생들을 가르치는 한 초등학교 교사와 대화를 나눌 때 그녀가 말했다. "나는 그들이 누구인지, 무엇을 가장 잘하는지 발견하는 게 즐겁습니다." 또 다른 교사는 경쟁을 중요하게 여기는 미국 교육 시스템보다 협업적인 핀란드 교육방식을 더 좋아했다. 그녀가 말했다.
"그런 경쟁은 교실에서 근본적으로 다른 분위기를 만들고, 나와는 맞지 않는 완전히 다른 교육문화를 요구합니다.

성과

결과가 모든 것을 말해준다. 핀란드는 비교적 짧은 기간에 보통 수준에서 세계 최고 수준으로 교육 시스템을 개혁하여 인적 자산을 개선했다. 핀란드 학생의 피사 점수는 평가 과목 전반에 걸쳐 세계 최고수준이다. 일본, 싱가포르, 한국, 중국의 부유층에 속한 학생들만이 핀란드 학생보다 점수가 더 높다. 하지만 이런 국가와 달리 핀란드는 학생을 혹사시키지 않고서 이런 결과를 달성했다.

가장 중요한 것은 핀란드의 학교 간 격차가 OECD 평균의 약 10분의 1이라는 점이다. 이것은 핀란드의 학교 간 격차가 대부분 학생들의 선천적 재능의 차이에서 기인한다는 뜻이다. 우리 모두가 로스앤젤리스 레이커스 팀의 센터나 레알 마드리드 팀의 스트라이커가 될 수는 없다. 실제로는 우리는 흔히 불평등과 혼동되는 어떤 것—불공정— 때문에 힘들어한다. 100미터 경주에서 20미터 뒤에서 출발한다면 누가 그것을 공정하다고 생각하겠는가? 핀란드 교육 개혁은 개인적 차원에서 공정을 이루어냈다. 아울러 집단적 차원에서 훨씬 더 많은 것을 성취했다. 2000년 어둡고 회의적인 12월 오후 이후, 핀란드는 세계경제포럼에 의해 네 번이나 세계에서 가장 경쟁력이 있는 국가로 선정되었다.

도전과제

지금까지 핀란드 교육시스템에 관해 좋은 면을 말했지만 도전과제도 있다. 교사들은 어디에서나 볼 수 있는 스마트폰 탓에 학생들이 이전보다 독서를 하지 않는 것에 개탄한다. 다양한 관점에 대한 이해를 촉진하기는커녕, 페이스북, 인스타그램, 트위터는 각 개인의 신념과 방향성에 이의를 제기하기보다는 더 확신시킨다. 소셜 미디어 이용 증가는 정신 건강에도 부정적인 영향을 미친다. 하지만 이것은 핀란드의 청소년에게만 특별히 국한된 문제가 아니다.

핀란드에서 부유한 학생과 가난한 학생의 격차는 대부분의 OECD 국가들보다 작지만 2000년 이후 점점 커지고 있다(Economist 2016년). 그 이유 중 하나는 이민이다. 헬싱키 부시장 피아 파카리넨은 사회통합을 위해 이민자의 통합이 반드시 필요하다고 생각한다. 코펜하겐과 스톡홀름의 일부 지역에서의 게토의 등장은 그녀에게 큰 실망을 안겨준다. 핀란드는 지금까지 이런 추세에 저항했지만 민족 집단이 서로 뭉치는 것은 자연스러운 현상이다(싱가포르는 공공주택 계획을 수립할 때 중국인, 인도인, 말레이시아 원주민을 서로 섞었다). 파카리넨이 나에게 말했다. "핀란드에서 내가 살고 싶지 않은 교외지역은 없습니다."

아울러, 직업훈련은 핀란드, 덴마크, 스위스와 같은 평등을 지향하는 국가에서 중산층 직업을 갖는 경로가 되었다. 하지만 오늘날 대부분의 직업은 —인공지능의 예측이 맞다면—15년 뒤 사라질 가능성이 있다. 계산원, 요리사, 준법률가 또는 소득세 신고서를 작성하여 제출하는 세무사와 같이 반복적인 업무를 수행하는 직업은 자동화에 가장 취약하다. 특히 급변하는 시대에 높은 수준의 성과를 계속 유지하는 것은 쉽지 않다. 살베리는 핀란드가 노키아의 실수—정상의 위치에서 혁신에 실패하는 것—를 피해야 한다고 경고한다.

결론
자원 빈국인 핀란드는 항상 자신의 기술을 효과적이고도 생산적으로 사용하는 창의적인 사람들에게 의존했다. 이런 상황은 바뀌지 않았으며, 아이디어, 연구, 재원조달, 생산수단, 고객이 국경에 제한되지 않는 엄청나게 경쟁적인 세계에서 더욱 분명해 질 것이다. 핀란드의 놀라운 교육시스템 개혁은 세계의 부러움의 대상이 되었다. 진부한 말이겠지만, 지식중심 경제에서 경쟁력은 바로 지식이다. 핀란드는 똑같은 일을 더 잘 수행하는 것이 아니라 전통적인 방법을 버리고 새롭고 효과적인 방법으로 바꿈으로써 이런 원칙을 실천했다.

살베리는 "죽은 물고기만이 강물에 떠내려간다."는 핀란드의 오랜 격언을 좋아한다. 핀란드어에 '시수'—핀란드인들이 자신의 국민성을 설명할 때 사용하는 용어—라는 단어가 있다. 이 단어는 대략 '절제하는 결단력', 곧 강인한 목적의식과 기개로 번역할 수 있다. 사람들의 고정관념을 바꾸는 것은 쉽지 않다. 하지만 이것이 배움의 핵심 목적이 아닐까? 수업시간을 줄이고, 숙제를 덜 내어주고, 학교 시찰단을 해산하고, 시험을 거의 보지 않고, 시험 결과를 공표하지 않는 것이 교육의 성배를 찾는 길임을 누가 믿겠는가?

핀란드의 기적은 어느 정도는 문화적 특수성에 기인한다. 하지만 마음을 열고 핀란드의 교훈을 숙고하려는 사람들에게 풍요로운 보물을 제공한다. 교사직을 더 매력적인 직업으로 만들고, 교사직의 사회적 위상을 높이는 것이 가능할까? 사립학교가 공립학교 시스템과 경쟁하는 것인 필수적이거나 생산적일까? 재산세를 활용해 공립학교 재원을 마련하는 것이 타당한가? 핀란드의 경험을 살펴보면 수많은 질문들이 생긴다. 한 가지 역설적인 것은 핀란드는 협력을 강조함으로써 더 큰 경쟁력을 갖게 되었다는 점이다. 핀란드는 더 적은 것으로 더 많은 일을 함으로써 성공했고, 돈으로는 사실상 더 좋은 교육을 살 수 없다는 것을 입증했다.

핀란드는 과학자들이 몸집에 비해 날개가 너무 작아 신체구조상 날 수 없다고 생각하는 호박벌과 같다.

참고도서 및 추가 독서자료

Abrams, S.E. 'The children must play'. The New Republic, 2011. https://newrepublic.com/article/82329/education-reform-finland-us.

Alexander, H. 'OECD education report: case study Finland'. The Telegraph, 2013. https://www.telegraph.co.uk/education/10489225/OECD-education-report-case-study-Finland.html.

Anderson, J. 'From Finland, an Intriguing School-Reform Model'. The New York Times, 2011. https://www.nytimes.com/2011/12/13/education/from-finland-an-intriguing-school-reform-model.html.

Barber, M. and M. Mourshed. 'How the world's best-performing school systems came out on top'. McKinsey & Company, 2007. https://www.mckinsey.com/industries/social-sector/our-insights/how-the-worlds-best-performing-school-systems-come-out-on-top.

Brackett, M. 'Emotion Revolution–Student'. Yale Center for Emotional Intelligence, 2015. http://ei.yale.edu/what-we-do/emotion-revolution-student/.

'Corruption Perceptions Index 2018'. Transparency International, 2018. https://www.transparency.org/cpi2018.

Doyle, W. 'How Finland broke every rule – and created a top school system'. The Hechinger Report, 2016. https://hechingerreport.org/how-finland-broke-every-rule-and-created-a-top-school-system/.

'Education spending'. OECD Data, 2019. https://data.oecd.org/eduresource/ education-spending.htm.

'Finland and PISA'. Ministry of Education and Culture, 2016. https://minedu.fi/en/pisa-en.

Gross-loh, C. 'Finnish education chief: "we created a school system based on equality" '. The Atlantic, 2014. http://www.theatlantic.com/education/

archive/2014/03/finnish-education-chief-we-created-a-school-system-based-on-equality/284427/.

Hancock, L. 'Why are Finland's schools successful?'. Smithsonian, 2011. https://www.smithsonianmag.com/innovation/why-are-finlands-schools-successful-49859555/.

Hart, J. 'The big lesson from the world's best school system? Trust your teachers'. The Guardian, 2017. https://www.theguardian.com/teacher-network/2017/aug/09/worlds-best-school-system-trust-teachers-education-finland.

'Helsinking: Europe's top-performing school system rethinks its approach'. The Economist, 2016. https://www.economist.com/europe/2016/05/12/ helsinking.

'How heavy use of social media is linked to mental illness'. The Economist, 2018. https://www.economist.com/graphic-detail/2018/05/18/how-heavy-use-of-social-media-is-linked-to-mental-illness?fsrc=scn/tw/te/bl/ed/?fsrc=scn/tw/te/bl/ed/howheavyuseofsocialmediaislinkedtomentalillnessdailychart.

'How to be top'. The Economist, 2007. https://www.economist.com/international/2007/10/18/how-to-be-top.

Kim, S. 'US is only industrialized nation without paid maternity leave'. ABC News, 2015. https://abcnews.go.com/Business/us-industrialized-nation-paid-maternity-leave/story?id=30852419.

'Knowledge and Skills for Life First Results from the OECD Programme for International Students Assessment (PISA) 2000'. OECD Publishing, 2001. http://www.oecd.org/education/school/programmeforinternationalstudentassessmentpisa/33691596.pdf.

Lamb-Sinclair, A. 'What If High School Were More Like Kindergarten?' The Atlantic, 2016. https://www.theatlantic.com/education/archive/2016/08/

learning-versus-education/494660/.

'Library Network'. Ministry of Education and Culture. 2019. https://minedu.fi/en/library-network.

Luce, E. 'Amy Chua and the big little lies of US meritocracy'. Financial Times, 2019. https://www.ft.com/content/7b00c3a2-8daa-11e9-a1c1-51bf8f989972?shareType=nongift.

Nelson, L. '9 reasons Finland's schools are so much better than Americas'. Vox, 2015. https://www.vox.com/2015/2/18/8063785/finland-schools-education.

Nisen, M. 'Google HR boss explains why GPA and most interviews are useless'. Business Insider, 2013. https://www.businessinsider.com/how-google-hires-people-2013-6?r=US&IR=T.

Partanen, A. 'What Americans keep ignoring about Finland's school success'. The Atlantic, 2011. http://www.theatlantic.com/national/archive/2011/12/what-americans-keep-ignoring-about-finlands-school-success/250564/.

Ravitch, D. 'Schools we can envy'. The New York Review of Books, 2012. https://www.nybooks.com/articles/2012/03/08/schools-we-can-envy/#fn-1»».

Resmovits, J. 'Finland schools' success story: lessons shared at California forum'. The Huffington Post, 2012. https://www.huffingtonpost.co.uk/entry/finland-schools-success-equality-collaboration_n_1219780.

Ripley, A. The Smartest Kids in the World, and How They Got That Way (New York: Simon & Schuster, 2013). 「무엇이 이 나라 학생들을 똑똑하게 만드는가」(부키).

Sahlberg, P. 'A Model Lesson: Finland Shows Us What Equal Opportunity Looks Like'. American Educator, 2012. https://www.aft.org/sites/default/files/periodicals/Sahlberg_0.pdf.

――'Education policies for raising student learning: the Finnish approach'. Journal of Education

Policy, vol. 22, no. (2007): pp. 147–171. https://doi.org/10.1080/02680930601158919.

––'Finland's success is no miracle'. Education Week, 2012. https://www.edweek.org/ew/articles/2012/01/12/16sahlberg.h31.html?tkn=OWPFIoO0pT21GWKAWwcIMsNRce9j%2BOQp%2BqLg&cmp=ENL-EU-VIEWS1&intc=EW-QC12-ENL.

––Finnish Lessons: What Can the World Learn from Educational Change in Finland? (New York: Teachers College Press, 2011). 「핀란드의 끝없는 도전」(푸른숲).

––'Lessons from Finland'. American Educator, 2011. https://pasisahlberg.com/ wp-content/uploads/2013/01/Lessons-from-Finland-AE-2011.pdf.

––'Paradoxes of educational improvement: the Finnish experience'. Scottish Educational Review, vol. 43, no. 1 (2011): pp. 3–23. https://pasisahlberg.com/wp-content/uploads/2013/01/Paradoxes-of-improvement-SER-2011.pdf.

––'Q: What makes Finnish teachers so special? A: It's not brains'. The Guardian, 2015. https://www.theguardian.com/education/2015/mar/31/finnish-teachers-special-train-teach.

Strauss, V. 'Why Finland's schools are top-notch'. CNN, 2014. http://edition.cnn.com/2014/10/06/opinion/sahlberg-finland-education/index.html.

––'No, Finland isn't ditching traditional school subjects. Here's what's really happening'. The Washington Post, 2015. https://www.washingtonpost.com/news/answer-sheet/wp/2015/03/26/no-finlands-schools-arent-giving-up-traditional-subjects-heres-what-the-reforms-will-really-do/.

––'The brainy questions on Finland's only high-stakes standardized test'. The Washington Post, 2014. https://www.washingtonpost.com/news/answer-sheet/wp/2014/03/24/the-brainy-questions-on-finlands-only-high-stakes-standardized-test/.

––'What if Finland's great teachers taught in U.S. schools?'. The Washington Post, 2013. https://www.washingtonpost.com/news/answer-sheet/wp/2013/05/15/what-if-finlands-great-teachers-taught-in-u-s-schools-not-what-you-think/.

The Hechinger Report. 'Standardized Testing a Foreign Concept in Finland with World's Top Students'. The Huffington Post, 2012. https://www.huffingtonpost.co.uk/entry/standardized-testing-a-fo_n_2145623?guccounter=1.

Wilby, P. 'Finland's education ambassador spreads the word'. The Guardian, 2013. https://www.theguardian.com/education/2013/jul/01/education-michael-gove-finland-gcse?CMP=twt_gu.

Zillman, C. 'Childcare Costs More Than College Tuition in 28 U.S. States'. Fortune, 2018. http://fortune.com/2018/10/22/childcare-costs-per-year-us/.

대담 및 인터뷰
안티 헤를린, 한넬레 니에미, 케이티 레보란타, 파시 살베리, 피아 파카리넨

10장 싱가포르: 의료
환자를 돌보는 힘

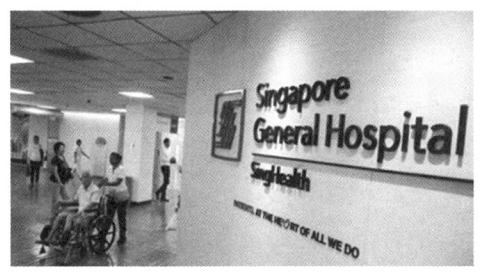

싱헬스, SingHealth
(자료: Hian; cited in Koh, 2015)

키쇼어 마하부바니Kishore Mahbubani는 마치 나의 삼촌인 양 나와 악수를 하고 내 등을 두드렸다. 리콴유 공공정책대학의 전 학장이자 다보스 포럼에 자주 참석하는 갑부인 그는 아마 전 싱가포르 수상 리콴유 사망 이후 싱가포르에서 가장 저명한 세계적인 인물일 것이다. 그는 한 번도 중단하지 않고 계속 대사를 역임했으며, 기회 있을 때마다 싱가포르가 얼마 전까지만 해도 보잘것없는 경제력과 자원을 가진 작고 가난한 어촌 마을이었다는 것을 상기시켰다. 그로부터 불과 54년이 지난 지금, 싱가포르는 황금기를 누리고 있다.

싱가포르는 현대사에서 가장 인상적인 성공을 거둔 국가일 것이다. 작은 싱가포르가 탄생할 때 이 국가의 생존 가능성을 높게 보는 사람은 거의 없었고, 두 세대가 가기 전에 삼류 국가에서 일류 국가로 발전할 것이라고 예상한 사람은 아무도 없었다. 싱가포르가 1965년 독립 선언할 당시 국민 1인당 GDP은 500달러가 되지 못했지만, 지금은 영국, 일본, 미국과 같은 과거의 경제대국을 재빨리 추월해 5만3천 달러가 넘는다(Economist 2015년).

혁신, 연결성, 교육, 도시계획, 의료, 외국인 투자, 정부에 대한 국민의 신뢰도 등 어느 항목을 평가하든 이 작은 국가는 선두를 달리고 있다. 아울러 싱가포르는 세계에서 가장 부러워할만한 사회계약 중 하나를 만들어 유지하고 있다. 싱가포르 학교에서 교육받는 아이들은 피사평가 점수가 세계 최고 수준이다(Coughlan 2016년). 싱가포르 가구의 90퍼센트가 정부의 인센티브와 지원 덕분에 자기 집을 소유한다(Capestany et al. 2018년). 사람들은 무시할 정도의 범죄율 덕분에 평화를 누린다. 노령계층을 위한 퇴직연금은 세계에서 가장 신뢰할만하고 재정 상태도 최고 수준이다.

내가 키쇼어에게 싱가포르가 엄청난 성공을 거둔 이유를 묻자 그는 싱가포르의 'm. p. h'에 대해 말했다―하지만 이것은 신형 테슬라 S모델의 속도를 가리키는 것이 아니다. 그는 유엔안전보장이사회 의장에게서 기대할 법한 자신감으로 말했다. "싱가포르의 성공 비결은 능력주의meritocracy, 실용주의pragmatism, 정직honesty을 결합한 것입니다." 우리의 방문 목적은 싱가포르의 의료시스템을 이해하는 것이기 때문에 나는 키쇼어의 이 두문자를 안내자로 삼아 그 목적을 이룰 수 있을 것으로 생각했다. 세계 어느 지역이든지, 환자와 보험회사를 굴복시키고 정책입안자들에게 도전하는 의료서비스 괴물을 길들이려면 당연히 많은 시간이 필요하다.

　세계 모든 지역의 의료시스템은 재정 수지를 맞추기 위해 노력하고 있다. 그 이유는 이제 잘 알려져 있다―낮은 의료수가를 지급하는 보험제도, 지속적인 비용 상승, 치료 기기와 장비의 급속한 혁신, 무엇보다도 인간 수명의 증가. 인간 수명의 증가는 의료서비스 제공자가 관절염, 알츠하이머병, 암, 당뇨병, 비만과 같은 고비용 질환을 치료하는 데 점점 더 많은 비용을 지출해야 한다는 의미다. 대부분의 국가에서 이런 도전들은 신체적, 사회적 행복을 가장 크게 위협하는 요인을 발생시키는 잘못된 인센티브와 결합되어 있다.

　배가 가라앉고 있는 상황에서 논쟁은 그만두고, 이제는 싱가포르의 의료시스템이 특별히 효과적인 이유를 이해하고, 다른 국가들에게 교훈이 될 수 있을지 파악해보자.

의료시스템은 수렁에 빠져 있다. 전 세계에서 의료비용이 급격히 증가하고 각국 정부는 의료 시스템에 재원을 조달하기 위해 고투하고 있다. 인구가 노령화되고 임금이 정체되면서 이런 악순환은 계속 더 심각해질 것이다.

　정치적 이념이 상반된 양진영은 근본적으로 서로 의견이 달라 교착상태다. 우파 진영은 영국과 캐나다에서 사용하는 것과 같은 단일보험자제도가 혁신을 가로막고, 효율성을 약화시키고, 관성적 태도를 옹호하는 독점이라고 주장한다. 좌파 진영은 미국과 같은 국가들의 의료시스템은 현대 역사에서 최악의 시장실패를 보여주며, 남용에 대해 끝없이 인센티브를 제공한다고 주장한다.

　싱가포르는 양 진영의 주장이 옳다는 것을 알았다.

싱가포르는 처음에는 독점적인 단일보험자제도를 구상했으나 실패했다. 자유 시장을 받아들이는 방향으로 의료보험 제도를 재편한 싱가포르는 미국과 다른 지역이 경험한 것과 똑같은 부작용과 어려움을 경험했다. 각 의료제도의 단점을 해결하는 과정에서 교훈을 얻은 이 도시국가는 점차 양 시스템의 장점이 결합된 방식을 만들어냈다.

오늘날 싱가포르 의료시스템의 결정적인 혁신은 환자중심주의다. 이것은 성직자와 같은 의사의 특권적 지위가 사라지고, 보험사의 권한이 줄어들었다는 뜻이다. 그 결과 더 주체적인 소비자가 등장했다—사람들은 젊은 시기에 의료서비스에 적극적인 관심을 보이면서 연령 증가에 따른 불가피한 의료비 지출에 대비하기 위해 안전한 자산에 저축했다.

이코노미스트 인텔리전트 유닛Economist Intelligence Unit은 최근 의료서비스 성과에 관한 166개국 비교에서 싱가포르를 2위로 평가했다(Nicholls and Pannelay 2014년). 더 나아가 블룸버그는 전 세계를 대상으로 한 몇몇 독자적인 관찰자들이 내린 결론을 근거로 싱가포르를 세계에서 가장 건강한 국가라고 발표했다(Sims 2015년). 기대수명, 유아사망률, 암 치료율 측면에서 볼 때 싱가포르는 세계적 수준의 의료서비스 평가에서 선두를 차지한다.

가장 놀라운 점은 이 탁월한 결과가 미국 의료시스템 지출액의 4분의 1, 영국의 의료 시스템 지출액의 2분 1로 달성되었다는 것이다(Haseltine 2013년). 게다가 모든 사람들이 혜택을 누린다. 모든 싱가포르 시민들은 평균 수준 이상의 기본 의료서비스를 보장받으며, 좋은 의료설비를 갖추고 기술적으로 전문적인 서비스를 제공하는 공공병원에서 치료를 받는다. 이와 대조적으로 미국인 10명 중 1명은 아직까지 어떤 종류의 건강보험도 없다. 2017년 미국인 4명 중 1명은 의료비가 없어 의료서비스를 포기했다고 말했다(Chin 2017년).

그렇다면 싱가포르는 어떻게 그런 성과를 이루어냈을까?

M. P. H.: 당신이 생각하는 그런 종류의 힘이 아니다

기억하기 쉬운 키쇼어의 공식 'm.p.h'의 순서와 반대로 먼저 정직을 나타내는 'h'부터 살펴보자. 싱가포르는 처음부터 부패에 무관용한 국가가 사기, 뇌물, 부정한 헌금과 같은 식민지의 관행이 남아 있는 다른 국가들보다 비교우위가 있을 것이라고 생각했다. 부패는 공무원이 자신이 받는 연봉보다 더 큰 영향력을 미칠 수 있는 권한을 갖고 있는 탓에 다른 사람들이 관리에게 뇌물을 제공할 동기와 관리가 뇌물을 받을 유혹이 상당히 클 때 발생한다. 미국의 국회의원은 이 기준에 아주 잘 들어맞기 때문에 워싱턴에서 가장 큰 여섯 개 로비자금 지출 기업 중 네 개가 의료분야 기업인 것은 우연의 일치가 아니다(Wilson 2017년). 로비는 합법적이지만 합법적인 뇌물처럼 느껴질 수 있다. 이런 회사들이 로비활동을 통한 이익이 비용보다 더 크다고 생각하지 않았다면 희소한 재원을 연구, 신규인력 채용, 또는 광고에서 로비활동으로 전환하지 않을 것이다.

싱가포르 시스템의 일차적인 강점은 의료서비스 제공자들이 이익을 극대화하기 위해 정치인들을 유혹하지 못하게 막는 것이다. 싱가포르인들은 의료서비스 제공자의 로비활동을 사회에 구체적인 이익을 제공하지 않고, 결국 환자와 납세자의 부담이 되는 추가 비용으로 본다. 따라서 그들은 그런 행위를 못마땅하게 생각한다.

키쇼어의 세 가지 성공 요소의 중간 받침대는 능력주의다. 능력주의에 대해 좋은 개념과 아이디어를 많이 논의할 수 있고, 정책입안자들도 이에 동의하지만 그것을 효과적으로 실행하는 것은 전혀 다른 문제다(오바마 케어를 생각해보라). 싱가포르 외무부 특사이자 리콴유 총리의 영적 멘토인 토미 고Tommy Koh는 좋은 사람들이 좋은 정책 못지않게 중요하다고 강조했다. "싱가포르의 성공은 부분적으로는 싱가포르 공무원들의 역량, 성실성, 헌신 덕분입니다."

싱가포르의 공무원 조직은 영국 공무원 조직과 중국 고위공무원 조직의 전통에 기초하며, 나중에 그 기준을 몇 단계 더 높였다. 싱가포르 행정조직의 원칙은 집권 정당이 바뀌더라도 탄탄한 공무원 조직이 정부시스템에 안정과 계속성을 제공하는 것이다. 싱가포르 형성기에 오랜 기간 공무원으로 일한 은지암 통 도우Ngiam Tong Dow는 「고위공무원과 공공정책 입안A Mandarin and the Making of Public Policy」에서 건국 초기에 어떤 사명감을 갖고 있었는지 설명했다. "우리는 봉급에 대해서는 신경 쓰지 않았고 일을 완수해야 한다는 사명감으로 일했습니다."

싱가포르는 다른 TSTF 국가들과 마찬가지로 지배 정당 또는 오랜 기간의 연정을 통해 친 기업적 정치 지도력을 꾸준하게 유지해왔다. 싱가포르 건국 시기부터 존재했던 인민행동당PAP는 예전보다 중요도가 떨어지고 있지만 아직도 유권자 70퍼센트의 지지를 받는 집권당이다(Holnes 2015년).

안정적이고 협력적인 리더십은 광범위하고 오래 지속되는 정책을 입안할 수 있다는 뜻이다. 싱가포르는 1950년대부터 지속적으로 의료서비스 개혁 작업을 진행해 왔다.

키쇼어의 두문자 공식 중 마지막 요소는 실용주의다. 이것을 말할 때 그의 눈이 빛나는 걸 보면 그는 이것을 가장 좋아하는 것 같다. 그는 싱가포르가 이를 위해 몇 가지 일을 진행했다고 겸손하게 말한다. 그는 먼저 이렇게 말한다. "실용주의는 싱가포르를 새롭고 젊은 국가가 되는데 유용했습니다. 리콴유는 다른 선진 국가들의 경험을 배워 싱가포르를 근대화하고, 그들의 가장 좋은 관행을 상황에 맞게 조정했습니다. 우리는 호주, 미국, 일본과 같이 이미 의료 시스템을 구축한 국가들을 연구하고 배웠습니다."

싱가포르의 인구 구성이 젊기 때문에 활동적이고 건강한 인구가 많고 노인 치료부담이 적을 때 의료시스템을 구축했다. 또한 싱가포르가 급격한 경제성장을 이루어 인프라 시설과 공공의료 수준을 개선하고, 아울러 싱가포르 사람들이 스스로를 더 잘 돌볼 수 있도록 교육할 수 있었다.

무에서 시작하는 것의 이점은 기존 시스템을 유지하거나 기존 세력들의 로비활동을 막아야 하는 부담이 없어 잃을 것이 적다는 점이다. 그런 점에서 싱가포르는 실험하기 좋은 위치에 있었다. 싱가포르는 먼저 영국, 캐나다, 호주의 모델을 기초로 1950년대 단일보험자제도를 만들었다. 이 제도의 장점은 모든 사람이 포함되고 보험가입이 한 곳으로 집중된다는 것이었다. 그러나 싱가포르는 일부 환자들이 사소한 일로 의사를 방문하고 그것 때문에 보험금이 지급된다는 사실을 알았다. 이 제도는 과도한 의료서비스 이용을 초래했다. 소비자들은 보험에 가입하고 그 보험비용이 매몰 비용이 된다는 것을 알면 과도하게 의료 서비스를 받으려고 한다. 그러면 보험사들은 보험료를 다시 더 많이 올려서 소비자에게 전가한다. 그 결과 사회 전체는 더 무거운 부담을 져야 한다. 또한 일반 사람들은 대기자 명단, 선택 제한, 상황에 민감하지 않는 관료체계에 대해 비판했다.

싱가포르는 미국과 그 밖의 다른 국가에서 널리 채택한 자유 시장 모델을 실험했다. 하지만 그 결과는 더 좋지 않았다. 의료행위별 수가 모델은 의사와 병원에게 상당히 왜곡된 동기를 제공하는 것이 분명해졌다―아울러 높은 수익을 얻기 위해 환자를 과잉 진료하여 제도를 악용하는 도덕적 해이도 발생했다. 더 많은 치료는 더 많은 비용을 의미하기 때문에 통찰력 있는 투자자 워런 버핏이 한때 생생하게 묘사했듯이 이 제도는 "우리의 경제적 몸에 기생하는 촌충"이 되었다. 마찬가지로, 노벨경제학상 수상자 프린스턴대 앵거스 디턴 경이 말했다. "미국에서 자본주의를 죽이는 것은 불평등이 아니라 의료서비스 분야와 같은 렌트 추구자들이다." 그는 이렇게 요약했다. "모든 인재들이 물건을 만드는 일이 아니라 물건을 훔치는 일에 열중한다."(Robb 2017년). 버핏과 디턴과 마찬가지로, 리콴유도 의사, 보험회사, 법률가 등 기득권 세력이 확고하게 뿌리를 내리면 그들의 과도한 행위를 없애는 것은 불가능하다는 것을 이전부터 알았다. 그들은 시스템 속에 고착되어 그들로부터 이익을 얻는 사람들이 격렬하게 그들을 옹호하기 때문이다.

실용주의는 이론적이거나 감정적인 고려보다는 실제적이고 합리적인 기준에 따라 현실적으로 문제를 다루는 것을 뜻한다.

하지만 의료서비스만큼 감정적인 분야도 거의 없기 때문에 선정주의로 흐르기 더 쉽다. 완벽한 제도는 없으며 어느 쪽을 선택하든 상쇄 관계는 불가피하다. 싱가포르 의료시스템의 정신과 성공 비결은 효율성—더 적은 비용으로 더 많은 일을 한다—을 중심으로 의료서비스의 초점을 조정하는 것이었다.

리콴유와 그의 팀은 이것을 실행하는 정확한 방법을 몰라 당혹스러웠다. 자유 시장의 충실한 주창자인 리콴유는 바로 경쟁이 혁신을 추동하고 소비자를 위한 가치를 창출한다는 점을 이해했다. 이 철학은 싱가포르를 세계경제포럼이 선정한 세계에서 두 번째로 경쟁력 있는 국가로 발전시켰다(Schwab 2018년).

그러나 리콴유는 의료서비스가 다른 시장에 널리 퍼져 있는 혁신과 경쟁력의 중요한 법칙을 거스른다는 것을 알았다.

이 법칙 덕분에 우리의 조부 세대에 비해 신발, 오렌지, 또는 자동차를 구입하기 위해 우리가 일해야 하는 시간이 엄청나게 줄었다(Cox and Alm 2008). 하지만 의료서비스 지출은 끝도 없이 증가하고 임금 인상 속도를 계속 앞지르는 것 같다. 이것은 가치 창출보다는 가치 약탈이 이루어지고 있음을 암시한다(Our World in Data 2017년). 이것은 시장의 성공이 아니라 시장 실패의 신호다.

시장의 성공 대 시장의 실패

작고한 노벨경제학상 수상자 케네스 애로는 의료서비스가 일반 시장처럼 작동하지 않는다는 점을 지적했다(Arrow 1963년). 우선 우리는 대부분 무엇을 구매하는지, 그 비용이 얼마인지, 정말 효과가 있는지 이해하지 못한다. 둘째,

의학지식은 너무 복잡하고 전문적인 탓에 의료진은 정보 측면에서 항상 환자보다 훨씬 더 유리한 위치에 있다. 셋째, 의료서비스에 대한 필요는 식품이나 의류와 달리 예측할 수 없으며, 의료서비스가 가장 필요할 때는 흔히 우리가 절박한 상태에 놓인 경우다. 어떤 사람이 심장마비가 일어난 직후 더 저렴한 가격이나 더 좋은 의사를 구하기 위해 협상할 수 있겠는가? 제공된 서비스가 실망스러운 경우 비용상환 청구는 불가능하거나 매우 힘들다. 게다가 우리가 개인적으로 받는 비용청구는 제공된 서비스와의 관련성이 매우 모호하며, 지출 금액은 문제해결 여부가 아니라 여러 치료 방식에 의해 보통 결정된다(Brooks 2017년). 마지막으로 처방약 배후에 있는 특허는 사실상 20년 동안 독점이어서 제약회사들은 더 많은 소비자 선택을 제공하는 시장에 비해 가격 결정의 재량권이 상당하다. 이런 특징은 각각 의료서비스가 자유 시장과 상충하게 만든다. 이 특징들이 결합되면 비할 데 없을 정도의 크기와 범위로 왜곡과 남용을 발생시킨다.

    리콴유는 무언가 잘못되었다는 것을 깨닫게 되었다. "이것은 내가 자전거나 신발을 구입하는 방식이 아니다."라고 그는 생각했다. 또한 의료서비스의 필요는 보통의 종형분포 곡선을 따르지 않는다는 것을 알았다. 일반적인 서비스와 달리 의료서비스는 두 유형으로 나뉜다. 희귀하고 심신을 악화시키는 질병처럼 발생빈도가 드물지만 비용이 많이 드는 질환이 있다. 이런 유형은 장기적인 치료가 필요하다. 하지만 이런 질환은 보통 예외적이다. 훨씬 더 일반적인 경우는 귀, 눈, 코, 목 관련 질환처럼 빈번하지만 치료비용이 적게 되는 질환이다. 리콴유는 두 가지 유형의 질환을 별도로 처리하는 시스템을 개발할 필요가 있다고 생각했다. 그는 심각하고 예측 불가능한 질병에는 위험공유 접근방식(보험)이 효과적이라고 보았다. 리콴유는 지금까지 싱가포르 의료시스템의 근간이 된 다섯 가지 근본적인 전제를 제시했다.

1. 적절하고 합리적인 가격의 의료서비스는 기본적인 권리이며 국가와 시민이 맺은 '사회 계약'의 기본적인 부분이다. 사회는 다양한 방식으로 의료서비스에 대한 비용을 지불한다. 따라서 의료서비스를 최적화하고 납세자의 비용부담이 최소화되도록 의료시스템을 설계 및 감독하는 책임이 정부에게 있다. 의료시스템은 이 서비스를 가장 필요한 사람들이 최소한의 비용으로 이용할 수 있도록 만들어야 한다.

2. 의료진이나 보험회사가 아니라 의료서비스 소비자들이 의료서비스의 중심이 되어야 한다. 이를 위해 소비자들이 자신의 건강에 대한 책임을 지도록 인센티브를 제공해야 한다.

3. 많은 사람들은 본능적으로 즉각적인 만족을 좋아하고 혜택이 지연되는 것을 잘 받아들이지 못하는 경향이 있다. 의료비용은 여러 측면에서 연금과 비슷하다. 젊은 시기에 의료비용은 낮지만 연령이 높아지면서 기하급수적으로 증가한다. 개인은 자신의 소득 능력이 없어지기 전까지 의료비용을 지불할 수 있다.[*] 따라서 의료체계는 노년에

---

[*] 영국의 경우 국가건강보험 예산의 10분의 2가 65세 이상의 노인층에게 지출된다(Robineau 2016).

의료보험서비스를 받기 위해 젊은 시기에 저축을 하도록 장려, 유도, 또는 강제하도록 만들어져야 한다.

4. 의료서비스 분야는 자유 시장 원리가 잘 작동하지 않는다. 따라서 원천적인 취약점을 이용하려는 사람들의 남용을 완화할 수 있도록 의료시스템을 조정할 필요가 있다.

5. 모든 질환, 특히 당뇨병, 고혈압, 비만과 같이 비용이 많이 드는 만성질환은 최선을 다해 예방하거나, 합병증이 생기기 전에 치료한다. 따라서 사람들이 습관, 생활방식, 운동을 통해 스스로 건강을 책임 질 수 있도록, 그리고 정기적인 검사와 진단을 받도록 힘써 교육을 해야 한다.

싱가포르의 비용절감 방법

이러한 전제를 염두에 두고 리콴유는 근본적으로 새로운 의료시스템을 구축하기 시작했다. 이 시스템은 세 개의 기둥 위에 만들어졌는데 이것을 3M시스템이라고 부른다. 여기서는 이 시스템의 작동 방식을 간단히 살펴보기로 하자.

첫 번째 기둥은 희귀하고 치료비용이 많이 드는 질환이다. 이런 질환은 메디쉴드 라이프MediShield Life라는 저비용의 보험에 의해 치료비용이 지급된다. 이 보험의 목적은 예기치 않게 막대한 비용이 발생하는 중증 질병이나 사고에 대처하는 것이다. 이 보험은 연령, 기저 질환에 상관없이 의무적이고 보편적으로 적용된다. 그 근거는 주택 화재보험이 등장한 배경과 비슷하다. 사고는 발생하기 때문에 모든 사람이 보험에 가입한다. 하지만 사건의 실제 발생은 상대적으로 드물기 때문에 비용은 전체 인구가 공동으로 부담한다(주택화재 보험부담 방식과 같다). 이런 방식을 통해 규모에 따른 이점과 비용 편익이 상당히 커서 보험료를 적정 수준으로 유지할 수 있다. 메디쉴드 라이프 보험료는 정부보조금 없이 29세의 경우 한 달에 12미국달러, 69세의 경우 한 달에 50미국달러를 낸다(Carroll and Frakt 2017년). 보험료는 질병 발생빈도를 반영하여 연령이 높을수록 증가한다.

의료 수가 역시 필요한 시설에 따라 다르다. 병원은 5등급(A, B1, B2+, B2, C)의 의료서비스를 제공한다. A등급은 개인전용 병실, 개인전용 욕실, 에어컨, 선택 진료 서비스를 제공한다. C등급은 7-8명의 환자들이 공동으로 사용하는 병실, 공동욕실, 비선택 진료 서비스를 제공한다. A등급을 선택하면 제공되는 모든 서비스에 대한 비용을 환자가 부담한다. C등급을 선택하면 발생한 비용의 최대 80퍼센트까지 정부가 지급한다. 추가적인 전용 서비스를 바라는 환자들은 개인 보험에 추가로 가입하거나, 자신이 그 비용을 직접 내면 된다. 아울러, 가장 많은 도움이 필요한 사람들은 가장 많은 지원을 받는다(Carroll and Frakt 2017년).

두 번째 기둥이자 싱가포르 모델의 가장 혁신적인 부분은 메디세이브Medisave 의료보장제도다. 이 제도는 의료서비스의 모든 청구비용 중에서 환자에게 일정액을 부담시키는 것으로, 모든 치료비용을 보험사와 환자가 공동으로 부담하기 때문에 환자들은 항상 자신의 치료비용에 주의를 기울인다. 이전에 싱가포르는 값비싼 약에 대해서도 처방약에 대해 50센트의 부담금을 부과했다. 리콴유는 이런 명목상의 부담금 때문에 사람들이 의약품을 소중하게 여긴다는 것을 알았다. 리콴유의 아들이자 싱가포르 총리인 리셴룽은 2018년 국경일 연설에서 이렇게 말했다. "이전의 무료 의약품 정책을 시행할 때 사람들은 의약품을 집으로 가져가서 두 알만 복용하고 나머지는 던져버리고 다시 약을 요구했습니다. 그래서 의료서비스를 소비자에게 무료로 제공하지 않는다는 원칙은 처음부터 확립되었습니다."

리콴유는 또한 비용절감만으로는 충분하지 않다는 것을 깨달았다. 의료서비스 대상 질병은 연령과 관련이 있고 평생 의료비 지출액의 75퍼센트가 인생의 마지막 5년 동안 발생한다. 〈도표 10.1〉은 연령이 높아지면서 의료비용이 급격히 증가한다는 것을 보여준다. 예를 들어 캐나다의 경우 80세

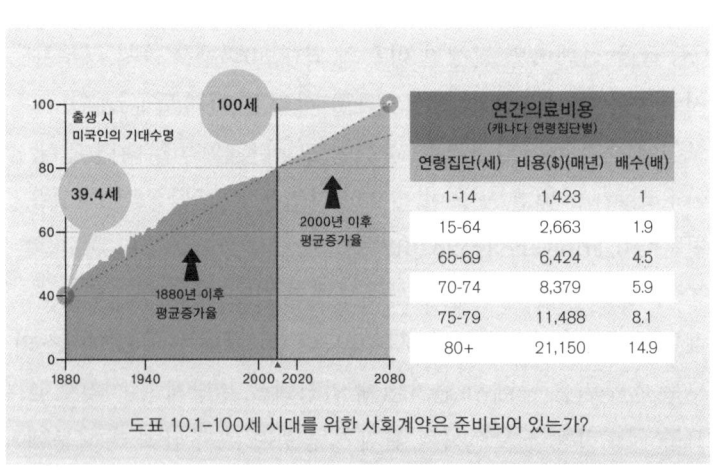

도표 10.1-100세 시대를 위한 사회계약은 준비되어 있는가?

미국인의 기대수명은 꾸준히 증가하고 있으며 2080년에 100세에 이를 것으로 예상된다. 노령층(80세 이상)의 치료비용은 아동의 15배 수준이며, 치료비용 억제 노력이 없다면 의료비용은 필연적으로 폭발적으로 증가할 것이다.
(자료: Wikimedia Commons)

노인 한 명의 연간 의료비용이 15명의 아이들의 연간 의료비용과 비슷하다. 따라서 연금펀드처럼 생애 마지막 시기에 우리를 기다리는 고비용 질환에 대비해 일찍부터 저축을 해두어야 할 필요성이 아주 크다.

메디세이브Medisave는 사실상 이를 위해 마련된 개인저축 계정이다. 모든 싱가포르 사람은 자신과 가족의 의료적 필요에 대비에 소득세를 통해 임금의 일부를 적립한다. 노동자들은 55세까지 임금의 20퍼센트를 이 계정에 저축하며, 고용주가 급여의 17퍼센트를 추가로 부담한다(55세 이후 이 비율들은 줄어든다). 이 분담금은 퇴직급여와 의료서비스에 필요한 장기재원으로 사용된다. 임금의 약 8-10.5퍼센트는 연령에 따라서 메디세이브를 위해 적립되며, 나머지 재원은 개인의 사회보장계좌에 예치된다. 두 종류의 저축금액은 개인의 은행계정에 예치되고 정부가 정한 이자(현재 4퍼센트)가 지급된다. 개인이 최대금액 약 5만2천 미국달러를 적립하면 이후 추가되는 금액은 개인의 퇴직급여로 쌓인다. 때로 정부는 이자를 조정하고 인센티브를 제공하기 위해 보너스 분담금을 지급한다. 싱가포르 총리 리센룽은 말했다. "이것은 모두에게 이득이 됩니다." 메디세이브는 또한 가족 부양과 가정 돌봄을 지원함으로써 사회 통합을 개선하도록 설계되어 있다. 메디세이브 가입자들은 자신의 저축액을 이용해 직계가족 구성원(자녀, 부모, 배우자, 형제)의 의료비를 지원할 수 있으며, 이를 통해 가족의 치료에 대한 책임감이 생긴다. 메디세이브의 독창적인 내용은 특정 연령에 이르면 미지출금이나 사용하지 않은 메디세이브 수당을 개인의 퇴직급여로 전환할 수 있게 한 것이다. 당사자가 사망하면 나머지 금액은 배우자나 자녀가 상속할 수 있다. 따라서 개인의 소득 능력이 없어질 때까지 의료비용과 퇴직급여는 서로 긴밀한 관련이 있고 전체적으로 함께 작동한다.

처음으로 '공동의 이해당사자'가 된 의료서비스 소비자는 저축을 할 동기가 상당히 컸고, 실제로 저축을 했다. 메디세이브 계정의 적립금은 2006년 270억 미국달러에서 550억 미국달러로 증가했고, 개인당 평균 잔액이 약 1만6천 미국달러였다(Ministry of Health 2016년). 미국 노동연령층 가족의 50분위 저축액 또는 중위 총저축액은 5천 달러에 불과하다(Elkins 2018년). 푸아 카이 홍 교수는 나에게 메디세이브 의료보장제도의 총저축액은 연간 의료지출액의 15년치 금액에 이른다고 말했다.

도표 10.2– 의료서비스 분야의 가치 약탈

(자료: Banx)

세 번째 기둥은 메디펀드Medifund 또는 싱가포르 의료시스템의 '안전망'이다. 이것은 정부가 만든 기부재원으로서, 메디세이브와 메디쉴드를 이용해도 의료비를 낼 수 없는 극빈층을 위한 마지막 보루로 만든 것이다.

메디펀드에서 지원받을 수 있는 금액은 환자와 그의 가족의 소득, 질환, 의료비지출액, 사회적 환경에 따라 다르다(Carroll and Frakt 2017년). 이 제도는 돈이 없어서 필수적인 의학적 치료를 받지 못하는 상황을 막기 위해 만든 것이다.

독점적인 서비스를 다루는 방법
각 기둥들은 의료서비스 개선에 상당히 도움을 주었지만 의료서비스에 성가시게 따라붙는 독점 문제는 여전히 남아있었다. 독점 문제는 두 가지 양상―의료서비스 가격과 의사들에게 지급되는 연봉―으로 나타난다.

의약품에 대한 특허는 사실상 독점적 지위를 부여하기 때문에 기업의 연구개발 노력에 대한 공정한 보상을 위한 적정 가격을 고려할 때 문제가 발생한다. 약탈적 행위로부터 소비자를 보호하려고 노력하는 영국의 국립보건임상연구원NICE과 다른 국가의 규제 기관과 마찬가지로, 싱가포르 보건부는 의약품의 비용 대비 치료 효과를 고려하고, 다른 국가들의 유사 약품의 가격과 비교하는 참조 시스템을 이용한다. 일반적으로 약 20개국의 의약품 가격을 조사하여 극단적인 가격을 제외하고 평균 가격을 산출한다.

예를 들어, 비슷한 치료 효과를 보이는 몇 가지 의약품이 있을 경우 싱가포르는 의료시장의 최대 구매자로서 시장 지배력을 이용하여 가격을 낮추기 위해 협상한다. 싱가포르 보건부는 또한 어떤 의약품에 보조금과 메디세이브 지급이 가능한지 결정하여 환자들에게 보조금이 지급되는 '표준 의약품 목록'을 공표한다. 미국의 메디케어Medicare는 의약품 가격을 낮추는 협상을 법으로 금지한다. 이러한 정책 차이로 인해 싱가포르인들은 미국인들보다 의약품 비용을 약 60퍼센트 적게 지출한다(Haseltine 2013년).

미국 정부는 이러한 비합리적 가격 결정을 막기 위해 투명성, 소비자 정보와 선택을 지원하기 위해 병원의 비용청구 금액과 엄선된 서비스 품질지표들을 정부 웹사이트에 정기적으로 발표한다. 하지만 미국의 한 연구에 따르면, 고관절 교체수술 비용이 11,100달러에서 125,798달러까지 이르기까지 다양해 1,000퍼센트 이상 차이가 난다(Paddock 2013년).

독점적 특성을 보여주는 이 시스템의 또 다른 부분은 의사들이다. 의사는 아무나 의사가 될 수 없다는 측면에서 고도로 제한된 직업이다. 경제학자들은 어떤 생산요소를 생산에 투입하기 위해 필요한 비용보다 과도한 가격을 지불하는 것을 설명하기 위해 '렌트rents'라는 용어를 사용한다. 의사의 수는 대학과 주정부의 면허발급에 의해 제한된다―꾸준하고 높은 임금 증가를 보장하는 최선의 수단이 공급 축소라는 것은 널리 알려져 있다. 대학과 주정부와 같은 기관의 책임자들은 유권자의 보수를 낮추는 결과를 초래하는 비용을 줄일 동기가 없다. 그래서 의사들의 보수는 환자들의 지불능력보다 엄청나게 빨리 증가해왔다. 아울러 많은 의사들은 조직을 만들어 지속적으로 자신의 몫을 확보한다. 의사들은 종종 병원의 공동 소유자이기 때문에 서로 결탁하여 환자를 그들이 '소유한' 병원 내의 전문가에게 의뢰하여 가장 수익성이 좋은 환자들로부터 이익을 얻는 데 더 큰 관심을 갖는다.

<급여체계 및 연봉 조사Payscale and Salary Explorer>에

따르면, 미국의 의사 평균 소득은 싱가포르, 한국, 독일, 일본의 의사보다 두 배 수준이다. 이러한 소득 차이는 정형외과와 같은 전문의의 경우 훨씬 더 극단적이다.

싱가포르는 다양한 대책을 통해 가장 중요한 의료서비스 비용 중 하나인 의사들의 임금을 가까스로 완화시켰다. 싱가포르는 듀크대와의 제휴를 통한 의대 교육을 포함하여 의과 대학을 한 곳에서 세 곳으로 늘렸다. 또한 보다 합리적인 비용으로 의대 교육을 제공하여 더 많은 사람들이 의대를 지원할 수 있는 길을 열어주었다. 듀크대-싱가포르국립대 협력과정을 통한 의학 학사학위를 얻는데 소요되는 비용은 미국 듀크대 의대 학비의 절반 이하다. 이런 혜택의 대가로 학생들은 민간의료 부문보다 낮은 임금으로 최소한의 기간 동안 공공의료 부문에서 근무해야 한다. 의료진을 더 많이 늘리기 위해 싱가포르는 적절한 의학교육 수준을 갖추었다고 간주되는 국가 출신의 의사들을 받아들이고 있다.

싱가포르는 많은 노력을 통해 의료사고 소송과 의사를 위한 보험가격을 억제해왔다. 이런 노력은 관련 비용을 낮추는 것은 물론 의사의 자신감을 더 높이고, 또한 환자의 신뢰를 높이는 환경을 조성한다. 싱가포르에서 의사는 가장 수익이 높은 매력적인 직업이다.

예방

네슬레 헬스 사이언스Nestlé Health Science의 대표 루이스 캔타렐은 '보건부'를 '질병부'로 불러야 한다고 엉뚱한 제안을 한 적이 있다. 그의 유머를 제쳐두고, 캔타렐은 부인할 수 없는 진실을 보여주었다—즉, 통증과 질병을 치료하는 대신 예방하는 것이 훨씬 더 비용효과적이라는 사실이다. 이 분야에서 적극적으로 활동 중인 기관인 트러스트 포 아메리카스 헬스Trust for America's Health는 신체활동 부족, 빈곤한 영양상태, 흡연을 해결하기 위한 지역사회 프로그램에 매년 1인당 10달러를 투자하면 의료비용 절감 측면에서 투자 대비 약 여섯 배의 성과를 거둘 수 있다고 추정한다. 이를 통해 미국은 5년 동안 매년 160억 달러 이상을 절약할 수 있다(Fried 2017년).

이런 투자의 필요성은 엄청나게 크다. 미국 의료비용의 약 75퍼센트는 관절염, 당뇨병, 심장질환, 비만과 같은 만성질환자에게 지출된다(Centres for Disease Control and Prevention 2017년). 2010년 질병통제예방센터CDC는 2050년이 되면 빈약한 식사와 생활 습관으로 인해 미국인 3명 중 1명은 당뇨병에 걸릴 수 있다고 보고했다(Boyle et al. 2010년). 마찬가지로, 폐암환자의 80퍼센트 이상이 흡연으로 인한 것으로, 이는 폐암이 생활습관개선으로 피할 수 있는 질병이라는 뜻이다(Centers for Disease Control and Prevention 2018년). 이것은 고도의 지능이 요구되는 것이 아니라 대부분 인식 개선을 통해 이룰 수 있다. 음식에 포함된 염분 섭취를 줄이면 장기적으로 고혈압이 줄어든다. 매주 150분 동안 운동하면 당뇨병과 비만이 대폭 줄어든다. 금연을 하면 폐암의 위험이 크게 감소한다.

이 모든 증거에도 불구하고 우리의 의료시스템은 질병의 예방이나 치료보다는 치료법을 발견하는 데 일차적인 초점을 두었다. 싱가포르는 민간부문이 질병 예방에 나설 인센티브가 없기 때문에 공공부문이 그런 활동을 선도해야 한다는 것을 알고 있다. 의사와 제약회사와 같은 의료서비스 제공자들은 사람들이 질병에 걸려야 돈을 번다. 많은 사람들이 획기적인 약물을 발견하여 노벨 병리학상과 노벨 의학상을 받았지만, 학계에서 누가 질병예방에 대해 합당한 보상을 받았는가?

실용주의를 강조하는 싱가포르는 개인이 습관, 생활방식, 운동을 성실하게 실천하도록 권장하는 교육에 상당한 돈을 투자하고 있다. 공공보건 캠페인은 건강하지 못한 생활방식의 위험성에 대해 인식을 제고한다. 가령, 음식, 규칙적인 운동에 대해 더 건강한 선택을 하도록 홍보하고 흡연과 같은 해로운 습관을 끊는 것의 중요성을 강조한다. 싱가포르는 아동 '보건 소책자'에 아동의 병력을 자세히 기록하여 부모에게 제공하고, 부모가 자녀의 건강한 생활방식을 위해 노력하게 하다. 싱가포르의 젊은 남자들은 의무적으로 군사훈련에 참가한다. 이를 통해 건강과 적절한 식단의 가치를 배우게 된다. 심지어 도시계획에도 이런 측면을 고려한다. 자전거 도로, 공원, 운동 장소를 도시 전역에 설치하여 운동을 장려한다. 버스 노선은 정류장 수를 줄여서 더 많이 걷게 한다. 적극적인 노인 프로그램을 통해 노인들이 적극적으로 사회활동을 하고 정기검진을 통해 건강을 돌보도록 지원한다. 노인들은 활발하게 걷거나 군무를 추고, 일부는 태극권을 하기도 한다.

남용되지 않는 의료 서비스: 리트머스 시험대

싱가포르 의료시스템을 분석하는 다른 방법은 다른 곳에서 공통적으로 발생하는 의료시스템의 남용을 살펴보고 시스템이 어떻게 대응하는지를 알아보는 것이다. 싱가포르 시스템에서는 놀라울 정도로 다른 곳에서 일반화된 부정행위가 없다는 것을 확인할 수 있다. 미국의 경우 의료비 미지불이 파산의 주된 이유이지만 싱가포르에는 그런 일이 아주 드물다. 전 세계적으로 의료시스템에서 절도와 사기는 매우 흔하며, 미국에서만 그 비용이 2,720억 달러에 이를 것으로 추정된다(Economist 2014년). 주요 의약품 가격의 대폭 인상은 합법적이지만 도덕적으로 문제가 된다. 한 제약회사 임원이 말했다. "그렇게 할 수 있으니까요." 한 예를 들자면, 튜링제약은 62년 동안 치명적인 기생충병 치료제로 사용된 다라프림의 가격을 하룻밤 사이에 한 알당 13.50달러에서 750달러로 인상했다. 싱가포르의 의약품 가격은 다른 국가에서 적용하는 의약품 가격에 관한 참고자료에 기초해 대량 구매한 덕분에 미국보다 30-70퍼센트 더 싸다(Wei-Yan 2019년). 미국은 전 세계에서 의약품을 소비자에게 직접 광고하는 행위를 허용하는 두 국가 중 하나다. 다른 국가들은 대부분의 사람들이 지난 밤 텔레비전 광고에서 본대로 약 몇 알을 먹고 갑자기 건강하고 활기차며 성적으로 왕성한 생활이 가능한지 판단할 능력이 없다고 판단한다. 미국의학협회는 광고 전면금지를 요구하며 이렇게 경고한다. "소비자 대상 직접 광고는 더 값비싼 신약이 적절하지 않을 수 있는 경우에도 그런 신약에 대한 수요를 부풀린다."(Robles 2015년).*)

---

*) 멀티미디어 광고를 추적하는 컨설팅 기업 칸타르 미디어의 수석조사관 존 스왈런은 말했다. "미국의 약품 광고는 다른 어떤 주요 광고 분야보다 더 빠르게 성장하고 있다."

과학기술

역사적으로 규제와 혁신은 서로 반대로 작용하는 힘이었다. 이것은 의료서비스 분야가 왜 그렇게 개선에 저항해왔는지 설명해준다. 하지만 인공지능과 다른 응용기술의 발달로 이런 상황이 상당히 바뀔 수 있다. 캘리포니아 라욜라의 스크립스 중개과학연구소Scripps Translational Science Institute의 책임자이자 심장병 전문의 에릭 토폴은 그의 최신 저서「이제 환자가 당신을 본다The Patient Will See You Now」에서 스마트폰이 앞으로 우리가 의료 서비스를 찾고, 이용하고, 비용을 지불하는 방식을 근본적으로 바꿀 것이라고 주장한다. 그는 한 가지 사례를 든다. "발진이 생겨서 검진이 필요하다고 합시다. 나는 스마트폰으로 발진 사진을 찍고 앱을 다운로드하여 이미지를 처리합니다. 몇 분 만에 전용 컴퓨터 알고리즘이 나에게 진단 결과를 문자로 알려줍니다." 휴대폰이 의학 기록의 중심 허브가 되어 우리의 몸을 모니터링하고 비정상적인 경우 알려주게 될 것이다.

이런 근본적인 변화는 이미 진행 중이다. 원격의료의 선두주자 브리티시 컬럼비아British Columbia는 먼 곳에 있는 환자들과 전문가를 연결하여 전통적인 치료방식보다 저렴하고 편리하게 전문적인 조언을 구할 수 있게 해준다. 클리닉클라우드CliniCloud는 이미 휴대폰을 디지털 청진기로 바꾸어주는 마이크를 생산하고 있다. 199달러만 지불하면 필립스가 만든 루미파이Lumify앱을 이용하여 무제한으로 머리부터 발끝까지 초음파 검사를 할 수 있다. 이에 비해 초음파 기기 가격은 35만 달러에 달한다(Murgia 2017년).

싱가포르는 많은 이유에서 이런 발전을 유용하게 이용할 수 있는 조건을 갖고 있다. 첫째, 과학기술은 환자에게 힘을 실어주는 방향으로 발전하고 있으며 이미 싱가포르 의료 시스템의 중심적인 부분이다. 둘째, 중국과 대부분의 아시아 지역은 규제가 가벼워 새로운 과학기술―특히 예방적 의학진단과 같은 인공지능을 포함하는 기술―을 기꺼이 수용할 것으로 예상된다. 아시아 지역의 이 모든 변화와 함께, 싱가포르는 때늦은 저항자가 아니라 조기 수용자가 될 것이다. 마지막으로, 싱가포르에는 의료분야의 전문기술과 효율적인 업무방식을 해외로 수출하는 래플스Raffles병원과 같은 영리 병원들을 거느린 대기업이 있다. 이런 대기업의 생존은 기술혁신을 더 뛰어난 경쟁력으로 바꾸는 역량에 달려 있다.

비판

싱가포르의 의료시스템은 비판적인 부분도 있다. 인구가 노령화되면서 더 자주 질병에 걸리는 탓에 싱가포르가 초기에 누렸던 인구학적 이점은 많이 사라졌다. 지금까지 싱가포르는 빈곤으로 인한 질병들에 효과적으로 대처했다면 이제는 점차 관절염, 비만, 알츠하이머 질환과 같은 풍요의 질병에 대처해야 한다. 건강진흥위원회HPB는 싱가포르인들이 15년 전보다 체중이 평균 3kg 더 무겁다고 밝혔다(Lai 2017년). 비만은 치료비용이 많이 소요되는 당뇨병, 각종 신장질환, 고혈압을 포함한 온갖 질병의 전조이다. 싱가포르 의료시스템은 자립과 저축에 인센티브를 주지만, 여기에는 절제가 필요하며 사람들이 돈을 저축하기 위해 필요한 치료를 포기할 경우 더 큰 위험이 생길 수 있다. 다른 사람들은 싱가포르가 너무 작다고 주장한다. 하지만 작다는 것은 규모의 이점에 따른 가격 협상을 할 수 없기 때문에 불리할 수 있다. 아울러 더 많은 의료시설에 따른 비용을 더 많은 인구에 분산할 수 있는 비용 상의 이점도 없다.

자유주의자들은 오래 전부터 싱가포르를 '유모처럼 시민을 과잉보호하는 국가'라고 비판했다. 영국에서 시작된 이 경멸적인 용어는 정부정책이 시민을 과보호하거나, 정부가 개인의 선택에 부당하게 간섭한다는 것을 암시한다. 하지만 '중요하지만 긴급하지 않은' 장에서 보았듯이, 인간은 긴급한 문제를 해결하도록 선천적으로 각인되어 있다. 때로 연금이나 의료서비스를 대비한 저축처럼 우리는 서서히 진행되지만 잠재적으로 생명을 위협하는 문제를 해결하기 위해 약간의 자극이 필요하다.

결론

시민 모두가 감당할 수 있는 비용으로 풍요롭고 건강한 삶을 누릴 수 있게 하는 것은 모든 국가의 사회계약 중 가장 중요한 내용이다. 어떤 국가들은 다른 국가들보다 이 과제를 더 잘 수행한다.

수십 년 동안의 경험에서 배운 바에 따르면, 싱가포르는 시장에 기초한 의료시스템의 장점과 단일보험자 모델의 장점을 통합했다. 싱가포르는 먼저 의료서비스의 특성을 정확하게 인식했다—더 정확히 말하면 선불방식이라기보다 의무적인 연금의 특성을 갖는다. 싱가포르 당국은 귀, 눈, 코, 목 관련 질환이 심장병, 당뇨병, 다발성 경화증과 같은 만성질환과는 상당히 다른 치료 방식과 비용지출 구조를 갖는다는 것을 깨달았다. 그래서 사람들이 저축한 적립금을 치료비용으로 충당하고 남는 돈을 각 개인의 퇴직 자금으로도 활용할 수 있도록 실질적인 인센티브를 제공했다. 과장된 표현일지 모르지만「환자가 이제 당신을 본다」의 저자는 싱가포르가 의사와 보험회사에서 환자 개인으로 힘의 중심점을 옮기는 데 성공했다고 말한다. 각 환자들은 의료비용을 억제해야 할 이해관계와 인센티브를 갖게 되었다. 앞으로 과학기술은 정보 비대칭을 줄이고 경쟁적 선택을 자극함으로써 소비자에게 유리한 방향으로 계속 도움을 줄 것이다.

싱가포르는 미국보다 훨씬 더 민영화된 시스템이다. 싱가포르 모델은 소비자 중심 모델이며 정부나 보험사의 개입을 덜 필요로 한다. 의료비 지출액의 3분의 2를 민간부문이 담당하며, 공공부문은 3분의 1만 지출한다(Carroll and Frak 2017년). 이것은 미국과 정반대이며, 큰 정부의 역할을 축소하는 데 열심인 보수주의자들이 상당히 솔깃할만한 내용이다.

키쇼어의 책「싱가포르는 살아남을 수 있을까?Can Singapore Survive?」는 TSTF 국가들이 가진 민감하고 겸손한 정신을 잘 보여주며, 결코 완벽하지 않지만 싱가포르의 의료시스템이 끊임없는 개선을 추구하는 실험실임을 상기시켜준다. 그는 말한다. "합리적인 비용으로 이용할 수 있는 의료서비스를 구축하는 일은 매우 힘든 과제다. 완전한 시스템은 없으며 상쇄관계 속에서 힘든 결정을 내려야 한다. 싱가포르는 처음부터 그래왔듯이 변화하는 상황에 적응해야 할 것이다."

추정에 따르면, 전 세계의 의료서비스 지출액은 현재 8조

달러에서 2040년 18조 달러로 증가할 것이다. 따라서 일부 국가의 경우 현재 상태를 얼마 동안 유지할 수 있을지 의문이 들 수 있다(Georgiev et al. 2018년). 어느 정도 위험을 무릅쓰고 말하자면, 가령 1980년 이후 미국이 싱가포르의 의료시스템을 그대로 시행했다면 이론적으로는 미국인 1인당 15만 달러를 절감했거나 총 4조 달러 이상을 절감했을 것이다—이는 현대사에서 가장 큰 부의 재분배라고 분명히 말할 수 있을 것이다. 당사자가 이해관계를 갖고 직접 참여하는 방식은 장점이 있기 때문에 '싱가포르와 비슷한 모델'을 시도해볼만한 가치가 있다.

참고도서 및 추가 독서자료

Arrow, K.J. 'Uncertainty and the Welfare Economics of Medical Care'. The American Economic Review, vol. 53, no. 5 (1963): pp. 941–973. https://www.jstor.org/stable/1812044.

Boyle et al. 'Projection of the year 2050 burden of diabetes in the US adult population: dynamic modeling of incidence, mortality, and prediabetes prevalence'. Population Health Metrics, 2010. https://pophealthmetrics.biomedcentral.com/articles/10.1186/1478-7954-8-29.

Brooks, D. 'Do Markets Work in Health Care?' The New York Times, 2017. https://www.nytimes.com/2017/01/13/opinion/do-markets-work-in-health-care.html.

Capestany, C. et al. 'How Singapore helped 90% of households to own their homes'. Bloomberg, 2018. https://www.bloomberg.com/news/videos/2018-08-30/how-singapore-helped-90-of-households-to-own-their-homes-video.

Carroll, A.E. and A. Frakt, A. 'What makes Singapore's health care so cheap?'. The New York Times, 2017. https://www.nytimes.com/2017/10/02/upshot/what-makes-singapores-health-care-so-cheap.html.

Chen, L.C. and K.H. Phua. 'Transferring Lessons from Singapore: An Art or a Science?' The Lancet, 2013. www.thelancet.com/journals/lancet/article/PIIS0140-6736(13)61921-2/fulltext.

Chin, M. '1 in 4 Americans refuse medical care because they can't afford it'. New York Post, 2017. https://nypost.com/2017/06/07/1-in-4-americans-refuse-medical-care-because-they-cant-afford-it/.

Coughlan, S. 'Pisa tests: Singapore top in global education rankings'. BBC News, 2016. https://

www.bbc.com/news/education-38212070.

Cox, W.M. and R. Alm. 'How Are We Doing?'. The American, 2008. http://www.aei.org/publication/how-are-we-doing/.

Dow, N.T. A Mandarin and the Making of Public Policy: Reflections of Ngiam Tong Dow (Singapore: NUS Press, 2006).

Elkins, K. 'Here's how much the average family has saved for retirement at every age'. CNBC, 2017. https://www.cnbc.com/2017/04/07/how-much-the-average-family-has-saved-for-retirement-at-every-age.html.

Fried, L.P. 'How investing in public health could cure many health care problems'. The Conversation, 2017. https://theconversation.com/how-investing-in-public-health-could-cure-many-health-care-problems-84256.

George, C. Singapore: The Air-Conditioned Nation Essays on the Politics of Comfort and Control, 1990-2000 (Singapore: Landmark Books, 2000).

Georgiev, P. et al. 'Health system financing: lips for emerging markets'. McKinsey & Company, 2018. https://www.mckinsey.com/industries/healthcare-systems-and-services/our-insights/health-system-financing-tips-for-emerging-markets.

Haseltine, W. Affordable excellence: The Singapore healthcare story: How to create and manage sustainable healthcare systems (Washington, D.C.: Brookings Institution Press, 2013).

–– 'Singapore's Health Care Lessons for the U.S.'. Brookings, 2013. https:// www.brookings.edu/blog/up-front/2013/05/06/singapores-health-care-lessons-for-the-u-s/.

Holmes, O. 'Singapore's ruling party batters opposition in huge election win'. The Guardian, 2015. https://www.theguardian.com/world/2015/sep/11/singapore-election-early-count-shows-ruling-party-in-strong-position.

'How Prescription Drug Prices Compare Internationally'. The Wall Street Journal, 2015. http://graphics.wsj.com/table/GlobalDrug_1201.

Koh, V. 'SGH to take responsibility, pay for treatment needed by infected patients'. Today, 2015. https://www.todayonline.com/singapore/sgh-take-responsibility-pay-treatment-needed-infected-patients.

Lai, L. 'Singapore risks hitting obesity rates of 15% in seven years'. The Straits Times, 2017. https://www.straitstimes.com/singapore/singapore-risks-hitting-obesity-rates-of-15-in-seven-years.

Levine-Rasky, C. 'Don't blame seniors for rising healthcare costs'. Canadian Dimension, 2018. https://canadiandimension.com/articles/view/dont-blame-seniors-for-rising-healthcare-costs.

Lim, J. Myth or Magic: The Singapore Healthcare System (Singapore: Select Publishing, 2013).

Lim. L.Y.C. 'Singapore's success: After the Miracle', in Handbook of Emerging Economies ed. R.E. Looney (Abingdon, UK; New York: Routledge, 2014).

Mahbubani, K. Can Singapore Survive? (Singapore: Straits Times Press, 2015).

Ministry of Health. 'Medisave Accounts and Balances, Annual', 2016. https:// data.gov.sg/dataset/medisave-accounts-and-balances-annual.

Murgia, M. 'How smartphones are transforming healthcare'. Financial Times, 2017. https://www.ft.com/content/1efb95ba-d852-11e6-944b-e7eb37a6aa8e.

Nicholls, A. and A. Pannelay, A. 'Health outcomes and cost: a 166-country comparison'. The Economist Intelligence Unit Healthcare, 2014. https://stateofreform.com/wp-content/uploads/2015/11/Healthcare-outcomes-index-2014.pdf.

Paddock, C. 'Prices for hip replacement in US vary hugely'. Medical News Today, 2013. https://www.medicalnewstoday.com/articles/256222.php.

Ping, H.K. The Ocean In A Drop: The Next Fifty Years, Ips-Nathan Lecture Series (Singapore: World Scientific Publishing Company, 2015).

Pollack, A. 'Drug goes from $13.50 a tablet to $750, overnight'. The New York Times, 2015. https://www.nytimes.com/2015/09/21/business/a-huge-overnight-increase-in-a-drugs-price-raises-protests.html.

'Preventive Health Care'. Centers for Disease Control and Prevention, CDC, 2017. https://www.cdc.gov/healthcommunication/toolstemplates/entertainmented/tips/PreventiveHealth.html.

'Price changes in consumer goods and services in the USA', 1997-2017', Our World in Data, 2017. https://ourworldindata.org/grapher/price-changes-in-consumer-goods-and-services-in-the-usa-1997-2017.

Reid, T.R. The Healing of America: A Global Quest for Better, Cheaper, and Fairer Health Care (New York: The Penguin Press, 2009).

Robb, G. 'Nobel economist takes aim at rent-seeking banking and healthcare industries'. Market Watch, 2017. https://www.marketwatch.com/story/nobel-economist-takes-aim-at-rent-seeking-banking-and-healthcare-industries-2017-03-06.

Robles, P. 'Ban on consumer ads could make pharma's digital shortcomings more costly'. Econsultancy, 2015. https://econsultancy.com/ban-on-consumer-ads-could-make-pharma-s-digital-shortcomings-more-costly/.

Schwab, K. et al. 'The Global Competitiveness Report 2018'. World Economic Forum, 2018. http://reports.weforum.org/global-competitiveness-report-2018/.

Sims, A. 'Singapore ranked world's healthiest country, UK fails to make top 20'. Independent, 2015. https://www.independent.co.uk/life-style/health-

and-families/health-news/singapore-ranked-worlds-healthiest-country-uk-fails-to-make-top-20-a6716281.html.

Song, K.B. Brand Singapore: How Nation Branding Built Asia's Leading Global City (Singapore: Marshall Cavendish, 2011).

'The Singapore exception". The Economist, 2015. https://www.economist.com/special-report/2015/07/18/the-singapore-exception.

Stempel, J. 'Buffet: Health care "tapeworm" drags on economy'. Reuters, 2010. https://www.reuters.com/article/us-berkshire-buffett/buffett-health-care-tapeworm-drags-on-economy-idUSTRE62022120100301.

'The $272 billion swindle'. The Economist, 2014. https://www.economist.com/ united-states/2014/05/31/the-272-billion-swindle.

Topol, E. The Patient Will See You Now: The Future of Medicine Is In Your Hands (New York: Basic Books, 2015). 「청진기가 사라진 이후」(청년의사).

'What are the risk factors for lung cancer?' Centers for Disease Control and Prevention, CDC, 2018. https://www.cdc.gov/cancer/lung/basic_info/risk_factors.htm.

Wilson, M.R. 'Lobbying's top 50: who's spending big'. The Hill, 2017. https:// thehill.com/business-a-lobbying/business-a-lobbying/318177-lobbyings-top-50-whos-spending-big.

Yew, L.K. From Third World to First: The Singapore Story: 1965- 2000 (New York: Harper Collins, 2000). 「내가 걸어온 일류국가의 길」(문학사상사).

--Hard Truths to Keep Singapore Going (Singapore: Straits Times Press, 2011).

--One Man's View of the World (Singapore: Straits Times Press, 2013). 「리콴유의 눈으로 본 세계」(박영사).

--The Singapore Story: Memoirs of Lee Kuan Yew.

Student edition (Singapore: Marshall Cavendish; Straits Times Press, 2015).

대담 및 인터뷰
알로이시우스 치아 웨이얀, 데이비드 블루멘탈,
키쇼어 마하부바니, 푸아 카이 홍, 토미 고,
비크람 카나, 림 시옹 관

11장 아일랜드: 셀틱 호랑이
유럽의 떠오르는 별 아일랜드

아일랜드 도네갈 카운티의 눈물의 다리.
(자료: Wikimedia Commons)

하지만 살다보면
그토록 갈망하던 정의의 파도가 솟구치고
그땐 희망과 역사가 함께 노래하리라.
　　　　　—세이머스 히니(트로이의 치유)

　19세기 내내 아일랜드의 시골지역 곳곳에서 익숙한 장면이 펼쳐졌다. 불안한 여행자들—그중 많은 이들은 십대였다—은 눈물을 흘리는 친척과 이웃들과 함께 가장 가까운 기차역으로 갔다. 참담한 가난과 기근을 피하려고 머나먼 땅—미국, 호주, 캐나다—으로 출발하는 그들 앞에는 기나긴 여정이 놓여있었다. 사랑하는 사람들은 런던데리 항으로 가는 길목에 있는 서부 지역 카운티 도네갈에 놓인 작은 돌다리와 같이 지역의 이정표까지 멀리 뒤따라갔다. 팔카라흐마을 외곽에 있는 이 다리는 '눈물의 다리'라고 부른다. 그 발걸음은 장례식의 마지막 절차와 같았다. 사람들은 가족과 사랑하는 사람들을 남겨두고 떠났다. 여정이 매우 길고, 위험하고 경비가 많이 들었기 때문에 부모가 자녀를 다시 볼 가능성은 아주 낮았다. 그 다리를 건넌 많은 이들이 목적지에 도착하지 못하고 그들을 끔찍한 상태로 운송하는 배 안에서 온갖 질병으로 죽었다.

풍요롭지만 고립된 아일랜드 역사 대부분의 시기, 아일랜드의 가장 인기 있는 수출품은 사람이었다. 그들은 스스로 원해서가 아니라 끔찍한 상황 때문에 어쩔 수 없이 고국을 떠났다. 대부분의 아일랜드인이 가장 잘 아는 아일랜드의 풍경은 런던데리 항구와 같은 장소의 떠나가는 배에서 바라보는 아일랜드의 모습이라는 우스갯소리가 있을 정도다.

아일랜드의 이야기는 이스라엘, 싱가포르, 그리고 덴마크, 스위스와 같이 변함없이 성공가도를 달려온 신생 국가와는 다르다. 이 국가의 이야기는 부흥, 보상, 구제의 이야기다. 수백 년 동안 기근, 내전, 비극 시인, 레프러콘(leprechauns, 아일랜드 민화에 나오는 남자 모습의 작은 요정—옮긴이)으로 알려진 국가가 짧은 기간에 국가의 운명을 완전히 뒤바꾸어 '셸틱 호랑이'가 되었다.

얼마 전까지만 해도 대부분의 관찰자들은 아일랜드를 실패한 국가라고 평가 절하했다—국제통화기금 관리들을 잠 못 이루게 하거나 「국가가 실패하는 이유」와 같은 대중서에 특별히 소개되는 국가였다. 이 국가는 미미한 경제성장, 높은 실업률, 치솟는 물가, 무거운 세금, 엄청난 공공부채가 치명적일 정도로 혼재되어 있었다. 일찍이 선진국이었지만 깊이 잠들었던 아일랜드는 이제 깨어나 급속하게 발전하는 극동의 작은 국가들처럼 빠르게 성장해 유럽의 호랑이로 부상한 보기 드문 사례. 30년 전, 아일랜드의 1인당 GDP는 영국의 약 3분의 2 수준이었다. 오늘날에는 영국보다 57퍼센트 이상 더 많다.

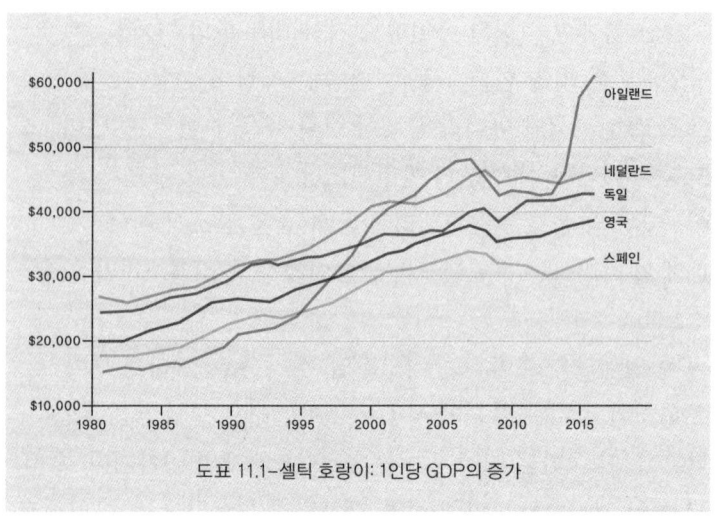

도표 11.1-셀틱 호랑이: 1인당 GDP의 증가

이 도표는 아일랜드의 GDP가 지난 수년 동안 믿기 힘들 정도의 속도로 증가하여 유럽의 이웃 국가들을 추월했음을 보여준다.
(자료: World Bank, 2017)

아일랜드의 갑작스러운 경제적 부상은 전 세계의 연구자, 예측가, 회의론자들을 당황시켰고, 브라티슬라바, 텔아비브, 빌뉴스와 같은 지역의 전문가들을 꾸준히 끌어들였다. 그들은 아일랜드의 발전을 이해하고, 더 중요하게는, 모방하려고 열심히 노력한다. 아일랜드의 발전을 연구하면 전 세계의 각국 정부에 귀중한 자료를 제공할 수 있다. 이 국가는 어떻게 성장했으며 그리고 왜 그렇게 빨리 성장했을까? 임금 정체와 청년실업률 증가와 싸우고 있는 선진국들―곤경에 빠진 서부 유럽의 이웃 국가들을 포함하여―은 아일랜드처럼 상황을 반전시키고 싶을 것이다. 이 장에서는 '박동하는 심장'을 가진 셀틱 호랑이를 만든 요인을 이해하려고 한다. 또한 아일랜드의 경제적 호황이 주는 교훈을 검토하고 그것을 모방하고 지속하는 방법을 제시한다.

나의 꿈을 밟지 마소서

> 그러나 나는 가난하여 가진 것이라곤 꿈뿐이라
> 그대 발아래 내 꿈을 깔았네.
> 사뿐히 밟으소서. 그대 밟은 것은 내 꿈이니.
> ―W. B. 예이츠, 하늘의 융단

아일랜드의 상징적인 시인이자 목소리인 윌리엄 버틀러 예이츠는 아일랜드가 근대로 가는 맹렬한 여정이 시작되기 전 이 나라의 곤경을 가장 잘 요약했는지 모른다. 아일랜드가 얼마나 많이 변했는지 이해하려면, 그 시작이 어떠했는지 반드시 알아야 한다. 많은 이들이 아일랜드의 경제에 대해 글을 썼고, 많은 내용이 매우 비판적이었다. 많은 사람들에게 히니, 조이스, 예이츠와 같은 사람들의 글에 대한 아일랜드인의 사랑은 행동에 대한 그들의 경멸과 서로 어울릴 뿐이었다. 많은 이들은 아일랜드 사람들이 자신에 대해 유감을 가장 잘 느끼고, 그들의 문학적 거장들은 비극과 끝없는 후회에 필요한 원료를 지속적으로 제공한다고 농담조로 말했다.

아일랜드가 강력한 경제 성장의 전형이 된 것은 결코 예상하지 못한 일이었다. 그 반대로 이 나라는 자신의 불행한 유산과 선입견에 갇혀 있는 것 같았다. 숙명론과 체념이 그들의 행동과 인내심 속에 깊이 퍼져 있었다. 대부분의 국가가 종교개혁으로 잠에서 갑자기 깨어나거나, 식민지 개척 덕분에 국가적 자부심을 고양하고 정치적 영역과 지적 호기심을 확대했지만, 아일랜드는 완고하게 배타적인 태도를 보이면서 근대성의 혜택을 받아들이길 회피했다. 바이킹족에서부터 엘리자베스 시대와 에드워드 시대에 이르기까지 일련의 정복자들은 아일랜드의 경제 성장을 방해했고, 한편으로 가톨릭교회는 아일랜드인의 마음과 생각을 천 년 이상 장악했다.

점차 아일랜드는 대영제국과 비교하면서 피해의식과 열등의식을 갖게 되었다. 훨씬 더 큰 이웃국가가 아일랜드를 물리적 지배하에 두지 않았을 때는 오만과 조롱으로 아일랜드인의 연약한 자부심에 상처를 주었다.

4막으로 이루어진 연극처럼

아일랜드 이야기에는 4막으로 구성된 연극처럼 몇 가지 장면이 있다. 첫째, 아일랜드가 밑바닥에서 성장한 높이와 속도이다. 1970년대 아일랜드는 유럽에서 가장 가난한 국가였다. 하지만 오늘날에는 유럽연합의 평균적인 국가보다 더욱 번영하고 점점 더 부유해지고 있다.

둘째, 많은 사람들이 보기에 아일랜드는 세계화가 낳은

대표적인 자녀다. 이 나라는 세계화가 매우 강력해진 1980년대에 떠오르는 별로 등장했다. 비슷한 상황의 국가들은 대부분 섬유 산업처럼 값싼 노동집약적 산업으로 시작하여 점점 더 수익성이 좋은 제조업과 서비스 산업으로 가치사슬을 넓혀갔다. 아일랜드는 애플, 페이스북, 이베이, 구글과 같이 세계에서 가장 성공적이고 진보적인 기업의 기지가 되어 이런 전통적인 경로를 뛰어넘었다. 아일랜드는 다국적 기업을 끌어들이는 것이 중요하다는 것을 깨닫고, 그들에게 학교, 잘 교육된 값싼 노동력, 물류시설, 낮은 세율을 제공했다.

아일랜드는 가장 전도유망한 부문에 집중했다. 제약 산업과 의료기기가 분명한 선택지였지만 거대 온라인 소매기업 아마존과 인도 최대의 컴퓨터 소프트웨어 기업 인포시스와 같은 다른 기업에도 관심을 보였다. 이런 거대 기업들은 마치 거대한 체스보드인 것처럼 전 세계의 자본과 인재를 배분한다. 물론 이런 기업들은 모든 것을 똑같은 강도로 바라보지 않고, 모든 결정을 내릴 때마다 면밀하게 조사하지는 않는다. 하지만 그들의 기준은 놀라울 정도로 유사하고 아일랜드인들은 그 기준에 맞추려고 성실하게 노력했다. 그들은 팰로앨토의 33세 한 괴짜가―어도비Adobe든 잘란도Zalando든 상관없이―이전 후보지를 검토할 때 똑같은 점검리스트를 사용한다는 것을 일찍부터 알았다.

아일랜드 산업개발국IDA―투자유치를 위한 정부기관―의 수석 임원 마틴 샤나한은 아일랜드의 성공 열쇠는 사람들의 관심을 끌어 모으는 유명 기업을 유치하여 최대한 그들의 요구를 들어주는 능력에 있었다고 믿는다. 그 당시 그런 기업은 아일랜드가 가질 수 있는 최고의 세일즈맨이었다. 먼저 동료

기업들을 조사해 보지 않고 이전을 결정할 외국 기업들은 거의 없었기 때문이다. 아일랜드가 애플에게 충분히 좋은 곳이라면 아마존에게도 아마 좋은 곳이 될 것이다. 이야기는 이렇게 진행되었다. 이 대기업들이 떼를 지어 아일랜드로 모여들었다. 애플이 1980년에 들어오고 1989년 인텔, 2005년 아마존이 들어왔다(Donnelly 2013년), 아일랜드는 자연스럽게 산업 클러스터를 구축하기 위해 열심히 노력했다. 이것은 아일랜드에 매우 중요한 서비스와 인력 수요를 많이 창출했다.

새로운 기업을 만들거나 새로운 상품을 발명하는 것은 아일랜드인의 강점이 결코 아니었다. 아일랜드는 탄탄한 기업들을 유치해 아일랜드를 디딤돌 삼아 그들의 성장 목표를 추구하게 함으로써 발전했다. 2016년 아일랜드의 노동자 5명 중 1명은 외국계 다국적 기업의 직원이었다(Burke-Kennedy 2016년). 이런 일자리가 없다면 아일랜드의 실업률은 스페인의 실업률 23퍼센트와 비슷할 것이다.

세계화가 시작된 1980년대, 사실 아일랜드의 경제는 포르투갈이나 스페인과 비슷했다. 아일랜드의 국내 경제는 여전히 상대적으로 낙후되어 있다. 비교 통계를 보면, 특허 출원, 새로운 기업 설립, 벤처투자에 관한 한 아일랜드인들은 특별히 혁신적이거나 모험적이지 않다. 그들은 활기차고 열정적일지 모르지만 스위스인, 스칸디나비아인, 싱가포르인의 확고부동한 노동윤리가 부족한 것 같다. 아일랜드의 사회간접자본은 보통 수준이다. 이 국가에는 중심 공항으로 가는 열차가 부족하고, 항만은 지선 허브 역할을 감당할 수 있지만 그 이상은 아니다. 다국적 기업 임원들의 배우자들은 자녀를 키우며 살고 싶은 지역으로 스위스를 선호한다. 아일랜드 남서부 항구도시 코크에 위치한 애플의 아일랜드 생산 공장 관리자의 아내가 말했다. "여기는 비가 많이 와요."

셋째, 유럽 회의주의가 여전히 널리 퍼져 있지만 아일랜드는 당당한 유럽 열정주의에 기초해 발전해왔다. 세르게이 브린과 마크 저커버그와 같은 사람들은 아일랜드를 유럽 단일시장―그들의 국내시장 다음으로 가장 큰 시장―으로 쉽게 접근할 수 있는 통로로 보았다. 유럽대륙의 많은 사람들은 그들과 거리를 두면서 뻣뻣한 태도를 보였지만, 침착하고 다정한 아일랜드인들은 캘리포니아 사람들과 마음이 잘 맞았다. 예이츠의 글―이방인은 없다네, 당신이 아직 만나지 못한 친구들일뿐―은 이런 상황에 적절한 표현이다.

또 다른 중요한 이점은 좋은 학력에 영어를 구사할 줄 아는 인적자본이었다. 20대 후반에서 30대 초반 사이의 남자와 여자는 대부분 학사 학위를 취득했다. 이것은 외국계 다국적 기업의 요구에 잘 부합했다. 물론 탄탄한 교육시스템이 적응력을 키우고 다국적 기업들의 진출로 생겨난 노동시장에 활기를 제공했다. 아일랜드 최대 고용기업이며 폭발적인 아일랜드 경제의 중요한 기여자인 인텔 아일랜드Intel Ireland를 생각해보자. 이 기업은 1989년 저비용 제조공장으로 출발했다. 오늘날 릭슬립 업무단지에는 4천5백 명 이상의 직원이 일하며, 2014년 이 회사는 생산 공장을 최신식으로 개조하기 위해 50억 달러를 투자한다고 발표했는데, 이것은 아일랜드 역사상 최대 규모의 민간 투자였다(Intel 2019년).

넷째, 중요하고 아주 놀라운 점은 아일랜드가 북아일랜드 지역의 갈등으로 야기된 불안에 대처하면서 이 모든 것을 힘들게 이루어냈다는 것이다. 화해와 평화 협상의 길은 힘들다. 하지만 종파분리 집단의 양측 지도자들은 25년간의 힘든 외교적 노력으로 1921년 북아일랜드가 설립된 이후 이 섬을 망가뜨려온 폭력을 대부분 종식했다. 평화는 아일랜드 전체의 경제를 부흥시켰다. 해결하기 힘든 지정학적 갈등을 겪고 있는 많은 국가의 지도자들은 이런 경험을 연구해 보고 싶을 것이다.

예상했던 능력 이상의 일을 해내다

그렇다면 빈손에서 부자가 된 아일랜드의 비밀은 무엇일까? 더블린 대학 저명한 경제학 교수 브렌던 월시는 나와 전화 통화를 하면서 간단하게 요약해주었다. "아일랜드의 경기호황은 기업에 유리한 조세제도, 매력적인 인구 구성, 값싸고 잘 교육된 노동력, 성장 전망이 분명한 산업을 유치하기 위한 집중적 노력 덕분이었습니다."(Interview 2015년).

지금부터 이런 요인들을 간단하게 하나씩 살펴보자.

기업에 유리한 조세제도

아일랜드의 경제발전은 강력한 재정 정책에 힘입었다. 아일랜드의 낮은 세금정책은 외국 자본을 유인하는 주요 요인으로서 경제 성장을 이해하는 데 꼭 필요하다.

대부분의 정부와 주요 기업의 관계는 복잡하다. 정부는 기업을 세금의 원천이자 일자리의 원천으로 본다. 그래서 정부는 황금알을 낳는 거위가 죽지 않도록 조심해야 한다. 국내에 뿌리가 없는 다국적 대기업의 등장은 정부-산업 관계의 역동성을 바꾸었으며, 정부에 유리한 상황은 아니었다. 주주지상주의가 강해지면서 다국적 기업과 정부의 이해관계는 극단적으로 상반되었다. 1달러의 절세는 배당금 1달러의 증가를 뜻한다. 따라서 다국적 기업들은 세계에서 가장 똑똑한 조세전문가를 고용하여 그들을 이익의 주요 원천으로 본다. 조세 전문가들은 기업의 총 납세액을 줄이기 위해 세계 각국을 평가하는 일을 담당한다.

산업으로부터 얻는 안정적인 조세수입에 의존하는 각 국가들이 이런 기업을 유치하는 일은 어렵다. 하지만 아일랜드는 쉬웠다. 아일랜드는 자국의 기업이 없는 탓에 다국적 외국 기업에게 매력적인 거래조건을 제시하여 기존 국내 기업에 손해를 끼치거나 기분 상하게 할 일이 없었다. 공식적인 법인세율은 12.5퍼센트지만 다국적 대기업과는 맞춤형 거래를 하기 때문에 대개 실제 세율은 훨씬 더 낮다. 이런 기업들은 특허권, 면허권, 그리고 다른 지식재산권을 소유한 자회사를 아일랜드에 설립했다. 세율이 더 높은 국가의 자회사들은 세율이 높은 지역에서 낮은 지역으로 이익을 이동하는 수단으로 아일랜드 자회사에 로열티를 지불한다. 대부분의 정부들은 그들의 국가에서 벌어들인 수익에 대해서만 세금을 매기기 때문에 대기업들은 이러한 수익의 이전을 통해 세율이 높은 국가에서 세금을 내지 않을 수 있다.

물론, 정치 안정, 언어, 고객과의 근접성과 같은 다른 고려 요인들도 있다. 하지만 어떤 국가가 경쟁력 있는 세율을 갖고 있지 않다면 후보지 조사과정에서 다국적 기업 이사회의 승인을 얻기 어려울 것이다.

아일랜드의 성과는 매우 놀라웠다. 아일랜드는 세계의 다른 국가들과 무역에서 엄청난 흑자를 기록했다—1995년부터

2014년까지 GDP의 약 14퍼센트 수준이었다(Klein 2016년).

이러한 세금 경쟁은 엄청난 논쟁 대상이 되었고, 각국 정부들은 서로 세율을 낮추지 못하게 하는 협정을 맺기 위해 열심히 노력하고 있다. 도널드 트럼프는 이것을 정책 개혁의 핵심으로 삼았다. 2016년 8월 유럽연합 집행위원회는 아일랜드에 애플의 미납 세금 130억 유로(147억 달러)를 징수하라고 명령했다. 이 금액은 아일랜드의 연간 GDP의 약 6퍼센트 수준이다(Economist 2016년). 집행위원회는 애플이 용납할 수 없는 방법을 이용하여 유럽에서의 세율을 1퍼센트에도 미치지 못하는 수준으로 줄였다고 주장했다. 유럽연합 집행위원회는 스타벅스와 맥도날드와 같은 몇몇 다른(대부분 미국계) 기업들이 설립한 의심스러운 조직들을 조사하고 있다. 애플이 이 사건을 항소한 상태이지만 이런 상황은 이런 이익이 장기적으로 한 국가에서 지속 가능한지 의문을 갖게 한다. 이 장의 후반부에서 이 문제를 다시 다룰 것이다.

인구 구성

이 장을 시작하면서 아일랜드는 역사적으로 젊은 노동자들을 수출하는 것으로 유명했다고 말했다. 역설적으로, 이전에 해외로 나간 노동자들, 즉 아일랜드의 디아스포라diaspora들은 이제 아일랜드의 확장된 노동력이자 비교우위의 원천이 되었다. 인구가 480만 명인 아일랜드는 작은 국가이며, 시카고나 시드니의 노동자 수와 대략 비슷하다. 그러나 각 아일랜드 노동자마다 대략 15명의 후손들이 전 세계에 살고 있다. 호주 인구의 10퍼센트는 자신의 선조가 아일랜드인이라고 주장한다. 이 수치는 캐나다에서는 더 많은 13퍼센트에 이른다. 미국은 믿기 어려운 3천5백만 명이 아일랜드인의 후손이다(Haynie 2016계). 따라서 미국 기업들이 아일랜드 소재 자회사의 직원을 구하려고 보스턴과 샌프란시스코에서 광고하는 것은 이상한 일이 아니다.

한 국가의 생산량은 국민의 수와 1인당 생산성의 곱이다. 아일랜드는 유럽의 다른 국가에 비해서 인구 구성의 몇 가지 측면에서 계속 혜택을 누리고 있다. 노령화되고 있는 대부분의 유럽 국가들과 달리 아일랜드는 젊은 인구가 많고, 65세 이상의 인구비율이 가장 낮은 국가 중 하나다(O'Doherty 2015년), 1980년대까지 여성의 노동시장 참여율은 국제 기준보다 낮았지만 요즘에는 평균 이상이다. 동일한 통계에 따르면, 청년층과 여성은 1990년대 이후 아일랜드 경제성장의 절반을 담당한다(Sherry interview).*⁾

청년층은 이동성이 좋다. 이 독특한 특징은 아일랜드 노동력의 이주 속성이며, 일종의 경제적 안전밸브 역할을 한다. 사람들은 경기가 나쁠 때 떠나고 좋을 때 돌아온다. 기업의 노동력은 보통 고정비 항목이고, 직원 수 조정은 지체되거나 불가능하기 때문에 경기 사이클에 따라 기업의 수익이 결정된다. 아일랜드의 노동시장은 상당히 유동적이고 가변적인 특징을 보인다. 2000-2015년 동안 총노동력 규모는 거의 안정적이었지만 노동자의 80퍼센트가 유입 또는

---

*⁾ 1981년 여성 인구(15세 이상)의 30퍼센트가 일했다. 2016년 이 수치는 56퍼센트로 거의 두 배 증가했다(World Bank 2017년). 이 기간 동안 여성은 아일랜드 경제 성장에서 상당한 비중을 차지했다.

유출되었다(National Competitiveness Council 2016년, 116쪽).

건설하면 사람들이 올 것이다

아일랜드 산업개발청은 일종의 마케팅 조직으로 전 세계에 19개 사무소가 설치되어 있다. 250명의 직원이 보건, 소셜 미디어, 금융서비스와 같은 가장 유망한 5개 분야를 중심으로 조직되어 있다. 이 기관은 기업들이 아일랜드에 그들의 사업조직을 세우도록 지원한다. 임금이 올라가면서 산업개발청은 고임금 일자리를 제공할 수 있는 기업을 유치하고, 소프트웨어, 금융서비스, 개인용 컴퓨터, 제약, 의료기기와 같은 분야에 집중했다. 아일랜드는 자국의 경제 규모와 비교할 때 엄청난 규모의 투자금액을 유치했다. OECD에 따르면, 미국에서 유치한 직접투자액만 1994년 말 100억 달러, 아일랜드 인구 1인당 3천 달러였다. 미국의 프랑스와 독일지역 투자액은 1인당 500달러, 스페인은 1인당 200달러였다(Economist 1997년).

인포시스의 최고경영자이자 상무이사인 비샬 시카 박사가 더블린에 자사의 최초 해외 연구개발센터를 설립할 것이라고 발표했을 때 그는 거창한 표현을 사용했다. "우리는 비슷한 생각을 가진 아일랜드 파트너들과 함께 이 시대의 가장 큰 도전과제—오직 인간의 상상력과 창의력만이 이룰 수 있는 중요한 일—를 해결하는 새로운 아이디어와 방법을 추구할 것입니다."(Infosys 2015년). 인포시스의 이 결정을 특별히 언급하는 까닭은 250개의 첨단 일자리를 창출했기 때문이 아니라 이 결정에 담긴 메시지 때문이다.

이상하게 들릴지도 모르지만, 인포시스의 이야기는

아일랜드의 이야기와 비슷하다. 나라야나 머시가 인포시스를 설립한 1981년은 아일랜드가 깊은 잠에서 깨어난 시기와 비슷했다. 시계를 앞으로 돌려서, 인포시스는 이제 인도의 자부심과 번영을 상징하는 대표 기업으로, 연간 매출액이 1,154억 달러 이상, 직원은 22만5천 명 이상이다(Infosys 2019년). 이것은 주로 서구 기업들보다 더 스마트하게 일했기 때문에 이루어진 것이다. 따라서 아일랜드에 자본과 인재를 배치한다는 것은 이 두 가지 또는 한 가지의 효율성을 추구하는 모든 사람들에게 중요한 조치다.

인포시스는 아일랜드를 유로존의 교두보로 선택한 많은 컴퓨터 기업들 중 한 곳에 불과했다. 아이비엠, 인텔, 게이트웨이, 델, 후지쯔, 모토로라, 그리고 그 이외 컴퓨터와 디지털 산업의 선두 기업들은 아일랜드에 새로운 시설을 건설했다(Donnelly 2013년). 산업개발청은 유럽에서 판매되는 개인용 컴퓨터의 약 3분의 1이 아일랜드에서 제조되며, 1980년 이후 유럽 디지털 산업에 대한 미국 투자금액의 40퍼센트가 아일랜드로 유입되었다고 주장한다(Economist 1997년). 아일랜드의 다른 산업 분야, 특히 식료품 가공, 제약, 텔레마케팅 분야에도 새로운 투자를 유치했다.

아일랜드에는 약 300개의 외국계 바이오제약 기업이 있다. 상위 15개 글로벌 바이오제약 기업 중 13개—암젠, 일라이 릴리, 머크, 로슈를 포함하여—가 아일랜드에서 활동하고 있다(Silicon Republic 2016년). 제약 분야는 아일랜드 모든 수출품의 50퍼센트 이상을 차지하며, 고임금 숙련 일자리를 꾸준히 제공한다. 2014년 제약 분야 수출액은 640억 달러로, 아일랜드는 유럽연합에서 제약 분야 최대 순수출국이 되었다.

예를 들어, 머크 사는 25억 달러 이상을 투자했다(Burke 2017년). 아일랜드는 바이오 의약품이라고 부르는 새로운 종류의 약품을 생산하는 기지가 되었다. 이 분야는 생명공학 기술을 이용한 1세대 바이오 의약품의 특허권이 종료됨에 따라 매력적인 잠재력을 갖고 있다.

아일랜드는 또한 국제적인 은행들과 금융기관을 유치했다. 더블린의 국제금융서비스 센터는 시티뱅크, 메릴 린치, 다이와, ABN 암로, 그 외 400개 금융 기업을 포함한 많은 은행과 종합증권회사들의 비영업부서 자료처리 업무의 중심지다.

번영에서 다시 나락으로

아일랜드에 대한 긍정적인 평가는 뒤늦게 이루어졌다. 1988년, <이코노미스트>는 '부자들 중의 가장 가난한 자'라는 제목으로 아일랜드에 대한 연구조사 내용을 특유의 형식으로 발표했다. 1997년 아일랜드는 이 잡지의 표지에 '유럽의 눈부신 빛'이라는 제목으로 특필되었다(Economist 2004년). 하지만 번영이 역사의 짐을 가볍게 만들고 아일랜드 디아스포라와 국내 노동자들이 으스대며 걷기 시작할 때, 아일랜드의 해묵은 비극이 다시 나타났다. 아일랜드는 역사상 최악의 경제 위기에 직면했다.

우리는 이와 똑같은 사례를 아주 많이 들어왔다. 은행, 산업가, 정치가들은 과신했고, 과대망상증과 탐욕이 자라났고, 유력한 정치가들과 친밀한 관계를 맺은 무책임한 은행과 부동산 개발업자들은 투기 열풍에 불을 질렀다. 이런 광풍의 재원은 아일랜드 은행들이 다른 유럽 국가들의 은행으로부터 차입한 돈으로 제공한 엄청난 대출금이었다. 은행들은 소비자들에게 마구잡이로 돈을 빌려주었다. 민간부문의 부채는 2003년 1억3천5백만 유로(1억5천1백만 달러)에서 2008년에 약 세 배 수준으로 증가했다(Irish Times 2018년). 은행들의 대차대조표가 부풀려지고 담보자산 비율이 감소했다. 그래서 은행들은 담보자산 가치가 조금만 변해도 도산할 수 있다.

그리고 바로 그런 상황이 벌어졌다. 2010년 말 자산 가격이 폭락하고 은행들은 파산 직전의 상황으로 몰렸다. 많은 일자리가 위태로워졌고 민간부문 일자리의 20퍼센트가 완전히 사라졌다. 아일랜드 채권 수익률이 15퍼센트 이상으로 상승했고, 아일랜드가 어쩔 수 없이 채무불이행을 선언하거나 유로존을 떠날 수밖에 없을 것으로 예측되었다(Kenny 2015년). 채권시장이 폐쇄되자 아일랜드는 2010년 굴욕적이지만 유럽연합-국제통화기금으로부터 675억 유로의 구제 금융을 받을 수밖에 없었다(Kenny 2015년).

세계의 다른 국가에서처럼 은행의 경영진들과 이사들은 성실한 청지기로서 적절한 의무를 다하지 못한 것에 대해 책임을 지지 않았고 벌금을 내거나 투옥되지도 않았다. 아일랜드 정부는 은행의 부채를 보증할 수밖에 없었고, 민간 은행의 손실을 공적 채무로 전환해주었다.

은행이 붕괴하기 전 아일랜드는 공적 부채가 거의 없었다. 아일랜드는 이전 10년 동안 공적 부채를 GDP의 120퍼센트에서 68퍼센트로 약 절반으로 줄이고 GDP의 32퍼센트에 해당하는 예산 적자를 약간의 흑자로 전환시켰다(Trading Economics 2018년). 하지만 납세자들이 갑자기 엄청난 액수의 은행 손실을 떠안게 되자 아일랜드의 신용도가 떨어졌다. 아일랜드는 가혹한 재정긴축 계획을 시행하여 시장을 안정시키려고 노력했다. 2008-2014년까지 아일랜드 정부는 380억 달러, 곧 GDP의 약 17퍼센트의 지출을 줄였다(Economist 2013년). 자체 통화가 없기 때문에 국가 경쟁력을 높이기 위해 통화가치를 평가절하할 수 없었다.

 그 이후 거의 파멸직전까지 갔던 아일랜드는 회복하기 시작했다. 비슷한 상황에서 문제를 뒤로 미루는 방식을 선택했던 대부분의 국가와 달리, 아일랜드는 긴축 경제를 받아들였고 그리고 성공했다. 좀비 은행들은 문을 닫았고 살아 있는 은행들은 구조조정을 실시했다. 공공부문 임금은 축소되고 공공서비스는 합리적으로 개선되었다. 정부수입 기반을 확대하기 위해 새로운 세금이 도입되었다. 종합하면, 아일랜드는 GDP의 18퍼센트 이상에 해당하는 예산을 합리적으로 정리했다(Kenney 2015년). 이것은 다른 정책들과 함께 정부가 경제문제를 진지한 자세로 해결하려고 한다는 확신을 투자자, 시장, 그리고 아일랜드 국민들에게 심어주었다.

 아일랜드 정부의 조치는 효과가 있었다. 경제 위기 이후 1인당 GDP가 40퍼센트 증가했고, 지금은 2007년 수준을 능가한다(CEIC Data 2018년). 아일랜드는 엄청나게 낮은 이자율로 시장에서 재원을 조달할 수 있다. 지난 3년 동안 아일랜드는 유로존에서 가장 빠르게 성장하는 국가가 되었고, 실업률은 3분의 1로 떨어져 유로존의 평균 이하가 되었다(Whelan 2018년).

 그럼에도 경제 위기의 여파는 여전히 남아있다. GDP대비 정부부채 비율은 다음 세대에 부담이 되며 아일랜드가 새로운 위기에 직면할 경우 운신의 폭이 매우 좁다. 주택 시장이 과열된 시기 동안 어설픈 도시계획 탓에 너무 많은 주택이 잘못된 지역에 건설되었다. 경기가 회복되면서 상업 공간과 주택의 공급이 부족해 가격 상승 압력이 높다. 교통시설 역시 근시안적 계획—서로 연결되지 못한 전차 노선, 연속성이 떨어지는 지하철 계획, 더블린 공항에서 도시를 연결하는 철도노선 부재—에 기초해 건설되었다.

아일랜드가 아주 빠르게 회복한 뒤 투자자와 아일랜드 국민들은 국가의 미래와 리더십에 자신감을 다시 갖게 되었다. 하지만 많은 관찰자들은 여전히 조심스럽다. 아일랜드의 역사에는 힘들게 이룬 경제발전과 신용도가 정책적 실수나 외부적인 문제에 의해 쉽게 다시 추락할 수 있다는 고통스러운 기억이 있다. 지난날 아일랜드의 경제 성장은 1970년대 두 번의 석유 위기와 부적절한 정책 대응에 의해 좌절되었다. 그 당시 정부는 석유가격 상승으로 초래된 생활수준 하락을 재정 팽창과 통화 확대를 통해 만회하려고 했다. 그 결과, 높은 인플레, 높은 실업률, 경제성장 정체, 선거 불안이 발생해 1980년대를 암울하게 만들었다.

그 후 계속된 행복한 시기

아일랜드라는 가장 훌륭한 연극의 네 번째이자 마지막 장은 이제 침체에서 벗어나 대중에게 완전히 알려진 이 영웅이, 비유하자면 경쟁자들 중 누가 최종 승리자가 될지 결투를 벌이는 링에 올라 있는 장면이다. 아일랜드의 발전이 근본적이면서도 탁월하다는 점에 동의하지 않은 사람은 거의 없을 것이다. 세계 경제는 위협이 아니라 기회라는 익숙한 표현을 중요하게 여기는 국가가 있다면 그것은 바로 아일랜드다. 아일랜드는 세계화가 번영의 가장 빠른 길임을 증명한다. 다른 국가들이 국수주의를 표방하기 시작하는 시기에 개방적이고 창의적인 아일랜드가 우리가 따라가야 할 모범사례가 될 수 있을까?

회의적인 사람들은 아일랜드의 성공이 다국적 기업을 위한 감세와 유럽의 보조금이라는 연약한 기반 위에 세워진 것이라고 말한다. 어떤 사람들은 아일랜드가 자주 일시적인 침체를 겪기 때문에 다시 실수하는 것은 시간문제일 뿐이라고 주장할 수도 있다. 아일랜드 모델은 놀라운 성공을 얼마나 오래 동안 보여줄까? 단정하기는 어렵다.

30년 동안의 호황기 이후 아일랜드는 저비용의 이점을 상당 부분 상실했다. 여성을 가사노동에서 해방시켜 노동시장에 참여시킴으로써 얻은 혜택은 이제 거의 사라졌다. 많은 실리콘벨리 기업들이 급성장하는 아일랜드 산업기지에서 최대의 성공을 거두었지만 기술 변화가 심각하다. 1960년대 아일랜드의 낮은 생산 비용과 제로 수준의 법인세 덕분에 폴라로이드와 디지털 장비에 대한 투자가 이루어졌다. 하지만 1990년대에는 이런 조건들이 사라졌다.

마지막으로 OECD, 유럽연합, 미국을 포함하여 모든 국가가 세금 피난처를 공격하고 있다. 따라서 주로 낮은 세금에 의존하는 산업 전략은 적절하지 않게 될 것이다. 아일랜드가 이런 상황에 대처하겠지만, 세금과 관련된 운동장이 평평해지는 것은 시간문제인 것 같다. 「아일랜드, 유럽 그리고 세계Ireland, Europe and the World」의 저자 댄 오브라이언은 아일랜드에 외국계 기업이 없다면 그리스처럼 폐쇄적이고 가난해질 것이라고 경고한다.

여기에 아일랜드의 기회가 있을지도 모른다. 아일랜드의 경제적 성공은 두 경제에 관한 이야기다—퇴보적이고 비생산적이며 노동집약적인 아일랜드인의 경제와, 근대적이고 매우 생산적이며 자본집약인 외국기업 경제. 아일랜드가 계속 성공을 거두려면 아일랜드 경제의 가난한 절반에 속한 사람들이 생산성을 더 높여야 할 것이다. 아일랜드는 자신의 강점을 살려야 한다. 아일랜드의 경제는 무역과 투자의 개방성이 매우 탁월하다. 아일랜드 인구는 젊고 영어를 사용하며 노동시장의 유연성이 매우 높다. 아일랜드 국민들은 외국의 유명 투자자들과 함께 일하고, 교육수준을 높이고 더 나아가 투자자들의 전문 용어와 외국어를 배우려고 한다.

영국의 유럽연합 탈퇴로 촉발된 혼란은 기회를 제공할 수도 있다. 아일랜드는 시티그룹, JP 모건, 노던 트러스트Northern Trust와 같은 탄탄한 금융서비스 기업 클러스터를 갖고 있다. 아일랜드는 유럽연합의 탈퇴를 우려하는 기업들에게 런던을 더 비용효과적으로 대체할 수 있는 국가다. 아일랜드에서 3천 명을 고용하는 미국계 스테이트 스트리트 은행의 아일랜드 법인책임자 수전 다르간은 말한다. "새로운 런던을 없을 겁니다. 하지만 아일랜드는 새로운 사업 기회를 얻을 것입니다."(Boland 2017년). 무엇보다도, 아일랜드는 임금이 런던보다 훨씬 낮다. 구글 아일랜드의 평균 임금은 런던의 20만 천 달러에 비해 9만6백 달러로 더 낮으며, 글로벌 부동산컨설팅 기업 쿠시먼 앤 웨이크필드Cushman and Wakefield에 따르면 사무실 임차료도 75퍼센트 더 낮다(Bowers 2016년).

우리는 아일랜드의 성공을 우연이라고 생각해서는 안 된다.

아일랜드 정부는 정권 교체와 상관없이 이런 정책노선을 계속 유지하면서 통합적이고 합리적인 정책을 통해 안정적이고 신뢰할만한 파트너가 되었다. 아일랜드는 아마도 역사상 처음으로 정치적으로 매력적으로 보인다. 지배적인 양당 시스템을 가진 큰 국가들이 선거 때마다 한쪽에서 다른 한쪽으로 요동칠 때 아일랜드는 더 안정적인 모습을 보여준다. 대부분의 국가와 달리 '좌파'와 '우파' 간의 논쟁이 많은 것 같지 않다. 아일랜드에서 이런 정파 구분은 아무런 의미를 갖지 못한다. 두 주요 정당인 피네 게일(Fine Gael, 연합 집권당)와 피나 폴(Fianna Fail, 야당)의 정체성은 사회적 또는 경제적 계층이 아니라 두 정당 창립자들이 1921년 영국과의 협약을 두고 서로 갈등을 빚은 사실에서 비롯된다.

도표 11.2- 황금 단지

(자료: Banx)

결론

아일랜드가 지속적으로 발전할 수 있다고 결론을 내리는 것은 섣부르다. 분명히 더 높은 생산성이 필요하다. 낮게 달린 열매는 모두 따먹었고, 새로운 외국인 투자를 유치하기 위한 경쟁이 아주 심하다. 기업들은 국가 간의 비용과 혜택을 지속적으로 비교하며 평가한다. 아일랜드 모델의 네 가지 기둥 중 하나인 낮은 세금 정책은 특별히 좋은 평가를 얻지 못할 것이다.

아일랜드는 토착 경제의 성과를 높이고 미국 팰로앨토의 결정에 의존하는 방식을 줄이는 것이 현명할 것이다. 아일랜드가 갈 길을 보여주는 가장 매력적인 분야에서 경쟁력을 갖춘 세계 최고 기업들의 탁월한 생태계가 아일랜드에 존재한다. 따라서 아일랜드는 아직 앞으로 나아갈 힘이 있다. 다만, 아일랜드는 캘리포니아가 하는 방식으로 기업들을 확산하는 방법을 배우거나, 아일랜드 줄기세포를 이용해 일론 머스크와 같은 혁신가를 유전학적으로 복제하는 방법을 찾아낼 수 있어야 한다. 아일랜드의 장래 성공은 다른 다국적 기업에게 단지 토지를 빌려주는 것이 아니라 아일랜드 자체의 과학기술 개발에 달려 있다. 아일랜드 농촌 출신의 콜리슨 형제들이 '스트라이프Stripe'라는 새로운 결제 기술을 개발했다. 이 기술은 아마존, 애플과 같은 기업에서 온라인 구매를 할 때 이용된다. 29세의 패트릭과 27세의 존은 자산가치가 92억 달러에 달하는 이 기업을 통해 세계에서 가장 젊은 억만장자가 되었다(Metcalf 2016년). 하지만 스트라이프는 아일랜드 기업이 아니라 미국 기업이다. 아일랜드 디아스포라가 되돌아왔지만, 진정한 발전은 아일랜드의 독창성이 이와 같은 길을 걸을 때 이루어질 것이다.

아일랜드는 아일랜드인들이 국내에서 미래를 추구할 수 있는 무대를 마련했다. 이제 아일랜드는 사람들이 고국을 떠나는 대신 돌아오기 위해 '다리를 건너는' 곳이다.

아일랜드는 배타적이기는커녕 유럽 국가들 중에서 가장 수출비중이 높은 개방적인 국가다. 이 나라는 한때 조롱하던 사람들로부터 존경을 받고 있다. <이코노미스트>는 2004년 이렇게 요약했다. "아일랜드는 작은 인구에 비해 훨씬 더 큰 영향력을 갖고 있다." 마리 로빈슨은 아일랜드 최초의 여성 대통령이었으며(1990-1997년). 그 뒤 유엔 인권고등판무관을 역임했다. 유럽인들은 1996년 유럽연합이사회 의장국인 아일랜드에 깊은 인상을 받았다. 그 당시 아일랜드는 유럽연합의 동유럽 지역 확대와 새로운 집행위원회 위원장 선출, 아일랜드 총리가 중재한 새로운 유럽헌법 조약체결 과제를 수행했다(Economist 2004년).

20년 전, 인디언 혈통으로서 동성애자임을 밝히고 겨우 40세가 된 총리가 아일랜드를 이끌 것이라고 누가 예상했을까? 그는 동성애를 지지하고 이 나라의 엄격한 낙태금지법을 폐지했다. 단 한 세대만에 아일랜드는 진보적인 국가로 탈바꿈했고 유럽의 다른 국가에게 뒤처지기보다 선도하는 나라가 되었다.

다양한 발전과 함께 겸손의 흔적은 희미해지고 있다. 정치 구조나 인구 구조에 대해 그다지 걱정할 것이 없는 아일랜드는 국가 운명이 가장 유망한 과학기술 분야에서 경쟁력이 있는 최고의 기업을 유치하는 능력에 있음을 깨달았다. 이런 의미에서 아일랜드는 유럽연합 회원국보다는 싱가포르, 이스라엘, 스위스를 경쟁국으로 본다.

예이츠는 풍부한 아일랜드 지혜를 이용해 이렇게 말했다. "우리는 성장할 때 행복하다." 아일랜드가 과거 세대에 그랬듯이 계속 성장한다면 그것은 진정한 기적이 될 것이다.

그리고 이러한 아일랜드 정신이 미래에 대한 암시라면 아일랜드는 성장할 것이다. 오늘날 아일랜드는 과거의 실수를 만회한 자랑스럽고 존경받는 국가이며, 국가들의 연합체인 유럽연합에서 자신을 동등하며, 더 나아가 다른 회원국보다 더 탁월한 국가로 인정받는다고 느낀다.

참고도서 및 추가 독서자료

Boland, V. 'Ireland braced for economic uncertainty of Brexit'. Financial Times, 2017. https://www.ft.com/content/5b039b18-e1a6-11e6-8405-9e5580d6e5fb.

Bowers, S. 'Google Ireland staff paid much less than London colleagues'. The Guardian, 2016. https://www.theguardian.com/technology/2016/feb/07/google-ireland-staff-paid-less-than-half-their-london-colleagues.

Burke, E. 'Ireland is a home for 24 of the world's top biotech and pharma companies'. Silicon Republic, 2017. https://www.siliconrepublic.com/careers/biotech-pharma-companies-ireland.

Burke-Kennedy, E. 'One-in-five now employed by foreign multinationals'. The Irish Times, 2016. https://www.irishtimes.com/business/economy/one-in-five-now-employed-by-foreign-multinationals-1.2486929.

Donnelly, P. 'How foreign firms transformed Ireland's domestic economy'. The Irish Times, 2013. https://www.irishtimes.com/business/how-foreign-firms-transformed-ireland-s-domestic-economy-1.1593462.

'Female labor force participation rates, 2016 vs 1980'. Our World in Data, World Bank, 2017. https://ourworldindata.org/female-labor-force-participation-key-facts.

'Figure 6.3.6. Net Migration (000s), 2000-2015'. Ireland's Competitiveness Scorecard 2016, National Competitiveness Council, 2016. http://www.competitiveness.ie/publications/2016/ics-2016.pdf.

'GDP per capita growth (annual %)'. The World Bank, 2017. https://data.worldbank.org/indicator/NY.GDP.PCAP.KD.ZG.

'Green is good'. The Economist, 1997. https://www.economist.com/special/1997/05/15/green-isgood.

Haynie, D. '10 countries with the most Irish emigrants'. U.S. News, 2016. https://www.usnews.com/news/best-countries/articles/2016-03-17/10-countries-with-the-most-irish-emigrants.

'Infosys Banks on Ireland for FinTech Expertise'. Infosys, 2015. https://www.infosys.com/newsroom/press-releases/Pages/fintech-research-development.aspx.

'Infosys Digital Navigation Framework'. Infosys, 2019. https://www.infosys.com/about/pages/index.aspx.

'Intel Leixlip'. Intel, 2019. https://www.intel.ie/content/www/ie/en/company-overview/intel-leixlip.html.

'Ireland GDP per capita'. CEIC, CEIC Data, 2018. https://www.ceicdata.com/en/indicator/ireland/gdp-per-capita.

'Ireland Government Debt to GDP'. Trading Economics, 2018. https://tradingeconomics.com/ireland/government-debt-to-gdp.

Kenny, E. 'How Ireland pulled back from the brink'. World Economic Forum, 2015. https://www.weforum.org/agenda/2015/01/how-ireland-pulled-back-from-the-brink/.

Klein, M.C. 'Placing Ireland's economic "recovery" in context'. Financial Times, 2016. https://ftalphaville.ft.com/2016/07/14/2169550/placing-irelands-economic-recovery-in-context/.

Metcalf, T. 'Stripe Founders Are Youngest Irish Billionaires with Funding'. Bloomberg, 2016. https://www.bloomberg.com/news/articles/2016-11-28/stripe-founders-are-youngest-irish-billionaires-on-new-valuation.

O'Brien, D. Ireland, Europe and the World: Writings on a New Century (Dublin: Gill and Macmillan, 2009).

O'Doherty, C. 'Ireland's population is youngest in the EU'. Irish Examiner, 2015. https://www.irishexaminer.com/ireland/irelands-population-is-youngest-in-the-eu-369301.html.

'Outstanding private sector loans'. The Irish Times, 2018. https://www.irishtimes.com/business/economy/the-crash-10-years-on-from-wreckage-to-recovery-of-sorts-in-six-charts-1.3346380?mode=sample&auth-failed=1&pw-origin=https%3A%2F%2Fwww.irishtimes.com%2Fbusiness%2Feconomy%2Fthe-crash-10-years-on-from-wreckage-to-recovery-of-sorts-in-six-charts-1.3346380.

Shahid, A. 'Ireland's Economic Backbone: The Pharmaceutical Industry'. University Observer, 2017. https://universityobserver.ie/irelands-economic-backbone-the-pharmaceutical-industry/.

'The eighth austerity budget'. The Economist, 2013. https://www.economist.com/europe/2013/10/19/the-eighth-austerity-budget.

'The luck of the Irish'. The Economist, 2004. https://www.economist.com/special-report/2004/10/14/the-luck-of-the-irish.

'13 biopharma companies making their own luck in Ireland'. Silicon Republic, 2016. https://www.siliconrepublic.com/jobs/biopharma-companies-ireland-list.

'Upsetting the Apple cart'. The Economist, 2016. https://www.economist.com/europe/2016/09/08/upsetting-the-apple-cart.

Whelan, S. 'Ireland fastest growing economy in European Union again with growth of 7.8%'. RTE, 2018. https://www.rte.ie/news/business/2018/0315/947638-cso-gdp-figures/.

대담 및 인터뷰
브렌던 월시 교수, 케빈 쉐리, 데니스 오브라이언,
콤 맥로린, 마이클 스머핏, 더못 데스먼드,
마이클 오리어리, 마틴 샤나한.

12장 덴마크: 코펜하겐 방식
환경보존과 새로운 생활방식을 추구하는
덴마크의 대담한 시도

자전거의 수도 (자료: Banx)

그는 지난 1년 동안 매일 아침부터 정오까지 같은 장소에 앉아 사람들이 자신의 주변 공간을 어떻게 이용하는지 신중하게 관찰하고 평가하고 표현했다. 아이들은 달아나는 공을 뒤쫓아가고 노인들은 다음 그들이 쉴 곳을 찾고, 판매원들은 행인들의 관심을 끌기 위해 쇼윈도를 다시 정리했다. 코펜하겐 사람들에게 '스트뢰에'(Strøget, 많은 상점이 있는 보행자 전용도로─옮긴이)라고 알려진 거리는 한때 자동차가 통행하는 주요 간선도로로 이용되었지만 지금은 세계 최초의 보행구역─사람들을 관찰하기에 완벽한 장소─으로 바뀌었다. 이 젊은 남자는 전도유망한 건축가이며 코펜하겐 왕립건축대학의 특이한 교수 얀 겔Jan Gehl이다. 그는 사람에 대한 자신의 연구가 전 세계 도시개발의 토대가 될지 전혀 몰랐다.

    1967년 어느 쌀쌀한 아침, 겔은 도시계획이 점점 사람보다는 자동차를 중심으로 설계된다는 것을 깨달았다. 사람들은 대부분 똑같이 혼자서 자동차를 타고 직장으로 가서 똑같은 주차장에 주차하고, 똑같은 엘리베이터를 타고 사무실로 올라가고 똑같은 카페에서 식사를 하고 똑같이 반대 과정을 거쳐 집으로 돌아왔다. 그리고 매일 이런 과정을 되풀이했다. 그러는 동안 자동차 대수가 증가하면서 아무것도 하는 일 없이 차에 앉아 있는 시간이 늘어났다. 교통 혼잡을 줄이기 위해 새로운 도로를 건설하거나 기존 도로를 확장했고 더 많은 주차공간은 만들기 위해 주차 건물이 세워졌다. 겔은 이렇게 생각했다. "코페르니쿠스는 우리 삶의 중심이 태양이 아니라 자동차라고 말했을 것이다."

    1960년대 코펜하겐은 음울한 도시였다―환경오염과 교통 혼잡이 심각했고 아황산가스 수준이 런던, 뉴욕, 또는 슈투트가르트와 비슷했다. 아울러 덴마크는 모든 에너지를 수입했고 선진국 중에서 이산화탄소 배출량이 최고 수준이었다. 1980년대 이 도시는 파산직전에다 실업률은 17퍼센트 이상이었고, 도시의 사회통합과 활력이 위태로운 상태였다(Katz and Nowak 2018년, p.121). 도시 외곽의 가구 세대를 도심으로 이주시키려는 노력이 실패하면서 코펜하겐에는 주로 학생과 연금생활자들이 남게 되어 이 도시의 조세 기반이 매우 취약해졌다.

    코펜하겐이 도시 기능을 회복하고 성공하는 과정은 논쟁이 없는 곧은길은 아니었다. 하지만 지방정부와 중앙정부 당국자들은 결국 그 당시로서는 급진적인 얀 겔의 도시계획

아이디어를 지지했다. 그는 자동차를 인간적인 도시 생활을 망치는 혐오의 대상이라고 불렀고, 이 싸움을 필생의 과업으로 삼았다.

이 장은 겔, 코펜하겐, 덴마크가 어떻게 세상의 흐름에 반대하게 되었는지, 어떻게 그들의 미래에 대해 대담한 선택을 하고 그것을 고수하게 되었는지, 이런 정책이 궁극적으로 어떤 결과를 낳았는지 설명한다. 2017년 스마트 시티 지수ㅡ도시가 통합적인 계획을 통해 미래를 준비하는 상태를 평가하는 지수ㅡ에서 코펜하겐은 500개 도시 중 1위를 차지했다(Garfield 2017년). 코펜하겐은 2025년까지 세계 최초로 탄소중립 도시가 되겠다는 목표를 세웠다(Københavns commune, 연도 미상). 이 연구가 옳다면 코펜하겐은 최초로 이미 미래에 도착한 셈이다. 어떻게 그럴 수 있었을까?

코펜하겐의 성공은 스티브 잡스, 마윈 또는 일론 머스크와 같은 상징적인 기업가들이 설계한 기적 같은 신기술에 관한 놀라운 이야기가 아니다. 자전거, 블레이드, 배터리에 관한 상당한 낮은 수준의 기술에 관한 이야기다. 덴마크에서 대부분의 일들이 그렇듯이 이 이야기는 평범한 블루칼라 노동자들에게서 시작한다. 덴마크의 성공 이야기의 특징은 개인이 아니라 집단적인 노력을 기울이는 지역사회가 영웅이라는 점이다. 이것은 정치적 분열이 가득한 세계에서 통합에 관한 이야기다. 마지막으로, 그리고 놀랍게도 정부가 어떻게 혁신적일 수 있는지, 올바른 정책이 수익성이 좋은 산업의 창출을 어떻게 도울 수 있는지에 관한 이야기다. 이 이야기는 겔, 보행자, 자전거에서 시작한다.

도시의 활력을 회복하기 위한 겔의 첫째 금언은 자동차가 아니라 사람을 위해 도시를 다시 설계하는 것이다. 이를 위해 그는 자동차의 필요성과 자동차를 소유하려는 욕구를 줄여야 했다. 대체재가 필요했고 그는 자전거를 주목했다. 자전거는 1817년 발명되어 '장난감 목마'라는 별명이 붙여진 뒤 기술적으로 거의 변화가 없었다. 두 개의 바퀴, 체인, 두 개의 페달, 플라스틱 안장—때로 최고의 발명품은 사실 그 단순함에 있으며, 때로 기술적 단계를 한 단계 후퇴시킴으로써 발견된다.

오늘날 코펜하겐을 방문하는 사람이라면 도시의 주요도로를 가득 메우고 자전거 도로를 통해 계속 흘러가는 자전거족의 물결을 보지 않을 수 없다. 그 광경은 바로 눈앞에서 수많은 물고기 떼가 땅에서 수영하는 것 같은 인상을 준다. 613,000명 규모의 도시에서 62퍼센트가 매일 자전거를 타고 출근한다. 모두 다 합하면 그들은 자전거를 타고 하루에 1백4십만 킬로미터를 달린다(Weihe 2017년).

그곳에 방문했을 때 나는 자전거를 빌려서 타보니 모든 것이 자전거로 10-15분 거리에 있다는 것을 깨달았다. 자전거를 위한 전용도로와 교량, 쇼핑센터에 자전거를 주차할 수 있는 특별 주차장과 같은 최신 인프라가 갖추어져 있다. 교통 신호는 자전거 이용자의 평균 속도에 맞추어져 있어 신호등의 방해 없이 이동할 수 있다. 내가 힘들게 배웠듯이, 까다로운 수신호 규칙과 에티켓을 어길 경우 즉시 경고를 받는다. 아이들을 태우고 가는 자전거, 상품을 싣고 가는 자전거, 연인이 함께 타는 2인용 자전거가 있다—엄청나게 다양한 형태, 크기, 색깔, 스타일의 자전거가 있다. 자전거 상점에는 맵시 있는 벨을 갖추고 있는데, 다양한 벨 소리와 설계를 이용해 개성적인 패션을 표현하고 개인 맞춤식 경종이 가능하다. 많은 자전거이용자는 자신이 가장 좋아하는 모자를 쓰고 멋진 모습으로 자전거를 타면서 머리를 따뜻하고 건조하게 유지한다.

보행자와 자전거 이용자들은 근본적으로 새로운 형태인 겔의 인간중심적 도시계획의 기초였다. 그는 일상생활이 자동차 안보다는 시속 3-15킬로미터 속도에서(가령, 도보나 자전거 타기) 더 많이 이루어진다는 것을 깨달았다. 사회생활은 사람과의 만남, 우연한 접촉, 어디로 가는 도중에 나누는 짧은 인사로 이루어진다. 여러 연구에 따르면, 많은 신뢰가 상호성과 관련이 있으며, 상호성은 상호 교류의 반복과 빈도의 함수이다. 당신이 만일 일생 중 단 한 번 어떤 사람과 거래하거나, 상대방을 대면하면서 그들의 경멸을 직면할 필요가 없다면, 공정하게 거래할 동기가 크게 줄어든다. 매주 정기적인 사업 거래를 통해 당신을 신뢰하는 고객에게 거스름돈을 적게 줘보라. 애덤 스미스는 「도덕감정론」에서 사람은 '거짓이 들통 나서 망신을 당하는 생각만 해도 공포를 느낀다.'라고 썼다.

겔은 좋은 도시를 판단하는 가늠자는 거리에서 노는 아이들의 수라고 믿었다. 덴마크에서는 아이들을 도시 공간에서 흔히 볼 수 있다. 아이들은 안전하다는 것을 알기 때문이다. 덴마크가 신뢰에 관한 세계 순위에서 최고 수준인 것은 놀라운 일이 아니다(McArdle 2018년). 당신은 보호자 없이 아이가 버스나 지하철을 타고 가는 것을 다른 곳에서 본 적이 있는가? 덴마크에서는 '가짜 뉴스'가 더 크고 더 익명적인 사회에서만큼 잘 확산되지 않는다.

「미국 대도시의 죽음과 삶」을 쓴 제인 제이콥스에 따르면 삶은 우연과 자연스러움으로 이루어지기도 한다. 차고나 승강기 안에 있을 때나, 교통 혼잡으로 차 안에 앉아있을 때 우리의 삶은 그리 중요하지 않다. 젤은 일상적인, 계획되지 않은 공적 교류, 즉 지나가는 행인에게 가볍게 고개를 숙이며 인사하는 것이나 식료품 잡화상과의 가벼운 잡담 등의 가치를 깨달았다.

　하지만 이런 당근과 함께 사람들이 자동차에 대한 의존성을 끊게 하는 채찍도 있어야 했다. 코펜하겐은 보행구역을 확대하기 위해 구획을 다시 설정하고 자전거 전용도로를 만들었다. 코펜하겐은 450킬로미터의 자전거 전용도로와 교량을 구축해 세계에서 가장 자전거 친화적인 도시가 되었다(Cycling Embassy of Denmark 2009년; Fleming 2018년). 코펜하겐은 땅의 제약이 심하기 때문에, 보행과 자전거 타기의 확대는 자동차에 필요한 도로가 줄어든다는 뜻이었다. 초기에는 교통 혼잡이 더 심했기 때문에 운전자들이 자동차 통근을 단념하는 하나의 계기가 되었다.

　다른 인센티브도 행동을 변경하는데 도움이 되었다. 덴마크의 자동차 가격은 다른 국가들보다 세 배 더 비싸다. 자동차에 부과되는 특별소비세는 자동차 이용을 줄이는데 유용했다. 주차비 역시 비싸다. 일반적으로, 도심에 가까울수록 주차비가 더 비싸다.

　거리 주차를 제한하거나 금지함으로써 자전거가 지나갈 때 자동차 문을 열거나 자동차가 다가오는 자전거 이용자와 충돌하는 위험이 감소했다. 오늘날 덴마크인 10명 중 9명이 자전거를 갖고 있으며 10명 중 4명만 자동차를 소유한다

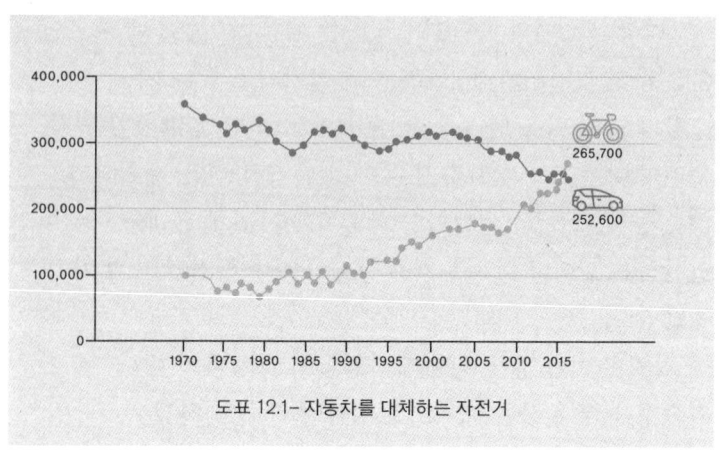

도표 12.1- 자동차를 대체하는 자전거

2016년 처음으로 코펜하겐 도심으로 들어가는 자전거가 자동차보다 더 많았다. (자료: Copenhagenize Design Co.; Colville-Andersen, 2018)

(Cycling Embassy of Denmark 2017년). (에너지, 보건, 보험, 교통비용) 추정치에 따르면, 코펜하겐 거주자가 자전거를 1킬로미터 탈 때마다 사회는 75센트의 이익을 얻고, 같은 거리를 자동차로 달리면 1.58달러의 비용이 발생한다(Fleming 2018년). 전통적으로 비용이던 것이 이익의 원천이 되었다.

이것은 돈에만 관련된 것이 아니었다. 덴마크 사람들은 환경에 대해서도 관심이 깊다. 그들은 이산화탄소 배출량의 30-40퍼센트가 차량에서 유발되며 차량 사고로 불필요한 사망자가 발생한다는 것을 알았다. 그래서 2018년 정부는 2030년부터 화석연료를 사용하는 모든 차량의 판매를 금지하는 법을 공표했다(Levring 2018년). 덴마크인들은 삶의 질에도 관심을 갖는다. 전 세계 390개 도시의 교통 혼잡도를 측정하는 톰톰교통지수TomTom Traffic Index는 로스엔젤리스(미국에서 최악의 수준)의 교통혼잡도가 코펜하겐보다 두 배 더 높다고 평가한다. 어느 정도인가 하면 로스엔젤리스의 운전자들은 매년 일주일 이상 차 안에서 시간을 낭비한다(TomTom 2017년). 휴일에 누가 그렇게 시간을 낭비하고 싶겠는가?

덴마크 사람들은 더 건강하다. 매일의 운동 덕분에 그들은 유럽에서 비만율이 가장 낮다(Smith 2017년). 여러 연구에 따르면, 코펜하겐은 자전거 타기 덕분에 다른 도시들보다 병가일수가 1백10만 일 더 적은 것으로 추정된다(Cycling Embassy of Denmark 2017년). 사실, 코펜하겐 사례는 현명하고 장기적인 도시계획이 건강과 도시의 행복을 증진하는데 가장 돈이 적게 드는 방법임을 입증한다.

이러한 사회적 성공 덕분에 겔은 록스타와 같은 유명 인물이 되었다. '코펜하겐 따라하기'는 전 세계 도시계획 분야에서 개인과 사회의 요구에 초점을 맞춘 도시설계 접근법으로 알려졌다. 멜버른 시장은 겔에게 도시의 활력 개선을 위한 조언을 구했다. 마이클 블룸버그가 뉴욕 시장일 때도 그랬다. 그는 모스크바와 상파울로와 같은 도시에서도 자문 역할을 하고 있다.

기업들 역시 겔의 도시계획 접근법의 가치를 인정하기 시작했다. 자동차 공유 스타트업 기업 리프트Lyft의 공동창업자 존 짐머와 로간 그린은 자동차 공유를 통해 사회에 편익을 제공한다는 비전을 공유하면서 40년 전 겔이 코펜하겐을 근본적으로 바꾸려고 했던 시도를 모방했다. 그들은 이렇게 썼다. "지난 50년 동안 도시개발은 자동차를 중심으로 이루어졌지만 대부분의 자동차가 도로에서 사라지는 방법을 찾는다면 우리의 세계가 어떤 모습일지 잠시 상상해보라. 교통체증과 오염이 줄어든 세상이 될 것이다. 주차장이 필요 없고, 거리의 폭이 줄어들고 보도가 넓어 질 것이다. 보행자, 자전거 이용자, 아이들이 자동차처럼 빠르고 안전하게 도시를 누비는 세상이 될 것이다. 이것은 자동차가 아니라 사람을 중심으로 건설된 세상이다(Eadicicco 2019년). 겔과 코펜하겐은 그런 세상이 가능하다는 것을 가르쳐주었다. 아마도 짐머와 그린은 그런 세상을 직접 보기 위해 바다를 건너갔을 것이다.

자전거에서 풍력발전용 날개까지
농촌지역인 유틀란트에서 트랙터는 자전거보다 더 흔하다. 겔이 도시를 어떻게 다시 설계할지 고심하고 있을 무렵, 덴마크는 완전히 무관한 것은 아니지만 또 다른 위기에 빠졌다. 다시 말하지만, 이 국가는 근본적인 해결책에 큰 모험을 걸었다.

석유수출국기구가 제4차 중동전쟁에 대한 서구국가의 지원에 대한 보복으로 1973년 회원국들의 석유 수출을 금지하기 전까지 원유 가격은 수십 년 동안 배럴 당 1.5달러에서 2달러 사이를 등락했다. 1974년 원유 가격이 배럴 당 11달러로 폭등했다(Amadeo 2019). 덴마크는 천연 에너지원이 없었고, 난방과 동력에 필요한 에너지원을 석탄과 석유에 전적으로 의존했다.

덴마크의 국토 면적은 4만3천 평방킬로미터이며 1419개의 섬과 반도로 이루어져 있어 세계에서 영토 대비 해안선이 가장 긴 국가 중 하나다. 덴마크에서 해발고도가 가장 높은 곳이

170미터여서 아무런 방해물도 없는 수천 킬로미터의 해변에는 북서풍이 끊임없이 강하게 불어왔다.

석유위기가 그들을 강타한 뒤 덴마크인들은 어떤 식으로든 변화해야 한다는 것을 알았다. 추운 기후에 시달리는 소박한 시골 농촌 사회에서 연료비용과 겨울철 난방비는 보통 사람의 수입의 상당부분을 차지했다. 이런 곤경을 완화하기 위한 에너지 보조금 지원 정책 때문에 정부 재정이 붕괴 직전이었다. 원점으로 돌아가 다시 생각할 때가 되었던 것이다.

사람들은 수천 년 동안 풍력 에너지를 이용해왔다. 1950년대 덴마크인들은 게더Gedser 풍력 터빈을 발명했다. 이 터빈은 날개가 세 개 달린 강력한 200킬로와트 풍력 발전설비로 운영비용이 매우 낮았다—오늘날에도 사용되고 있다. 하지만 그 당시 풍력에너지 생산비용은 화석연료와 비교할 때 경제성이 없었고, 그 결과 전력 생산을 위한 풍력 발전기에 투자하거나 운영할 인센티브가 없었다.

절망적인 몸부림 속에서, 실직한 금속노동자와 농부가 가내수공업 형태로 폐기된 자동차 몸체를 이용해 구형 게더 터빈을 모방해 임시변통으로 풍력용 날개를 만들었다.

덴마크 정치인들은 이런 모험적 시도의 중요성을 재빨리 깨닫고 완전한 에너지 독립을 확보하기 위한 대담한 전략을 수립했다. 1976년에 발표된 최초의 국가 에너지계획은 두 가지 우선 과제—북해에 있을 것으로 추정되는 유전을 개발하는 방안과 풍력을 이용한 대규모 전력 생산 가능성을 탐색하는 방안—를 제시했다.

돌이켜보면, 그 계획은 모험적이고 환상에 가까웠다. 첫 방안의 결과는 충분하지 않았다. 북해에서 발견한 석유와 천연가스의 양은 비교적 미미했다(훨씬 나중인 2005년에 최고 수준에 도달했다). 두 번째 방안은 처음에는 더 나빴다. 여러 연구에 따르면, 풍력 발전의 균등화에너지비용LCOE당 비용이 매우 높았다―요즘보다 500퍼센트 더 높았다(Lantz, Wiser and Hand 2012년). 가장 낙관적인 전문가조차도 풍력이 전통적인 화석연료나 핵에너지에 비해 경쟁력이 있을지 의심했다―그 당시에는 핵에너지가 세계를 에너지 문제에서 구원할 선두 주자로 생각되었다.

하지만 성공 가능성은 중요하지 않았다. 금속노동자, 정부, 산업계, 교육계, 심지어 연금 펀드까지 나서서 비싸고 오염을 발생시키는 화석연료 의존성을 종식하기 위해 구체적인 노력을 기울였다.

풍력에너지 확산을 촉진하기 위해 정부는 1980년대 자본 보조금지원 프로그램을 만들어 신규 터빈 설치비용의 30퍼센트를 지원했다(IRENA 2013). 정부 정책은 총리 교체와, 장기 프로젝트의 투자수익률을 급격하게 바꾸는 에너지 가격의 변동에도 불구하고 그대로 유지되었다.

덴마크의 다당제 정치제도―한 세기 이상 다수당이 없었다―는 장기적인 계획을 실행할 수 있는 중요한 요인이 되었다. 정당들은 개혁을 이루기 위해 함께 연합하여 일해야 했고, 영국이나 미국의 경우와 달리 널리 수용된 정책을 뒤바꿀 힘을 가진 단일 정당이 출현할 가능성이 없다는 것을 안다. 의회의 모든 정당은 정부가 2030년을 내다보며 2018년에 만든 에너지 협약을 만장일치로 지지했다.

연합은 사회의 다른 분야에서도 이루어졌다. 코펜하겐 시정부 기후 국장 요르겐 아빌드가르트가 나에게 말했다.

"모든 기업들의 동기는 이익입니다. 지방 정부들은 그와 다른 동기를 갖고 있죠." 하지만 덴마크는 다르다. 그는 이어서 덧붙였다. "내가 덴마크에서 남쪽으로 몇 백 킬로미터만 여행해보면 사람들은 우리가 여기서 사용하는 비공식적인 어투에 종종 당황합니다. 우리의 어투는 보통 형식적으로는 가볍지만 내용적으로 수준이 높습니다. 기업들, 지방정부들, 시민사회가 모두 앉아서 시 정부가 제시한 가이드라인에 따라 공동 해결책을 신속하게 만듭니다. 그래서 우리는 서로의 말을 경청해야 합니다."

서로에 대한 경청의 효과가 입증되었다. 또 다른 연합된 힘인 덴마크의 산업계는 정부가 제공한 인센티브를 이용했다. 풍력발전용 터빈은 덴마크 전역에서 우후죽순처럼 설치되었다. 1977년부터 2000년까지 약 8천 개의 터빈이 세워졌다(Quartz+Co 2015년, p.6–7). 1991년 덴마크는 해양 풍력구조물을 건설하기 시작했다. 덴마크는 2009년 당시 기준으로 세계 최대의 2차 해양 풍력발전단지 호른스 레브Horns Rev2를 건설했다(D'Armagnac 2010년). 만의 깊이가 얕아 대부분의 터빈은 바다 한 가운데 설치되어 대부분의 덴마크인의 눈에는 보이지 않는다. 지금 덴마크는 전력의 40퍼센트 이상을 풍력에서 얻으며, 세계에서 풍력발전 비율이 가장 높다(Neslen 2016년). (바람이 많이 부는 날의) 여유 전력은 최신 전력망을 통해 이웃 국가인 스웨덴, 독일, 노르웨이에 판매한다. 이는 덴마크 풍력발전단지의 엄청난 잠재력을 보여준다.

덴마크 제조업체들은 많은 부품 공급업자들과 함께 글로벌 시장 선두주자로서 세계에서 가장 빠르게 성장하는 시장인 캘리포니아와 중국에 풍력발전용 터빈을 공급한다. 세계 상위 10개 제조업체 중 7개가 덴마크에 있으며 풍력발전 장비는 덴마크 전체 수출액의 3.7퍼센트를 차지한다(Ministry of Foreign Affairs of Denmark 2018년; Danish Wind Industry Association 2018년). 덴마크 산업무분 총고용자의 9퍼센트 이상이 녹색산업 분야에서 일한다(Gate 21 2017년, p.7). 세계를 선도하는 풍력터빈 제조기업 베스타스Vestas의 2017년 매출액은 110억 달러 이상이며 전 세계에 2만 3천 명 이상을 고용하고 있다(Vestas 2017년). 전체 가치사슬에 포함된 8천 개의 부품사와 함께 중소기업과 중견기업으로 이루어진 밀접한 클러스터가 덴마크 전역에 구축되어 세계에 서비스를 제공한다.

교육 분야 역시 중요한 역할을 담당했다. 덴마크 공과대학DTU은 대학 최초로 풍력에너지 장비의 설계 및 엔지니어링 관련 학위과정을 제공한다. 이 대학은 최대 250미터(현재의 한계)높이의 터빈을 시험할 수 있는 유일한 곳이다(IRENA 2017년). DTU는 이 전문 분야에서 타의 추종을 불허하는 전문기술을 보유하고 있다. 학계와 산업계의 상호교류도 밀접하다. 덴마크의 직업 훈련은 강의 교육과 도제교육을 결합한 이중적인 교육시스템에 기초한다. 터빈 분야의 탁월한 역량을 구축하려면 장인정신과 엔지니어링이 결합되어야 한다.

덴마크 국민은 연금 펀드를 통해 풍력발전단지에 저축액의 일부를 투자함으로써 지분을 소유하라고 권유받았다. 풍력 인프라 시설에 대한 투자는 이자율이 낮은 상황에서 큰 수익을 제공했다.

덴마크의 투자확대 계획에 따르면 2025년까지 풍력발전의 비율을 전력공급량의 60퍼센트까지 증가시킬 예정이다(State of Green 2017년). 이제 풍력발전 비용이 80퍼센트까지 감소하여 약 0.045달러/kWh까지 떨어질 것으로 예상되어 가장 경제적인 대안이 되었다(Danish Ministry of Energy, Utilities and Climate 2018년). 화석연료 대신 재생에너지를 선택하는 것은 환경을 보존하는 최선의 선택이기도 하다.

한계가 없다(클라우드 스토리지)

지금까지 보았듯이 덴마크는 활용할 수 있는 유일한 천연자원에 대한 열정적인 노력을 통해 모두의 예상보다 훨씬 더 빠르게 청정에너지 자립 목표에 다가섰다. 또한 덴마크는 지하케이블을 통한 전력계통 신뢰도를 개선하는 공격적인 프로그램과 함께 세계에서 가장 신뢰할만한 전력망을 만들었다. 아마 40년 전에 이 사업에 참여한 어느 누구도 전력계통 신뢰도가 경쟁 우위 요소가 되리라고 생각지 못했을 것이다. 그리고 당신이 덴마크의 기후―연중 기온이 영하와 섭씨 16도를 오르내린다―가 전력 산업의 중요한 이점이 될 수 있다고 말했다면 웃음거리가 되었을 것이다.

클라우드 스토리지 산업이 새롭게 등장했다. 우리는 대부분 버튼 한 번으로 아이클라우드iCloud, 드롭박스 Dropbox, 또는 구글 드라이브Google Drive에 사진이나 문서를 저장할 때 구체적으로 어떻게 저장되는지는 생각하지 않는다. 데이터는 어딘가에 저장되는 것은 분명하다. 클라우드 스토리지에 대한 수요는 파죽지세로 증가하고 있는 것처럼 보인다. 클라우드 스토리지 시장의 매년 성장률은 29퍼센트로 추정되며 2022년 시장규모가 1,130억 달러에 이를 것으로 예상된다(New Wire 2017년). 세계 데이터의 약 90퍼센트가 지난 2년 동안 생성되었고 2020년에는 약 40조 기가바이트(40제타바이트)가 될 것으로 추정된다 (Petrove 2019년).

애플은 안전하고 신뢰할 수 있는 클라우드 스토리지 시설 부지를 찾던 중 덴마크를 선택했다. 이 기업은 유틀란트주 비보르 근처 166,000평방미터의 대규모 데이터 센터―세계 최대 규모―를 건설하기 시작했다. 이 데이터센터는 수백만 명의 유럽 이용자들을 위해 사진, 파일, 메시지, 시리에 사용되는 아이클라우드와 같은 서비스에 클라우드 스토리지를 지원할 것이다. 덴마크 남부 아벤라 근처에 두 번째 데이터센터를 건설한다는 계획도 발표되었다(Hamilton 2017년).

다른 기업들은 재빨리 애플의 뒤를 따랐다. 덴마크는 클라우드 스토리지를 위한 일종의 철옹성이 되어가는 중에 있다. 구글은 데이터센터를 건설하기 위해 프레데리치아와 아벤라에 토지를 확보했다. 페이스북은 오덴세에 55,000평방미터 규모의 데이터센터를 건설했고, 또한 에스비에르 근처 250,000평방미터 규모의 데이터센터를 건설할 계획이다―이것은 축구장 35개 규모다(Smolaks 2018년).

이 프로젝트의 규모와 비용은 대단하다. 애플은 비보르 지역의 데이터센터 건설에 10억 달러를 투입했다(Wienberg 2019년). 아벤라에 위치한 애플의 데이터센터는 다른 기업들을 끌어들여 최대 1만 개의 일자리를 창출할 것으로 예상된다(Friis Mikkelsen 2017년).

이 기업들은 왜 덴마크와 같은 작은 나라를 선택했을까?

덴마크는 몇 가지 경쟁우위 요소를 갖추고 있다. 서늘한 기후와 같은 행운도 있다. 데이터센터는 엄청난 전력을 사용하기 때문에 막대한 열이 발생한다. 노트북의 과열을 막기 위해 조치를 취하듯이 데이터센터도 최대의 효율성을 위해 서늘한 상태를 유지해야 한다. 비보르와 같은 도시는 여름 평균 기온이 16℃이고 겨울에는 영하의 기온보다 약간 더 높기 때문에 냉각 비용을 줄이는데 도움이 된다.*)

클라우드 스토리지는 탄소배출량을 증가시키기 때문에 애플과 같은 기업들은 그들이 환경 친화적인 기업이라고 입증하기 위해 노력하고 있다. 덴마크 데이터센터는 완전히 재생에너지로 운영될 것이기 때문에 100퍼센트 재생 에너지로 운영하겠다는 약속을 이행할 수 있다.

애플의 북유럽 지역 관리자 에릭 스탠나우는 세 번째 이유를 이렇게 말했다. "덴마크 전력망의 신뢰도가 우리가 덴마크에서 두 곳의 센터를 운영하는 주요한 이유들 중 하나입니다"(Gronholt-Pedersen 2017년). 덴마크의 최신 전력망은 가동률이 99.99퍼센트이고, 전력선의 80퍼센트가 지중에 매설되어 있어 변덕스러운 기후나 자연재해로부터 보호된다(State of Green 2018년). 캘리포니아 거주민의 수천 명 또는 수백만 명이 정기적인 정전으로 피해를 보지만

---

*) 북해와 발틱해 사이에 위치한 덴마크는 아주 가까운 곳에 차가운 바닷물이 많다. 데이터센터를 냉각하는데 바닷물을 점점 더 많이 사용하고 있기 때문에 덴마크의 또 다른 이점이 되었다.

유틀란트의 오랜 거주자들은 단 한 차례의 정전 사고도 기억하지 못한다.

발전은 흔히 이보 전진과 일보 후퇴를 의미한다. 덴마크는 기후변화에 대응하는 싸움을 선도하고 있지만 이러한 데이터센터가 건설되면 탄소배출량이 급격히 증가할 것이다(O'Sullivan 2018년). 게다가 거대한 데이터센터가 방출하는 막대한 열 때문에 열오염Thermal pollution이 증가할 것이다. 이것은 지역의 기후에 상당히 크고 지속적인 영향을 줄 수 있다. 덴마크인들은 글로벌 기업을 유치할 때 그들의 이산화탄소 목표치를 달성하면서 동시에 국가발전을 이루기 위해 더욱 속도를 내야 한다. 과거에도 적응했듯이 그들은 다시 그렇게 해야 할 필요가 있다. 아마도 아주 빠르게 적응해야할 것이다.

덴마크 따라하기

도표 12.2-큰 구조물

'아마거 베케'는 폐기물을 이용한 열병합 발전소이며 스키 슬로프로도 사용된다—게다가 미관상으로도 상당히 매력적이다. (자료: Bjarke Ingels Group)

'규모의 오류'라는 장에서 덴마크를 모든 이론을 거부하는 호박벌로 묘사했다. 이것은 몸체에 비해 날개가 너무 작아서 날 수 없다는 뜻이다. 하지만 호박벌은 실제로 날 수 있다. 하지만 덴마크의 성공을 따라 하기 어려울지도 모른다. 우리는 신뢰, 겸손, 소속감이 덴마크의 강력한 경쟁력이지만 간과하기 쉽다고 주장했다. 그런데 이런 요인들을 어떻게, 어디에서 평가할 수 있을까? OECD 또는 GDP 통계에서 이것을 찾지 못할 것이다. 비평가들은 덴마크의 성장, 인구 구성, 생산성이 덴마크의 진보적인 사회계약을 유지할 수 있을지에 대해 여전히 회의적이다. 덴마크 국민들의 조세부담률은 GDP의 46퍼센트로서 OECD 국가들 중 두 번째로 높다(OECD, 연도 미상). <이코노미스트>의 애드리안 울드리지는 북유럽 국가들을 연구하면서 '덴마크 따라 하기'를 권장했지만 덴마크인들이 현재 상태를 유지해야 하는 과제도 있다고 경고했다(Economist 2013년).

  덴마크 사례에서 어떤 교훈을 끌어낼 수 있을까?

  취약성으로부터 여러 가지 미덕을 만들어 낼 수 있다. 스칸디나비아의 선도적이고 독립적인 싱크탱크 먼데이 모닝Monday Morning의 창립자 에릭 라스무센은 인터뷰에서 나에게 덴마크인은 정치적 이유나 '복지문제'를 해결하는데 꼭 필요한 일에서 돈을 버는 재주가 있다고 말했다. 풍력 에너지와 함께, 덴마크는 노인용 보청기와 당뇨병 치료제 인슐린의 선도적인 생산국가다(Novo Nordisk).

  정부는 혁신적일 수 있고 또 그래야 한다. 우리는 최신 제품의 발명―네스프레소 머신, 포스트잇, 아이폰―을 정부에 기대할 수 없을지 모르지만 덴마크인들이 에너지와 도시계획에서 보여주었고 핀란드인들이 초등교육에서 입증했듯이, 정부 역시 대담하고 미래지향적일 수 있다. 물론 정책 입안은 위험하고 우리가 검토한 사례의 대부분에서 운도 거의 따라주지 않았다. 풍력 에너지 생산비용이 경제성이 있을 것이라고 믿는 사람은 거의 없었고 도박과 같은 그런 모험이 성과가 없었다면 덴마크 정부는 매우 어리석게 보였을 것이다. 하지만 풍력 에너지는 성공했다.

좋은 일들은 보통 시간이 걸리기 때문에 안정적이고 지속적인 정책에 관해 명심해야 할 것이 있다. 협업은 대립보다는 타협을 중재하는데 더 효과적이다. 덴마크의 풍력발전 실험은 정치적 합의가 없었다면 성공하지 못했을 것이다. 코펜하겐 경영대 정치학 명예교수 오베 카즈 페데르센은 이렇게 요약한다. "위기가 닥치면 덴마크인들은 협력하기 시작한다." 이것은 우리 모두가 따라해야 할 금언이다.

자유 시장은 희소한 자원을 엄청나게 다양한 재화와 서비스에 배분하는 최적의 시스템이다. 하지만 자유 시장은 공유경제를 창출하지 못하며, '중요하지만 긴급하지 않은' 장에서 설명했듯이, 특히 장기적이고 서서히 발생하는 문제를 해결하는데 적합하지 않다. 25년 뒤에 기업에 일어날 일들은 지금의 최고경영자에게 별로 중요하지 않다. 어떤 실리콘벨리 벤처자본가가 덴마크 정부가 보여준 모습과 같은 위험 수용적 태도와 역량을 갖고 있겠는가? 캘리포니아가 아니라 덴마크가 풍력에너지 산업에서 세계적 선두주자가 된 것은 캘리포니아의 민간 부문이 풍력에너지에 관한 준비나 동기가 없어 내리지 못한 결정을 덴마크 정부가 단호하게 내렸기 때문이다.

 마지막으로, 신화는 깨질 수 있다. 덴마크인들은 산업이 성장하려면 반드시 인구가 성장해야한다는 기존의 믿음이 잘못임을 입증했다. 덴마크는 1973년 이후 GDP가 두 배로 증가했고, 1990년 이후 온실가스 배출량이 약 40퍼센트 줄었다(Nørtoft 2018년). 전 세계 사람들은 정치와 경제가 서로 상반된 것으로 생각하지만 덴마크는 정치가 경제적 이익을 낼 수 있다는 것을 보여주었다. 자동차에 대한 소비자의 애정은 한때 불가침의 대상이었지만 다른 많은 애정과 마찬가지로 시간이 지나면서 시들 수 있다. 특히 더 나은 대체물이 등장할 경우에 말이다. 겔 이전에는 도시계획에서 도시의 인간적인 측면은 사실상 거의 무시되었지만 이제는 전 세계에서 대중적인 주목을 받고 있다.

 한 세대가 지나면서 코펜하겐은 아주 볼품없는 곳에서 가장 매력적인 곳 중의 하나가 되었고, 2025년에는 세계 최초의 탄소중립 수도가 될 가능성이 높다. 이 기간 동안 덴마크는 오염물질을 배출하는 에너지를 100퍼센트 수입하는 국가에서 수익성이 좋고 신뢰도가 높은 전력 생산국이자 청정에너지 수출국으로 바뀌었다.

 아마 덴마크가 우리에게 가르쳐주는 가장 중요하고 소중한 교훈은 지금이 하나뿐인 지구를 올바르게 관리할 때라는 것이리라.

참고도서 및 추가 독서자료

Amadeo, K. 'OPEC Oil embargo, Its Causes, and the Effects of the Crisis'. The Balance, 2019. https://www.thebalance.com/opec-oil-embargo-causes-and-effects-of-the-crisis-3305806.

'Bicycle Statistics from Denmark'. Cycling Embassy of Denmark, 2009. http://www.cycling-embassy.dk/wp-content/uploads/2009/03/Fact-sheet_English.pdf.

Campbell, J.L. and O.K. Pedersen. 'The Varieties of Capitalism and Hybrid Success: Denmark in the Global Economy'. Comparative Political Studies, 40(3) (2007): pp. 307–332.

Campbell, J.L., J.A. Hall, and O.K. Pedersen. National identity and the varieties of capitalism: The Danish experience (Canada: McGill-Queen's University Press, 2006).

Colville-Andersen, M. 'Copenhagenize your city'. The Guardian, 2018. https://www.theguardian.com/cities/gallery/2018/jun/11/copenhagenize-case-urban-cycling-graphs.

――'Danish 180% Tax on Cars is Rather Irrelevant'. Copenhagenize.com, 2012. http://www.copenhagenize.com/2012/10/danish-180-tax-on-cars-is-rather.html.

'Danish wind power breaks all records in 2017', Ministry of Foreign Affairs of Denmark, 2018. https://investindk.com/insights/danish-wind-power-breaks-all-records-in-2017.

D'Armagnac, B. 'Danish wind farms show sustainable attitude to renewable energy'. The Guardian, 2010. https://www.theguardian.com/world/2010/aug/10/denmark-renewable-wind-farm-energy.

'Denmark best in class for security of supply in the EU'. State of Green, 2018. https://stateofgreen.com/en/

partners/state-of-green/news/denmark-best-in-class-for-security-of-supply-in-the-eu/.

'Denmark is heading towards 60% wind energy'. State of Green, 2017. https:// stateofgreen.com/en/partners/state-of-green/news/denmark-is-heading-towards-60-wind-energy/.

'Denmark, Sweden still the highest-tax OECD countries'. OECD. http://www.oecd.org/general/denmarkswedenstillthehighest-taxoecdcountries.htm.

Eadicicco, L. ' "We were told we were crazy" – Lyft's founders describe how far the company has come in a new letter in its IPO filing'. Business Insider, 2019. https://www.businessinsider.com/lyft-ipo-founders-letter-2019- 2?r=US&IR=T.

'Energiindustriens Historiske Omstilling og Betydning for Danmark'. Quartz+Co, 2015. https://www.danskenergi.dk/sites/danskenergi.dk/ files/media/dokumenter/2017-07/150224Energiindustriens_historiske_ omstilling_QuartzogCO.pdf.

'Facts about Cycling in Denmark'. Cycling Embassy of Denmark, 2017. http:// www.cycling-embassy.dk/facts-about-cycling-in-denmark/statistics/.

Fleming, S. 'What makes Copenhagen the world's most bike-friendly city?'. World Economic Forum, 2018. https://www.weforum.org/agenda/2018/10/what-makes-copenhagen-the-worlds-most-bike-friendly-city/.

Friis Mikkelsen, P. 'Viborg mærker allerede effekten af byggeri af datacenter'. DR, 2017. https://www.dr.dk/nyheder/regionale/midtvest/viborg-maerker-allerede-effekten-af-byggeri-af-datacenter.

Garfield, L. 'These 10 cities are the most prepared for the future'. Business Insider, 2017. https://www.businessinsider.com/smart-cities-ranking-easypark-group-2017-11?r=US&IR=T.

Gehl, J. Life Between Buildings: Using Public Space

(Washington: Island Press, 2011).

Gerdes, J. 'Copenhagen's ambitious push to be carbon-neutral by 2025'. The Guardian, 2013. https://www.theguardian.com/environment/2013/apr/12/copenhagen-push-carbon-neutral-2025.

'Global Cloud Storage Market is Expected to Reach $112.73 Billion by 2022'. News Wire, 2017. https://www.newswire.com/news/global-cloud-storage-market-is-expected-to-reach-112-73-billion-by-2022.

'Grøn vækst i Greater Copenhagen'. Gate 21, 2017. https://www.gate21.dk/wp-content/uploads/2017/05/GrønVækstiGreaterCopenhagen_web.pdf.

Gronholt-Pedersen, J. 'Apple to build second renewables-powered data center in Denmark'. Reuters, 2017. https://ca.reuters.com/article/idCAKBN19V0MJ-OCATC.

Hamilton, B. 'Google buys second plot in Denmark as speculation grows it will establish data centre'. CPH Post, 2017. http://cphpost.dk/news/google-buys-second-plot-in-denmark-as-speculation-grows-it-will-establish-data-centre.html.

Jacobs, J. The Death and Life of Great American Cities (London: Pimlico, 2000).

Katz, B. and J. Nowak. The New Localism: Or How Cities Can Thrive in Age of Populism (Washington, D.C.: Brookings Institution Press, 2018).

Lantz, E., R. Wiser and M. Hand. 'Figure 3. IEA Wind Task 26: The Past and Future Cost of Wind Energy, Work Package 2'. NREL, 2012. https://www.nrel.gov/docs/fy12osti/53510.pdf.

Levring, P. 'Denmark to Ban Sale of Fossil Fuel Cars in 2030, Boost EV Sales'. Bloomberg, 2018. https://www.bloomberg.com/news/articles/2018-10-02/denmark-plans-2030-ban-on-fossil-fuel-car-sales-premier-says.

McArdle, M. 'You Can't Have Denmark Without Danes'. Bloomberg, 2018. https://www.bloomberg.com/opinion/articles/2018-02-23/you-can-t-have-denmark-without-danes.

Neslen, A. 'Denmark broke world record for wind power in 2015'. The Guardian, 2016. https://www.theguardian.com/environment/2016/jan/18/denmark-broke-world-record-for-wind-power-in-2015.

--'Wind power generates 140% of Denmark's electricity demand'. The Guardian, 2015. https://www.theguardian.com/environment/2015/jul/10/denmark-wind-windfarm-power-exceed-electricity-demand.

Nielsen, V.V. 'The Danish Wind Cluster: The Microeconomics of Competitiveness'. Harvard Business School, 2017. https://www.isc.hbs.edu/ resources/courses/moc-course-at-harvard/Documents/pdf/student-projects/ Denmark_Wind_2017.pdf.

Nørtoft, M. 'Energiforbruget er lavere end for ti år siden (opdateret)'. Danmarks Statistik, 2018. https://www.dst.dk/da/Statistik/bagtal/2018/2018-04-04-2016-bryder-otte-aars-trend-med-faldende-energiforbrug.

'Note on technology costs for offshore wind farms and the background for updating CAPEX and OPEX in the technology catalogue datasheets'. DK, Danish Ministry of Energy, Utilities and Climate, 2018. https://ens.dk/sites/ ens.dk/files/Analyser/havvindsnotat_translation_eng_final.pdf.

O'Sullivan, F. 'Denmark's carbon footprint is set to balloon – blame big tech'. Wired, 2018. https://www.wired.com/story/denmarks-carbon-footprint-is-set-to-balloonblame-big-tech/.

Petrov, C. 'Big Data Statistics 2019'. Techjury, 2019. https://techjury.net/stats-about/big-data-statistics/.

Preetish. 'Want to ensure business growth via

big data? Augment enterprise data with web data'. PromptCloud, 2017. https://www.promptcloud.com/blog/want-to-ensure-business-growth-via-big-data-augment-enterprise-data-with-web-data/.

'Renewable energy benefits: leveraging local capacity for onshore wind'. International Renewable Energy Agency, IRENA, 2017. https://www.irena.org/-/media/Files/IRENA/Agency/Publication/2017/Jun/IRENA_Leveraging_ for_Onshore_Wind_2017.pdf.

'Revenue Statistics 2018 – Denmark'. OECD, 2018. https://www.oecd.org/tax/ tax-policy/revenue-statistics-denmark.pdf.

'Smart Cities Index'. Easypark, 2017. https://easyparkgroup.com/smart-cities-index/.

Smith, A. The Theory of Moral Sentiments (London, Penguin Books, 2010).

Smith, O. 'World Obesity Day: Which countries have the biggest weight problem?'. The Telegraph, 2017. https://www.telegraph.co.uk/travel/maps-and-graphics/the-most-obese-fattest-countries-in-the-world/.

Smolaks, M. 'Facebook is planning second hyperscale campus in Denmark'. Data Center Dynamics, 2018. https://www.datacenterdynamics.com/news/facebook-planning-second-hyperscale-campus-denmark/.

'Statistics'. Danish Wind Industry Association, 2018. https://en.windpower.org/wind-in-denmark/statistics.

'The CPH 2025 Climate Plan', Københavns commune. https://urbandevelopmentcph.kk.dk/artikel/cph-2025-climate-plan.

'30 Years of Policies for Wind Energy: Lessons from 12 Wind Energy Markets', IRENA, 2013. https://www.irena.org/publications/2013/Jan/30-Years-of-Policies-for-Wind-Energy-Lessons-from-12-Wind-Energy-Markets.

Thoreson, M. Hygge: The Danish Secrets of Happiness: How to be Happy and Healthy in Your Daily (Copenhagen: Life CreateSpace Publishing, 2017).

'TomTom Traffic Index: Measuring Congestion Worldwide'. TomTom, 2017. https://www.tomtom.com/en_gb/trafficindex/list?citySize=LARGE&continent=ALL&country=ALL.

Verge, J. 'Apple to Spend $2B on Two Massive European Data enters'. DataCenter Knowledge, 2015. https://www.datacenterknowledge.com/archives/2015/02/23/apple-spend-2b-two-massive-european-data-centers.

'Vestas Annual Report'. Vestas, 2017. https://www.vestas.com/~/media/vestas/investor/investor%20pdf/financial%20reports/2017/q4/2017_annual_report.pdf.

Weihe, C.P. 'Copenhagen City of Cyclists – facts and figures 2017'. Cycling Embassy of Denmark, 2017. http://www.cycling-embassy.dk/2017/07/04/copenhagen-city-cyclists-facts-figures-2017/.

Wienberg, C. 'Apple, Facebook, Google asked to pay for wind parks in Denmark'. Fin24, 2019. https://www.fin24.com/Companies/apple-facebook-google-asked-to-pay-for-wind-parks-in-denmark-20190413.

Wiking, M. The Little Book of Lykke: The Danish Search for the World's Happiest People (London: Penguin, 2018). 「그들은 왜 더 행복할까」(마일스톤).

'Windmill History', The Danish Windmill Corporation, no date. http://www.danishwindmill.com/danish_windmill_history/history_overview.asp.

Wooldridge, A. 'Northern Lights'. The Economist, 2013. https://www.economist.com/special-report/2013/02/02/northern-lights.

대담 및 인터뷰
앤더스 돈스, 오스틴 살리베리, 클라우스 메이어,
에릭 라스무센, 핀 융게-젠슨, 플레밍 벤센바허,
헨리크 트바노에, 얀 겔, 제스퍼 니가드,
제스퍼 우트럽, 존 A. 홀, 존 L. 캠벨, 요르겐
아빌드가아르트, 카린 크리트가아르트,
카르스텐 디바트, 크리스티안 젠슨, 라르스
프루어가르트 요르겐슨, 라르스 레빈 쇠렌센,
리케 프리스, 매드 니퍼, 마르그레데 베스타거,
모르텐 디홀름, 닐스 크리스텐센, 오베 카즈
페데르센, 피터 카첸스테인, 피터 A. 홀, 쇠렌 스코우,
스틴 톰센, 톰 라르센, 울릭 베스터가르트,
크누센 비그 니엘슨과 필헬름 비그 니엘슨 부부

13장 북유럽국가들: 사랑의 이론

오를 수 없는 사다리.
(지료: Wikimedia Commons)

정오 무렵, 헤이키 티타넨은 아기가 잠을 자려고 하지 않아 약간 짜증이 났다. 평소 이 숙련된 엔지니어는 아기를 돌볼 시간이 아주 많았다. 그는 6개월 동안 육아휴직 중이다. 육아휴직은 핀란드에서 아주 흔히 볼 수 있는 것으로 엄마뿐만 아니라 아빠도 자녀가 출생하는 시기에 충분한 육아휴직기간을 제공받는다.

아기가 자는 동안 티타넨은 집안의 허드렛일과 그의 새로운 회사인 핀란드 베이비 박스Finnish Baby Box의 업무를 처리하느라 분주했다. 그는 이 회사를 역시 엔지니어이자 새내기 아빠들인 두 명의 동료와 함께 설립했다. 다행스럽게도, 이 모든 일은 그의 거실에서 이루어졌고, 아기가 깨어날 때마다 그를 돌볼 수 있었다.

티타넨과 그의 친구들, 안시 옥코넨과 안톤 다니엘슨은
여성을 해방시키려는 핀란드의 노력에서 착안해 새로운
회사를 설립해야겠다는 생각을 갖게 되었다. 자녀를 기대하는
모든 핀란드 부부들과 같이 티타넨 부부도 인기 있는 핀란드
출산패키지 '켈라 출산 박스Kela Maternity Box'를 받았다.
티타넨이 처음 이 박스의 뚜껑을 열었을 때 '이제 곧 나도
아빠가 되겠구나.'라는 생각이 들었다. 50가지 물품이 담긴 이
박스는 젊은 가족에게 필요한 거의 모든 것—옷, 고무젖꼭지,
젖꼭지용 크림, 체온이나 목욕물의 온도를 잴 수 있는 온도계,
이동용 침대, 심지어 자녀의 첫 번째 책—이 들어있다. 핀란드
베이비 박스는 이 베이비박스가 전 세계 모든 가족들이 이용할
수 있기를 바라는 마음에서 탄생했다.

도표 13.1- 핀란드 베이비 박스

도표 13.2- 박스의 내용물
(자료: Wikimedia Commons)

사회계약은 보통 역경을 겪으면서 만들어진다. 핀란드에서 놀라운 성 평등 운동 역시 다르지 않았다. 대공황 이후 핀란드는 유럽에서 유아사망률이 가장 높은 국가였다(Lee 2013년). 정부는 1938년 유아 사망을 줄이기 위한 교육 프로그램의 일환으로 켈라 출산 박스 프로그램을 시작했다. 여기에는 무료 주치의도 포함되어 있었다. 처음에는 전체 인구 중 가난한 사람들을 대상으로 제공되었지만 나중에는 모든 아이들은 인생의 출발선이 같아야 한다는 평등주의적 신념에 기초하여 모든 임신 부부에게로 확대되었다.

그 당시 어느 누구도 유아 사망을 예방하기 위해 고안된 단순한 박스가 전 세계의 성 평등을 가장 효과적으로 촉진하는 첫 번째 변화가 될지 상상하지 못했다. 지난 수세대 농안 전 세계는 여성 인재의 해방을 환호했지만 북유럽 국가보다 더 큰 성공을 거둔 지역은 없다.

덴마크, 핀란드, 노르웨이, 스웨덴, 아이슬란드는 여성, 어머니, 아동이 살기 좋은 국가 순위에서 가장 최고의 평가를 계속 받고 있다. 세이브더칠드런Save the Children의 2015년 마더지수Mother's Index—유엔 자료를 이용해 세계에서 엄마들이 가장 살기 좋은 국가를 평가한다—에서 북유럽 국가들은 상위 5위 이내에 포함되었다(Jones 2015년). 이것은 부분적으로는 일과 부모 역할의 균형이 탁월하고 합리적인 주간보호에 의해 더 쉬워졌기 때문이다. 아이들의 학교 등교일은 부모의 근무일과 더 비슷하고, 유급 육아휴직은 부모 소득의 안정성을 개선한다. 유연한 시간제 일자리 덕분에 어머니와 아버지들은 서로 협력하여 생계비를 벌면서 자녀들과 자유로운 시간을 더 많이 보낼 수 있다(많은 북유럽 국가에서는 적어도 일주일에 하루는 재택근무가 일반적인 관행이다). 옥스퍼드대 연구에 따르면, 북유럽 국가의 남성들은 다른 어떤 국가보다 가사 일을 더 많이 분담한다(Oxford University 2016년).

이런 단순하지만 혁명적인 정책 덕분에 여성의 노동시장 참여율이 더 높고 임금 격차는 더 적다(Schwab 2018년). 여성들은 더 이상 자신이 추구하는 직업 경력과 자신이 되고 싶은 엄마 사이에서 선택을 할 필요가 없다. 결혼과 부모가 되는 것과는 더 이상 필연적인 관계가 아니다. 다른 인종 간의 결혼이나 동성 결혼이 더 이상 충격적이지 않게 되었다.

그 결과 여성들은 북유럽 사회에서 더 중요해졌다. 그들은 입학시험에서 더 나은 성적을 얻고, 대학 학위 취득자 중 다수를 차지하고 더 많은 연봉을 받는다.[*] 높은 노동시장 참여율과 높은 임금 덕분에 경제는 더 큰 잠재력을 갖는다. 여성은 세계 지출의 65퍼센트, 미국 지출의 80퍼센트 이상을 관리한다. 그래서 기업들은 여성에게 더 많은 관심을 기울여야 한다(Continuum, 2011년). 이들 국가의 성별 임금 격차는 훨씬 더 적고, 아이슬란드는 세계 최초로 기업에게 직원들에게 동일 임금을 지불한다는 것을 입증할 의무를 부여했다(Zalis 2018년). 여성은 국회의원의 약 40퍼센트를 차지하며 스웨덴을 제외한 북유럽 국가들에서 수상을 역임했다(World Bank

---

[*] 많은 여성 대학 졸업자들이 졸업 후 반드시 더 많은 기회를 얻는 것은 아니라는 점을 유의하는 것이 중요하다. 예를 들어, 미국의 여성들은 더 나은 교육을 받았음에도 남성보다 대체로 소득이 적다(Hess 2017).

1.	노르웨이
2.	핀란드
3.	아이슬란드
4.	덴마크
5.	스웨덴
6.	네덜란드
7.	스페인
8.	독일
9.	호주
10.	벨기에

세계에서 어머니가 살기 가장 좋은 10개 국가 중 8개 국가는 규모가 작다.
(자료: The Mother's Index)

도표 13.3- 세계에서 어머니가 가장 살기 좋은 국가

2018년). 경제적 영향력이 확대되고 정치적 목소리가 커지면서 여성들은 사회의 존중받은 일원으로서 자아성취적인 삶을 추구할 수 있다. 이런 국가들이 행복하고 능력중심 사회 순위에서 계속 최상위에 오르는 것은 당연하다.

켈라 출산 박스 이후 길고 험난한 길이 이어졌다. 이 장에서 우리는 이 여정을 설명하려고 한다. 이것은 한때 남성에게 의존했던 수백만 명의 북유럽 여성들이 어떻게 경제적, 정치적, 모성적 삶에 대한 주도권을 잡게 되었는지에 관한 이야기다. 또한 남성들이 그런 변화에 어떻게 적응했는지에 관한 이야기이기도 하다. 무엇보다도 남성과 여성이 여전히 서로의 차이를 유지하면서도 더 평등해질 수 있는지에 대한 이야기다. 마지막으로는, 이런 성공과 함께 의도치 않게 발생한 현상에 대해 심각한 우려를 제시한다.

성차별 없는 세상을 향하여

발전은 획일적이지도, 직선적이지도 않다. 새로운 정책과 새로운 사고방식은 전혀 별개의 문제다. 문명이 태동한 이후

사람들이 성에 대해 합의한 주요 내용은 상호 의존과 종속 관계였다. 여성은 신체적으로 취약해 보호를 중요하게 여겼다. 출산의 예측 불가능성, 농업에 의존한 생계유지로 인해, 남성이 생계활동을 하고 여성은 육아와 가사 일을 책임지는 전통적인 사회계약이 수천 년 동안 이어졌다. 목회자, 원로들, 조부모들은 결혼이 사회의 핵심요소를 함께 묶어주는 중요한 끈이라고 주장했다.

여성은 1960년대까지 평균 5명의 아이를 낳았다.[*]
이것은 그들이 다른 것을 할 시간이나 여력이 거의 없었다는 뜻이었다. 1950년대 미국의 가정경제 교과서에 실린 '남편을 돌보는 팁'에는 다음과 같은 조언이 포함되어 있었다.
"대부분의 남자들이 집에 돌아올 때 배가 고프기 때문에 제때에 맛있는 음식을 준비해 놓아야 한다. 그리고 남편이 힘든 날을 보냈기 때문에 화장을 하고 머리에 리본을 매고서 즐겁게 해주어야 한다. 지루한 시간을 보낸 날에는 기분전환이 필요할 수도 있다(Tips to Look After Your Husband 2017년). 여성들은 가장 바람직한 행동을 보여주는 것 이외에도 일도 열심히 했다. 하지만 그들의 일은 돈으로 보상받지 못했고 흔히 과소평가되었다.

과학기술은 이 모든 것을 바꾸었다. 피임약이 출시되자 1960년대 곧바로 엄청난 인기를 끌었다. 여성들은 더 이상 원치 않은 임신의 공포 때문에 성적으로 제약받지 않았다. 가족은 우연이 아니라 계획의 산물이 되었다. 작고한 스웨덴 지성인

---

[*] 북유럽 국가의 여성 1인당 출산 자녀수는 항상 적었다(Roser 2017년).

한스 로슬링은 세탁기가 역사상 그 어떤 발명품보다 민주주의와 경제 성장에 더 많은 영향을 미쳤을 것이라고 생각했다. 세탁기는 오랜 시간 손으로 옷을 세탁하는 고역에서 여성들을 해방시켰다(Rosling 2010년). 식기세척기, 커피메이커, 전자레인지, 진공청소기, 그 외에 많은 기기들이 발명되어 요리와 청소와 같은 전통적으로 여성이 담당했던 일에서 그들을 해방시켰다. 그래서 그들은 하고 싶은 일에 도전할 수 있었다. 더 많은 아이를 낳는 일은 그들이 도전하고 싶은 일이 아니었다.

대부분의 선진국에서 여성 1인당 출산 자녀수는 1960년 5명 이상에서 1.5-1.9명으로 대폭 감소했다(Roser 2017년). 현재의 인구를 유지하려면 출산율이 2.1명이 되어야 하다. 자녀의 수가 적다는 것은 어머니의 역할이 과거에 그랬듯이 여성들의 유일한 주요 활동이 아니라는 뜻이었다. 그 결과 여성들은 교육, 직업, 개인적 부의 축적에 관련된 활동을 할 시간이 더 많아졌다. 그들은 사회가 역사적으로 그들에게 기대했던 완벽하고, 순종적이며, 전통적인 가정주부의 역할에 더 이상 매이지 않았다.

머리보다 육체적인 힘이 더 중요한 곳에서 남성은 타고난 강점을 누렸다. 하지만 지식과 상상력이 필요한 일에서는 남성과 여성의 능력에 차이가 없었다. 대부분의 선진국에서 다수 제조업 분야의 지속적인 자동화와 서비스 분야의 강력한 성장은 여성들이 늘어나는 다양한 매력적인 일자리에 취업하기에 훨씬 더 적합해졌다는 뜻이었다.

여성들은 이런 변화를 잘 활용했다. 1960년 미국 기혼 여성의 18퍼센트가 대학교육을 받았다. 오늘날에는 이 수치는

70퍼센트에 가깝다(Livingston and Cohn 2013년). OECD 보고서에 따르면, 오늘날 대학졸업자의 절반 이상이 여성이다(Nygård 2016년). 북유럽 국가들은 이 OECD 평균치를 능가하며 스웨덴은 학부 졸업자의 69퍼센트가 여성으로 가장 높다(Nygård 2016년). 북유럽 여성의 노동시장 참여율이 세계에서 가장 높은 수준인 것은 놀라운 일이 아니다.

전통적인 성 역할은 현실과 맞지 않게 되었고 재조정이 불가피했다. 이것은 근본적으로 다른 사고방식이 요구된다. 얼핏 보기에 북유럽의 대응책은 낭만적인 것처럼 들리지만, 사실은 그렇지 않다.

스웨덴식 사랑법

2016년 에릭 간디니Erik Gandini는 「스웨덴식 사랑법The Swedish Theory of Love」이라는 냉소적인 다큐멘터리 영화를 감독했다. 이 영화는 북유럽 사람들이 성적 평등을 준비하기 위해 사회복지제도와 사고방식을 어떻게 바꾸고 있는지를 보여준다.

북유럽의 가장 근본적인 가치 중 하나는 자립이다. 이로부터 누군가를 진정으로 사랑하기 위해선 자신이 독립적이어야 한다는 기본적인 이론이 나온다. 한 파트너가 다른 파트너의 수입에 의존한다면 그들은 종속적인 태도로 행동하는 경향이 있으며, 이는 건전하고 지속적인 관계 형성에 바람직하지 못한 토대가 된다. 이런 의미에서 합당한 정도의 재정적 독립을 달성하는 것이 여성이 누릴 수 있는 기회를 확장하는 데 핵심적 요소다. 이것은 켈라 출산 박스를 도입한

이후 북유럽의 정책 방향을 결정할 때 사용해 온
나침반이었다.

정책은 여성을 넘어섰다. 간디니의 영화는 역사가 헨릭
베르그렌과 라르스 트뢰게리드가 쓴 도발적인 제목의 책
「스웨덴인은 인간인가Is the Swede a Human Being?」에
기초했다. 이 책의 핵심적인 개념은 '스웨덴 사람들'(북유럽
사람들)이 이기심에서 벗어나 복지국가를 위한 재원으로 자기
수입의 상당액을 제공한다는 것이다. 그들은 뛰어난 복지정책
덕분에 부담스러운 의존과 미래에 대한 불안에서 벗어나기
때문에 개인적인 목표에 더 잘 집중할 수 있다.

블룸버그는 미국의 아동 1명당 양육비를 233,610달러로
추정한다(Bjerga 2017년). 사립학교와 대학을 포함시키면 이
수치는 족히 두 배가 될 수 있다. 북유럽 국가에서 가장 중요한
요소—교육, 자녀 돌봄, 보건, 교통—은 국가가 책임지고
제공하고 대부분의 비용을 지불하기 때문에 사람들은
자유롭게 그들이 진정으로 사랑하는 파트너를 선택하고
경력을 개발하고 가족을 부양하는데 에너지와 자원을
집중한다. 구체적인 수치를 보자면, 영국 가정은 순수입 중
평균 33.8퍼센트를 자녀돌봄 비용으로 지출하지만 스웨덴은
4.4퍼센트를 지출한다(Luxton 2016년).

자녀의 성장은 교육에 관한 장에서 지적하듯이 사회가
제공하는 가장 귀중한 선물이다. 북유럽 사회는 이런 점에서
훨씬 더 앞서 있다. 북유럽 국가의 피사점수는 영국, 미국보다
상당히 높고, 아이들의 교육 수준이 부모의 사회적 지위에
상관없이 놀라울 정도로 별 차이가 없다(Jackson and Kiersz
2016년). 대학교육은 무료다. 이와 반대로 미국의 대학생

대출금은 신용카드 대출한도를 넘어섰고, 이제는 소비자 부채 중 두 번째로 큰 부분이 되었다(Friedman 2018년). 하버드대 데이비드 라이브슨은 이렇게 말한다. "미국은 교육 기회의 격차가 너무 심합니다―30년 뒤 불평등이 엄청나게 심각해진다고 해도 놀랄 이유가 있을까요?"

많은 지역에서 아이들의 등교일과 어른들의 출근일이 거의 같지 않지만, 북유럽 국가들은 이 퍼즐을 다시 조정해서 더 잘 일치시켰다. 종일제 아동보육비는 미국의 중위 아동보육 비용의 85퍼센트 수준이며, 북유럽 국가들은 이것을 사회계약의 일부로 본다(Zarya 2016년). 스웨덴의 1-5세 아동의 90퍼센트 이상이 정부가 지원하는 집 주변 주간보호시설에 다닌다(Himmelstrand 2015년). 유연근무 방식이 일반적이어서 직장과 아동의 학교생활을 동시에 더 쉽게 감당할 수 있다. 파트타임 노동자들은 정당한 권리를 인정받는다. 대부분의 사람들은 오후 5시에 일을 마치며, 매년 25일 간의 휴가를 보내기 때문에 업무 이후의 삶과 재충전의 시간을 누릴 수 있다.

경력 단절 역시 용이해진다. 1970년대 북유럽 국가들은 최초로 육아휴직을 제공하여 부모가 원하는 대로 공동으로 육아를 할 수 있게 했다. 엄마가 이용할 수 있는 총 유급 육아휴직 기간은 스웨덴은 56주, 핀란드는 최대 161주이며, 이에 비해 영국은 39주, 미국은 육아휴직 제도가 아예 없다(OECD Family database 2017년). 그리고 출산 5주 전에 유급 육아휴직이 시작된다. 아빠의 육아휴직도 제공된다. 노르웨이는 아빠를 위해 10주의 육아휴직을 제공하며 엄마가 대신 사용할 수 없다. 그 결과 아빠의 90퍼센트가 최소

10주간의 육아휴직을 이용했다(Chemin 2011년). 종합하면, 북유럽 국가는 육아지원 활동에 미국에 비해 1인당 네 배 이상을 지출한다(OECD Family database 2016년).

　육아지원은 TSTF 국가의 정책적 관점을 보여주는 중요한 예다. 미국과 같은 국가의 선출직 관리들은 육아를 경제학자들이 말하는 제로섬 게임의 시각에서 보고, 다른 프로그램에 대한 혜택을 축소함으로써 재원을 마련해야 하는 사업으로 취급한다. 이와 반대로, TSTF 국가, 특히 북유럽 국가는 일하는 여성이 국가가 육아지원에 지출하는 돈보다 더 많은 세금을 납부한다고 보았다. 이것은 육아지원 프로그램으로 인한 지출액보다 조세수입이 더 많다는 뜻이다. 육아지원은 모두를 위한 상생 정책이다.

도표 13.4 - 육아의 진화
(자료: Banx)

　차별 금지, 동일 임금, 지식재산권, 성폭력, 폭력, 그리고 오래된 성 관념에 기초한 사회의 전통적인 많은 문제들에 관한 법률이 있다. 스웨덴에도 '아동, 노인, 성 평등부'가 있는데 이것은 이 문제가 우선적인 사안임을 보여준다. 많은 발전이 밑에서부터 이루어지고 있다. 예를 들면, 스톡홀름의 포토그래픽 박물관은 성별에 따른 임금 격차에 대한 항의 표시로 여성 관람객의 입장료를 남성보다 13센트 덜 받는다고 도발적으로 홍보했다. 이것은 쉽게 사라지지 않는 고정관념을 없애고 평평한 운동장을 만들기 위해 일반인이 끈질기게 숙고한 결과 중 하나다. 그 동안의 성과가 모든 것을 말해준다.

<이코노미스트>는 매년 '유리천장지수'를 발표한다. 이것은 교육, 임금, 육아비용, 모권, 고위직 여성 대표자와 같은 다양한 변수들의 발전 정도를 측정한다. 이 자료들은 여성이 동등하게 대우받을 기회의 정도를 단 하나의 측정치로 압축해서 표현한다. 북유럽 국가들은 계속 그래왔듯이 현재 상위 4개 순위(덴마크는 6위) 내에 포함된다(Economist 2018년).

미국과 영국의 어머니들은 흔히 조화될 수 없는 선택지―스트레스에 시달리는 슈퍼맘과 퇴직―사이에 갇혀 있는 것 같다. 많은 부모들이 교육과 어린이집에 너무 많은 돈을 지출하여 항상 경제적 파산 위기에 몰려 있다. 북유럽 국가들은 거의 30년 전에 이런 문제를 없애는 제도를 개발했다. 2014년 국제노동기구 보고서에 따르면 185개국 중 단 두 나라―파푸아뉴기니와 미국―가 유급 육아휴직을 제공하지 않는다는 것은 이해하기 어렵다(Walsh 2017년). 이것은 전 세계국가의 사회계약이 엄청나게 차이가 있으며, 그러므로 개선의 여지가 있다는 것을 보여주는 또 다른 예이다.

기업 차원에서 보면, 전체 후보자들 중에서(50퍼센트 보다는) 최고의 인재를 선발할 수 있다는 것은 그 자체로 장점이다. 여러 연구에 따르면 성 평등을 고취하는 기업들이 수익성도 상당히 더 높다.*)

집단적인 차원에서 보면, 성 평등이 가장 발전한 국가들은 세계에서 가장 경쟁력이 높은 국가들이다. 이것은 모든 시민이 여성의 승리를 통해 수혜자가 될 수 있다는 것을 보여준다.

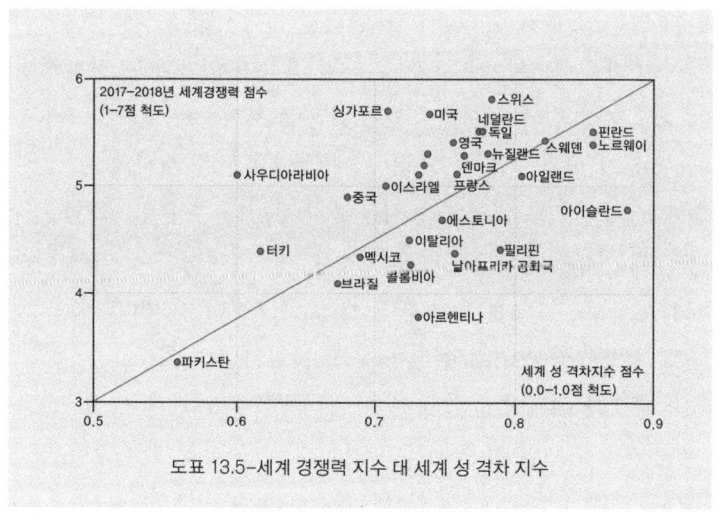

도표 13.5-세계 경쟁력 지수 대 세계 성 격차 지수

이 도표는 성 격차를 줄이는 것이 더 높은 경쟁력을 갖춘 경제로 가는 길임을 보여준다. (자료: World Economic Forum)

작은 문제들

북유럽 국가들은 성 평등에서 독보적이지만 최고의 수준을 성취했다는 말은 아니다. 최근 몇 년 동안 스웨덴과 핀란드의

---

*) 91개국을 대상으로 22,000개 상장기업을 조사한 연구에 따르면, 전체 임원 중 여성 임원이 30퍼센트인 기업들이 수익이 6퍼센트 포인트 더 높다(Worstall 2016년).

가정들은 한 사람의 월급으로는 가족을 부양하기에 부족해졌다. 이는 부모가 모두 일을 해야 하고, 따라서 부모로서의 기쁨을 누릴 수 없다는 의미다.

북유럽 국가에는 몇 가지 역설이 있다. 여러 연구에 따르면, 신기하게도, 성 평등이 확대될수록 여성들이 STEM(과학, 기술, 엔지니어, 수학) 과목을 전공할 가능성이 적다(Khazan 2018년). 인기 있는 노르웨이 과학 다큐멘터리 미니시리즈 '세너'는 여성이 다른 직업을 추구할 수 있는 자유가 있음에도 전통적인 여성의 직업에 여전히 고수하고 있음을 보여준다.

북유럽 국가들은 성 평등이 더 많은 여성을 조직의 대표자로 만드는 데까지는 성공하지 못했다. 북유럽 국가의 경우 대기업의 최고경영자 중 3퍼센트만이 여성이며, 이에 비해 세계적으로는 5퍼센트 수준이다(Zander 2014년). 2008년 노르웨이는 상장 기업의 경우 부서 책임자급의 최소 40퍼센트를 여성에게 할당하는 쿼터제를 도입했다. 그럼에도 한 연구에 따르면 이 쿼터제가 기업의 낮은 직급에서 일하는 여성들에게 도움을 주지 못했다(Economist 2018년).

가족의 요구와 직업 경력 간의 균형을 맞추는 것은 여전히 어렵다. 이런 사정은 유럽의 지도자들을 보면 알 수 있다—메르켈, 마크롱, 메이처럼 지도자들 중 다수는 자녀가 없다. 이른바 '모성 벌칙'은 여전히 존재한다. 파트타임 최고경영자를 위한 시장은 없고 선입견은 쉽게 사라지지 않기 때문에 고위직은 여전히 멀기만 하다. 모든 고용주들은 장시간 근무를 헌신의 상징으로 보는 탓에 다른 조건이 같다면 더 오래 일하는 사람이 직업 전망이 더 좋다. 안타깝지만, 자녀와 함께 시간을 보내길 원하는 사람들은 불리하다. '일정 연한 내

승진하지 못하면 퇴사해야 하는 인사방침'을 고수하는 경쟁적인 법률회사나 컨설팅회사를 생각해보라. 대기업에서 결정적으로 중요한 조기 승진의 기회는 흔히 결혼해 가족을 이룰 시기와 일치한다. 북유럽 국가에서조차도 이러한 선천적인 제한에 대응하는 정책을 만들기 어렵다. 일과 가정 간의 균형을 잘 맞추는 젊은 여성을 위한 역할 모델이 필요하다.

북유럽 국가에서 결혼한 부부의 약 절반이 이혼으로 끝나고 아이들의 절반이 혼외자로 태어난다. 이 수치는 다른 서구 국가들보다 약간 더 높다(Chamie 2017년). 덴마크는 유럽에서 이혼율이 가장 높다(Lebowitz 2018년). 간디니의 영화는 낭만적인 것처럼 보일 수도 있지만, 이 영화의 핵심 메시지 중 하나는 사랑과 상호 의존에 관한 내용, 그리고 복지국가에 대한 의존이 늘어나면서 의도하지 않고 바람직하지도 않은 고독이 초래되었다는 것이다. 특히 이런 측면에서 힘들어하는 남성들 탓에 팀 사무엘스가 쓴「누가 나의 창을 훔쳤는가 Who Stole My Spear?」와 같이 남성의 고민을 해결하는 방법에 관한 대중적인 실용서가 출간되었다.

그래서 성 평등이 바람직한 목표이지만 북유럽 국가에서조차도 여전히 힘겨운 싸움이다. 20만년 동안의 관습을 바꾸는 것은 쉬운 일이 아니다.

싱글의 즐거움(그리고 의도하지 않은 결과)
우리는 단기적으로는 성 평등을 이루어냈지만 집단적이고 장기적인 측면에서는 패배한 걸까? 대부분의 선진국과 다른 많은 국가의 인구는 급격히 감소하고 있다. 북유럽 국가들은 유럽 평균보다는 출산율이 더 높지만 1.74명에 불과하다. 덴마크의 인구는 한 세대마다 20퍼센트씩 감소한다(Roser 2017년). 덴마크가 인구 균형을 유지하려면 향후 50년 동안 순출생자수가 급격히 증가하거나 이민자수가 네 배 증가해야한다. 이는 이민자가 덴마크 원주민보다 많아지는 수준이며 정치적으로 가장 바람직한 상황은 아니다.

싱가포르는 출산율은 1.24명이고, 외국인이 이미 거주자의 46퍼센트를 차지한다. 이런 상황을 바로잡지 않으면 싱가포르는 점차 사라지는 지경이 될 수 있다. 단 두 세대 만에 싱가포르에서 비출산 여성의 비율이 거의 세 배가 되었다(Lee 2016년). '여성은 한정된 난자 수를 갖고 태어난다.'와 같은 싱가포르 지하철 광고도 파괴적인 출산율 감소를 막지 못했다. 싱가포르는 바람직한 목표를 달성하기 위해 공공정책을 고안하고 실행하는 데 다른 어떤 국가보다 더 능숙했다. 출산율 개선을 위해 거의 모든 수단을 사용했음에도 효과는 거의 없었다. 유교적 가치에 따르면 여성들은 연로한 부모를 돌보아야 한다. 따라서 외동딸이 외동아들과 결혼할 경우 그녀는 자녀 이외에 네 명의 부모를 돌보아야 한다.

경제 환경이 여성들에게 기회를 제공하지 않고, 특히 다른 여성들이 경력 사다리를 올라가는 것을 보면서 여성들은 엄마가 된다는 것이 점점 매력적이지 않다는 것을 스스로 깨달았다. 육아는 엄청나게 힘들고 평생 헌신해야 하는 일이다. 통계를 보면 '뭐 하러 그래?'라는 태도를 말해주는 것 같다. 여기에 언급한 통계는 총량 수치이기 때문에 여성의 학력이 높을수록 자녀를 두지 않는 가능성이 더 많다는 사실을 보여주지 않는다. 질적인 감소가 양적인 감소보다 더 파괴적이다.

스톡홀름대학 상경대 교수 요한나 왈레니우스는 인터뷰에서 앞의 내용을 반복하면서, 스웨덴의 출산율 1.91명은 인구 유지에 필요한 출산율보다 낮긴 하지만 여성들을 위한 공평성을 제고한다는 점에서 매우 훌륭하다고 주장했다. 스웨덴과 다른 북유럽 국가들이 육아비용을 낮춘 것은 분명하지만, 이런 정책이 안정적인 인구를 회복하기에 충분하지 않은 것 같다.

출산율 감소로 인한 문제에 대처하기는 매우 어렵다. 여성 1인당 출산율이 1.44명인 일본의 인구는 2065년 8천8백만 명으로 떨어질 것이며, 이것은 지금보다 31퍼센트 하락한 수준이다(Harding 2017년). 싱가포르의 위기와 함께, 우리는 이런 상황을 선진국의 출산율 하락에서 비롯된 거대한 사회적 변화에 대한 경종으로 삼아야 하며, 또한 광범위한 영향에 대처할 방법을 강구해야 할 것이다. 하지만 그런 내용은 이 책의 범위를 벗어난다.

핀란드인들은 유아 사망을 막기 위해 그랬듯이 출산율을 높이기 위해서도 50가지의 매력적인 물품이 든 박스를 만들 수 있을 것이다.

# 참고도서 및 추가 독서자료

Bjerga, A. 'Children Don't Come Cheap: Cost of Raising One Hits $233,610'. Bloomberg, 2017. https://www.bloomberg.com/news/articles/2017-01-09/children-don-t-come-cheap-cost-of-raising-one-hits-233-610.

Boycott, R. 'Strings attached: why women's sexual liberation came at a price'. The Financial Times, 2019. https://www.ft.com/content/012d4edc-40ee-11e9-9499-290979c9807a?accessToken=zwAAAWmRpHywkc8BLU7cQO4R6dOUmSkJecmAeg.MEUCIQCPfyKYupkL7XwkYgisOIWyXOofLQs4y-wt6bZLQrjX-gIgP2wwFNT0ju1d9xn4slHpivN8qheqq3dn7Fb_P2rgb7w&sharetype=gift?token=2ed0f521-7090-42f8-90f9-2f1e221917e5.

Chafetz, J S. and J. Hagan. 'The gender division of labor and family change in industrial societies: A theoretical accounting'. Journal of Comparative Family Studies, vol. 27, no. 2. (1996): pp. 187–219.

Chamie, J. 'Out-of-Wedlock Births Rise Worldwide'. YaleGlobal Online, 2017. https://yaleglobal.yale.edu/content/out-wedlock-births-rise-worldwide.

'Chart PF3.1.A. Public spending on early childhood education and care'. OECD, OECD Family database, 2016. https://www.oecd.org/els/soc/PF3_1_Public_spending_on_childcare_and_early_education.pdf.

Chemin, A. 'Norway, the fatherland'. The Guardian, 2011. https://www.theguardian.com/money/2011/jul/19/norway-dads-peternity-leave-chemin.

'50-year study pinpoints countries where women are doing the least housework'. Oxford University, 2016. http://www.ox.ac.uk/news/2016-09-02-50-year-study-pinpoints-countries-where-women-are-doing-least-housework-0.

'Figure 33: Global Competitiveness Index Vs Global Gender Gap Index 2015'. World Economic Forum, 2015. http://reports.weforum.org/global-gender-gap-report-2015/the-case-for-gender-equality/.

Friedman, Z. 'Student Loan Debt Statistics in 2018: A $1.5 Trillion Crisis'. Forbes, 2018. https://www.forbes.com/sites/zackfriedman/2018/06/13/student-loan-debt-statistics-2018/#2a988abf7310.

Gandini, E. The Swedish Theory of Love (Stockholm, documentary film 2016).

Ghodsee, K. Why Women Have Better Sex Under Socialism: And Other Arguments for Economic Independence (London: Bodley Head, 2018).

Harding, R. 'Japan's population set to fall to 88m by 2065'. Financial Times, 2017. https://www.ft.com/content/00df659e-1dcf-11e7-a454-ab04428977f9.

Hess, A. 'For the first time in history, women are better educated than their husbands–but men still earn more'. CNBC, 2017. https://www.cnbc.com/2017/11/21/women-are-better-educated-than-their-husbands-but-men-still-earn-more.html.

Himmelstrand, J. 'Swedish daycare: International example or cautionary tale?'. eReview, 2015. http://www.imfcanada.org/archive/1107/swedish-daycare-international-example-or-cautionary-tale#_edn2.

Ibe, C. 'The Nordic Paradox: Gender Equity and Sexual Assault'. Harvard Politics, 2017. https://harvardpolitics.com/world/the-nordic-paradox-gender-equity-and-sexual-assault/.

Jackson, A. and A. Kiersz. 'The latest ranking of top countries in math, reading and science is out – and the US didn't crack the top 10'. Business Insider, 2016. https://www.businessinsider.com/pisa-worldwide-ranking-of-math-science-reading-skills-2016-12?r=US&IR=T.

Jones, R. 'The best and worst places in the

world to be a mother'. The Telegraph, 2015. https://www.telegraph.co.uk/women/womens-life/11576970/The-best-and-worst-places-in-the-world-to-be-a-mother.html.

Khazan, O. 'The More Gender Equality, the Fewer Women in STEM'. The Atlantic, 2018. https://www.theatlantic.com/science/archive/2018/02/the-more-gender-equality-the-fewer-women-in-stem/553592/.

Lebowitz, S. 'One of the happiest countries has one of the highest divorce rates – but new rules may change that'. Business Insider, 2018. https://www.businessinsider.com/denmark-new-rules-parents-divorce-2018-4?r=US&IR=T.

Lee, H. 'Why Finnish babies sleep in cardboard boxes'. BBC News, 2013. https://www.bbc.co.uk/news/magazine-22751415.

Lee, P. 'Tackling Singapore's baby shortage'. Straits Times, 2016. https://www.straitstimes.com/singapore/tackling-singapores-baby-shortage.

Livingston, G. and D. Cohn. 'Record Share of New Mothers Are College Educated'. Pew Research Center, 2013. http://www.pewsocialtrends.org/2013/05/10/record-share-of-new-mothers-are-college-educated/.

Luxton, E. 'These are the countries where parents spend the most on childcare'. World Economic Forum, 2016. https://www.weforum.org/agenda/2016/12/childcare-cost-oecd/.

Mullainathan, S. 'The Hidden Taxes on Women'. The New York Times, 2018. https://www.nytimes.com/2018/03/02/business/women-hidden-taxes.html.

Nygård, G. 'More than half of graduates are women'. Statistics Norway, 2016. https://www.ssb.no/en/utdanning/artikler-og-publikasjoner/more-than-half-of-graduates-are-women.

'Proportion of seats held by women in national parliaments'. The World Bank, 2018. https://data.worldbank.org/indicator/SG.GEN.PARL.ZS?year_high_desc=true.

Rosenberg, M. 'How Total Fertility Rate Affects a Country's Population'. ThoughtCo, 2018. https://www.thoughtco.com/total-fertility-rate-1435463.

Roser, M. 'Fertility Rate'. Our World in Data, 2017. https://ourworldindata.org/fertility-rate.

Rosling, H. 'The magic washing machine'. TEDWomen, 2010. https://www.ted.com/talks/hans_rosling_and_the_magic_washing_machine.

Schwab, K. et al. 'The Global Competitiveness Report 2018'. World Economic Forum, 2018. http://reports.weforum.org/global-competitiveness-report-2018/.

'Special Report on Marriage'. The Economist, 2017. https://ukshop.economist.com/products/special-report-on-marriage?redirect=International.

Stone, L. 'American Women Are Having Fewer Children than They'd Like'. The New York Times, 2018. https://www.nytimes.com/2018/02/13/upshot/american-fertility-is-falling-short-of-what-women-want.html.

'Table PF2.1.A. Summary of paid leave entitlements available to mothers'. OECD, OECD Family database, 2017. https://www.oecd.org/els/soc/PF2_1_Parental_leave_systems.pdf.

'Ten years on from Norway's quota for women on corporate boards'. The Economist, 2018. https://www.economist.com/business/2018/02/17/ten-years-on-from-norways-quota-for-women-on-corporate-boards.

'The glass-ceiling index'. The Economist, 2018. https://www.economist.com/ graphic-detail/2018/02/15/the-glass-ceiling-index.

'The Power of Parity: How Advancing Women's Equality Can Add $12 Trillion to Global Growth'. McKinsey & Company, 2015. https://www.mckinsey.com/~/media/McKinsey/Featured%20Insights/Employment%20and%20 Growth/How%20advancing%20womens%20equality%20can%20add%20 12%20trillion%20to%20global%20growth/MGI%20Power%20of%20 parity_Full%20report_September%202015.ashx.

'Tips to Look After Your Husband – Excerpts from a 1950s Home Economics text book'. Facebook, 2017. https://www.facebook.com/notes/bring-back-some-memories/tips-to-look-after-your-husband-excerpts-from-a-1950s-home-economics-text-book/378717735874795/.

Worstall, T. 'Business Gender Diversity Solved: More Women Means More Profits'. Forbes, 2016. https://www.forbes.com/sites/timworstall/2016/02/10/business-gender-diversity-solved-more-women-means-more-profits/#3031a818170f.

Zalis, S. 'Lessons From the World's Most Gender-Equal Countries'. Forbes, 2018. https://www.forbes.com/sites/shelleyzalis/2018/10/30/lessons-from-the-worlds-most-gender-equal-countries/#4c4d9ebe7dd8.

Zander, C. 'Even Scandinavia Has a CEO Gender Gap'. The Wall Street Journal, 2014. https://www.wsj.com/articles/how-sandvik-scania-are-addressing-the-ceo-gender-gap-1400712884.

Zarya, V. 'Think College Is Expensive? In Most States, Child Care Costs Even More'. Fortune, 2016. http://fortune.com/2016/09/28/child-care-costs/.

대담 및 인터뷰
데이비드 라이브슨, 요한나 왈레니우스, 멜라닌 베르베어

14장 이스라엘: 스타트업 국가 2.0

많은 국가들이 오랫동안 실리콘밸리에
감탄하면서 모방하려고 노력했다.
모든 국가가 실패했지만 이스라엘은 성공했다.
이스라엘은 어떻게 세계 최고 수준의
기업가 정신을 갖게 되었을까?

여군들이 선Sun 사막에서 휴식 시간을 보내고 있다.
(자료: Israel Defence Forces)

텔아비브 유행의 거리 알렌비는 오후 7시가 되면 쾌활하고 편안한 분위기가 감돈다. 퇴근한 젊은이들이 저녁을 먹으러 집으로 가기 전 각자 좋아하는 술집에 삼삼오오 모여 하루의 긴장을 푼다. 똑같은 이스라엘 군복을 입은 몇몇 18세 소녀들은 자랑스러운 듯이 어깨에 총을 메고 있다. 다른 나라의 소녀들이라면 다른 사람을 위협하기보다는 유혹하기 위해, 그리고 똑같은 옷보다는 개성 있는 옷을 입을 나이다.

하지만 여기는 이스라엘이다. 단 7분이면 테헤란에서 발사된 미사일이 텔아비브에 떨어진다. 그래서 모든 사람이 항상 경계를 늦추지 못한다.

내가 음료수를 마시며 앉아 있을 때 사이렌 소리가 나자 경찰차, 오토바이, 특수요원들이 도로를 봉쇄한다. 제복을 입은 미쉐린 맨Michelin Men처럼 보이는 특수요원들이 탄 차량바퀴에서 연기가 난다. 그들은 신속하고도 유연하게 움직인다. 나의 심장이 빠르게 쿵쾅거리지만 주변사람들은 놀랄 정도로 차분하다. 행인들은 공포에 질리기는커녕 지겨운 표정이다. 일정한 거리를 유지한 채 사람들은 담배를 피우고 아이들은 계속 줄넘기를 한다. 이런 상황은 약 30분 동안 계속된다—허위 신고이지만, 이런 일은 또 일어난다. 최근 며칠 동안 이 지역은 평소보다 긴장이 높아서 경계가 강화되겠지만 분위기는 점차 바뀔 것이다—다음 사건이 발생할 때까지는 말이다. 나는 나중에 이런 일이 거의 2개월마다 한 번씩 발생한다는 것을 알게 되었다. 텔아비브에서 이런 일은 일상생활의 리듬과 같다.

옛말에도 있듯이 필요는 발명의 어머니다. 세계 어느 국가도 특히 테러와 싸워야 할 필요성을 이스라엘만큼 절실하게 느끼지 못할 것이다. 이스라엘은 항상 경계 상태에 놓여 있다. 대부분의 공공장소에서 몸수색은 일상적이며 슈퍼마켓이나 쇼핑몰에 들어갈 때 지갑을 엄격하게 검사한다. 벤구리온 공항의 보안검색을 통과하려면 거의 스파이 용의자를 조사하는 것과 같은 검문을 거쳐야 한다. 정치적 올바름은 잊어야 한다—복잡한 알고리즘이나 매서운 눈빛을 가진 형사들이 피부색과 민족에 따라 사람들을 의심하고 검색한다.

가장 사소한 속임수의 징후를 포착하기 위한 질문이 제시되고 질문들은 교차 검증된다.

이 장에서는 사회가 매우 불안하고 개인의 자유가 상당히 제약되었음에도 이스라엘이 어떻게 갑작스럽게 기술혁신을 이룩하게 되었는지를 살펴본다. 이것은 근래에 최악의 지정학적 갈등을 겪고 있지만 경제적 번영을 누리는 국가의 이야기며, 여기에는 보편적인 함의가 들어 있다.

유대인들은 세계에서 가장 다양한 민족으로 구성되어 있다. 세계 도처에서 온 6백만 명 이상의 유대인들이 이스라엘에 정착해 있고, 약 8백만 명이 세계 여러 나라에 흩어져 있다. 이 중 가장 많은 유대인이 사는 국가는 미국과 프랑스다(Maltz 2018년). 처음으로 이스라엘로 귀환한 사람들은 독일과 동부 유럽에서 온 유대인들이었으며, 이 지역 출신의 유대인들이 미국계 유대인의 대다수를 차지한다. 원래 1492년 스페인 종교재판으로 쫓겨나 아프리카와 중동 지역으로 이주했던 사람들인 세파르딕 유대인들이 그 다음으로 귀환했다. 그 다음, 구소련 붕괴 이후 많은 러시아 유대인들이 이스라엘로 이주했다. 이런 대규모 이주 사이에 세계 각지의 유대인들이 계획적으로, 또는 우연한 계기로 이스라엘에 정착했다.

기원후 70년, 예루살렘 성전이 붕괴되고 유대인들이 고대 이스라엘에서 추방된 뒤 유대인들은 세계 도처로 흩어졌고 이스라엘의 정체성은 유대민족의 이상적인 비전으로 바뀌었다. 이 비전은 세대에서 세대로 전달되었고 박해를 당할 때마다 강화되었다. 유대인은 가는 곳마다 추방, 대학살, 금지를 당했다. 농업이 주요 산업이었던 시기에 유대인들은 토지 소유를 금지 당했다. 중세 시대에는 수공업 조합과 상인 조합에서 배제되었다. 그들은 게토라는 공간으로 거주지가 제한되었고 자신의 이름도 사용하지 못했다.

독일어로 '붉은 방패'를 뜻하는 '로스차일드'는 프랑크푸르트의 유대인 게토지역 판잣집 문에 걸려 있던 표시였다. 이 이름이 나중에 한 세기 이상 세계의 중심적인 은행이 되어 최고 부자의 대표적인 상징이 되었다 해도 그건 그다지 중요하지 않았다. 많은 지역에서 유대인들은 줄곧 19세기까지 투표를 하거나 사무소를 개설할 수 없었다. 벤저민 디스레일리는 1868년에 영국 수상이 될 수 있었던 것은 그가 유대주의에 대한 충성을 부인하고 기독교적 신앙을 받아들였기 때문이었다. 투표를 할 수 없었기 때문에 유대인들은 정치적 목소리를 내지 못했다.

천 년 이상 방랑생활을 한 뒤, 오스트리아-헝가리계 유대인 작가 테오도르 헤르츨Theodor Herzl은 횃불을 높이 들고 이스라엘 부흥을 위한 분위기를 조성했다. 1897년, 스위스 바젤의 1차 시온주의자 의회에서 그는 유토피아 형태의 시온주의를 선언하고 「유대국가Der Judenstaat」라는 중요한 책을 출간했다. 그는 말했다. "국가를 간절히 바라는 유대인들이 국가를 세울 것이다. 우리는 마침내 우리의 땅에서 자유로운 사람으로 살게 될 것이며, 우리의 집에서 평화롭게 죽을 것이다. 세계는 우리의 자유에 의해 자유롭게 될 것이며, 우리의 부로 부유해질 것이며 우리의 위대함으로 위대해질 것이다."

헤르츨은 생전에 이스라엘의 건국을 보지 못했다. 이스라엘은 엄청난 비극을 초래한 2차 세계대전과

홀로코스트를 겪고 나서야 끈질긴 반대를 극복하고 새로운 국가 건설에 대한 국제적 지지를 받을 수 있었다. 그 후로도 이스라엘의 건국은 말처럼 그렇게 쉽지 않았다. 리치 코헨은 「실재하는 이스라엘: 유대 국가와 역사를 이해하기 위한 끈질긴 노력Israel Is Real: An Obsessive Quest to Understand the Jewish Nation and its History」에서 실제 국가의 건국과 통치에 비해 이스라엘의 정체성을 심어주고 유지하는 것이 훨씬 더 쉽다고 주장한다. 작고한 시몬 페레스의 아들 체미 페레스는 나에게 그의 아버지가 귀환했을 때의 기억에 대해 들려주었다. "나는 어릴 때 이스라엘에 왔습니다. 돌아와서 보니 기대했던 것에 못 미쳐 실망했던 기억이 납니다. 메마른 땅, 척박하고 텅 빈 황무지였죠. 우리는 영국 위임통치 정부가 영토를 임의로 나누어 구획한 사막 가장자리의 땅을 배분받았어요. 그 주위에는 우리가 죽기를 바라는 적대적인 이웃들이 있었죠."

'약속의 땅'에 대해서는 이 정도만 언급하기로 하자.

그 후 두 세대가 지난 뒤 이스라엘은 세계 최고의 기업가 정신이 살아 있는 곳이 되었다. 매년 천 개씩 새로운 기업들이 생기면서 이스라엘은 세계 어느 국가보다 1인당 첨단 분야 창업기업이 훨씬 더 많다(TLVC 2015년). 이스라엘은 나스닥에 상장된 기업이 미국과 중국 다음으로 많다(Williams 2018년). 850만 명의 인구를 가진 이스라엘은 어떤 나라보다 1인당 벤처자본을 더 많이 유치하는데, 대략 미국의 2배, 영국의 5배 정도 된다(Dibner 2017년). 이스라엘은 1인당 민간 연구개발비가 세계 최고 수준이다(Cocco 2017년). 중국과의 무역은 1992년 외교관계를 수립할 때 제로에서 시작해 2015년 중반에 100억 달러를 초과했다(Yarowsky 2015년). 이스라엘은 큰 성과를 얻었다. 1인당 GDP가 38,900달러로 한국을 능가했고 1980년 이후 11배 증가했다(OECD 2017년). 실업률은 3.7퍼센트로 기록적일 정도로 낮다(Heruti-Sover 2018년). 공공부채는 GDP의 61.2퍼센트로 감소했다(Waksman 2019년). 경상수지는 흑자이며, 외환보유액도 많다.

1948년 건국한 이스라엘은 실제로 젊은 국가다. 이스라엘의 성공 이야기는 다른 TSTF 국가들과 비슷한 과정을 따른다. 이 이야기에는 인구는 적지만 적응력이 뛰어나고 도전적인 국민, 해결하기 힘든 지정학적 갈등, 빈곤한 천연자원, 협소한 국내 시장, 수출의 필요성, 동질적 가치를 지닌 지배문화, 안정적이고 친기업적인 정책, 교육 및 노동윤리에 대한 중요한 가치 부여, 잘 연결되고 수완 좋은 거대한 디아스포라가 포함된다.

이런 강점에도 불구하고 이스라엘 경제의 엄청난 발전은 비교적 최근의 현상이다. 이스라엘은 건국 초기부터 많은 중요한 도전을 극복해야 했다. 첫 번째 단계는 이스라엘에 사람들을 이주시키는 일이었다. 그 다음 그들을 먹이고 외부로부터 지켜야했다. 이스라엘에 관한 헤르츨의 유토피아적 비전은 공동체적 가치와 평등주의적 이상을 실현한 국가였다. 초기 이스라엘은 이런 원리를 상징하고 구현한 농업공동체인 키부츠 네트워크에 기초했다. 1940년-1950년 사이, 이스라엘 키부츠의 숫자가 82개에서 214개로 거의 세 배로 증가했고, 키부츠에서 사는 사람들은 26,550명에서 67,550명으로 증가했다. 오늘날 키부츠의 수는 270개다(Jewish Virtual Library, 연도 미상).

그러나 번영을 이룩하려면 유토피아적 신념 이상의 것이 필요하다. 농업은 경제적 추진력으로서 한계가 있다. 유럽,

아프리카, 아랍 세계에서 온 많은 유대인 피난자들 때문에 기존 키부츠는 개수나 종류 측면에서 한계를 드러냈다. 1950년대까지 거의 모든 키부츠가 동유럽 출신 유대인들에 의해 설립되었다(Ashkenazi kibbutzim). 에티오피아, 이라크, 모로코, 러시아에서 온 유대인들은 종교가 같을지 모르지만 문화적으로 다른 것으로 간주되었고, 유대인으로서의 자격이 종종 제한되었다. 또한 연약한 신생 국가의 초기 인프라 시설로는 새로운 이민자들을 감당할 수 없었다.

1970년대 이스라엘의 귀환자는 미국과 발전된 유럽국가 기준으로 볼 때 상대적으로 가난한 국가에 정착한 것이었다. 1973년 욤키푸르 전쟁으로 이스라엘은 경제적으로 심각한 타격을 받았고 높은 인플레이션의 악순환이 발생해 1980년대 중반까지 이어졌다. 이 전쟁으로 이스라엘은 1975년 국방비를 GDP의 30퍼센트까지 늘렸다(Economist 2017년). 1984년 공공부채는 거의 300퍼센트 증가했고 연간 450퍼센트의 극심한 인플레이션이 발생했다(Economist 2017년). 이 기간 동안 외국환 거래는 엄격히 제한되었고 이스라엘의 셰켈은 불안정하고 신뢰할 수 없는 통화였다. 1980년대 초 경상수지 적자가 너무 커지자 많은 이들이 이스라엘을 실패한 정치 실험이라고 평가절하했다. 비관론자들은 이스라엘의 실패를 내심 즐기면서 사람들에게 이스라엘 건국을 처음부터 허용하지 말았어야 했다고 말했다.

바로 이 시기에 이스라엘은 자신을 성찰하고 정책의 강조점을 사회주의적 이상에서 자유 시장 경제로 근본적으로 바꾸기로 결단했다. 1988년에야 1인당 GDP가 근근이 먹고 살 수준인 1만 달러를 넘었다―하지만 그 당시 어떤 기준으로 보더라도 여전히 빈약한 수준이었다(Cerier 2017년). <뉴욕 리뷰New York Review>의 데이비드 슐만이 재치 있게 이렇게 정리했다. "그 당시 이스라엘은 근대 유럽 사회민주주의의 '온건한 지중해식 버전'이었다." 문제는 이스라엘 경제가 구조적으로 막다른 궁지에 몰린 상태였다는 것이다. 이스라엘 경제는 키부츠 시스템을 모방한 농업 부문, 지대 최적화를 위해 협력하는 소수의 폐쇄적인 집단이 실질적으로 통제하는 기업 집단과 은행 집단으로 이루어져 있었다. 이스라엘의 소수 지배집단이 그런 위치를 갖게 된 것은 혁신이나 기업가정신이 아니라, 정부가 1980년대 자유 시장경제로 전환하기 위해 기업들을 민영화할 때 가족이 경영권을 획득한 덕분이었다(Ben-David and Wainer 2010년).

그 뒤 두 개의 별이 '이스라엘 호랑이'를 풀어놓았다. 첫 번째 별은 이스라엘 정부가 우주항공기업인 이스라엘 항공산업IAI에 자금을 지원하지 못한 것이었다—그 당시 이 기업은 라비Lavi 전투기를 제작하고 있는 중이었다. IAI는 어쩔 수 없이 수천 명의 고급 엔지니어를 해고하자 그들은 모두 민간부문으로 몰려들었다. 그들은 이스라엘의 최초 스타트업 물결의 기초를 만들었다. 두 번째 별은 뜻밖의 장소에서 비롯되었다. 1989년에서 2006년 사이 구소련의 붕괴 이후 거의 백만 명의 러시아 유대인들이 이스라엘로 이주하면서 수천 명의 유능한 엔지니어와 과학자들이 유입되었다—이것은 그 당시 '두뇌 획득'으로 일컬어졌다(Maital 2013년).[*] 그들 때문에 이스라엘 인구가 갑자기 20퍼센트 증가했다. 그들은 공동체 마을에 사는 온순한 농부나 독점적인 지대를 조금씩 아껴가며 살아가는 신중한 은행가가 아니라, 생존하기 위해 필사적이고 그리고 주목을 받기 위해 열성을 다하는 엔지니어, 과학자, 의사, 연구자들이었다.

아울러 인터넷 덕분에 이스라엘은 세계적 차원에서 경쟁할 수 있는 능력이 급격하게 개선되었다. 이스라엘 건국 초기부터 이스라엘의 대표적 자원은 석유였고, 이스라엘의 관심은 지역에 집중되어 있었다. 그런데 갑자기 데이터 마이닝(data-mining, 컴퓨터를 이용해 대규모 자료를 기초로 새로운 정보를 찾아내는 것―옮긴이)이 더 중요하게 되었고 인터넷은 이 나라의 지평을 넓혀주었다. 하루 밤 사이 거리비용이 상당히 줄어들어 이스라엘은 더 이상 중동의 적막하고 외딴 곳에 갇힌 경제가 아니었다. 인터넷은 규제되지 않았고 소수의 지배층에 의해 통제되지도 않았기 때문에 접근이 용이했다. 기회는 무한했고 누구든지 자신의 이익을 위해 인터넷을 이용할 수 있었다.

이런 환경은 많은 자본이 필요 없는 소규모 팀들에 매우 적합했고, 즉흥적으로 시도할 수 있는 다양한 기회를 제공했다. 이런 플랫폼은 이스라엘인의 사고방식―틀에 박힌 사고방식에서 벗어나 현재 상태를 부수려는 태도―과 어울렸다. 지금까지 '메이드 인 이스라엘'은 품질 평가가 나빴다. 이스라엘 노동자들은 일상적이고 반복적인 일을 요구하는 제조업에 관한 한 신뢰할 수 없는 사람들로

---

*) 바르 이란 대학의 사리트 코헨과 프린스턴 대학 창타이 시에의 연구에 따르면, 5만7천 명의 [러시아 이민자]는 엔지니어로, 1만2천명 이민자들이 의사로 각각 일했었다. 이와 대조적으로 1989년 이스라엘에서는 3만 명의 엔지니어와 1만5천명의 의사가 있었다.

간주되었다. 하지만 소프트웨어 프로그래밍은 전혀 다르다. 이 분야는 정해진 틀을 따르는 지루한 일이 아니다. 일단 한 번 프로그래밍된 아이디어는 손쉽게 여러 번 반복해서 시행될 수 있다. 필요한 자본은 바이오기술, 의료 기기, 전자기기에 비해 적다. 이스라엘 주식회사는 공급 사슬, 즉 연구 개발과 제품 개발에 자신의 역량을 집중할 수 있었다. 이스라엘은 주로 미국의 기업과 제휴관계를 맺고 그들에게 단순하지만 필수적인 제조, 물류, 판매 부문을 맡겼다.

텔아비브는 다행스럽게도 스타트업 기업의 중심지가 될 수 있는 모든 필수적인 요소를 갖추고 있었다. 이 도시는 기꺼이 위험을 감수하려는 20대 청년들에게 매력적인 곳이었다. 텔아비브는 주거비가 싸고 기온이 서늘하며 활기찬 문화와 야간 유흥을 즐길 수 있는 곳이었다. 이 도시에는 성공을 간절히 바라는 배고프고 유능한 젊은 엔지니어와 과학자들이 많았다. 두뇌 획득의 영향으로 이곳은 1980년대의 팰로앨토 또는 2000년대의 시애틀을 떠올리게 했다. 이스라엘이라는 혁신 기계가 계속 돌게 하는 요인들은 이스라엘의 여정에서 특별하다. 이 레시피에는 종교, 군사, 디아스포라를 비롯해 이스라엘 국내에서 생산된 몇몇 재료가 포함된다.

추츠파와 어머니

IDC 헤르즐리야의 티옴킨 경상대 학장 즈비 에크슈타인과 보코니 대학 교수 마리스텔라 보티치니는 「선택된 소수The Chosen Few」에서 이스라엘의 성공 요인 중 하나가 교육이라고 설명한다. 천 년 이상 모든 유대인 남자들은 토라를 읽고 배워야 했다. 그래서 기본적인 읽고 쓰는 능력이 다른 문화권보다 오래 전에 습득되었다(개신교 기독교인들에게 읽기 능력이 권장된 것은 종교개혁 이후였다). 지식과 호기심이 권장되었다.

탈무드에 나오는 고대 유대인 현자들은 모든 것에 끝없이 질문하면서 새로운 해답을 찾는 전통을 갖고 있었는데, 이런 전통은 시간이 지나도 사라지지 않았다. 예루살렘의 한 랍비는 나에게 이렇게 농담조로 말했다. "탈무드에는 600년간의 논쟁이 '기록'되어 있습니다." 건설적인 저항을 표현하는 대중적인 히브리어는 추츠파다. 이에 대한 정확한 번역어는 없지만 유사어로는 '뻔뻔스러움', '대담함', '큰 배짱'이 있다. 추츠파는 이스라엘 사회에 깊이 스며들어 위계질서를 쉽게 받아들이지 않고 건설적 비판을 장려하는 풍토가 만들어졌다. 군대는 권위의 대표적 상징이며 전 세계의 위대한 군사 지도자들은 명령체계, 계급, 명령에 대한 복종의 중요성을 옹호한다. 하지만 이스라엘 군대에서 하급자들은 더 나은 이해나 개선을 위한 의도인 경우 상급자에게 도전하고 반대하는 것이 허용된다.

유대인의 또 다른 유명한 특징은 영원히 만족을 모른다는 점이다. 전 이스라엘 대통령 시몬 페레스는 1934년에 이스라엘로 이주했으며 이스라엘 건국의 아버지 다비드 벤구리온의 제자로 간주되는 사람이다. 그는 이스라엘의 근본적인 혁신 동력이 유대인의 저항 정신과 타고난 불만 의식이라고 생각했다(Peres 2017년).

요시 바르디는 '유대인 어머니'의 개념을 이러한 끝없는 불만족으로 표현한다. 최초의 독립적인 즉석메시지 서비스 ICQ를 발명한 무뚝뚝한 벤처자본가 바르디는 이스라엘

스타트업계의 아버지로 널리 인정받는다. 그는 무성하고 단정치 못한 수염을 쓰다듬으며 나에게 말했다. "유대인 어머니들은 우리의 비밀 소스입니다. 태어날 때부터 죽을 때까지 그들은 우리에게 성공해야 한다고 말합니다. 사촌, 엄마 친구의 아들, 또는 다른 모든 사람들보다 더 나아야 한다고 말하죠." 바르디는 유대인 어머니의 이런 모습은 엄밀히 성별적 특징을 반영하지도 않고, 아버지나 할머니의 모습에게서는 나타나지 않는다고 말한다. 어쨌든 이런 모습은 유대인의 사고방식에 깊이 각인되어 있다. "이스라엘의 성공 문화는 오직 어머니의 기대에 부합함으로써 자신을 증명해야 한다는 욕구에서 비롯됩니다."라고 그는 덧붙인다.

도표 14.1- 어머니

(자료: Banx)

8200부대

이스라엘의 두 번째 비밀 소스는 이스라엘 군대다. 이스라엘 군대는 사회통합의 묘약이며, 끝없는 기술혁신과 미래 기업가와 산업 지도자들을 위한 맹렬하고 확실한 훈련장이다.

1948년 건국 초기, 이스라엘은 스위스 군사시스템을 연구하여 의무징병제도 개념을 차용했다. 이스라엘은 스위스 군사시스템에서 한발 더 나아가 여성을 전투병으로 포함시켰다. 대부분의 신병들은 고교 졸업 직후 징집되어 심리검사를 거쳐 통과되면 무기사용 교육을 받는다. 3년간의 복무기간 동안 이스라엘군은 국가의 가장 똑똑한 인재를 체계적으로 선별, 모집, 발전시킬 기회를 갖는다. 이스라엘의 남자와 여자는 18세부터 책임을 지는 법, 목적을 설정하고 성취하는 법, 사회적 위치나 교육 수준에 상관없이 하급자를 지휘하는 법을 배운다. 슬로모 야나이가 내게 말했다. "이것은 가장 효과적이고 집중적인 무료 경영훈련입니다." 그는 이스라엘군 전직 사령관이자 이스라엘의 최대 기업 테바Teva의 최고경영자다.

이스라엘군 엘리트 집단은 두 가지 범주로 나뉜다―이스라엘 공군 장교와 이스라엘군의 전자정보 임무를 수행하는 8200 부대원이다. 이스라엘 국방의 최고 우선과제는 조기 위험인지와 신속 대응이며, 전자는 8200부대, 후자는 공군이 맡고 있다. 이스라엘의 가장 훌륭한 기업가와 혁신가는 대부분 공군과 이스라엘 방위군 소속 기술부대, 특히 8200부대 출신이다.

대부분의 유능한 사람들은 8200부대에 입대한다. 수년 동안 이 부대를 운영한 사람에 따르면, 이스라엘 방위군이 획득하는 비밀정보의 90퍼센트가 이 부대에서 나온다. 게다가, 이스라엘방위군은 이스라엘에서 가장 존경받는 기관으로 대법원보다 더 큰 존경을 받고, 정치인보다 훨씬 더 많은 존경을 받는다. 리쿠드당이나 노동당, 그리고 그 전신인 마파이당의 정치지도부가 공통적으로 이스라엘군에 대한 무조건적인 지지를 보낸다는 점에서 이것은 분명하다.

체크포인트 소프트웨어 테크놀로지Check Point Software Technologies의 기술담당 수석임원이자 부사장인 오하드 밥로프는 기업 운영방식을 나에게 설명했다. 러시아인과 예멘인 혼혈 가문의 이스라엘인 3세인 밥로프는 아동기 때 교사가 그의 영재성을 알아보고 컴퓨터 프로그래밍 수업을 듣도록 권유했다. 그 뒤 그는 이스라엘군의 엘리트 소프트웨어 개발과정인 맘람Mamram에 추천되었다. 밥로프가 말했다. "그것은 매우 선별된 프로그램이어서 어머니는 나의 입학허가를 알고 매우 기뻐하셨죠. 8200부대 입대는 내 인생에서 가장 의미 있는 사건이었습니다. 우리는 다른 사람이 풀 수 없는 문제를 풀어야 했습니다. 실패는 허용될 뿐만 아니라 좋은 것이었습니다. 이것은 매우 어려운 일을 시도하기 때문에 넘어야 할 장벽이 매우 높다는 뜻이었죠. 우리는 실패가 성공을 만드는 블록이라고 배웠습니다. 성공보다는 실패를 통해 더 많이 배우기 때문이죠. 실패할 경우 그것을 연구하여 교훈을 찾아내고 계속 앞으로 나아가야만 합니다."

이스라엘 공군의 헬리콥터 공격부대인 롤링 스워드 부대 전역 군인이자 자신의 세 번째 스타트업 기업의 최고경영자인 밥로프는 그들이 옳고 그른 것을 어떻게 규칙적으로 보고받고 분석하는지를 나에게 말해주었다. "크든 작든 상관없이 많은 미국 기업들이 하나의 팀이 되어 비판적으로 평가하지 않는 것을 볼 때마다 자주 놀랍니다. 이 평가는 누구의 잘못인지 밝히려는 것이 아니라 다음에 그것을 더 잘 할 수 있는 방법을 찾기 위한 것입니다."

밥로프는 군복무를 마치고 그의 세 번째 스타트업으로 자리를 옮기기 전, 두 번째 스타트업을 이스라엘 최대

사이버보안 기업이자 이스라엘의 가장 성공적인 스타트업 중 하나인 체크포인트에 매각했다. 체크포인트의 공동창업자 길 쉐이드 역시 8200부대 출신이다. 이스라엘의 가장 성공적인 스타트업 웨이즈Waze와 모빌아이Mobileye의 창업자가 그랬듯이 그는 PC용 방화벽을 개발했다. 8200부대를 제대한 밥로프와 다른 사람들에게 이 부대는 부유한 삶으로 가는 길이자 엄청난 경쟁력을 제공하는 곳이다. 이스라엘 벤처캐피털계의 개척자 중 한 사람인 이갈 얼리치가 말했다. "8200부대를 제대하는 모든 청년들은 앞으로 사이버 업계에서 백만장자가 될 것이라고 생각합니다." 슬로모 야나이도 이에 동의한다. "최고의 자격증입니다. 이스라엘의 MIT로 불리는 테크니온Technion의 박사학위나 하버드 경영대의 석사학위도 비교할 수 없을 정도로 가치가 있습니다."

    방위산업, 스타트업, 과학기술, 연구와 혁신은 같은 생태계를 구성하는 부분들이다. 대학, 기업, 군사 및 비밀정보기관은 긴밀한 상호의존과 공존에 기초하여 발전한다. 케미 페레스는 이스라엘 첨단기술 기업의 3분의 1에는 8200부대 출신들이 일한다고 나에게 말했다. 테크니온의 교수들은 이스라엘군의 기술 부대에 근무했으며, 아직도 그곳과 계속 연락하면서 연구용역 계약을 수주한다. 대부분의 군대에는 이해 충돌에 대비해 준법 감시부대와 규정, 벌금이 있지만 이스라엘군에서 중요한 의미를 지닌 용어는 '시너지'다. 예를 들어, 한 이스라엘 장교는 배터리로 작동하고 원격 조종되는 항공기를 맨해튼 장난감 상점인 FAO 슈워츠에서 구입하여 대사관의 외교문서 행낭 속에 넣어 이스라엘로 보내 1960년대 말 이스라엘이 드론 프로그램 착수하는 것을 도왔다. PWC의 최근 연구에 따르면, 지금 드론 시장규모는 약 1,300억 달러로 추정되며 응용분야가 매우 다양하다(PWC 2016년). 이스라엘의 드론 프로그램은 많은 사람들의 놀라운 지원이 없었다면 불가능했을 것이다.

선진국들이 모병제를 폐지하고 직업군인제로 변경했지만 이스라엘은 국방비가 적게 드는 징병제를 만들고 확대했다. 다른 국가의 군사시스템은 체력을 계속 강조했지만 이스라엘은 두뇌에 투자하기로 결정했다. 이것은 작은 국가인 이스라엘에 유용하다. 작은 군대와 작은 기업은 자유로운 형태의 조직에 적합하다. 하지만 조직 전문가들은 부대 구성원이 50명을 초과하면 이러한 관리방식은 역효과를 낳게 된다고 말한다.

디아스포라

이스라엘의 세 번째 내부적인 강점은 강력하고 널리 퍼져 있는 디아스포라다. 다비드 벤구리온은 이렇게 말한 적이 있다. "고난은 민족을 더 위대하게 만든다. 우리는 고난을 많이 겪었다." 국민이 함께 겪은 고난은 유대인 디아스포라가 강한 소속의식을 갖는데 도움이 되었다. 벤구리온은 고국 땅에서 이스라엘의 재기를 추진할 때 세계 모든 곳의 유대인들을 파트너로 삼았고, 더 나아가 "그들의 신앙이 여권"이라고 말하기까지 했다. 이스라엘은 영토보다는 사람들이 건설한 국가다. 아일랜드, 인도, 그리스, 중국과 같은 국가들도 디아스포라가 아주 많지만 이스라엘은 자국의 디아스포라에 의해 만들어진 유일한 국가다. 이스라엘의 유대인들은 에티오피아, 프랑스, 러시아, 미국, 예멘에서 왔다. 세계 유대인 인구의 절반 이상이 적어도 한 부모가 이스라엘인으로 태어난 가정에서 태어난다. 전체 유대인의 약 46퍼센트인 약 9백만 명이 이스라엘에 거주한다. 아울러 유대인 4명 중 1명은 자신이 태어난 국가가 아닌 다른 국가에 살고 있다—이로 인해 유대인들은 '세계 최고의 이민자'가 되었다(Jewish Virtual Library 2018년). 이스라엘의 종합이주계수는 세계 기준에 비해 높고, 네덜란드, 아일랜드, 싱가포르, 스위스와 같은 다른 TSTF 국가들과 비슷하다.

이스라엘에게 디아스포라는 경제 성장, 인재, 자본, 스타트업의 소중한 원천이었다. 바비 피셔의 체스경기 연습 상대였던 짐 셔윈(둘 다 유대인이다)—그리고 나중에 헌터 더글러스의 연습 상대자였다—은 나에게 이렇게 말한 적이 있다. "유대인들은 위그노교도, 파시교도, 모르몬교도, 화교를 비롯한 전 세계의 번영하는 공동체와 비슷합니다." 이들은 똑똑하고, 서로 잘 연결되어 있고, 민족주의적이며, 성공에 대한 갈망이 크다. 이스라엘의 인구는 변동이 있지만 건국 이후 연평균 인구증가율은 5.3퍼센트였다(World Bank 2017년). GDP는 인구에 생산성을 곱한 것과 같다. 이스라엘은 두 가지 측면을 이용했다. 이민자들은 인프라 시설을 개발하고 일자리를 증대해야 할 추동력을 제공했고, 이는 이스라엘 경제에 엄청난 혜택을 제공했다. 이민자들은 이스라엘의 인구 구성을 젊고 활기차게 유지하는데도 도움을 주었다. 이스라엘 인구 중 30세 이하 인구는 약 51퍼센트이며 이에 비해 독일은 30퍼센트, 일본은 28퍼센트, 미국은 40퍼센트다(Senor and Singer 2011년).

여러 연구에 따르면 이민자들은 위험 회피 정도가 낮고, 새로운 사업을 시작할 가능성이 더 많다. 그들은 안전한 지역을 떠나왔고, 새로운 곳에서 인정받기 위해 열심히 노력하기 때문이다. 이것은 이스라엘에만 나타나는 특별한 현상이 아니다. 테슬라의 일론 머스크, 구글의 세르게이 브린, 애플의 스티브 잡스, 아마존의 제프 베조스, 이베이의 피에르 오미다이어 역시 이민자이거나 이민자의 자녀였다(Robert 2017년). 자산가치가 10억 달러 이상인 미국 스타트업의 절반 이상은 공동 창업자들 중에 적어도 한 명의 이민자가 포함되며, 이들 기업 중 7개 기업은 이스라엘 이민자들이 창업했다(Anderson 2016년).

외국으로 이민을 떠난 많은 이스라엘인 역시 기회요인과 위협요인을 파악하는 전초기지 역할을 한다. 그 중 일부는 소중한 경험과 인간관계를 갖고 고국으로 돌아온다. 디아스포라 역시 자본의 중요한 원천이 되었다. 지난 30년 동안 이스라엘에 투자된 벤처자본은 거의 대부분 해외 투자자에서 비롯되었고 이스라엘 기업들은 별로 투자하지 않았다(이는 많은 사람에게 실망을 안겨준다). 아울러 성공한 해외 유대인들은 관대한 후원자였다. 유명한 헤지펀드 관리자 마이클 스타인하르트는 거의 혼자서 버스라이트Birthright를 설립하여 자금을 투자했다.*

---

*) 타글릿-버스라이트 이스라엘Taglit-Birthright Israel—버스라이트 이스라엘 또는 간단히 버스라이트로 알려져 있다—는 비영리 교육기관으로서, 보통 처음 이스라엘을 방문하는 18-26세의 유대인 청년들에게 10일간의 무료 문화유산 탐방여행을 후원한다.

무엇보다도 디아스포라는 인맥과 인재를 공급하는 놀라운 원천이었다. 데이비스 브룩스는 말한다. "유대인들은 뛰어난 기량으로 유명한 집단입니다."(Brooks 2010년). 어떤 시대나 분야를 불문하고 그들이 선구적인 성취를 이룩했다. 보어, 아인슈타인, 프로이드, 마르크스, 말러, 스피노자, 레비스트라우스를 생각해보라. 버냉키, 브린, 라우더, 스필버그, 저커버그와 같은 사람들의 최근 공헌을 볼 때 유대인의 천재성이 시든 것 같지 않다. 그들은 세계 인구의 0.2퍼센트에 불과하지만 노벨물리학상의 27퍼센트, 노벨의학상의 31퍼센트, <비즈니스 위크>가 선정한 선도적인 자선가 명단의 38퍼센트, 퓰리처 비소설 분야 수상자의 51퍼센트를 차지한다(Brook 2010년). 유대인 디아스포라는 '최대한 당신을 도우려고 노력한다.'는 확고한 사고방식을 갖고 있다. 따라서 위에 열거한 대단한 목록은 전혀 이상하지 않다.

도전과제

이스라엘이 부러울 정도의 기업 생태계를 성공적으로 발전시켜 찬사를 받고 있지만 미래에 도전할 과제는 아직 많다.

이스라엘 최대 기업 테바 제약회사Teva Pharmaceutical Industries는 포브스 선정 글로벌 2천개 기업목록에서 704위에 불과하다. 또한 이 기업은 시장점유율 기준으로 세계 최대 500대 기업에 포함되는 유일한 이스라엘 기업이다. 이 책에서 살펴본 다른 국가들은 성공적인 다국적 기업을 훨씬 더 잘 창출하는 생태계를 갖고 있다. 예를 들어, 덴마크는 이스라엘보다 인구가 적지만(580만 명 대 897만 명) 세계 500대 기업에 속하는 기업이 3개다. 스웨덴(1천20만 명)은 9개,

스위스(860만 명)는 17개, 네덜란드(1천7백10만 명)는 12개 기업이 있다(Economist 2014년). 비평가들은 이스라엘 기업가들이 기업을 성장시키는 것보다 설립하는데 더 뛰어나며, 5백만 달러 또는 1천만 달러를 손에 쥘 수 있으면 회사를 매각하고 싶어 한다고 말한다. 이런 조기 매각은 열매가 익기 전에 씨앗을 파는 것과 같다. 케미 페레스가 나에게 말했다. "유대인들은 상실과 불확실성을 많이 경험했기 때문에 재정적 독립에 대한 가능성은 엄청난 유혹입니다." 사실, 이스라엘 스타트업들이 기업을 공개하는 경우는 드물다. 싱크 탱크 기관인 밀켄 연구소에 따르면 2002년부터 2012년까지 조기 매각기업의 9퍼센트만이 (대기업에 매각되지 않고) 주식을 상장한 기업이었고, 상장 기업의 규모는 평균 3천2백만 달러에 불과했다. 미국의 경우 이 수치는 각각 20퍼센트, 2억3천7백만 달러였다(Economist 2014년).

스타트업이 대기업으로 성장하면 사회에 더 큰 편익을 제공할 수 있다. 예루살렘 소재 히브리대학 유진 칸델 교수는 이에 동의한다. "연구개발 센터에서는 최첨단 개발자에게만 기회가 한정되지만 대기업은 판매직원, 회계사 등 더 많이 직원을 고용합니다."

케미 페레스는 성공적인 기업가나 연쇄 창업가의 2세대들이 등장하면서 이런 추세가 바뀌고 있다고 생각한다. 요즘 기업가들은 기업의 조기 매각으로 너무 많은 손해를 보았다고 생각하고 더 큰 기업을 만들려고 노력한다. 예를 들어 자동차 주행안내 서비스업체 웨이즈Waze는 몇 년을 기다렸다가 2013년 구글에 9억6천6백만 달러에 기업을 매각했다. 일반인들이 웹사이트를 만드는 것을 도와주는 기업인 윅스Wix는 몇 차례 인수 제의를 거절하고 2013년에 기업을 상장했다(Economist 2014년). 2014년 자동차 사고를 피할 수 있도록 도와주는 소프트웨어를 만드는 모빌아이Mobileye는 미국 증시에 8억9천만 달러에 상장되었다(Economist 2014년).

점차 일어날 것으로 우려되는 문제들도 있다. 인텔의 전 이스라엘 담당 사장 몰리 이든은 이스라엘이 공학, 수학, 과학 분야를 전공한 인력이 부족하다고 생각한다.[*] 또한 비용 상승을 억제할 수 없는 경우 이스라엘의 스타트업 시장이 사라질 위험이 있다. 젊은 사람들은 생활비가 낮은 경우 더 큰 위험을 무릅쓰고 도전하려고 한다. 하지만 임대료와 식료품비가 동시에 많이 올랐다. 이스라엘은 많은 벤처자본을 유치해 활기찬 스타트업 생태계를 만들었지만 수익은 지금까지 기대에 미치지 못했다. 이런 상황을 유지하려면 투자자들은 더 많은 보상을 요구할 것이다.[**] 이스라엘의 연금펀드와 보험 기업들―벤처투자의 위험을 감수할 수 있고, 또한 장기적인 투자를 할 수 있어야 한다―이 이스라엘의 스타트업 활동에 투자하고 지원한다면 도움이 될 것이다.

---

[*] 5단위의 수학을 수강한 고교생이 2007년 1만3천 명에서 2013년 9천 명으로 30퍼센트 감소했다(Arlosoroff 2014년).

[**] 스타트업 투자는 보통 20-30건의 투자에서 2-3건이 수익을 얻기 때문에 실패율이 높다. 이스라엘 스타트업은 성장하지 못한 채 항상 외국 구매자에게 조기에 매각되었다. 그 결과 대부분의 포트폴리오는 성장성이 큰 성공적인 기업을 놓친다. 또한 이스라엘에서 가장 큰 성공을 거둔 스타트업 모빌아이처럼 벤처펀드를 피하고 자신의 평판과 인맥에 기초해 직접 재원을 조달하는 기업가들에 의해 실패율이 더 낮아진다.

가장 불안한 요인은 이스라엘의 불평등 수준이 놀라울 정도로 높다는 것이다. 평균 수치는 오해의 소지가 있다. 혜택은 스타트업계에서 성공한 소수에게 한정되고 다른 사람들은 점차 낙오되었다고 느끼기 때문이다. 수혜자의 수가 제한적인 주요한 이유는 세 가지다—극단적인 유대교 정통파들은 흔히 종교(탈무드)를 연구하는 삶을 살기 위해 공적 보조금에 의존해 생활한다. 아랍계 시민들은 더 많은 임금을 받는 직업을 얻거나 기업가가 되기 위해 열심히 노력한다. 성공 가능성이 낮지만 성장성이 큰 특성을 지닌 스타트업은 엄청나게 부유한(그리고 운이 좋은) 소수의 기업가들에게만 혜택을 제공한다.

실패할 수 없을 정도로 중요한 국가

이스라엘은 사람들에게 깊은 인상을 주어 매력적으로 보이면서 동시에 좌절감을 느끼게 만들어 극도로 화나게 한다. 짧은 시기에 이스라엘은 심각한 문제 지역에서 번영의 오아시스로 등장했다. 노벨상 수상자 로버트 솔로는 소득 증가가 자본축적이나 비용절감 덕분이 아니라 주로 기술진보 덕분이라는 것을 입증했다.

최근 이스라엘의 1인당 GDP는 40,258달러이며 증가하기 시작했다. 이스라엘의 생활수준은 유럽의 최고 선진국과 동등하다(CEIC 2018년). OECD가 발표한 행복지수에 따르면, 2015년 이스라엘은 세계에서 가장 행복한 5개 국가에 포함되었다—덴마크, 스위스, 핀란드와 같은 다른 TSTF 국가의 뒤를 이었다. 300개 이상의 다국적 기업이 이스라엘에서 혁신을 발굴하고 투자하기 위해 연구개발센터를 설립했으며 계속 늘어날 것으로 예상된다. 브라질, 아일랜드, 싱가포르의 대표단들이 이스라엘을 방문해 이스라엘의 성공 비결을 파악하려고 노력하는 것은 놀라운 일이 아니다.

도표 14.2-300개 다국적 기업의 연구개발센터

이스라엘은 다국적 기업 연구개발센터의 메카가 되었다.
(자료: Start-up Nation Central)

이스라엘에서 주목할 점은 격식을 따지지 않는 쾌활한 태도다. 권위주의의 부재는 능력주의와 실수를 디딤돌로 받아들이는 태도에 탄탄한 기초가 된다.

통합, 소속의식, 개인보다 공동체를 우선하는 태도는 사회의 안정에 중요하다. 농업에서 기인하는 단체 중심의 삶은 분명히 약해지고 있지만, 내가 만난 모든 이스라엘 사람은 어느 정도 키부츠 정신이 살아 있는 것 같다. 심리학자 탈 벤 사하르는 말한다. "행복의 첫째 요소는 서로 좋아하는 사람들끼리 함께 시간을 보내는 것입니다."(Octavian Report 2015년). 그는 이스라엘 사람들이 더 행복한 까닭이 친구와 가족이 그들에게 매우 중요하기 때문이라고 생각한다. 테크니언의 슬로모 마이탈 교수는 자녀 역시 중요하다고 덧붙인다. "이스라엘은 OECD 국가들 중에서 출산율이 가장 높습니다. 주변에 아기와 아이들이 많으면 미래의 희망이 생깁니다."(Collins 2016년).

이 이야기는 토라의 출애굽기 3장 8절에 나오는 '젖과 꿀이 흐르는 땅'처럼 들릴지도 모른다. 이것은 헤르츨이 1897년 바젤에서 상상했던 시온주의가 실현된 모습이다. 하지만 시몬 페레스는 앞으로의 문제에 대해 나에게 말해주었다. "유대 민족을 이끄는 것은 쉽지 않습니다—우리는 분열적이고 완고하며, 매우 개인주의적 민족으로서 신앙과 날카로운 재치, 격렬한 논쟁 능력을 고도로 함양해왔습니다."(Peres 1986년). 사실, 이스라엘은 격렬한 논쟁과 모순으로 가득하다. 이스라엘은 OECD 국가보다 1인당 연구개발 종사자들이 더 많지만, 피사가 주관하는 수학 시험에서 이스라엘의 청소년들의 점수는 OECD 평균점수보다 낮다. 이스라엘 사회가 세계에서 가장 복잡하고 통합적인 사회규범을 가졌을지 모르지만, 계약 준수율은 최악이며, 1인당 변호사수가 세계에서 가장 많다.

가장 불안한 점은 이스라엘이 세계에서 가장 경쟁력 있는 20개 국가에 포함되고, 또 가장 혁신적인 10개 국가에 포함되지만 서구 세계에서 소득분배가 가장 불평등한 국가 중 하나라는 것이다. 마이탈 교수는 나에게 말했다. "사회내부의 통합이 필요한 사회의 경우 외부 위협에 직면할 때 이런 불평등은 명백하고 당면한 위험입니다." 이스라엘 국가 정보기관 모사드의 전직 국장이자 모든 유형의 미래 위험을 평가하는 일에 특별히 숙달된 타미르 파르도 역시 이렇게 말한다. "이스라엘에게 가장 긴급한 위협은 이란이 아니라 이스라엘 사회의 심각한 양극화입니다"(Whitman 2016년).

더 나아가 이스라엘은 팔레스타인과의 갈등을 해결해야 한다. 1인당 구독신문 수가 이스라엘보다 더 많은 나라는 찾기 힘들다. 보도 내용이 긍정적이라면 좋겠지만 많은 부분이 그렇지 않다. 대다수의 국가들은 이스라엘과 팔레스타인이 갈등하며 살기보다는 대립이 해소되길 원한다. 이것은 가능하다. 아일랜드에 관한 장에서 지적하듯이, 신페인당Sinn Fein과 아일랜드공화국군IRA도 전쟁을 하지 않기로 합의했다.

이런 도전과제들은 주눅이 들게 하고 심각한 비관주의를 갖게 하는 것 같다. 하지만 이스라엘이 우리에게 주는 교훈이 있다면, 그것은 이스라엘의 주변 사람들이 절망할 동안에도 이스라엘은 희망으로 가득한 사람들이 많다는 점이다. 이스라엘인에게 자신감의 영원한 상징인 시몬 페레스는 다음과 같은 유명한 말을 했다. "낙관주의자와 비관주의자는 똑같은 죽음을 맞이한다. 하지만 그들은 매우 다른 삶을 산다!"(Zapesochny 2016년). 페레스가 덧붙이지 않은 내용이 있다. 비관주의자가 흔히 틀린 까닭은 세계를 더 이상 변화나 혁신이 불가능하다고 가정하기 때문이다. 그들은 현재 상태로부터 단순히 미래를 추론하기 때문에 현재의 추세를 바꿀 수 있는 새로운 발전이나 통찰을 인식하지 못한다. 1973년 이스라엘의 미래를 예측한 모든 사람들은 이스라엘이 지금쯤이면 자멸했을 것이라고 예측했을 것이다. 하지만 이스라엘은 그렇게 되지 않았다—이 나라는 세계에서 가장 혁신적인 국가 중 하나다.

이스라엘 2.0은 죽은 것으로 간주되어 체념했던 1973년에 비해 훨씬 더 강력한 기초를 갖고 있다. 구글, 인텔, 삼성과 같은 기업이 투자한 344개의 연구개발센터가 이스라엘 땅에 확고하게 뿌리를 내렸다(Marker 2018년). 그러나 적어도 4년 동안 운영되었던 653개의 스타트업들이 2014년에 결국 폐업했고, 그 결과 주로 실패로부터 얻은 지혜의 보고가 쌓여 있다(Orpaz 2017년). 또한 저렴한 직항공편이 샌프란시스코, 상하이와 텔아비브를 연결한다. 이스라엘에는 바이오기술, 블록체인, 인공지능, 식품공학, 무인자동차, 사이버보안과 같은 분야의 기업 집단과 전문 지식이 있다.

더 중요한 것은 이스라엘인의 사고방식이 바뀌었다는 점이다. 혁신과 스타트업은 국가적인 스포츠가 되었다. 선도적인 벤처자본가이자 피탕고Pitango의 파트너인 아이알 니브가 나에게 말했다. "9살 먹은 아들이 어른이 되면 스타트업을 경영하고 싶다고 말했습니다." 이와 비슷하게, 8200부대의 오하드 밥로프도 나에게 말했다. "과거에는 어머니들은 대개 자녀가 자라서 군 장교, 의사, 또는 교수가 되길 원했습니다. 이제는 자녀가 기업가가 되기를 원합니다."

이스라엘 2.0은 세계의 국가들이 간절히 원하는 것을 많이 갖고 있지만 기업을 설립하는 것뿐만 아니라 성장시킬 필요가 있다. 또한 특권을 누리지 못한 사람들을 그런 성공에 참여시킬 방법을 찾아야 한다. 그렇지 않으면 노아의 방주를 만들어온 사회통합을 상실할 위험에 처할 것이다. 요시 바르디는 이렇게 요약한다. "사회는 배와 같아서 배가 침몰하면 아무리 큰 스타트업도 그것을 구하지 못한다." 이스라엘의 낙관주의적 태도는 배울만하다. 우리 중 누가 좀 더 추츠파를 발휘하여 유익을 얻으려고 하지 않겠는가?

참고도서 및 추가 독서자료

'About us'. Tel-Aviv Capital, 2015. http://www.tlvc.co.il.

Anderson, S. 'Immigrants and Billion Dollar Startups'. National Foundation for American Policy, 2016. http://nfap.com/wp-content/uploads/2016/03/Immigrants-and-Billion-Dollar-Startups.NFAP-Policy-Brief.March-2016.pdf.

Arlosoroff, M. 'What's Threatening the Future of Israeli High-Tech? A Shortage of Math Students'. Haaretz, 2014. https://www.haaretz.com/israel-news/business/.premium-the-fuzzy-math-behind-matriculation-exams-1.5261700.

Bassok, M. 'Israel Cut Public Debt to Record Low 62.1% of GDP in 2016, Marking Seventh Annual Drop'. Haaretz, 2017. https://www.haaretz.com/israel-news/business/israel-cut-public-debt-to-record-low-62-1-of-gdp-in-2016-1.5489409.

Ben-David, C. and D. Wainer. 'The Controversy Over Israel's Business Elite'. Bloomberg, 2010. https://www.bloomberg.com/news/articles/2010-10-07/the-controversy-over-israels-business-elite#p1.

'Better Life Index 2015', OECD, 2015. https://www.oecd-ilibrary.org/social-issues-migration-health/data/oecd-social-and-welfare-statistics/better-life-index-2015-edition-2015_493ca5e9-en.

Brooks, D. 'The Tel Aviv Cluster'. The New York Times, 2010. https://www.nytimes.com/2010/01/12/opinion/12brooks.html?mtrref=en.wikipedia.org&gwh=B234E221F3FFB1495980575A202FD0CA&gwt=pay.

Cerier, S.E. 'Israel's economy has flourished only recently'. Financial Times, 2017. https://www.ft.com/content/e3117cd8-4c3f-11e7-919a-1e14ce4af89b.

Cocco, F. 'How Israel is leading the world in R&D investment'. Financial Times, 2017. https://www.ft.com/content/546af0b2-ede5-11e6-930f-061b01e23655.

Cohen, R. Israel is Real: An Obsessive Quest to Understand the Jewish Nation and its History (New York: Picador, 2010).

Collins, L. 'My word: population density, people power and blessings'. The Jerusalem Post, 2016. https://www.jpost.com/Opinion/My-Word-Population-density-people-power-and-blessings-469139.

Dibner, G. 'European & Israeli Venture Data 2017'. Medium, 2018. https://medium.com/angularventures/european-israeli-venture-data-2017-45510d40c5f1.

Eckstein, Z.M. and Botticini. The Chosen Few: How Education Shaped Jewish History, 70-1492 (Princeton, N.J.: Princeton University Press, 2012).

'Faith on the Move – The Religious Affiliation of International Migrants'. Pew Research Centre, 2012. http://www.pewforum.org/2012/03/08/religious-migration-exec/.

'GDP growth (annual %)'. The World Bank, 2017. https://data.worldbank.org/indicator/NY.GDP.MKTP.KD.ZG?end=2017&locations=IL&start=1961&view=chart.

'Global Market for Commercial Applications of Drone Technology Valued at over $127 bn'. PWC, 2016. https://press.pwc.com/News-releases/global-market-for-commercial-applications-of-drone-technology-valued-at-over--127-bn/s/ac04349e-c40d-4767-9f92-a4d219860cd2.

'Gross Domestic Product (GDP)'. OECD Data, 2017. https://data.oecd.org/gdp/gross-domestic-product-gdp.htm.

Heruti-Sover, T. 'Israel's Unemployment Rate Drops to 3.7%, Part-Time Jobs on the Rise'. Haaretz, 2018. https://www.haaretz.com/israel-news/business/

israel-s-unemployment-rate-drops-to-3-7-part-time-jobs-on-the-rise-1.5865222.

Herzl, T. The Jewish State (New York: Dover Publications, 2008). http://www.gutenberg.org/files/25282/25282-h/25282-h.htm.

'Israel'. Better Life Index 2017, OECD, 2017. http://www.oecdbetterlifeindex.org/countries/israel/.

Israel Defence Forces. 'Female Soldiers Take a Break in the Desert Sun'. Flickr, 2011. https://www.flickr.com/photos/idfonline/6005011659/.

'Israel forecast: nominal GDP per capita'. CEIC Data, no date. https://www.ceicdata.com/en/indicator/israel/forecast-nominal-gdp-per-capita.

'Israel's economy is a study in contrasts'. The Economist, 2017. https://www.economist.com/special-report/2017/05/18/israels-economy-is-a-study-in-contrasts.

Maital, S. 'The debilitating brain drain'. The Jerusalem Post, 2013. https://www.jpost.com/Magazine/Opinion/The-debilitating-brain-drain.

Maltz, J. 'World Jewish Population on Eve of New Year – 14.7 Million'. Haaretz, 2018. https://www.haaretz.com/jewish/.premium-world-jewish-population-on-eve-of-new-year-14-7-million-1.6464812.

'#704 Teva Pharmaceutical'. Forbes, 2018. https://www.forbes.com/companies/teva-pharmaceutical/#25ef6b013915.

Orpaz, I. 'For Every Mobileye, 600 Israeli Start-ups Crash'. Haaretz, 2017. https://www.haaretz.com/israel-news/business/for-every-mobileye-600-israeli-start-ups-crash-1.5450822.

Peres, S. 'In Homage to Ben-Gurion'. The New York Times Magazine, 1986. https://www.nytimes.com/1986/10/05/magazine/in-homage-to-ben-gurion.html.

Peres, S. No Room for Small Dreams: Courage, Imagination and the Making of Modern Israel (London: W&N, 2017).

Roberts, J.J. '7 Well-Known Tech Firms Founded by Immigrants or Their Children'. Fortune. 2017. http://fortune.com/2017/01/30/tech-immigrant-founders/.

Senor, D. and S. Singer. Start-Up Nation: The Story of Israel's Economic Miracle (New York; Boston: Twelve, 2011).

Shulman, D. 'Israel's Irrational Rationality'. The New York Review of Books, 2017. https://www.nybooks.com/articles/2017/06/22/israels-irrational-rationality/.

'The Art of Happiness: an interview with Tal Ben-Shahar'. Octavian Report, 2016. https://octavianreport.com/article/tal-ben-shahar-on-how-to-be-happy/.

'The Kibbutz & Moshav: History & Overview'. Jewish Virtual Library, no date. https://www.jewishvirtuallibrary.org/history-and-overview-of-the-kibbutz-movement.

The Marker. 'Multinationals Open More Than 20 R&D Centers a Year in Israel'. Haaretz, 2018. https://www.haaretz.com/israel-news/business/multinationals-open-over-20-r-d-centers-a-year-in-israel-on-average-1.6436189.

'The scale-up nation'. The Economist, 2014. https://www.economist.com/business/2014/12/11/the-scale-up-nation.

'Unemployment rate, Total, % of labor force, 2006-2012'. OECD Data, 2016. https://data.oecd.org/chart/5oLd.

'Vital Statistics: Latest Population Statistics for Israel'. Jewish Virtual Library, 2018. https://www.jewishvirtuallibrary.org/latest-population-statistics-for-israel.

Waksman, A. 'Israel's Public Debt Grows

for First Time Since 2009'. Haaretz, 2019. https://www.haaretz.com/israel-news/business/israel-s-public-debt-grows-for-first-time-since-2009-1.6895665.

Whitman, A. 'Ex Mossad chief: Israel's biggest threat is potential civil war, not Iran'. The Jerusalem Post, 2016. https://www.jpost.com/Israel-News/Politics-And-Diplomacy/Ex-Mossad-chief-Israels-biggest-threat-is-potential-civil-war-not-Iran-466415.

Williams, S.M. 'How Israel Became the Startup Nation Having the 3rd Most Companies on the Nasdaq'. Seeking Alpha, 2018. https://seekingalpha.com/article/4151094-israel-became-startup-nation-3rd-companies-nasdaq.

Yarowsky, M. 'With Strong Tech Ties, Is Israel China's New Best Friend?' NoCamels. 2015. http://nocamels.com/2015/05/china-israel-tech-relations/.

Zapesochny, R. 'The Quintessential Israeli Optimist'. The American Spectator, 2016. https://spectator.org/the-quintessential-israeli-optimist/.

대담 및 인터뷰
케미 페레스, 유진 칸델, 아이알 니브, 짐 셔윈, 몰리 이든, 오하드 밥로프, 사울 싱어, 슬로모 마이탈, 슬로모 야나이, 이갈 에를리히, 요시 바르디

15장 호주: 무기를 내려놓다
총기를 이용한 잔학행위를 근절한 호주의 교훈

총기 환매 프로그램.
(자료: Wikimedia Commons)

"더 많은 총이 [미국을] 더 안전하게 만든다면,
우리는 지구상에서 가장 안전한 나라일 것이다."
— 인디애나주 사우스벤드 시장 피트 부티지지

1996년 4월 28일, 캐럴린 로우턴은 호주의 역사적 명소 포터 아서의 수변 공간 근처 브로드 애로우 카페에서 15세 딸 사라와 함께 점심을 즐기고 있었다. 그들이 테이블에 앉아 있을 때 심각한 심리불안에 시달리는 마틴 브라이언트가 카페로 들어와 총을 쏘기 시작했다. 캐럴린은 몸으로 딸을 감싸 안은 상태에서 등에 총을 맞았다. 캐럴린은 총상에서 살아남았지만 머리에 총을 맞은 딸이 숨졌다. 아홉 시간 동안 광란의 총기 살인으로 35명이 죽고 23명이 부상당해 호주

역사상 최악의 총기난사 사건으로 기록되었다. 브라이언트의 무기는 반자동 콜트 AR-15와 0.308 FN 소총으로 합법적으로 구매한 것이었다—하지만 브라이언트는 심리적인 이유에 따른 장애연금 수급자격이 있었다.

포트 아서 총격 사건이 발생한 지 12일 뒤 대중적인 항의 시위가 발생하자 당시 호주 총리였던 존 하워드는 전면적인 총기개혁 법안을 제정했다. 개혁 법안은 자동 및 반자동 공격용 소총을 금지하고 총기소유 허가자들이 총기 안전교육을 반드시 이수하고 특별한 종류의 총기의 경우 자기방어 이외에 다른 타당한 총기 사용 필요성을 입증하도록 요구했다. 하지만 개혁법안 중 가장 혁신적이고 효과적인 내용은 총기 환매 프로그램이었다. 이 프로그램을 통해 정부는 총기 환매를 위해 2억5천만 달러를 지출했으며 개인이 소유한 65만 정 이상의 총기를 없앴다(Wahlquist 2016년).

캐럴린 로우턴이 총에 맞아 죽은 딸을 팔에 안고 무력하게 앉아 있은 지 20년 이상이 지난 오늘날 총기개혁 법안으로 호주가 더 안전한 곳이 되었음을 부인하는 사람은 거의 없을 것이다. 1996년의 개혁법안 이전 18년 동안 호주는 13건의 총기난사 사건이 발생했다(Grubel 2013년). 그 이후로 발생한 총격 사건은 단 두 건에 불과했다.

호주는 어떻게 이런 개혁 법안을 통과시킬 수 있었을까? 그리고 미국이나 다른 국가들은 호주로부터 무엇을 배울 수 있을까?

하워드의 선택

존 하워드가 시드니의 조용한 근교 지역에 있는 키리빌리하우스에 앉아 있을 때 수석보좌관으로부터 총기난사 사건을 전화로 보고받았다. 4년 반 동안 야당이던 보수적인 자유당을 이끌어 온 하워드는 마침내 총리가 되었다. 불과 2개월 전, 그는 선거에서 낙승하여 호주 역사상 두 번째로 가장 많은 45석의 다수당이 되었다. 총기규제는 하워드의 선거 공약에서 중요한 내용이 아니었지만 자유당의 당수로서 그는 불간섭 정책을 표방하는 현재 상태의 총기규제 정책을 지지할 것으로 예상되었다. 그러나 총격 사건들 때문에 그는 선택할 수밖에 없었다—그가 선출된 이유와 아무런 상관도 없는 일을 위해 힘들게 얻은 희소한 정치적 자산을 투자해야할까? 이미 오래전에 해결했어야 할 문제를 처리할 기회를 날려버려야 하는가?

하워드는 그 상황을 럭비 경기에서 돌진하는 건장한 상대 선수에게 태클을 걸지 말지 결정해야 하는 순간에 비유했다. 그는 잠시 숙고한 뒤 결정을 내리고 그 후로는 뒤돌아보지 않았다. 상대선수는 태클을 하는 선수의 결정을 알아차리고 충돌할지 피할지를 선택한다. 그것은 하워드의 순간이었고 그는 총기규제 개혁을 실행하기로 결단했다. 호주는 과거에 다수의 총기난사 사건을 겪었지만 그 여파는 곧 사그라들었다. 이번에는 왜 달랐을까?

상황이 바뀌다
하워드의 입법 추진이 성공한 이유는 여러 가지다. 하나는 기발한 총기 환매 프로그램이다. 규제는 대개 보상이 아니라 처벌 위주다. 하지만 이번 경우에는 사람들은 대부분 지하실에 방치 되어 있는 총기를 반납하는 대가로 돈을 받았다. 게다가 정부는 새로운 총기 가격을 기준으로 돈을 지급했다. 이 금액은 사람들이 전당포에 총을 맡기고 받을 수 있는 돈보다 훨씬 더 많았다. 총기 환매 기간이 한정되어 있어 총기 소지자들은 현금을 받을 수 있는 기회를 놓칠 수 있었고, 관련법이 제정된 이후에는 불법 총기 소지자는 체포될 수 있었다. 현금보상 기회 상실과 그 이후 초래될 수 있는 곤경 때문에 총기환매 프로그램은 대중적인 인기를 모았다.

이번에 발생한 총기난사 사건의 규모도 시민들이 이전과는 다르게 상황을 보고 뭔가 해야 한다는 마음을 갖도록 했다. 마틴 브라이언트의 재판을 진행한 윌리엄 콕스 판사는 나에게 말했다. "엄청난 규모의 잔혹 행위가 호주 사회의 기초를 뒤흔들었습니다." 1920년대 말 호주 원주민이 저지른 두 건의 대량학살 사건을 제외하고 20세기 초 이후 호주에서 발생한 모든 총격사건의 사상자는 15명 이하였다. 이에 비해 포터 아서에서 35명이 사망하고 23명이 부상하는 사건은 호주를 충격에 빠뜨렸다.

또 다른 성공 요인은 속도였다. 하워드와 자유당은 거의 즉각적으로 대응했다. 시드니 대학 부교수 필립 알퍼스는 <가디언>지에 말했다. "그 당시 총기 관련 로비는 호주에서 가장 영향력이 컸습니다. 포트 아서에서 발생한 사건으로 한 명의 권력자가 총기 로비스트들보다 더 빠르게 전방위적으로 선수를 쳐서 놀랍게도 12일 만에 상황을 바꾸었습니다"(Wahlquist 2016년). 이로 인해 총기 로비스트들은 조직을 정비하여 총기 규제정책을 지연시킬 결정적인 시간을 놓쳤다. 하워드는 선거에서 낙승을 거두어 시민들의 지지율이 높았기 때문에 규제 정책을 실행하기로 결정했다. 그가 나에게 말했다. "정치 발전은 90퍼센트 타이밍에 좌우됩니다."

좌파적 정책을 추진하는 보수 정치인 하워드는 야당뿐만 아니라 보수층으로부터도 지지를 받을 수 있었다. 총기규제는 주 정부가 담당했기 때문에 하워드는 그의 제안을 지지하도록 주정부를 설득했다. 가장 유력한 퀸즈랜드주와 웨스턴 오스트레일리아주는 처음에는 주저했다. 하워드가 연방정부 관할의 총기등록 정책을 국민투표에 부치겠다는 엄포를 놓은 뒤에야 그들은 지지를 표명했다. 이 두 개 주의 다수 시민을 포함하여 호주 국민의 90퍼센트가 총기 규제 정책에 찬성한다는 조사 결과가 발표되었기 때문에 이 엄포는 효과가 있었다(Wahlquist 2016년). 하워드는 총기환매 프로그램에 사용할 재원을 각 주에 5천7백만 달러를 지원하겠다면서 주지사들을 달랬다.

여성들은 총기환매 프로그램의 성공에 아마도 가장 중요한 마지막 이유일 것이다. 딸, 아내, 어머니, 할머니들이 함께 시위를 벌이며 그들의 아버지, 남편, 아들, 형제, 손자들이 돈을 받고 무기를 팔라고 설득하거나, 심지어 따라다니며 괴롭혔다. 일부 사람들은 그 논쟁으로 인해 부부 사이에 섹스 거부사태가 발생했다고 농담조로 말했다. 하워드가 말했다. "여성은 유권자의 52퍼센트를 차지하지만 여론 형성 기여도는 그 이상입니다." 그는 브리즈번 출신의 한 나이 든 여성이 자신에게 한 말을 떠올렸다. "나는 당신에게 찬성표를 던진 적이 없었고, 앞으로도 그럴 생각입니다. 하지만 당신의 총기규제 제안에는 경의를 표합니다."

"증오심으로 가득한 사람에게 무엇을 권하겠습니까?"

도표 15.1- 총기 규제 (자료: Banx)

배워야 할 점

호주의 이 이야기는 여러 가지 이유—사실적 측면, 정서적 측면, 정치적 측면—에서 교훈적이다. 호주는 한 국가의 정체성이 시대에 맞게 어떻게 바뀔 수 있는지 보여주었다. 이미 보았듯이 호주인의 사고방식은 미국인과 별로 다르지 않다. 프런티어와 황량한 서부에 관한 신화가 미국에서 생겨났듯이 호주의 거친 오지는 호주인의 강인한 자립의식을 키웠다. 하지만 호주의 개혁법안과 관련한 다른 요소들, 격렬한 분열을 압도하고 새로운 합의에 도달할 수 있었던 속도는 규모가 작은 국가의 이점을 돋보이게 한다.

정책이 시행되면 흔히 개인적 이해관계와 사회적 이해관계

간에 상충관계가 발생한다. 총기 규제의 경우 집단적 이익은 매우 뚜렷하다. 총기 부재로 인한 마음의 평화는 그만두고, 자살, 강도, 무단침입, 감금과 같은 범죄의 발생 건수와 규모는 사회에 막대한 비용을 유발한다. 다른 한편으로, 총기를 필수품으로 여기는 사람들의 이익은 민주주의 사회에서 다른 중요한 소수 집단처럼 가능한 한 최대한 존중되어야 한다. 미국과 같은 국가에서는 이 양자 간의 균형이 심각하게 깨져있으며, 대부분의 연구에 따르면 이런 상황은 호주에서 특별히 두드러진 관성과 향수에 기인한다.

호주는 공동체의 더 큰 이익을 위한 양보는 개인적인 이익보다 우선하며, 이를 통해 국가를 통합할 수 있다는 것을 입증했다. 호주는 쉽게 바꾸기 힘든 여러 가지 정치적 조건이 고착되어 있었다―총기 소지를 옹호하는 강력한 로비단체, 도시 유권자와 농촌 유권자 간의 해소하기 어려운 관점의 차이, 주 정부가 상당한 통제력을 행사하는 분권적 연방시스템, 강력한 이해집단 탓에 오랫동안 개혁이 좌절된 역사. 논쟁적인 정책에 관한 논의는 대개 상반된 이해집단 간의 분열적 교착상태로 끝나고 말았다. 하워드의 리더십 아래 호주 정부는 더 폭넓은 공익을 확대하기 위해 경쟁적인 이해집단과 진영들을 매끄럽게 중재할 수 있었다.

다른 많은 국가들은 사회가 위험했던 초기 농업 시대에서 대체로 도시 중심의 평화로운 시대로 바뀐 상황을 반영하여 총기 규제 내용을 어렵사리 개혁했다. 캐나다와 같은 일부 국가는 호주처럼 충격적 사건 이후 개혁이 이루어졌다. 캐나다의 1995년 총기규제법은 몬트리올 에콜 폴리테크닉 대학생 14명이 사망한 뒤 이루어졌다. 그 이후 캐나다는 더 나아가 모든 등록 총기의 절반 이상을 사용 금지하고, 모든 장총에 대해 총기소유 면허제와 등록을 요구했다(Harinam and Mauser 2018년). 노르웨이에는 오래 전부터 강력한 총기규제법이 있었다. 이는 노르웨이가 총기살인 범죄율이 낮은 이유를 설명해주지만, 2011년 77명을 살해한 총기난사 사건 이후 총기규제가 훨씬 더 강화되었다.

    2019년 3월 크라이스트처치에서 테러공격으로 50명이 사망한 후, 뉴질랜드 총리 저신다 아던은 존 하워드와 비슷한 선택에 직면했다. 전 세계의 애도자들이 희생자들을 추모했다. 아던과 뉴질랜드 행정부는 행동하기로 결정했다. 하워드와 마찬가지로 아던은 비극적인 사건 이후 빨리 움직여야 한다는 것을 알았다. 뉴질랜드는 불과 6일 만에 반자동 장총을 금지하고 의무적인 총기환매 프로그램을 발표했다. 이 정책은 비극적 사건 이후 정부의 '역대 가장 신속한 대응'으로 환호를 받았다(Beckett 2019년). 포터 아서 총기난사 사건 이후 하워드의 신속한 대응이 뉴질랜드가 그런 개혁법을 만들도록 자극하고 총기환매 프로그램과 같은 모범사례를 제공한 것은 분명하다. 아던은 총기규제 개혁이 추가적인 총기 살인사건을 방지하는 가장 효과적인 방법임을 깨닫기 위해 바다 건너편에 있는 호주를 바라보면 되었다.

    아시아 국가들은 통제적인 정책을 펴는 경향이 있다. 그들은 무책임한 총기 사용에 대해 가혹한 처벌을 부과하는 방식으로 엄청난 불이익을 준다. 싱가포르는 중대 범죄를 저지른 과정에서 총기를 발포한 사람에게는 아무도 죽거나 다치지 않아도 사형 판결을 내린다. 이 나라는 세계에서 합법 또는 불법을 막론하고 총기소지율이 가장 낮다. 2000년에서

2015년 사이 싱가포르에서 단 두 건의 총기 살인 사건이 발생했다(Alpers and Picard 2018년). 일본 역시 남용에 대한 비슷한 처벌 덕분에 총기 남용 사례가 매우 적다.

노르웨이, 스위스, 이스라엘, 싱가포르는 징병제를 실시하고 있어 훈련받은 건강한 시민들이 언제든지 (집에 있는 총기로 무장해) 군의 소집에 응할 수 있다. 역설적으로 이들 국가는 총기 사용률이 높지만 총기남용 사례는 적다. 이스라엘은 시민들이 소유한 총기 숫자가 가장 많지만 총기 관련 사망자수는 인구 10만 명당 약 2명에 불과해 세계에서 가장 낮다(Kershner 2018년). 그 비결은 젊은 나이에 이수한 총기교육 덕분에 적절한 준수사항을 습득했기 때문일 것이다.

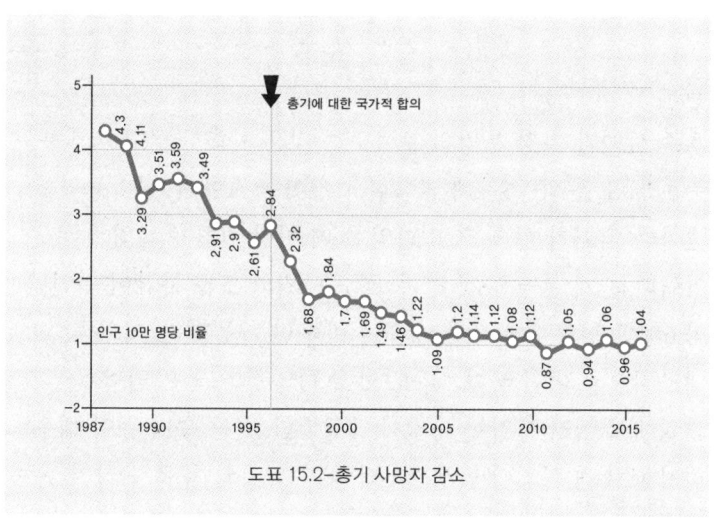

도표 15.2-총기 사망자 감소

(1인당) 총기 사망자는 총기환매 프로그램 도입 이후 3분의 2까지 줄었다. (자료: Alpers & Rosetti, 2016년; 「Medics for Gun Control」에서 인용)

징병제든 입법이든, 국가 정책은 항상 개인의 이익과 사회 전체의 이익 간에 상충관계가 발생한다. 마음의 평화, 자살, 강도, 무단침입, 감금, 경찰의 사기에 미치는 영향과 같이 총기남용과 관련된 사회적 비용 요인을 생각해보라. 미국은 유죄판결을 받은 범죄자가 호주의 약 4배다(OECD 2019년). <미국 법 및 경제학 리뷰>에 실린 한 연구에 따르면, 호주에서 총기환매 프로그램이 시행된 이후 호주의 총기 관련 자살은 약 74퍼센트 감소했다(Leigh and Neill 2010년). 강도와 빈집털이 역시 상당히 감소했다.

폭스 뉴스의 빌 오라일리는 한때 총기난사 사건을 '자유의 대가'라고 말했다(Roy 2017년). 호주는 그것이 실은 무지의 엄청난 대가이지만 올바른 리더십에 의해 피할 수 있음을 보여준다.

결론

호주 사례가 가장 분명히 보여주는 것은 사회가 낡고 피해를 주는 제도를 바꾸는 데 끔찍한 사건이 필요할 수 있다는 점이다. 국가가 매우 크고 다양할 때 이런 변화가 특히 어렵다는 게 분명한 것 같다. 호주는 거의 모든 사람이 백인인 약 6백만 명의 유권자의 마음을 바꾸면 가능했다. 이와 대조적으로 어떤 국가보다도 크고 다양한 미국은 입법 과정에서 여러 복잡한 사정이 개입된다. 최근 수년 동안 매우 심각한 총격 사건이 발생했지만 총기 소지의 자유를 지지하는 사람들은 비록 소수지만 그들의 뜻을 가까스로 관철시켜왔다. 총기 문제를 해결하려면 아마도 수정헌법 2조를 삭제하고 이 사안을 주 정부로 넘겨 TSTF 국가처럼 대처할 수 있게 해야 할 것이다.

(이 장의 축약판은 2017년 <포린 어페어스Foreign Affairs>에 '호주가 총기규제법을 통과시킨 방법: 포터 아서 총기난사 사건과 그 이후'라는 제목으로 실렸다.)

참고도서 및 추가 독서자료

Alpers, P. and M. Picard. 'Singapore – Gun Facts, Figures and the Law'. GunPolicy.org, 2018. https://www.gunpolicy.org/firearms/region/singapore.

Altmann, C. After Port Arthur (Crows Nest, N.S.W.: Allen & Unwin, 2006).

Bachmann, H. 'The Swiss Difference: A Gun Culture That Works'. TIME, 2012. http://world.time.com/2012/12/20/the-swiss-difference-a-gun-culture-that-works.

Beckett, L. 'New Zealand's swift change to gun laws highlights 25 years of US inaction'. The Guardian, 2019. https://www.theguardian.com/world/2019/mar/21/new-zealand-shooting-swift-gun-law-changes-contrast-us-inaction.

Breiding, R. J. 'How Australia Passed Gun Control: The Port Arthur massacre and beyond'. Foreign Affairs, 2017. https://www.foreignaffairs.com/articles/australia/2017-10-13/how-australia-passed-gun-control.

'Buttigieg: 'If More Guns Made Us Safer, We'd Be the Safest Country on Earth.' NBC Washington, 2019. https://www.nbcwashington.com/news/politics/Buttigieg-If-More-Guns-Made-Us-Safer-Wed-Be-the-Safest-Country-on-Earth-511931742.html.

Friedman, M. 'Why Not a Volunteer Army?'. New Individualist Review, 1967. p. 825. https://oll.libertyfund.org/titles/raico-new-individualist-review.

Grubel, J. 'Australia's gun controls a political template for the U.S'. Reuters, 2013. https://www.reuters.com/article/us-usa-guns-australia-idUSBRE9320C720130403.

'Gun Deaths in Australia'. Medics for Gun Control, no date. https://www.medics4guncontrol.org/

gun_deaths_in_australia.

Harinam, V. and G. Mauser. 'Canada's Impending Gun Ban: Three lessons for the U.S.' National Review, 2018. https://www.nationalreview.com/2018/12/canadas-impending-gun-ban-three-lessons-for-the-u-s/.

'Incarceration rates in OECD countries as of 2018'. Statista OECD, 2019. https://www.statista.com/statistics/300986/incarceration-rates-in-oecd-countries/.

Kershner, I. 'Fact check: is Israel a model when it comes to guns?'. The Seattle Times, 2018. https://www.seattletimes.com/nation-world/fact-check-is-israel-a-model-when-it-comes-to-guns/.

Leigh, A. and C. Neill, C. 'Do Gun Buybacks Save Lives? Evidence from Panel Data'. American Law and Economics Review, vol. 12, no. 2 (2010): pp. 509–57. https://doi.org/10.1093/aler/ahq013.

Masters, J. 'US Gun Policy: Global Comparisons'. Council on Foreign Relations, 2017. http://www.cfr.org/society-and-culture/us-gun-policy-global-comparisons/p29735.

Roy, J. 'Bill O'Reilly calls mass shootings "the price of freedom"'. Los Angeles Times, 2017. https://www.latimes.com/nation/la-las-vegas-shooting-live-updates-bill-o-reilly-calls-mass-shootings-the-1506980448-htmlstory.html.

Wahlquist, C. 'It took one massacre: how Australia embraced gun control after Port Arthur'. The Guardian, 2016. https://www.theguardian.com/world/2016/mar/15/it-took-one-massacre-how-australia-made-gun-control-happen-after-port-arthur.

Zhang, L. 'Firearms-Control Legislation and Policy: Singapore'. Library of Congress, 2015. https://www.loc.gov/law/help/firearms-control/singapore.php.

대담 및 인터뷰
존 하워드와 윌리엄 콕스.

3부
국가의 미래

16장 선택 가능한 시민권
시민들의 이동성 증가와
외국의 인재와 부를 향한 국가들의 경쟁 심화

세계를 여행하는 사람들.
(자료: Wikimedia Commons)

"당신은 세계 시민입니까?
세계 시민이 되도록 도와드리겠습니다."
기내 잡지에 실린 광고는 제한 없는 여행을 꿈꾸는 일등석
승객을 유혹하기 위해 이렇게 외쳤다. 많은 사람들은 세계
시민이 되길 원한다. 당연하겠지만, 그들에게 거주권과
시민권을 제공하는 완전히 새로운 산업이 등장했다.

주거권과 시민권을 전문적으로 상담해주는 세계적인
컨설팅 그룹 헨레이 앤드 파트너스Henley & Partners의 이사회
의장 크리스티안 칼린은 수천 명의 사람들이 매년 다른 국가의
시민권을 얻기 위해 총 20억 달러 이상을 지출하며, 또한 다른
국가에서의 거주권을 얻기 위해 더 많은 돈을 지출한다고
추정한다. 현재 30-40개 국가가 적극적인 경제적 시민권 또는

거주권 프로그램을 운영하며, 또 다른 60개 국가는 관련 법률 조항을 두고 있다(Valencia 2017년).

이 장에서 우리는 최고 수준의 과학자, 고위급 경영자, 매우 부유한 사람들과 같은 가장 바람직한 이민자를 유치하려는 국가들이 거주권과 시민권을 경쟁 도구로 이용하는 현실을 살펴본다. 우리는 공인된 좁은 범위 내에서 이 문제를 검토하고 이런 상황이 큰 국가에 비해 작은 국가에 더 나은 경쟁적인 위치를 제공한다고 주장하고자 한다. 우리 시대에는 이민과 관련하여 까다로운 도덕적, 윤리적 문제가 많이 대두되었다. 우리가 이런 문제를 회피한다고 해서 어떤 식으로든 이런 문제의 중요성을 과소평가한다는 뜻은 아니다. 이런 문제가 이 책의 주제가 아닐 뿐이다.

사람들은 수세기 동안 더 나은 미래를 찾아서 이민을 떠났지만, 지난 수십 년 동안에는 부유하고, 유능하고, 많은 지식을 가진 사람들이 두 번째 거주권을 비싼 돈을 주고 구입하거나 획득하는 사례가 현저하게 늘어났다. 현대 역사에서 처음으로 널리 알려진 국가 간 인재유치 경쟁의 사례는 1930년대와 1940년대에 미국, 영국, 러시아가 독일을 떠나야 하거나, 떠나길 원하는 최고급 핵물리학자를 두고 경쟁한 일일 것이다. 이런 유치활동이 천천히 그리고 간헐적으로 증가한 것은 잠재적인 이민자들과 그들을 받아들이는 국가들이 많은 이유에서 자신의 활동을 공개하기를 원치 않았기 때문이다.

그러나 오늘날 이것은 공개적인 활동이며, 명문 유럽 축구클럽이 세계 최고의 선수를 유치하려고 서로 경쟁하는 것보다 더 심하게 경쟁한다. 프로선수에 대한 이 비유가 특히 적절한 까닭은 모든 관계자, 특히 국가들이 승리를 목표로 하기 때문이다. 잠재적인 구매자와 판매자 간의 협상은 특정한 규칙에 의해 진행되며 에이전트 집단에 의해 게임이 이루어진다.

국제통화기금 소속 경제학자인 주디스 골드와 아미드 엘 아쉬람은 「편의 여권A Passport of Convenience」에서 국가들이 "상당한 금액의 투자에 대한 반대급부로 여러 선진국을 무비자로 여행하거나 거주권을 얻는데 관심을 가진, 작지만 급속하게 증가하는 부유하는 개인들의 요구에 부응하려는" 새로운 현상에 대해 설명한다. 나는 그들의 연구를 기반으로 시민권이 세계화가 삶의 많은 부분을 어떻게 재설정하는지 보여주는 또 다른 예임을 제시하고자 한다.

우리의 현재 위치를 이해하기 위해 먼저 출발 지점으로 돌아가 보자.

기원

역사적으로 국민으로서의 자격은 대체로 하나의 국가에 소속된 것이었다. 시민권 개념은 기원전 600년에 아테네에서 속지주의에 따라 시작되었다. 속지주의는 특정 국가 영토 안에서 태어난 모든 사람에게 국민으로서의 자격을 부여한다. 나중에 '속지주의'에 기초한 시민권은 '속인주의' 원칙으로 바뀌었다. 속인주의의 경우 시민권은 출생지로 결정되는 것이 아니라 부모를 통해 물려받는다. 이것은 로마법의 토대가 되었고, 나중에 관습법이 되었다. 속인주의는 오늘날까지 대부분의 국가에서 시민권을 부여하는 가장 일반적인 기초가 되고 있다.

처음부터 시민권은 배타적이고 정적이며 영구적인 것으로 간주되었다. 새로운 시민권을 얻으려면 기존 시민권을 포기해야 했다. 법무부장관 제러마이어 설리번 블랙은 1859년 미국적의 근거를 설명했다. "어떤 정부도 시민이 자국과 다른 국가에 동시에 충성을 바치도록 허용하지 않는다. 모든 사람은 한 사람이 두 주인을 섬길 수 없다는 것을 알고 있기 때문이다"(Kälin, 연도 미상).

시민권은 시민권 소지자에게 특정한 법률적 권리를 부여하지만 동시에 특정 의무와 책임을 부과한다. 대부분의 사람들에게 시민권은 일반적인 충성과 충실, 소속의식을 의미한다. 이것은 우리의 매우 폭넓은 행위를 규정하는 사회규범을 성문화한 것이다. 일반적으로 이런 것들은 돈으로 사는 것보다 경험을 통해 흡수될 가능성이 가장 높다. 시민권 구매는 격렬한 비난의 대상이 될 수 있다. 하버드대 스티븐 핑커가 나에게 말했다. "시민권이 신성한 가치를 갖고 있다는 인식이 널리, 오랫동안 퍼져 있습니다. 예를 들어 가족에 대한 소속감처럼 말이죠. 그런 것을 구매하는 것은 자녀나 투표권을 매매하는 것만큼이나 금기시됩니다."

추가적인 국적 획득이라는 개념은 일반적이지 않지만 새로운 것도 아니다. 이런 형태의 시민권은 로마법에서 '돈으로 구매한 권리'라는 개념으로 나타난다. 이것은 흔히 투자금의 형태로 이루어지는 공헌에 기초해 국가가 외국인에게 시민권을 부여하는 것을 말한다. 대영 제국 건설에 도움을 준 독일과 이탈리아의 상인들은 18세기에 그들의 공헌에 대한 대가로 영국 시민권을 받았다. 150년 이상 스위스는 부유한 사람과 유명 인사들을 끌어들였다. 바이런 경은 제네바 호수를 바라보며 시를 지었다. 찰리 채플린, 오드리 헵번, 프레디 머큐리는 무대에서 은퇴한 뒤 스위스의 오염되지 않은 공기와 놀라운 경치를 찾았다. 하지만 그들이 지불해야 할 대가가 있었다.

경제적 기여에 기초한 시민권 부여는 종종 언론에서 혹평을 받았다. 이런 개념은 범죄자에게 도피수단을 제공할 수 있지만 모든 해외 활동이 그렇듯이 윤리적 스펙트럼이 매우 넓다. 캐리비안 지역의 세인트 키츠와 네비스는 대영제국에서 독립한 직후인 1984년에 이런 프로그램을 최초로 시행했다. 이 지역의 주요한 매력은 최소한의 요구조건 또는 거주 요구조건 없이도 시민권을 부여한다는 것이었다. 많은 사람들이 보기에, 이것은 분명히 인권 침해자, 돈세탁업자, 또는 처벌을 피하려는 도망자들이 추가로 시민권을 획득할 수 있는 합법적인 암시장을 만들려는 시도였다.

그러나 현실은 매우 다르다. 이런 인식은 바뀌었고, 거주권과 시민권을 제공하는 사업은 지속적인 수요에 힘입어 성장해왔다. 모든 시장이 그렇듯이 여기에도 구매자와 판매자가 있다. 그들을 살펴보자.

소비자 시민권

"제3세계 출신 억만장자들은 선진국을 방문할 때 삼류 시민 대접을 받을 수 있습니다." 국제통화기금의 주디스 골드가 나에게 말했다. 이런 상황은 외국인이 시민권을 원하는 가장 분명하고 강력한 이유다. 특히 신흥시장 경제권에서 민간인의 부가 급격하게 증가하면서 부유한 사람들이 세계를 가령, 비자 제한과 같은 장애물 없이 더 자유롭게 이동하고 싶은 욕구가 상당히 커졌다(El-Ashram and Gold 2015년). 하지만 그들이 속한 국가는 중국, 인도, 브라질처럼 자국민들에게 가장 제한적인 여권을 발급할 가능성이 있다.

헨레이 앤드 파트너스와 긴밀히 협력하는 그로닝겐 대학의 헌법 전문가 드미트리 코체노프는 '국적가치지수Quality of Nationality Index'를 관리한다. 여행자유 부분에서 인도는 171개 국가 중 140위로서, 인도는 49개 국가만 인도인의 비자면제 여행을 허용한다. 중국 여권은 이보다 약간 더 나은 116위이며, 비자 없이 60개국으로 여행할 수 있다(Kälin and Kochenov 2017년). 충분히 이해할 수 있듯이, 세계의 관료들은 부자 시민에게는 세계 여행을 제한하지 않은 경향이 있다.

이 책에서 자세히 다룬 국가들은 당연하겠지만 자동 비자발급에 관한 순위가 가장 높으며, 이것은 세계와의 연결지수로 이해할 수 있다. 싱가포르와 스위스는 176개국과 자동 비자발급 협정을 맺고 있다. 덴마크, 핀란드, 노르웨이, 스웨덴의 시민들은 175개국으로 여행하는 것이 허용된다. 이보다 더 많은 국가는 177개국으로 여행할 수 있는 독일뿐이다(Kälin and Kochenov 2017년). 이것은 많은 부유한 중국인과 인도인이 제한이 적은 여권을 얻으려고 하는 이유―설령 자국의 시민권을 상실한다 해도―를 설명해준다.

타국의 시민권을 구하는 다른 이유들도 있다. 많은 사람들은 자기 나라가 정치적으로 불안하거나 기후 변화에 위협을 받는다―이른바 종말을 준비하는 사람들―고 느낀다. 어떤 사람들은 단순히 가능하기 때문에 새로운 시민권을 얻고자 한다. 예를 들어, 페이팔의 공동창업주이자 억만장자인 피터 티엘을 보라. 그는 뉴질랜드에서 단 12일 동안 체류했음에도 뉴질랜드 시민권을 획득했다(Roy 2017년). 미국의 유명한 헤지펀드 관리자 줄리안 로버트슨과 존 그리핀 역시 뉴질랜드 거주권을 얻었다.

역사적으로 청년들은 최대의 이민자층이었지만 이제 바뀌고 있다. 고령화 사회와 연금저축 부족 탓에 노인층 시민들은 축소되는 저축을 늘릴 수 있는 국가에서 사는 것을 고려해볼 수 있다. 영국인들이 호주에 거주권을 신청하는 건수가 브렉시트 투표 이후 두 배로 증가했고 호주 여권은 영국 국적자들에게 가장 인기 있는 여권 순위에 올랐다―영국은 연간 일조시간이 62일에 불과하지만 호주는 200일이라는 점을 고려할 때 전혀 이상하지 않다. 포르투갈은 프랑스 중산층 연금생활자에게 피난처가 되고 있고, 태국 엘리트 거주권 특별 프로그램을 시행하는 태국 역시 마찬가지다.

두 번째 국적 또는 대체 국적이 매력적인 이유는 단순히 돈으로 살 수 없는 것을 제공하기 때문이다. 위더스 버거만 법률회사에서 이민 담당 파트너로 일하는 리즈 자프리가 나에게 말했다. "중국에서는 부자가 되어도 깨끗한 공기를 마실 수 없어요. 그리고 부유한 아르헨티나인이나 브라질인은 항상 유괴의 위험에 시달리죠." 티나 터너는 나에게 스위스에는 파파라치가 없고 "다른 나라에서처럼 사람들이 나를 주시하지도 않고 사진을 찍자며 성가시게 굴지 않기" 때문에 그곳에 살고 싶다고 말한 적이 있다. 바클레이스 캐피털의 전 이사장 한스 조에르그 루돌프는 이런 정서를 그대로 보여준다. "스위스는 부유하고 유명한 사람들이 거리를 안전하게 산책하고 평범한 삶을 살 수 있는 몇몇 나라 중 하나입니다."

자유로운 이동은 기업계에 더 중요한 요소가 되었다. 새뮤얼 헌팅턴은 수십 년 전 그의 역작 「문명의 충돌」에서 다보스맨Davos Man이라는 개념을 소개했다. 그는 이 고상한 호칭에 대한 전제조건으로 세 가지 신념―시장은 정부보다 더 효율적이다, 주주의 가치가 제일 중요하다, 세계화된 세상에서 국가는 그다지 중요하지 않다―를 제시했다. 어디에나 존재하는 다국적 기업에서 일하는, 국적이 없는 다보스맨이라는 개념은 점점 더 중요해졌다. 다국적 기업은 공통된 언어, 가치, 문화를 점점 더 많이 공유한다. 요즘 세계적 대도시의 고위직들은 자신이 재직하는 기업을 다음 직장으로 떠나기 전에 잠시 머물며 재급유하고 물품을 공급받고 자녀를 교육할 수 있는 항공모함 같은 것으로 본다.

'세계적인cosmopolitan'이라는 단어는 '세계'를 뜻하는 그리스어 'kosmo'와 '시민'을 뜻하는 'polite'에서 왔다. 언어, 종교, 문화, 민족은 더 이상 예전처럼 사회를 규정하지 않는다. 국제결혼이 크게 증가하면서 전통적인 경계선이 흐릿해지고 가족 이민이 촉진되었다. 18세기와 19세기의 이민자들은 고국에 남겨둔 사람들과 거의 접촉할 수 없어 고국을 떠나겠다는 결심은 보통 마지막 이별을 의미했다. 하지만 21세기 이민자들은 전화, 인터넷, 이메일로 가족과 손쉽게 연락할 수 있고 휴가 때 방문할 수 있다. 나는 오래된 바젤 가문 출신 스위스은행연합회 전 회장이 로슈에서 일하는 어떤 사람에 대해 나에게 한 말을 기억한다. "그녀는 대만에서 홍콩으로 이민 온 부모 밑에서 태어났습니다. 그녀는 미국에서 교육을 받고 캐나다인과 결혼해 7개국에서 일하다가 바젤로 전근했습니다. 이것은 내가 태어난 마을에서 성장한 것과는 매우 다릅니다." 하지만 이런 일이 실제로 이루지려면 홍콩 토박이와 그녀와 같은 외국인들은 모든 관련 허가가 필수적이다.

많은 사람들에게 세계는 훨씬 더 다양한 문화가 공존하는 세상이 되었고, 따라서 국적과 시민권에 대한 사람들의 태도가 바뀐 것은 놀라운 일이 아니다. 불가피하게도, 이 사람들은 가족, 지역 사회, 지역 맥주에서 분리되고 있다. 그들은 모국의 정치적 상황에 대해 질렸을 수도 있고, 실패했다는 두려움에 압박을 받을 수도 있다. 머서Mercer, 이코노미스트 인텔리전트 유닛EIU, 모노클Monocle이 시행한 조사에 따르면, 그들은 '가장 살기 좋은 도시' 순위에 호기심을 갖는다. 이런 조사들은 현저하게 다른 결과를 보이지만, 공통점은 미국, 영국, 중국과 같은 대국의 도시는 순위가 매우 낮고, TSTF 국가의 도시들은 평균적으로 순위가 매우 높다는 것이다.

머서 삶의 질 조사는 보건, 교육, 인프라 시설을 포함한 정성적, 정량적 기준을 이용해 비엔나에서부터 바그다드까지 231개 도시의 삶의 질 순위를 평가한다. 이 순위에서 압도적 우위는 캐나다보다 인구가 많지 않은 국가의 도시들이 차지한다. 독일은 상위 20위 안에 드는 도시가 있는 유일한 대국이다. 영국에서 가장 순위가 높은 도시인 런던은 41위, 미국에서 가장 순위가 높은 도시인 샌프란시스코는 30위다(Mercer 2018년).

이것을 극단적으로 표현하면, 좋은 평가를 받는 여권은 '위치재'의 특성을 가질 수 있다─위치재는 경제학자 소스타인 베블린이 사이 트웜블리Cy Twombly의 그림이나 뉴욕 햄프톤스의 주택처럼 가격이 오를 때 역설적으로 상품의 수요가 증가하는 예를 설명하기 위해 만든 용어다.

수요가 공급을 끌어들인다

초기 비판으로 후퇴하기는커녕 이런 수요에 부응하기 위해 공급은 급속히 늘어났다. 앞서 보았듯이 30-40개국이 현재 경제적 시민권 또는 거주권 프로그램을 갖고 있고, 또 다른 60개국은 관련 법률 조항이 있다. 호주, 캐나다, 영국, 미국과 같은 선진경제국들은 1980년대 말과 1990년대 초부터 투자이민 프로그램을 시행했다. 더 중요한 거주 요건이 있긴 하지만 그들은 특정 조건이 붙은 투자에 대한 보상으로 시민권을 부여하는 방식도 제공한다.

한편, 유럽연합 회원국의 약 절반—이들은 대부분 역사적으로 모든 이민에 대해 적대적이었다—은 현재 특별 투자이민 제도를 갖고 있다. 또한 황금비자 프로그램으로 알려져 있듯이, 그들은 투자자들에게 거주권과 26개 유럽연합 회원국 전체 대상 무비자 여행 권리를 부여한다. 이 프로그램의 대가와 설계는 나라마다 다르지만 대부분 우선적인 투자와 거주 요건이 포함된다. 투자요구액은 라트비아 거주권의 경우 39,500달러 이상에서부터 싱가포르의 패스트 트랙 거주권의 경우 183만 달러 이상까지 다양하다(Kälin and Kochenov 2017년). 대부분의 국가에서 최초 투자액은 몇 년 뒤에 회수할 수 있다.

어떤 국가는 직접적인 현금 투자를 요구하고, 일부 국가는 정부 채권이나 자산 구입에 투자할 것을 요구한다. 몇몇 국가들은 잠재적 경제 편익을 더 장기적인 관점에서 보고, 국내에 회사를 설립하여 최소한의 일자리를 창출하는 기업인에게 시민권을 부여한다. 피터 티엘은 2011년 시민권을 신청할 때 이렇게 말했다. "뉴질랜드 시민이 된다면 나는 커다란 자부심을 느낄것입니다"(Economist 2017년). 며칠 뒤 뉴질랜드 정부는 그의 '특별한 상황' 때문에 시민권을 부여했다고 말했다(Economist 2017년). 아마 그 상황은 그가 뉴질랜드를 세계무대에 홍보하고 뉴질랜드의 스타트업을 실리콘벨리에 소개하고 인맥을 제공할 것이라는 기대일 것이다.

이런 프로그램은 투자유치 국가에 큰 이익이 될 수 있다. 포르투갈의 황금 비자 프로그램은 최소 56만4천 달러짜리 주택 구입과 첫해 단 7일간의 최소 거주 요건을 요구한다(Expatica 2019년). 비자 소지자는 포르투갈에 살면서 유럽연합 회원국을 자유롭게 여행할 수 있다. 이 프로그램은 포르투갈의 외국인 직접투자 수입 중 가장 중요한 부분이며, 자산 가격 상승에 기여하는 것으로 여겨진다.

축구 선수들과 마찬가지로, 부유하고 유능한 사람들의 시장은 일차원적이지 않다. 어떤 사람에 대한 국가 간 경쟁 정도는 그의 가치에 따라 다양하다. 과학자, 기업 임원, 의사 등과 같은 부류들의 가치는 항상 필요에 따라서 매우 다르게 평가된다.

경쟁우위 요소로서의 시민권
무역량이 증가하고 확대해온 것처럼 인재의 이동도 그랬다. 이민에 관한 많은 논쟁은 어떤 사람들을 배제할 것인가를 중심으로 이루어졌다. 어떤 국가가 자국의 국경을 통제할 수 없다면 더 이상 국가가 아니라고 주장하는 사람은 거의 없을 것이다. 하지만 새로운 현상은 시민권이 점점 더 대체가능한 것이 되어가고 있다는 것이다. 여러 국가는 일반적으로 두 가지 기준—경제적 부와 기술—에 가장 부합하는 이민자를 놓고 점점 더 격렬하게 경쟁한다. 국가들은 자신이 더 좋은 국가가 되면 세계적 차원에서 이동하는 부유한 사람들에게 자신의 '사회계약'을 사실상 임대하거나 판매할 수 있다는 것을 깨닫게 되었다. 노벨상 수상자 게리 벡커는 국가가 시민권을 팔 수 있어야 하고 시장을 통해 이민자들이 지불하려는 가격이 결정되어야 한다고 주장했다. 기본적인 기준을 충족하고 최고의 가격을 지불하는 이민자들은 입국이 허용되고 수익금은 기존 시민들이 공유하거나 국가의 사회 계약의 재원으로 사용되어야 한다(Becker 2005년). 벡커에 따르면 이렇게 하면 모두에게 이익이 된다.

국적에 대한 정서는 아직 복잡하고 시민권의 대체가능성 증가에 분개하는 사람들이 항상 존재할 것이다. 하지만 상황은 필연적으로 계속 바뀌기 때문에 국가에 대한 충성 개념은 훨씬 더 유연해질 것이다. 세계화는 사람들에게 더 자유로운 이동 욕구를 불러일으킨다. 이와 함께 시민권에 대한 정치적 태도도 발전해왔다. 여러 개의 시민권 소유가 일상화된 새로운 세계 시민 계층이 등장했다.

무엇보다 중요한 점은 GDP는 사람에다 생산성을 곱한 것이며 이 방정식에서 사람이 가장 신뢰할만하다는 것이다. 따라서 국가가 GDP를 늘리려면 인구가 증가해야 한다. 우리는 지난 세대 많은 선진국의 경제성장은 대부분 이민 덕분이었다는 것을 알고 있다.

노동력 차원에서 볼 때 이민자의 노동 가치가 더 클수록 더 많은 선택권을 갖는다. 지식기반 세계에서 가장 지식이 많은 노동자를 유치할 수 있는 국가가 더 성공하는 경향이 있다. 인공지능 전문가는 어디에 살지 결정할 때 시설, 동료들의 자극(집적 요인), 경제적 안정, 보안, 삶의 질을 비롯한 많은 요인을 고려한다. 역사적으로 미국, 영국, 프랑스, 독일과 같은 큰 국가들이 이런 사람들을 대부분 유치했다. 하지만 몇몇 작은 국가들이 최근 점차 경쟁력을 갖게 되었다. 노보 노디스크의 최고경영자 라르스 프루어가르트 요르겐슨은 스위스와 덴마크 제약산업에서 일하는 연구자의 약 60퍼센트가 외국인이라고 나에게 말했다. 노보 노디스크와 로슈와 같은 기업들이 이 분야를 선도하는 이유는 자체 기술 개발이 아니라 세계 최고의 인재 유치 덕분이다.

이 책에서 특별히 언급한 다른 작은 국가들 역시 부와 인재를 유치하기 위한 이러한 새로운 글로벌 경쟁에서 경쟁 우위를 차지하고 있는 것 같다. 그들은 세계에서 가장 잘 연결된 국가이며 삶의 질이 높고, 매력적인 사회 계약을 제공하며, 최고의 외국 인재 시장과 자본 시장에서 주목받는데 필요한 요소에 점차 더 민감해지고 있다.

일이 어떻게 전개되든 그 결과는 공개적으로 드러날 것이다. 아마 혹자는 다양한 이민 수용국의 시민권 가격 추이를 추적하는 통계를 만들 것이고, 우리의 돈은 TSTF 국가에 투자될 것이다. 최근 포르투갈 황금 비자 프로그램에서 이민 자격을 얻은 한 중국인 억만장자는 농담조로 나에게 말했다. "이것은 존 레논의 유명한 가사를 약간 바꾼 것과 비슷해요. '많은 국가들 중에서 하나를 선택하는 걸 상상해 봐요. 어렵지 않아요.'"

그가 가장 살기 좋은 도시 순위에서 리스본이 상승하고 있는 걸 알았는지, 아니면 그가 '당신은 세계시민입니까? 세계시민이 되도록 도와드리겠습니다.'라는 호기심을 자극하는 항공사 잡지 광고를 읽었는지 나는 확실히 모른다. 하지만 그는 지금 리스본 사람들과 함께 있다.

(이 장은 주로 주디스 골드와 아미드 엘 아쉬람의 「편의 여권」에 기초한 것이다. 「편의 여권」은 「좋은 일도 너무 많으면 곤란한가? 경제적 시민권 프로그램을 통한 유입 인구의 신중한 관리」의 편집본이다.

참고도서 및 추가 독서자료

Becker, G. 'Sell the Right to Immigrate'. The Becker-Posner Blog, 2005. https://www.becker-posner-blog.com/2005/02/sell-the-right-to-immigrate-becker.html.

El-Ashram, A. and J. Gold 'A Passport of Convenience'. IMF, 2015. https://www.imf.org/external/pubs/ft/fandd/2015/12/pdf/gold.pdf.

'Golden Visa Portugal: Requirements for a Portuguese golden visa'. Expatica, 2019. https://www.expatica.com/pt/moving/visas/golden-visa-portugal-requirements-for-a-portuguese-golden-visa-1042263/.

'How Peter Thiel became a New Zealander'. The Economist, 2017. https://www.economist.com/asia/2017/02/02/how-peter-thiel-became-a-new-zealander.

Huntington, S.P. The Clash of Civilizations: And the Remaking of World Order (London: The Free Press; Simon & Schuster, 2002). 「문명의 충돌」(김영사).

Kälin, C. 'Opinion: The Rise of Multiple Citizenship'. Henley&Partners, no date. https://www.henleyglobal.com/industry-news-details/the-rise-of-multiple-citizenship/.

Kälin, C. and D. Kochenov. 'About the Index'. Henley & Partners – Kochenov Quality of Nationality Index (QNI), 2017. https://www.nationalityindex.com/about.

'Quality of living City Ranking'. Mercer, 2018. https://mobilityexchange.mercer.com/Insights/quality-of-living-rankings.

Roy, E.A. 'New Zealand gave Peter Thiel citizenship after he spent just 12 days there'. The Guardian, 2017. https://www.theguardian.com/world/2017/jun/29/new-zealand-gave-peter-thiel-citizenship-afterspending-just-12-days-there.

The Global Liveability Report 2017, The Economist Intelligence Unit, 2017. https://pages.eiu.com/rs/753-RIQ-438/images/Liveability_Free_Summary_2017.pdf.

Valencia, M. 'Citizens of anywhere'. 1843 Magazine, 2017. https:// www.1843magazine.com/features/citizens-of-anywhere.

'Vienna tops Mercer's 20th Quality of Living ranking'. Mercer, 2018. https:// www.mercer.com/newsroom/2018-quality-of-living-survey.html.

대담 및 인터뷰
크리스티안 칼린, 드미트리 코체노프,
한스 조에르그 루돌프, 주디스 골드,
라르스 푸루어가르트 요르겐슨, 리즈 자프리,
스티븐 핑커, 티나 터너.

17장 국가의 규모
미래의 국가가 더 작고 민첩하며
통합적이게 되는 이유

'작은 것이 더 나을 수 있다' (자료: Banx)

존 레논은 "국가가 없는 걸 상상해봐, 어렵지 않아."라고 노래한 적이 있다. 사실, 일론 머스크의 스페이스 X 로켓을 타고 우주에서 창문으로 내다보면 국경선은 보이지 않을 것이다. 하지만 이것은 겉모습일 뿐이다. 컬럼비아대 정치학자 찰스 틸리는 이렇게 말한 적이 있다. "전쟁이 국가를 만들었고 국가는 전쟁을 일으켰다"(Tilly 1975년). 알다시피 오늘날 국제정치 구조는 두꺼운 참나무의 나이테와 비슷하다—잘 드러나지 않은 정복과 패배의 격변이 포함되어 있다. 비록 더 이상 볼 수 없지만, 마르느, 칼리폴리, 스탈린그라드, 트라팔가, 밸리 포지와 같은 곳은 한때 근대사회를 분열시키면서도 동시에 통합하는 쟁점들을 만들었고, 우리의 역사적 기억에 매우 깊이 각인되었다.

이런 갈등의 여정은 정체성과 소속의식은 물론 우리의 국적 개념을 확고하게 만들었다. 국가와 함께 우리의 행동을 지배하는 법률과 사회규범이 등장했고, 개인의 자유와 집단적인 권리 사이의 균형을 반영하는 사회계약, 그리고 우리가 다른 사람과 소통하는 방식을 용이하게 하는 언어가 생겼다.

우리의 근대 정치제도 역시 갈등과 투쟁의 결과물이었다. 프랜시스 후쿠야마는 이렇게 썼다. "부유하고 안정적이며 발전된 국가에 사는 사람들은 대부분 덴마크가 어떻게 오늘날의 덴마크가 되었는지 알지 못한다―많은 덴마크인들도 마찬가지다. 근대 정치제도를 창출하기 위한 투쟁은 너무나 길고 고통스러웠기에 지금 산업국가에 사는 사람들은 그들의 사회가 역사적으로 애초에 어떻게 그런 정치제도에 이르게 된 것인지 기억하지 못한다."(Fukuyama 2012년).

역사적으로 보면 국가의 규모가 국력을 결정했다. 작다는 것―아무도 관심을 기울이지 않았다―은 연약함, 제한적인 행동 역량, 의문스러운 생존능력을 연상시켰다, 오늘날 인공지능, 기후변화, 노령 인구, 무인 자동차의 미래 영향에 관한 논의가 많지만 미래의 국가가 어떤 모습일지에 대한 논의는 놀랄 정도로 거의 없다. 국가―그리고 국가주의―는 최근 상당한 비판을 받고 있지만, 그럼에도 우리의 정체성과 소속의식을 규정하는 가장 중요한 요소로 계속 평가받고 있다.

이 장에서 나는 국가의 규모를 결정하는 요인을 검토하고, 이런 요인들이 과학기술, 인구 구성, 사회통합 측면의 상당한 변화를 고려하여 수정되어야 한다고 제안한다. 결론으로, 국력 또는 적어도 국가 경쟁력은 국가의 규모와 일치하지 않는다고 주장한다. 이것은 작다는 것이 국가의 번영과 급변하는 세계에 대한 적응 능력에 유리한 요소가 될 수 있다는 뜻이다.

국가 규모와 국력의 불일치

역사적으로 국가의 규모—영토와 인구 기준으로—가 곧 국력으로 이해된 것은 규모가 클수록 세 가지 주요 우위 수준이 높아졌기 때문이었다. 첫째, 많은 인구 덕분에 더 많은 납세자가 국방비를 부담하게 되어 1인당 비용이 낮기 때문이다. 둘째, 일반적으로 지리적 영토가 넓을 경우 천연자원이 더 풍부하여 다른 국가에 대한 수입 의존도가 줄어들고 산업 성장의 원동력이 되기 때문이다. 셋째, 국내시장이 클수록 더 많고 안정적인 수요가 발생하여 경제가 발전하기 때문이다.

산업혁명 때까지 창출된 부의 대부분은 정복, 약탈, 식민지 개척에서 비롯되었다. 따라서 규모는 합법적이든 그렇지 않든 목적을 위한 수단이 되었다. 알렉산더 대왕, 율리우스 카이사르, 바이킹족, 나폴레옹, 히틀러, 스탈린, 영국 빅토리아 여왕의 행동 동기는 정도와 시대가 다를지라도 그들의 일차적인 목표는 같았다.

그러나 위의 침략자들은 어느 순간이 되면 강력한 저항에 부딪히고, 그로 인해 존 레논이 노래했듯이 세계가 '죽이거나 목숨을 바칠 대상이 없는 상태'가 되는 것을 막았다. 조지 10세 치하 대영제국은 역사상 가장 큰 제국이었다. 하지만 최전성기에도 대영제국은 세계 인구의 25퍼센트만 통치했고, 그마저도 농사를 지을 수 없는 땅이었다. 하지만 이전의 많은 제국처럼 대영제국도 곧 자기 무게를 감당하지 못한 채

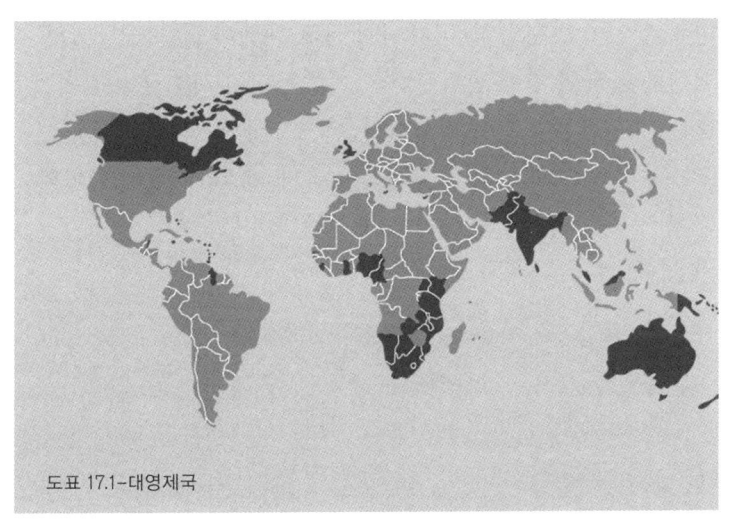

도표 17.1-대영제국

이 지도는 대영제국이 전성기인 1020년 통치했던 국가들을 보여준다. 이것은 '클수록 더 좋다'라는 국가 형성의 금언을 극명하게 보여준다. (자료: Wikimedia Commons)

비틀거리기 시작했다.

무엇이 국가의 규모를 결정할까? 하버드대 알베르토 알레시나와 터프츠대 엔리코 스폴라오레는 그들의 역작 「국가의 규모」에서 국가의 규모는 역사적으로 규모의 편익과 사회통합 간의 균형에 의해 결정되었다고 주장했다. 오랜 세월에 걸쳐 입증된 규모의 장점에는 안보가 포함된다. 이를테면, 규모가 큰 나라는 보다 비용효과적인 군대를 유지할 수 있어 공격을 받을 가능성이 더 적다. 아울러, 무역장벽이 존재하는 세계에서 큰 국가는 더 많은 천연자원과 더 큰 국내 시장을 이용할 수 있다. 하지만 어느 시점이 되면 사람들이 흔히 '이질성'이라고 부른 것들로 인한 비용이 발생하기 시작한다. 예를 들어, 원격지 증가와 관련된 정치적 비용,

민족과 언어의 다양성, 국가 내에서 공유해야 하는 공공재와 정책을 둘러싼 경쟁을 판단하는 기준들이나 사회규범 간의 충돌과 관련한 비용이 발생한다. 어느 단계에 이르면 이런 요소들은 규모의 편익을 상쇄하고 국가, 제국, 그리고 그 이외 다른 정치적 연합체의 팽창을 제한한다.

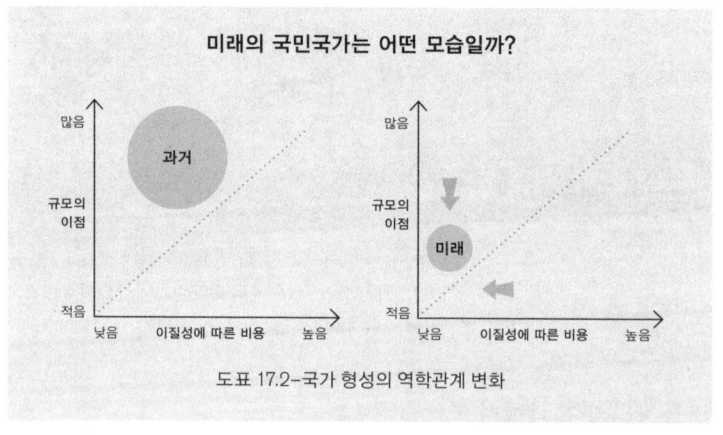

도표 17.2-국가 형성의 역학관계 변화

이 도표는 국가의 규모와 이질성이 미래의 국가 형성에 덜 중요할 것임을 보여준다. (자료: Lambais and Breiding 2019년; Alesina and Spolaore 2005년)

알레시나와 스폴라오레는 경제적 번영에 대한 국가 규모의 이점은 국가가 국제적 교환에 개방적이냐 폐쇄적이냐에 상당 부분 달렸다고 지적했다. 무역이 제한된 세계에서 큰 국가는 정치적 경계가 시장의 크기를 결정하기 때문에 성장 잠재력이 더 크다. 하지만 이런 편익은 경제적 통합과 세계화를 통해 작은 국가에 의해 감소하거나 아예 사라지기도 한다. 어디에나 존재하는 인터넷 덕분에 소비자들의 수요는 더 이상 국경선에 제한되지 않으며, 수송비 감소로 인해 기업들은 위치에 상관없이 엄청나게 더 큰 시장에 접근할 수 있다. 앞서 보았듯이 거리 비용은 대폭 감소했다. A. P. 몰러-머스크의 최고경영자 쇠렌 스코우는 이렇게 분명히 말한다. "수송비에 관한 한 제품 제조지역이 상하이인지, 또는 세인트루이스인지는 더 이상 중요하지 않습니다."

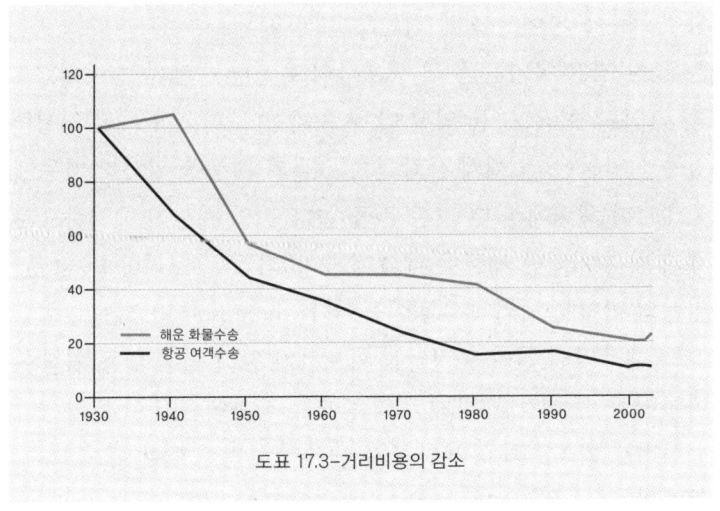

도표 17.3-거리비용의 감소

이 도표는 해운화물 운송비용과 항공여객 운송비용이 시간이 흐르면서 얼마나 감소했는지 보여준다.
(자료: Minsch 2019년)

인터넷은 이제 엄청난 종류의 상품을 유통 및 판매하는 가장 중요한 매개수단이다. 아마존에서만 1200만 개 이상의 제품을 판매하며, 아마존 마켓플레이스 판매자들을 모두 포함할 경우 제품은 3억5천3백만개 이상으로 치솟는다 (Hufford 2018년). 알리바바는 하루 동안의 판촉기간에 매출액 3백억 달러를 기록했다(Kharpal 2018년). 이 수치는 맥도날드의 전 세계 연간수입액을 초과하며, 영국의 대형 식품체인인 세인스베리스의 연간 매출액과 비슷하다. 2006년 설립된 스웨덴 음악 스트리밍 기업 스포티파이Spotify는 이미 매달 적극 사용자수가 2억 명이 이상으로, 스웨덴 인구의 20배다(Sanchez 2019년). 1인당 사용빈도 기준으로 스포티파이의 가장 성공적인 시장은 칠레인데 그곳에는 사무실은 물론이고 회사 직원도 전혀 없다.

물론 작은 국가는 무역 세계화의 유일한 수혜자는 아니다. 중국, 인도, 한국, 일본 역시 더 부유해졌다. 미국의 가장 경쟁력 있는 기업들은 전 세계 사람들이 그들의 제품을 원하기 때문에 국내보다 해외에서 더 많은 돈을 번다. 기업 시장가치 기준으로 세계 최대 기업인 애플은 매출액 약 60퍼센트, 그리고 더 많은 비율의 이익을 해외에서 벌어들인다(Thompson 2013년).

국제무역 조건의 공정성을 확보하기 위해 종종 힘든 협상이 이루어질 수 있지만, 국제 무역은 모든 국가에 이익이 된다는 데이비드 리카도의 공리만큼 보편적으로 받아들여지는 경제법칙은 거의 없다. 물론, 반대론자들이 있고, 특히 경기 침체기나, 다양한 이유에서 손해를 본 사람들은 보호무역주의를 더 강화해야한다고 계속 요구할 것이다. 하지만 리카도가 1817년 무역의 비교우위론을 정립한 이래 널리 확산된 거스를 수 없는 추세는 단순하고 강력하다. "피해를 볼 수도 있지만 그만한 가치가 있다."

좋든 싫든 우리는 아이디어, 연구, 노동, 제조, 금융, 소비자가 어디에나 존재하는 세상에 산다. 흔히 한 제품의 부품들이 생산과정에서 여러 번 국경을 넘는다. 현대 무역의 대표적 사례인 아이폰은 제품 아이디어는 미국에서, 부품은

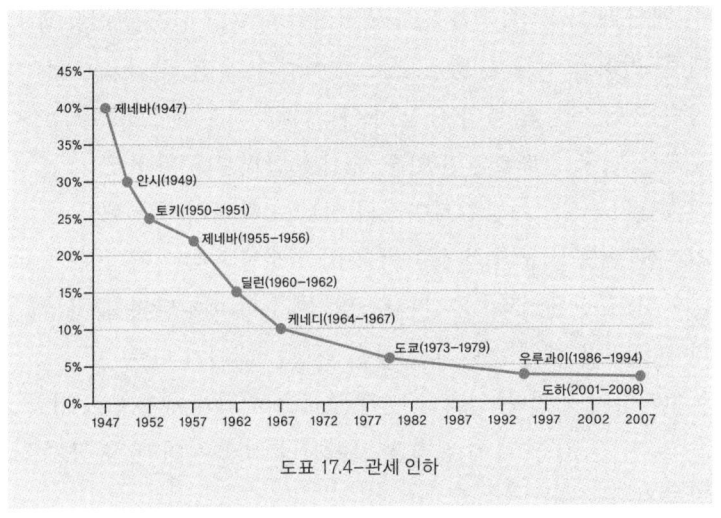

도표 17.4-관세 인하

이 도표는 무역장벽이 시간이 지나면서 대폭 낮아졌음을 보여준다. (자료: Minsch 2019년)

미국, 중국, 유럽에서, 제조는 중국에서 유통은 전 세계에서 이루어진다. 세계 GDP 대비 국제 무역액은 1960년 24퍼센트에서 2017년 71퍼센트 이상으로 증가했다(Worldbank 2017년). 무역은 국내 GDP의 약 세 배 증가하여 국제무역에 개방된 국가들이 가장 많은 이익을 누리고 있다. 이런 램프의 요정 지니를 다시 호리병 속에 집어넣을 수 있다고 상상하기 어렵다.

1장 '규모의 오류'에서 지적했듯이 1인당 생산성에서 볼 때 규모의 편익이 있다고 가정할 수 있지만, 더 이상 규모와 상대적 생산성 사이에는 어떤 상관관계도 존재하지 않는다. 사실, TSTF 국가들은 국가 규모에 비해 더 큰 국가를 크게 압도할 정도로 놀라운 수준의 생산성을 보여준다.

게다가 가장 큰 국가들이 예전처럼 규모의 이점을 이용해 더 큰 번영을 이룰 수 있다고 보기 어렵다. 우선, 국가 규모와 국력은 더 이상 영토의 산물이 아니다. 하버드대 스티븐 월트 교수는 미국이 베트남전 이후 수십조 달러를 국방비로 지출했지만 단 1평방킬로미터의 영토도 확장하지 못했다고 지적한다. 또한 군사적 성공이 정치적 성공으로 이어지지도 않았다. 보상은커녕 아프가니스탄, 이라크, 베트남과 같이 다른 국가에 대한 침략과 점령은 엄청난 대가가 따르는 골칫거리가 되었다. 틸리의 관찰 결과는 이렇게 새롭게 수정할 수 있다. "국가는 계속 전쟁을 벌이지만 전쟁은 더 이상 국가를 만들지 못한다."

규모는 불안을 초래할 수 있다. 예일대 폴 케네디 교수는 「강대국의 흥망」에서 강대국들이 기본적으로 불안정하다고 주장했다. 국가의 힘이 더 커질수록 그것을 유지하기 위한 시간과 자원이 더 많이 필요하고, 그 결과 몰락으로 이어진다. 케네디는 이런 주장의 근거로 로마제국, 스페인, 포르투갈, 대영제국, 소련 등의 예를 들었다.

작은 국가들은 국방비 증가 탓에 국가 방위를 초강대국과의 연대에 의존해야 하며, 스스로 비용이 많이 드는 국방시스템을 갖추는 대신 국가방위에 대한 대가를 지불한다. 미국은 중국보다 2.5배 이상, 러시아보다 9배 이상 국방비를 지출한다(Brown 2018년). 작은 국가들은 북한처럼 거의 다른 모든 것을 희생할 각오가 되어있지 않는 한 경쟁할 수 없다. 이스라엘을 제외한 TSTF 국가들은 세계 각국의 평균 국방비의 약 절반을 국방에 지출하고, 절약한 세금을 사회계약, 연구개발, 시민들의 복지수당 등에 지출한다(World

Bank 2017년).

 그러나 이것은 문제가 없지 않다. 도널드 트럼프는 북대서양조약기구 회원국과 다른 국가들이 미국의 군대에 무임승차하거나 방위비를 적절히 분담하지 않는다고 비판한다. 이런 비판은 어느 정도 사실이지만, 특히 각 국가의 규모와 비교할 때 일본의 국방비 지출 수준(GDP의 0.9퍼센트)과 독일(GDP의 1.2퍼센트)의 국방비 지출 수준이 정당하다고 추정된다(Brown 2018년).

 그러나 TSTF 국가들은 갈등(그리고 트럼프의 주의)을 회피하는 데 더욱 능숙하다. '겸손'에 대한 장에서 우리는 겸손이 갈등을 얼마나 많이 줄이는지 보았다. 작은 국가들은 지정학적 경쟁 회피에 따른 이점을 잘 이해한다. 이를 위해서는 대립, 강요, 뇌물이 아니라 협상을 통해 목표를 성취해야 한다.

 경제 및 평화 연구소가 발표하는 세계평화지수Global Peace Index는 살인율, 수감자수, 정치적 갈등과 같은 기준을 통해 국가의 상대적 평화 순위를 매긴다. TSTF 국가들은 대부분 상위 순위를 차지하며 캐나다보다 더 큰 국가로서 15위 안에 속하는 국가는 일본뿐이다.

 TSTF 국가들은 분쟁을 일으키기는커녕 분쟁을 완화하기 위해 노력한다. 역대 노벨평화상 수상자들을 잠시 살펴보면 국가 규모와 노벨평화상 수상자의 출신국가 간에는 상반 관계가 존재한다. 스위스 적십자 설립자 앙리 뒤낭은 1901년 최초의 노벨평화상을 받았다.[*] 그 이후 스위스는 열세 번 더 이

---

[*] 앙리 뒤낭은 프레데리크 파시와 공동으로 노벨평화상을 받았다.

상을 받았다. 인구가 860만 명인 소국인 것을 고려할 때 이것은 인구 1인당 수상비율 기준으로 다른 모든 국가보다 월등히 앞선다(Pariona 2017년). 핀란드의 마르티 아티사리는 "30년 이상 여러 대륙의 국제분쟁 해결을 위한 엄청난 활동" 덕분에 노벨평화상을 받았다(Nobel Peace 2008년). 스웨덴의 알바 뮈르달은 "유엔의 군비축소 협상에서 보여준 놀라운 업적" 덕분에 노벨평화상을 받았고, 아일랜드에 관한 장에서 언급했듯이 아일랜드와 북아일랜드의 존 흄과 데이비드 트림블은 "북아일랜드 갈등의 평화적 해결책을 찾은 공로"로 이 상을 받았다(Aarvik 1982년; The Nobel Peace Prize 1998년).*)

TSTF 국가들이 규모에 비해 갈등보다 평화에 더 많이 기여한 것을 고려할 때, 그들의 낮은 국방비 지출은 정당한 것 같다.

더 풍부한 천연자원이 국가 번영에 기여한다는 주장 역시 의문의 여지가 있다. 여러 연구에 따르면, 역설적으로 자연자원(가령, 석유, 금, 산업용 금속)이 풍부한 국가들은 흔히 '자원의 저주'**)라고 일컬어지는 자원부족 국가들보다 경제성장과 민주주의의 발달이 더디고, 개발의 결과도 더 좋지 않다.

풍부한 자연자원을 보유한 국가는 석유생산과 같이 단 하나의 산업 생산에만 집중하여 다른 분야에 대한 투자를

---

*) 알바 뮈르달은 멕시코 알폰소 가르시아 로블레스와 공동으로 노벨평화상을 수상했다.

**) 예를 들어, Jeffrey A. Frankel's 'The Natural Resource Curse'을 보라.

무시할 수 있다. 그 결과 그 국가는 해당 상품의 가격에 과도하게 의존하게 되고 전반적인 생산성이 불안정하게 된다. 아울러, 이런 국가들은 대규모 정부 부패에 더 취약할 수 있다. 나이지리아, 앙골라, 베네수엘라에서 보듯이 월급이 적은 관료들이 상당히 큰 권한을 갖고 있어 채굴권이나 광업권을 허가하는 대가로 뇌물을 받으려는 유혹에 넘어가기 때문이다.

역설적으로, TSTF 국가들은 자연자원이 부족한 탓에 그런 상태를 극복하려는 동기를 부여하여 결핍이 오히려 유익이 되었다. 이스라엘과 네덜란드는 농업 여건이 좋아서가 아니라 나쁘기 때문에 농업 기술의 세계적 선두주자가 되었다. 1970년대 오일쇼크 이후 석유 의존도를 낮추려는 노력 덕분에 덴마크는 풍력 재생에너지와 클라우드 저장시설 분야에서 세계를 선도한다. 스위스는 수력 에너지가 국내 전력생산량의 약 60퍼센트를 차지한다(Federal Council 2017년). 토지가 제한적인 싱가포르는 다양한 측면에서 도시계획의 세계적 선두주자이며 자체 수자원이 전혀 없음에도 계속해서 세계 최고의 녹색국가 순위를 차지한다. 싱가포르는 지리적 위치가 섬과 같음에도 불구하고, 또는 그렇기 때문에, 연결성이 국가의 비교우위가 되는 시기에 최고 수준의 공항과 항만을 통해 세계에서 가장 잘 연결된 국가 순위에 올랐다.

요컨대, 우리 시대의 몇 가지 핵심적인 추세는 알레시나와 스폴라오레의 분석 그래프에서 'Y'축을 대폭 압축시켰다. 지난 세대에서 우리는 국력과 국가 규모의 상당한 불일치를 목격했다. 규모는 국가 번영의 결정적 요소로서의 경쟁력을 상실했다. 오늘날 중요한 것은 땅에서 천연 자원을 채굴하는 능력이 아니라 천연자원에 부가가치를 더하는 능력이다.

국가의 번영은 점차 더 우수한 제품을 수출하고 최고의 인재를 유치하는 능력, 아울러 변화하는 환경에 대응하고 적응하는 능력에 의해 결정된다.

사회통합 비용의 증가

규모의 이점이 줄고 있는 상황과 아울러, 많은 국가가 사회통합 문제로 고투를 벌이고 있다. 이런 추세는 작은 국가와 큰 국가 모두에게 해당되지만 특히 큰 국가에서 매우 심각한 것 같다. 브렉시트, 트럼프의 대통령 당선, 프랑스, 네덜란드, 독일의 우익운동 분출과 같은 정치적 격변은 사회가 과거처럼 통합적이지 않다는 것을 말해준다. 이런 현상에는 여러 가지 이유들이 있지만 여기에서는 가장 중요한 것만 살펴보기로 하자.

사회통합은 역사적으로 종교, 가족, 지역사회, 고용주와 같은 기관들에 의해 촉진되었다. 이런 기관들의 영향력이 줄어들면서 사회는 통합을 촉진하는 다른 방법을 찾느라 고심하고 있다.

'우리는 누구인가'라는 장에서 설명했듯이, '우리'를 버리고 '나'를 지향하는 움직임이 현저해졌다. 다양성에 대한 높은 평가가 일반화되면서 성, 세대, 인종, 성적 취향으로 형성된 '정체성 집단identity groups'이 확산되었다. 이것은 우리의 삶을 원자화시키고 공유 가치와 소속 의식을 저하시킨다. 사회가 점점 정체성 집단을 중심으로 양극화되고 각 집단은 가장 열성적인 구성원들을 만족시키는 입장을 취하는 경향을 갖게 된다. 이 과정에서 다른 집단들은 소외되고 국가는 통합보다는 분열하게 된다.

이민 역시 사회적 복잡성을 가중시킨다. 미국 인구의 약 13퍼센트, 스웨덴 인구의 18.5퍼센트는 이제 외국 태생이며, 이것은 1970년의 수치에 비해 거의 세 배에 달한다(Economist 2018년). 스위스 인구의 약 25퍼센트는 이민자로서 1950년의 네 배 수준이며, 싱가포르 거주자의 약 절반이 외국 태생이다(Local 2017년; Yang et al. 2017년). 이민자를 흡수, 통합, 동화시키는 사회적 능력은 국가마다 다르지만 항상 한계가 있다. 많은 국가에서 이민자에 대한 대중적인 반발 증가는 한계점에 도달했을 가능성을 암시한다.

대체로 이민은 유익하다. 하지만 어느 시점이 되면 이민은 국가를 매력적으로 보이게 만든 것들의 가치를 손상시킬 위험이 있다. 가난한 국가들은 흔히 형편없이 운영되는 제도를 갖고 있다. 반면 부유한 국가들은 좋은 제도를 갖고 있는데 이것은 그들이 부유한 이유를 상당부분 설명해준다. 어느 시점이 되면 우리의 행동을 대부분 규제하는 제도와 일반적인 사회규범이 효과적이지 못하고, 그 결과 국가의 매력이 약화된다.

여러 연구에 따르면, 사회통합 유지비용은 이민자 증가에 따라 대폭 증가하며, 사회적 신뢰와 이질성 사이에는 상반 관계가 존재한다. 노벨상 수상자 스탠퍼드대 케네스 애로 교수는 사회 규모가 작고 동질적일수록 통치가 더 수월하며, 유권자가 상당히 다양할 때 민주주의가 제대로 작동하지 않고, 그 결과 거의 불가피하게 더 양극화됨을 보여주었다(Arrow 2012년). 전 호주 총리 존 하워드는 지난 세대 호주의 놀라운 성공은 부분적으로 "호주가 이민자를 동화시킬 수 있는 지배 문화를 갖고 있기" 때문이었던 같다고 나에게 말했다. 다른

TSTF 국가들에게도 같은 말을 할 수 있을 것이다.*)

경제적 불평등 그 자체는 사회통합 비용을 심화시킨다. 부유한 사람과 빈곤한 사람의 격차가 클수록 공공정책에 대한 합의가 더 어렵다. 이로 인해 정치인들은 소외되고 시민 교육을 받지 못한 유권자들에게 공공부문 일자리, 지원금 또는 정치적 호의와 같은 개인적인 편익을 제공하여 표를 얻으려는 유혹을 더 크게 받는다.

경제적 불평등과 사회통합의 부재는 공평하게 세금을 부과하는 국가의 능력을 제약한다. 어느 사회나 부의 재분배는 쉽지 않지만, TSTF 국가에서 보듯이, 경제적 격차가 심하지 않고, 공통의 언어, 가치관, 역사, 소속의식에서 비롯되는 공감이 존재할 때 가장 잘 이루어진다. 이런 요소들이 없을 경우 시민들은 세금 회피나 복지수당 사기와 같은 대부분의 정치적 문제의 일반적인 원천인 자기중심적 성향을 갖는다. 무엇보다도, 사회는 '이기적인 사람'과 '그런 사람에 빌붙는 사람'으로 분열된다.

---

*) 일부 국가들은 새로운 이민자를 사회에 동화시키기 위해 모든 노력을 기울인다. 하지만 이것은 비용이 소요되고 복잡한 문제다. 사람들은 비슷한 사회규범과 배경을 지닌 사람들과 어울리는 경향이 있다. 사람들은 함께 모이면 이런 공동체 의식이 게토 형성으로 이어질 수 있으며, 국가는 이민자로 구성된 식민지를 지배하는 다문화적 종주국 역할을 할 위험이 있다. 싱가포르는 이런 게토 형성의 위험을 피하고자 보조금을 지급하는 저렴한 주택을 제공할 때 문화적 배경이 다른 사람들을 섞는다. 헬싱키 시장은 이민자를 통합하는 정책을 갖고 있다고 나에게 말했지만 이를 위해 힘든 싸움을 했다. 스웨덴, 덴마크와 같은 다른 국가들 역시 고군분투하고 있다.

자본주의는 높은 수준의 통합과 신뢰가 있는 평등한 사회에서 가장 잘 발전한다. 사회에 만연한 불신은 모든 형태의 경제활동에 일종의 세금을 부과하는데, 이것은 신뢰가 높은 사회에서는 지불할 필요가 없는 세금이다.

일정한 단위 비용으로 사회통합을 만들어낼 수 있는 기계를 상상해보라. 모든 국가는 혼잡한 공항에서의 신원확인처럼 사회통합을 이루어내기가 점점 더 버거워지고 있다. 사회통합 저하와 정치조직의 결함은 많은 사람들이 정부에 대해 느끼는 유례없는 불만을 설명하는데 도움이 된다. 프랑스, 미국, 영국과 같은 국가에서는 연방정부에 대한 신뢰 수준이 항상 낮다. 이에 비해 대부분의 TSTF 국가에서는 사회와 정부에 대한 신뢰수준이 OECD 평균보다 상당히 높다(OECD 2017년). 스위스의 경우 정부를 신뢰하는 사람들의 비율이 약 80퍼센트, 싱가포르는 65퍼센트다(Pew Research Centre 2017년; Goh 2018년).

에밀 뒤르켐은 어떤 단계에 이르면 아노미 상태, 즉 '사회가 개인에게 더 이상 도덕적 지침을 거의 제공하지 못하는 상태'가 시작된다고 주장했다(Gerber and Macionis 2010년). 국가의 사회적 행동을 조정하는 가늠자가 제 기능을 하지 못하는 불안정한 상태를 말한다. 이런 상태의 징조는 도널드 트럼프를 통해 종종 경험하듯이 몰염치가 비교우위로 제시되거나, 또는 뉴욕 타임스가 최근 정치 풍자만화의 사용을 금지했을 때처럼 전통적으로 신성시 되는 언론의 자유에 해당되던 담론이 금지되는 경우다.

더 작고, 기민하고, 통합적인 국가를 향하여

'민주주의'라는 용어는 '사람들의 힘'을 뜻하는 고대 그리스어에서 유래했다. 민주주의의 유효성을 결정하는 것은 다양한 이해집단 간에 합의를 중재하는 정치시스템의 능력이다. 중재의 어려움 또는 비용은 이해집단의 수, 모호성, 폭, 그리고 그들 간의 불평등 정도에 비례하여 발생한다. 더 작고 통합적이며 평등한 국가는 문제의 근원을 해결하는 정책을 만들고 시행하기 더 쉽다. 호주가 느슨한 총기 관련법에서 비롯된 잔학행위를 근절하게 된 과정, 핀란드가 초등교육시스템을 개혁한 과정, 싱가포르가 다른 국가보다 낮은 비용으로 탁월한 성과를 달성한 새로운 의료시스템을 구축한 과정에 관한 장들을 살펴보라. 아니면 스위스 정부가 시민들에게 부담시킬 수 있는 부채금액을 제한한 과정을 생각해보라.

국가 규모는 유일한 강점이 아니다. 국가의 정치시스템 운영방식 역시 시민에게 권한을 부여하고 정책의 결정과 시행을 더 효과적으로 만드는데 중요하다. 문제는 정치인들이 아니라 이런 시스템의 구조에 있다. 몇 가지 사례를 살펴보자.

미국의 각 국회의원은 70만 명 이상의 시민을, 영국의 각 국회의원은 10만 명의 시민을 각각 대표한다(DeSilver 2018년). TSTF 국가의 경우 대부분 국회의원 1명당 4만 명 이하의 시민을 대표한다. 이 수치는 제임스 메디슨이 「연방주의자 논집Federalist Papers」을 공저하고 근대 공화정치 체제를 구상할 때 생각했던 수치와 비슷하다(DeSilver 2018년). 내가 덴마크, 네덜란드, 스위스에서 만난 사람들은 대부분 자기 선거구의 국회의원을 개인적으로 알거나, 우려를 전달하고 싶을 경우 전화 한 통이면 된다고 생각한다. 정부 정책에 대해 대리자를 갖고 있다고 생각하는 사람들은 시민으로서 정책에 관심을 갖고 참여할 가능성이 더 높다.

이와 반대로 사람들은 자신이 미미한 존재라고 느낄 때 사실상 체념 상태가 된다. 게다가, 얼굴도 모르는 수많은 유권자를 가진 국회의원은 선거기부금에 대한 대가로 특정 이익단체에 더 많은 시간 동안 귀를 기울이거나, 공공서비스와 관련하여 '난 오늘 곤경에 빠지지 않았어.'라는 사고방식을 따를 가능성이 있다. 우리는 모두 나쁜 결과를 초래한 정책을 선택할 경우 그에 대해 책임을 져야하지만 아무것도 하지 않기로 선택한 것에 대해서도 책임을 져야 하지 않을까? 아리스토텔레스도 대중의 참여에 관한 담론에서 그렇게 주장했다.

사람들은 자신의 이익이 공정하게 대표될 때 소속감을 느낄 가능성이 더 높다. 2017년 스탠퍼드대 정치학자 애덤 보니카는 법조인들은 미국 시민의 0.4퍼센트에 불과하지만 하원 의석의 39퍼센트, 상원 의석의 56퍼센트를 차지한다고 밝혔다.[*] 이와 대조적으로 보니카는 호주, 덴마크, 네덜란드, 스웨덴은 정치인들 중 15퍼센트 미만이 법조계 출신이라고 밝혔다. 보니카는 사회의 다양성을 대표하지 못하는 국가는 불평등을

---

[*] 저스틴 폭스에 따르면, 미국 상원과 하원에서 법조인 출신이 꾸준히 줄고 있다. 역사상 처음으로 상원에서 변호사들이 소수이다. 하지만 폭스는 이렇게 말한다. "변호사들은 여전히 전체 변호사수에 비해 정치영역에서 매우 과도한 의석을 갖고 있으며, 또한 다른 국가에 비해 미국에서 매우 과도하게 많은 의석을 차지하고 있다"(Fox 2019년).

촉진하고 갈등을 해결할 때 소송방식을 더 많이 이용한다.

잦은 소송은 사람들의 정치적 책임감과 주권의식을 없애고 법원에 의존하게 한다. 법원의 판결에 의존할수록 국가적 의사결정의 가능성은 낮아진다. 이것은 링컨이 '국민의, 국민에 의한, 국민을 위한 정부'를 선언할 때 염두에 둔 것과는 반대다. 미국에서는 의회의 다수파가 아니라 9명의 대법관이 미국의 가장 중요한 문제─이를테면 게이는 결혼할 수 있는가? 낙태는 합법적인가? 정치후보자에게 기부한 돈은 연설로 보아야 할까?─를 결정한다는 우려가 점점 커지고 있다(Economist 2018년).

이런 혼란스러운 현상은 영국에서도 볼 수 있다. 영국에서 가장 존경받는 전 대법관 섬프션 경은 쇠퇴하는 정치가 남긴 빈자리를 법이 점점 메꾸고 있다고 주장한다. 그는 리스 강의Reith Lectures 시리즈에서 법이 "이제 우리 삶의 모든 영역을 간섭하고 민주주의를 좀먹고 있다."고 경고한다. 우리는 현재 영국인에게 부과된 21,000개의 규제와 유럽연합이 부과한 12,000개 규제가 정말 필요할까?─여기에는 티백 재활용 금지와 8세 이하 어린이의 풍선 불기 금지도 포함된다. 결과적으로 영국의 국민 1인당 변호사 수는 지난 세기보다 거의 8배 증가했다. 1911년 거주민 3천 명당 한 명의 변호사가 있었다. 지금은 400명당 한 명의 변호사가 있다.

섬프션의 견해에 따르면, 법은 개인의 권리를 지향하는 고유한 편향성을 띤다. 무엇보다도, 새로운 규제의 추동력 역할을 하는 것은 집단적 불만보다는 주로 개인적인 불만이다. 소송─본질적으로 권위적인 과정이다─은 항상 시민들 간의 차이를 해소하는 올바른 길일까? 공공정책 영역에서 이런 불만을 처리하는 것이 더 적절하지 않을까? 섬프션은 이렇게 고백했다. "낙태나 안락사에 대해 정치시스템에 의해 표현되는 집단적 도덕 감정보다 대법관으로서의 나의 의견이 도대체 왜 우월한가?"

세계 최대 다국적 기업 중 하나인 네슬레의 전 법무담당 책임자 한스 피터 프릭은 네슬레가 사업을 펼치는 약 200개 국가에서 신뢰와 법률비용은 대체로 상반 관계가 있다고 나에게 말했다.

민주주의 시스템이 제 기능을 발휘하고 유지되려면 시민의 목소리를 경청하고 그들을 참여시키고, 그들의 항의에 관대하고 그들의 필요에 응답해야 한다. 정치적 합의를 달성하기 위해 법적인 수단을 이용하는 것은 위험하다. 법에 따른 합의는 집단적인 선택이기보다는 지시와 강요이기 때문이다. 이코노미스트 인텔리전스 유닛EIU이 발표하는 민주주의 지수Democracy Index는 TSTF 국가들을 세계에서

순위	국가	점수
1.	노르웨이	9.87
2.	아이슬란드	9.58
3.	스웨덴	9.39
4.	뉴질랜드	9.26
5.	덴마크	9.22
=6.	아일랜드 캐나다	9.15 9.15
8.	핀란드	9.14
9.	호주	9.09
10.	스위스	9.03
11.	네덜란드	8.89
12.	룩셈부르크	8.81

이코노미스트 인텔리전스 유닛의 민주주의 지수에 따르면 TSTF 국가들은 세계에서 가장 민주적인 국가로 평가된다.
(자료: The Economist)

도표 17.5 – 2018년 국가별 민주주의 지수

가장 민주적인 국가로 평가한다.

　　가장 중요한 것은 선출직 공무원들은 잘못된 동기를 갖는다는 점이다. 모든 국가의 정치인들은 재선되기를 원하기 때문에 실천하지 못할 과도한 공약을 남발하게 된다. '결정적이지만 긴급하지 않은' 장에서 기후변화, 과도한 공공부채, 노년층의 퇴직연금과 같은 중요한 정책과제에 관련하여 언급했듯이 그들은 또한 현재의 편익을 늘리고 비용은 나중으로 미루려고 싶어 한다. TSTF 국가들의 성공은 아이들을 대상으로 한 유명한 '마시멜로 실험'을 이용해 문화적으로 설명할 수 있다. 이 실험은 욕구의 지연이 장기적으로 더 좋다는 것을 입증한다. 예를 들어, 스위스는 세금 감면에 반대하고 재정 긴축에 찬성하는 투표를 했다. 많은 국가에서는 그렇게 하지 않을 것이다. 이런 결정은 "모든 사람이 배의 페달을 함께 밟아야 배가 더 잘 움직인다."는 인식이 널리 퍼져 있을 때만 가능하다. 작은 국가의 선거는 인물보다는 이슈를 더 초점을 맞추는 경향이 있다. 경험적으로 볼 때, 인격 문제보다는 사실에 관한 문제에 대한 합의가 더 쉽게 이루어진다.

결론

국가 규모가 국력과 상관없다는 주장이 옳다면, 사회통합이 더 잘 될 때 통치가 더 용이하고 경제적으로 효율적인 사회가 된다고 말이 옳다면, 기술이 변화의 속도를 유례가 없을 정도로 가속화시킨다는 말이 옳다면, 미래에는 더 작고, 더 기민하며, 더 통합적인 사회가 유리할 것이다.

　　이런 일은 어느 정도 이미 일어나고 있다. 탄생을 뜻하는 라틴어 'natio'에서 비롯된 단어 국가Nation는 1946년 74개국에서 오늘날 195개국으로 늘어났다. 2017년 123개국의 거주민은 5백만 명 이하이며 100개국은 250만 명 이하, 73개국은 50만 명 이하다. 전 세계 국가의 절반 이상이 인구가 840만 명인 스위스보다 적다(Spolaore, 연도 미상).

역사적으로 이것은 익숙한 형태였다. 오스트리아, 영국, 덴마크, 네덜란드, 스웨덴, 러시아, 터키는 이전에 엄청나게 큰 국가를 형성했다가 규모가 줄어든(아마도 적절한 크기로) 국가들의 몇몇 사례에 불과하다. 새로운 환경에 대한 적응은 항상 발전의 촉매제가 되었다.

왜 캘리포니아 사람들이 독립을 추구하면 안 되는 것일까? 이것을 좀 더 확대하면, 마이애미에 거주하는 6백만 명의 사람들은 왜 쿠바 사람들과 푸에르토리코 사람들과 힘을 합쳐 전성기 스페인 제국의 자랑스러운 흔적인 노보 하바나Novo Havana를 만들 수 없을까? 4만 명의 적은 인구를 가진 리히텐슈타인은 자율학교, 보건, 경찰 시스템 분야에서 세계에서 가장 성공적인 국가로 평가받는다. 리히텐슈타인의 왕자 한스 아담 2세는 정부를 사회간접서비스 기업에 비유한다. 이 기업은 적절한 가격으로 시민에게 신뢰할만하고 비용효과적인 서비스를 제공한다. 우리는 비슷한 규모의 국가가 설립되는 것을 볼 수 있을까? 아니면 한스 아담 2세가 주장한 방침에 따라 정부 구조를 개조할 수 있을까?

여러 사회가 기후변화나 노령 사회와 같은 매우 다양한 중요 문제에 직면해 있기 때문에 다음 세대의 역할이 매우 중요할 것이다. 사회가 이런 과제에 효과적으로 대응하는 능력에 따라 그 사회의 성공 여부가 상당부분 결정될 것이다.

더 작고, 더 민첩하며, 더 통합적인 사회가 경쟁 우위를 제공한다면 위에서 언급한 시나리오들은 보기보다 설득력이 없을지도 모른다.

참고도서 및 추가 독서자료

Aarvik, E. 'Award Ceremony Speech'. Old.nobelprize.org, 1982. http://old.nobelprize.org/nobel_prizes/peace/laureates/1982/presentation-speech.html.

Alesina, A. and E. Spolaore. The Size of Nations (Cambridge, MA: MIT Press, 2003).

Alesina, A. and R. Wacziarg. 'Openness, country size and government'. Journal of Public Economies, vol. 69, no. 3 (1998): pp. 305–21. https://doi.org/10.1016/S0047-2727(98)00010-3.

Alesina, A. et al. 'Is Europe an optimal political area?' Brookings, 2017. https://www.brookings.edu/bpea-articles/is-europe-an-optimal-political-area/.

Aristotle. 'Book III'. Aristotle: Nicomachean Ethics. (Cambridge: Cambridge University Press, 2000). https://doi.org/10.1017/CBO9780511802058.007.

Arrow, K.J. Social Choice and Individual Values. 3rd ed. (New Haven; London: Yale University Press, 2012).

Boda, Z. and G. Medve-Bálint. 'Figure 3: Association between Institutional trust and per capita GDP (2010)'. LSE, 2012. https://blogs.lse.ac.uk/europpblog/2012/08/21/institutional-trust-zsolt-boda/.

Bonica, A. 'Why Are There So Many Lawyers in Congress?' SSRN, 2017. https://papers.ssrn.com/sol3/papers.cfm?abstract_id=2898140.

Brown, D. 'The 15 countries with the highest military budgets in 2017'. Business Insider, 2018. https://www.businessinsider.com/highest-military-budgets-countries-2018-5?r=US&IR=T

DeSilver, D.. 'U.S. population keeps growing, but House of Representatives is same size as in Taft era'. Pew Research Center, 2018. http://www.pewresearch.org/

fact-tank/2018/05/31/u-s-population-keeps-growing-but-house-of-representatives-is-same-size-as-in-taft-era/.

'Energy – Facts and Figures'. Discover Switzerland, The Federal Council, 2017. https://www.eda.admin.ch/aboutswitzerland/en/home/wirtschaft/energie/energie---fakten-und-zahlen.html.

Fox, J. 'Maybe Washington Does Need More Lawyers'. Bloomberg, 2019. https://www.bloomberg.com/opinion/articles/2019-03-08/congress-might-need-more-lawyers.

Frankel, J.A. 'The Natural Resource Curse: A Survey of Diagnoses and Some Prescriptions'. HKS Faculty Research Working Paper Series, 2012. https://dash.harvard.edu/handle/1/8694932.

Fukuyama, F. The Origins of Political Order: From Prehuman Times to the French Revolution (London: Profile Books, 2011). 「정치 질서의 기원」(웅진지식하우스).

Gerber, L.M. and J.J. Macionis. Sociology. 7th ed. (Toronto: Pearson Canada, 2010): p. 97.

Gino, G. et al. 'Globalization and Political Structure'. NBER Working Paper No. 22046, 2016. https://www.nber.org/papers/w22046.

'Global Peace Index 2018: Measuring Peace in a Complex World', Institute for Economics & Peace, 2018. http://visionofhumanity.org/app/uploads/2018/06/Global-Peace-Index-2018-2.pdf.

Goh, A. 'Singapore: Trust Slips Further'. Edelman, 2018. https://www.edelman.com/post/singapore-trust-slips-further.

'Governments need better ways to manage migration'. The Economist, 2018. https://www.economist.com/briefing/2018/08/25/governments-need-better-ways-to-manage-migration?fsrc=scn/tw/te/bl/ed/isdonaldtrumpabovethelaw.

'How America's Supreme Court became so politicised'. The Economist, 2018. https://www.economist.com/briefing/2018/09/15/how-americas-supreme-court-became-so-politicised.

Hufford, J. 'Amazon Statistics: Need To Know Numbers about Amazon [Infographic]'. nchannel.com, 2018. https://www.nchannel.com/blog/ amazon-statistics/.

Kennedy, P. The Rise and Fall of the Great Powers: Economic Change and Military Conflict from 1500–2000 (London: William Collins, 2017).「강대국의 흥망」(한국경제신문사).

Kharpal, A. 'Alibaba sets new Singles Day record with more than $30.8 billion in sales in 24 hours'. CNBC, 2018. https://www.cnbc.com/2018/11/11/alibaba-singles-day-2018-record-sales-on-largest-shopping-event-day.html.

Liechtenstein, Hans Adam II 'The State in the Third Millennium' (Liechtenstein; van Eck Publishers)

'Martti Ahtisaari'. Nobelpeaceprize.org, 2008. https://www.nobelpeaceprize.org/Prize-winners/Prizewinner-documentation/Martti-Ahtisaari.

'Military expenditure (% of GDP)'. The World Bank, 2017. https://data.worldbank.org/indicator/MS.MIL.XPND.GD.ZS.

Pariona, A. 'Countries With the Most Nobel Peace Prize Recipients'. World Atlas, 2017. https://www.worldatlas.com/articles/countries-with-the-most-nobel-peace-prize-recipients.html.

'Public Trust in Government: 1958–2017'. Pew Research Center, 2017. http://www.people-press.org/2017/12/14/public-trust-in-government-1958-2017/.

Putnam, R.D. Bowling Alone: The Collapse and Revival of American Community (New York; London: Simon & Schuster, 2000).

Rachman, G. 'Zero-Sum World'. Financial Times, 2010. https://www.ft.com/content/bcfb2d80-dd62-11df-beb7-00144feabdc0.

Ricardo, D. On the Principles of Political Economy and Taxation. Reprint (Kitchener: Batoche Books, 2001). https://socialsciences.mcmaster.ca/econ/ugcm/3ll3/ricardo/Principles.pdf.

Sanchez, D. 'Spotify Now Has 200 Million Monthly Active Users – But How Many Are Paying?'. Digital Music News, 2019. https://www.digitalmusicnews.com/2019/01/11/spotify-200-million-monthly-active-users/.

Spolaore, E. Handout from lecture, no date.

Sumption, J. 'Law's Expanding Empire'. The Reith Lectures, 2019. https://www.bbc.co.uk/sounds/play/m00057m8.

'The Nobel Peace Prize' NobelPrize, 1998. https://www.nobelprize.org/prizes/peace/1998/summary/.

'There are now 2.1 million foreigners in Switzerland'. The Local, 2017. https://www.thelocal.ch/20170831/there-are-now-21-million-foreigners-in-switzerland.

Tilly, C. The Formation of National States in Western Europe (Princeton, N.J.: Princeton University Press, 1975).

'Trade (% of GDP'. The World Bank, 2017. https://data.worldbank.org/indicator/NE.TRD.GNFS.ZS.

'Trust in Government'. Government at a Glance 2017, OECD, 2017: pp. 214–15. https://doi.org/10.1787/gov_glance-2017-en.

Yang, H. et al. 'Immigration, Population, and Foreign Workforce in Singapore: An Overview of Trends, Policies, and Issues'. Research and Practice in Humanities & Social Studies Education, vol. 6, no. 1 (2017). https://www.hsseonline.edu.sg/journal/volume-6-issue-1-2017/immigration-population-and-foreign-workforce-singapore-overview-trends.

대담과 인터뷰
한스 피터 프릭, 존 하워드, 쇠렌 스코우, 스티븐 월트

에필로그

미래

(자료: Sam Gross, 1996; Johanna Breiding, 2019)

인간의 모든 역사에서 더 큰 것은 더 나은 것을 의미했다. 영토와 인구 측면에서 국가의 규모를 곧 국력으로 간주한 까닭은 더 큰 국가는 더 많은 천연자원, 군대, 산업 생산, 그리고 더 안정적인 수요를 의미했기 때문이다. 반대로 작은 규모는 약함, 제한된 행동역량, 의문스러운 생존능력과 연결되었다.

하지만 이제 우리는 이것이 더 이상 사실이 아니라는 것을 안다. 이 책은 이런 추세가 바뀌고, 국력―적어도 경제력―은 규모와 일치하지 않는다는 것을 보여준다.

신속하고 저렴한 수송과 낮은 무역장벽이 확산된 세상에서 크든 작든 모든 국가가 이전에는 상상할 수 없었던 정도로 거대한 세계시장에 접근할 수 있다. 점점 강력해지는 인터넷으로 연결된 세상에서 소비자들은 역사상 가장 큰 쇼핑 아케이드에서 탐색에 열중한다. 알리바바는 최근 하루 동안의 판촉행사에서 24시간 이내에 300억 달러의 매출을 기록했는데, 이것은 맥도날드나 세이스베리의 연간 세계 매출액보다 더 많은 액수다(Kharpal 2018년).

(IMD와 다른 기관이 평가한 순위에 따르면) TSTF 국가들은 여러 중요한 이유 때문에 대부분의 G20 국가보다 경쟁력이 높고 이런 상황에 더 잘 준비되어 있다—더 우수한 초등교육 시스템, 불평등 감소, 더 많은 계층이동 기회, 정치적 타협과 합의를 더 효과적으로 중재하는 능력. 이런 목록은 계속 된다.

더 나은 성과를 올린 작은 국가들의 성공은 부분적으로는 기하학 덕분이다. 국가가 작을수록 국가적 이슈에 대한 일반 시민들의 발언권(투표)이 더 커진다. 작다는 것은 이들 국가가 시장 변화에 곧바로 노출되며, 큰 국가들보다 문제를 더 일찍 인식한다는 것을 의미한다. 그들은 경쟁력을 유지하기 위해 끊임없이 자신을 재조정하며 혁신해야 한다. 동료 시민들과 거의 분리되어 있지 않기 때문에 접촉이 더 빈번하고 정보 교환도 더 정확하며 행동도 더 확실하다. 이런 요인들은 경제적 효율성을 향상시키는 신뢰도가 높은 사회를 만든다.

규모가 작으면 권한을 집중하기보다는 분산하기가 더 쉬워지고, 역설적이게도 사회체계의 불안정이 줄어든다. 나심 니콜라스 탈레브는 스위스를 "인류 역사상 가장 안정적인 국가이며 아마도 가장 지루한 사회일 것"이라고 말한다(Taleb 2008년). 그는 "대부분의 의사결정은 지역 단위에서 이루어지는 탓에 오류가 있다 해도 해당 지역에 제한되어 더 넓은 사회 전체에 부정적인 영향을 미치지 않는다."라고 설명한다. 다른 한편, 레오폴드 코어가 「국가의 붕괴」에서 언급한 다음 진술은 어느 정도는 타당할 것이다. "큰 권력은 그 본질상 현명한 사람보다 강한 사람을, 그리고 민주주의자보다는 독재자를 끌어들인다."(Kohr 2001년).

변화가 더 빠른 속도로 일어나면서 성공은 원하는 결과를 얻으려고 외부의 힘을 기다리는 것보다 새로운 환경을 받아들이는 것에 더 좌우된다. TSTF 국가들은 그들의 취약성 때문에 더 크고 강한 국가들이 가진 특권의식이 없으며 외부의 힘에 더 빨리 적응한다.

우리의 분석이 옳다면 더 작고, 더 민첩하며, 더 통합적인 사회가 계속 더 나은 성과를 내며, 다른 국가들이 그들의 성공을 모방하려고 노력할 것이다. 아마도 우리는 앞으로 이런 사회를 더 많이 보게 될 것이다. 어느 정도는 이미 이런 일이 일어나고 있다. 1914년, 국제적으로 인정받은 국가는 불과 50개국 정도였고, 대부분 유럽과 미국에 있었다. 오늘날에는 거의 200개 국가가 존재하며 유엔 회원국의 절반이 인구가 800만 명 이하다.

먼저 언급할 것은 규모가 작다는 것만으로 충분하지 않다는 점이다. 규모가 작지만 성공적이지 못한 국가도 많다. 아이티, 레바논, 짐바브웨를 생각해보라. 사실, 이 책을 쓰게 된 동기는 내가 하버드대학에서 들은 강의—리카도 하우스먼의 'DEV-130: 왜 그렇게 많은 국가가 가난하고 불안정하고 불평등한가?—때문이었다.

현재 진행되는 많은 논의는 성공이 아니라 실패에 초점을 맞춘다. 실패한 국가를 다룬 최근의 책은 대런 에쓰모글루와 제임스 로빈슨이 쓴「국가는 왜 실패하는가」를 비롯하여 책장을 채울 정도로 많다. 심지어 성공적인 국가들에서도 디스토피아적 인식이 나타난다. 로버트 고든은 「미국의 성장은 끝났는가」에서 진보는 과거의 일이라고 주장한다. 「서구사회는 패배했는가Has the West Lost it?」, 「민주주의는 죽어가고 있는가Is Democracy Dying?」, 그리고 「무엇이 자유주의를 죽이는가What's Killing Liberalism?」 등, 이런 기조는 계속 이어진다.

우리는 실패에 대해서 충분히 듣지 않았는가?

하버드대 스티븐 핑커 교수는 이렇게 상기시킨다. "상황이 올바르게 전개되기보다 나쁘게 전개되는 경우가 훨씬 더 많습니다." 그러면서 그는 성공이 단순히 성취하기 더 어려울 뿐만 아니라 실패보다 설명 가치가 훨씬 크다고 말한다. 한 국가에서 피사 평가순위가 올라가고, 더 많은 특허가 등록되고, 선출직 공무원이 더 큰 신뢰를 얻는 일이 저절로 이루어지 않는다. 따라서 TSTF 국가의 첫 번째 기둥은 낙관주의와, 발전의 핵심 법칙이 아직도 건재하다는 신념에 기초한다. 우리는 더 효과적인 방법을 찾고 그것으로부터 배워야 한다.

그렇게 하려면 울타리 너머의 세계를 몰래 훔쳐볼 용기가 필요하다. 우리는 마을 바깥의 더 큰 세상과 자신이 항상 알고 지냈던 세계가 다르다는 것을 믿길 거부한 노인 이야기를 알고 있다. 역사적으로 이런 선입견보다 진보를 방해했던 것은 거의 없다. 점차 늘어가는 포퓰리즘 추세도 국가 문제에 대한 해결책을 내부에서 찾게 만들어 기존의 관성과 싸우게 된다, 사회적, 정치적, 경제적 개혁은 외부로부터 성찰을 통해 촉진될 가능성이 더 높다. 정치철학 분야의 가장 중요한 문서이며 미국헌법 입안자들의 원래 의도를 파악할 수 있는 가장

G20 국가	점수
아르헨티나	3.95
호주	5.19
브라질	4.14
캐나다	5.35
중국	5.00
프랑스	5.18
독일(5)	5.65
인도	4.59
인도네시아	4.68
이탈리아	4.54
일본(9)	5.49
멕시코	4.44
러시아	4.65
사우디아라비아	4.83
남아프리카공화국	4.32
한국	5.07
터키	4.42
영국(8)	5.51
미국(2)	5.85
평균	4.88
상위 10위 국가비율	30%

도표 18.1 – G20의 성과

TSTF	점수
덴마크(12)	5.37
핀란드(10)	5.49
아일랜드	5.16
이스라엘	5.31
네덜란드(4)	5.66
싱가포르(3)	5.71
스웨덴(7)	5.52
스위스(1)	5.86
평균	5.51
상위 10위 국가비율	50%

TSTF 국가들은 G20 국가에 비해 세계경쟁력 순위에서 평균점수가 더 높지만 발언권은 더 적다.
(자료: World Economic Forum)

권위 있는 자료인 「연방주의자 논집」은 왕이나 독재자 없이 지속적으로 작동할 수 있는 정부 형태를 고안하려는 시도였다. 해밀턴, 제이, 매디슨은 광범위한 역사와 지리학을 연구하여 고대 그리스와 로마, 네덜란드, 프랑스와 같은 국가에서 배울 수 있는 가치가 무엇인지 찾으려고 했다.

이와 마찬가지로, 루트비히 에르하르트도 사회적 시장경제 개념을 포함한 독일의 전후 개혁방안을 찾기 위해 다른 국가에서 효과적으로 작동하는 것과 그렇지 않은 것을 연구했다. 독일은 완전하지는 않지만 매우 효율적으로 작동하는 소수의 큰 국가 중 하나다. 그 주된 이유는 TSTF 국가들처럼 권한이 분산되어 있고 사회계약이 변화에 더 잘 대응하기 때문이다. 싱가포르의 리콴유는 많은 연봉을 받는 유능한 공무원들이 세계에서 가장 잘 작동하는 정책이 무엇인지 찾아내 그것을 싱가포르의 필요에 맞게 적용하게 했다. 싱가포르는 이런 접근방식 덕분에 현대 역사에서 가장 성공적으로 국가를 건설하고 발전시킨 사례일 것이다.

세계은행과 세계경제포럼과 같은 많은 기관들은 국가의 성공을 견인하는 요인을 매우 정확하게 평가하려고 시도한다. 그들은 폭넓은 범위의 비슷한 변수를 조사하여 그것을 여러 국가와 비교하거나 시계열적으로 분석한다. 그 다음, 이런 요인에게 가중치를 부여하고 통합한 다음 종합점수를 산출한다. 이 기관들은 평가점수에 평가점수를 곱하고 그 결과에 다시 가중치를 곱한 결과이기 때문에 정확성에 문제가 발생할 수 있으며, 기관별 평가점수 차이가 상당히 날 수 있다. 예를 들어 아일랜드는 세계경제포럼의 경쟁력 평가에서 24위를 기록했지만 국제경영개발원IMD는 비슷한 접근방법을 사용했는데도 6위로 평가했다.

이런 분석방법을 수용하는 독자들은 TSTF 국가에 대해 실망할 것이다. 우리의 접근방법은 국가를 스프레드시트가 아니라 독특한 생물학적 종으로 간주했다. 우리는 지니계수, 피사 점수, 특허신청 건수, 이산화탄소 배출량을 신중하게 조사했지만, 애초부터 이런 수치를 통해 세계를 완전히 정확하게 알 수 없다는 점을 인정했다. 지금까지 우리가 사용한 접근방식은 분석, 인터뷰, 경험, 일화, 여러 다른 관점에서 바라본 경험적 평가를 종합하는 것이다. 이런 방식은 분명히 단점이 있지만 선택된 변수의 정확한 추정치를 종합하는 방식보다 국가의 성공요인에 대한 보다 통합적인 통찰을 제공한다.

우리는 국가를 유일무이한 생물처럼 간주하고 국가들의 유사성보다는 차이점에 초점을 맞추었다. 우리는 다양한 종류의 성공 사례를 보여주기 위해 노력했다. 그들은 대부분 가톨릭, 유대교, 루터교, 칼뱅-츠빙글리파 개신교, 유교를 믿는 국가들이었다. 일부 국가는 중세 유럽시기부터 존속한 오래된 나라다. 덴마크, 네덜란드, 스웨덴은 '클수록 더 낫다'는 게임을 그만두고 이전 제국들의 한 부분 정도로 축소(적절한 규모로)되었다. 이스라엘과 싱가포르는 신생 국가로서 최근 건국 50주년을 기념했다. 상황을 완전히 뒤바꾼 아일랜드는 적어도 생활수준 개선 측면에서 유럽연합 회원국 중 가장 성공적인 국가로 탈바꿈했다.

사회계약에 대한 접근방식은 매우 다양하다. 북유럽 국가들은 '세금과 지출' 방식을 따른다. 즉, 시민들은 자신의 삶과 직업에 자유롭게 집중하기 위한 수단으로 사회계약을 맺었다. 스위스는 정부지출을 줄이고 개인이 더 많은 부분을 책임지는 방식을 지지한다. 싱가포르는 국가는 물론 시민들도 연금이나 의료서비스와 같이 장기적이지만 중요한 도전과제를 다루기 힘들다고 가정한다. 그들의 접근방식은 시민들에게 긴요한 자극제를 제공하는 것이다.

각 국가들의 사회계약은 저마다 걸어온 여정의 산물이다. 어떤 국가는 다른 국가보다 더 길고 변화무쌍한 여정을 지나왔다. 하지만 각 국가는 상향식으로 건설되었고 자신의 환경에 맞게 조정되었다. 취리히 대학의 에너지 넘치는 총장 마이클 헹가트너 교수는 싱가포르 시스템이 스위스에 시행되었다면 재난이 되었을 것이며, 그 반대도 마찬가지라고 최근 말했다. 유엔안전보장이사회 전 의장이자 리콴유 대학 학장인 키쇼어 마부바니가 주최한 작은 만찬에서 헹가트너 교수가 이렇게 말하자 마부바니도 동의했다.

그럼에도 '많은 길은 로마로 통한다.'는 점을 확인하면 큰 위안이 된다. 각 국가의 성공 방식이 매우 다양하다는 것은 수렁에 빠진 많은 국가들에게 희망을 줄 수 있다. 하지만 이 책의 첫 번째 섹션에서 보았듯이 성공적인 국가의 여정에는 일부 공통점이 있다. 우리는 TSTF 국가의 시민들은 대체로 더 많은 교육을 받았고, 더 혁신적이며, 개방적이고 협력적이다. 그들의 사회는 '나'보다는 '우리'를 더욱 강조하는 덕분에 더 통합적이고 포용적이다. 그들의 정부는 기후변화, 부채 수준, 연금 보장, 의료서비스와 같은 서서히 진행되지만 중요한 도전과제에 더 잘 대처한다. 우리는 겸손한 태도가 시기심으로 가득하고 합의적 협력관계에 의존하는 세상에서 큰 이점이라는 것을 발견했다. 우리는 소유권에 대한 국가의 접근방식이 국가의 산업적 부를 유지하고 다음 세대에 물려주는 문제에서 매우 중요하다고 주장한다. 선진 경제의 기술과 유산은 서로 복잡하게 얽힌 유능한 인재들의 다양한 역량에 의존한다. 기업 활동의 비숙련부분은 아웃소싱하기 쉽지만 가장 가치가 있는 부분은 대체하기 힘들기 때문에 신중하게 관리해야 한다.

특히 모든 TSTF 국가들은 민주주의 사회다. 그들은

한결같이 세계에서 가장 살기 좋은 국가에 속한다. 이것은 우연의 일치라고 보기 어렵다. 시민들이 자신의 삶에 영향을 미치는 주요한 의사결정에 적극적으로 참여하는 곳에는 불만의 광범위한 확산 가능성과 정부를 비난하는 경향이 상당히 줄어든다. 많은 지역에서 민주주의가 쇠퇴하는 상황에서 TSTF 국가는 자유를 사랑하는 사람들에게 희망의 등불로 여겨진다.[*]

이 책의 두 번째 섹션은 TSTF 국가들이 매우 신중한 정책과 꾸준한 실행으로 문제에 대처해왔음을 보여준다. 싱가포르는 미국 의료비용의 4분의 1로 더 우수한 의료서비스 성과를 거두었다. 그 주된 이유는 의료 소비자가 의료서비스 사업에 참여했기 때문이다. 코펜하겐은 자동차를 자전거로 대폭 대체한 결과 비만, 환경오염, 교통 혼잡을 줄였다. 스웨덴은 초기 아동 교육과 돌봄 사업에 미국보다 5배 더 많이 지출하여 어머니들이 더 자유롭게 일할 수 있게 되었다. 네덜란드는 책임 있는 소비를 진작하는 일환으로 자동차 소유자에게 수수료를 부과해 재활용 사업 재원으로 사용한다. 스위스 시민들은 의회의 과도한 공공부채 차입을 방지하기 위해 헌법에 '부채 브레이크' 조항을 신설했다.

TSTF 국가들은 이 모든 요소와 정책들 덕분에 더 공정한 사회가 되었다. 미국 의회예산국은 미국 인구의 상위 10퍼센트가 국가 전체 부의 76퍼센트, 하위 50퍼센트 시민들이

---

[*] 미국 싱크탱크 프리덤하우스가 발표한 '민주주의의 위기'는 12년 연속으로, 민주주의의 후퇴를 경험한 국가가 민주주의의 발전을 경험한 국가보다 더 많았다고 밝혔다.

1.	**핀란드**	
2.	덴마크	
3.	**노르웨이**	
4.	아이슬란드	
5.	**네덜란드**	세계에서 가장 살기 좋은
6.	스위스	국가 순위에서 상위 10위
7.	**스웨덴**	국가들은 모두 인구가
8.	뉴질랜드	4천만 명 이하다.
9.	**캐나다**	(자료: World Happiness
10.	오스트리아	Report 2019년)

도표 18.2– 세계에서 가장 살기 좋은 국가

1퍼센트를 각각 소유한다고 보고한다(Sahadi 2016년). 영국도 비슷한 수준의 격차를 보이며 브라질, 인도, 러시아와 같은 개발도상국들에는 소득 격차가 훨씬 더 심하다. 점점 양극화되어가는 세계에서 TSTF 국가들은 포용적 성장과 사회적 이동성을 강화하는데 더 큰 가치를 두었다.

자본주의는 높은 사회적 통합과 신뢰가 있는 평등한 사회에서 최고 수준으로 발전한다. 따라서 불평등이 적고 '우리'라는 의식이 더 보편적인 국가가 더 나은 성과를 보인다. 노벨경제학상을 받은 프린스턴대 앵거스 디턴 교수는 정확히 지적했다. "사람들은 불평등을 잘 받아들입니다. 그들이 힘들어 하는 것은 불공정입니다." 정치권력이 특권에 기초해 매수되거나 부여되지 않고 정당한 자격과 노력에 따라 주어지고, 경제적 보상이 가치 약탈이 아니라 가치 창출에 따라 주어질 때 공정성이 확보된다. TSTF 국가들이 성공한 주된 이유는 공정한 사회이기 때문이다.

사회의 공정성을 보여주는 시금석은 그 사회의 하위계층을 보면 알 수 있다. 상류층들은 대부분의 국가에서 잘 산다.

하지만 최하위 계층의 삶은 어떤가? 노숙자수, 범죄발생건수, 교도소 감금 상태는 어떤가? 다시 말하지만 TSTF 국가들의 성과는 다른 국가에 비해 매우 탁월하다.

새로운 질서

TSTF는 새로운 질서에 대한 요구다. 즉 미래는 오늘날 우리가 사는 세계와 매우 다를 것이라는 인식에 기초한 질서를 요구한다.

과학기술은 우리가 일하고, 쇼핑하고, 사회적으로 교류하는 방식을 바꾸고 있다. 하지만 파괴적인 혁신들에 관한 논의에도 불구하고 경제적 성장은 상당히 정체되어 있다. 우리는 신기술 덕분에 보통의 시민들이 이전에는 결코 갖지 못한 힘을 갖게 될 것이라는 말을 듣는다. 하지만 많은 사람들은 무력감을 느끼고 더 이상 안정적인 직업과 자녀를 위한 더 나은 삶을 기대할 수 없다. 은퇴 이후 생존 기간이 늘어나고 연금재원을 납입하는 노동자와 연금생활자의 비율이 감소하기 때문에 지금 재원이 매우 부족한 연금은 앞으로 파산상태에 이를 것이다. 많은 국가의 정부부채가 치솟는 것은 정부의 소비가 급격히 늘지만, 미래 세대가 혜택은 받지 않고 더 많은 부담을 질 것이라고 기대하면서 지불을 미루기 때문이다. 이제는 100세 수명에 수반되는 비용 증가를 고려해 사회계약을 조정할 시기가 도래했다.

네 가지 트렌드가 결합되어 사회통합을 더 어렵게 하고, 그 결과 사회통합 비용이 훨씬 더 소요된다. 가족, 결혼, 군대, 종교와 같은 종래의 사회적 통합 기관들이 약해졌다. '부유한 사람'과 '가난한 사람'간의 격차가 점차 커지고, 그에 따라 공공정책에 대한 합의가 더 어려워진다. 성, 세대, 인종, 성적 취향에 따라 형성된 '정체성 집단'이 확산되면서 공유하는 가치관과 소속감이 줄고 있다. 출산율 정체와 이민자의 유입 증가로 인해 사회는 더 복잡해진다.

세계는 여성 중심적으로 바뀌고 있다. 여성은 대체로 지식기반 경제에서 더 우수한 직업 적성을 갖고 있다. 한 추정치에 따르면, 여성들은 배우자보다 더 오래 살거나, 이혼 또는 유산상속을 통해 22조 달러의 자산 변동의 수혜자가 될 것이다(Fairley 2014년).「힐빌리의 노래」에 등장하는 노란 조끼를 입은 사람들이 거의 대부분 중년의 남자이며, 손으로 일하는 노동에 익숙하고 저축도 불충분한 사람들인 것은 우연이 아니다.

급격한 변화로 인해 사람들의 능력은 더욱 한계에 이를 것이다. 특히 젊은 사람들은 앞으로 어떤 기술이 필요한지, 어떤 학과를 공부해야할지, 어떤 직업을 선택해야할지 난감할 것이다. 한 연구에 따르면 2030년에 존재할 직업의 85퍼센트는 우리가 지금까지 상상하지도 못한 일이 될 것이라고 예측한다(Tencer 2017년). 옥스퍼드대의 한 연구는 미국의 직업 중 47퍼센트가 20년 이내에 로봇과 자동화 기술에 의해 대체될 수 있다고 추정한다(Frey and Osborne 2103년). 이런 붕괴 현상은 더 빨리 일어날 것으로 예상되며 대부분의 노동시장에 더 큰 영향을 미칠 것으로 보인다. 물론 순수 효과는 보통 긍정적이고 시장도 스스로 치유하겠지만, 얼마 동안은 어려움을 겪지 않을까? 노동력이 노령화되는 상황에서 55세 또는 심지어 45세에 직업을 바꾸어야할 가능성은 한 세대 전보다 더욱 부담스럽게 다가온다.

부는 가치의 결정적인 척도로서 임금을 대체하고 있다. 선진국에서 이제 대부분의 부는 상속되며, 이 비율은 증가할 것으로 예상된다. 이것은 세계의 부가 대부분 일하지 않는 사람들이 소유하고 있다는 뜻이며, 이런 상황은 이미 점점 정치적 갈등의 원인이 되고 있다. 가장 공정한 사회는 워런 버핏의 말처럼 '운 좋은 정자 클럽의 회원'이어서가 아니라 능력에 따른 성취를 통해 자신의 부를 벌어들이는 사회다(Thomas Jr. 2006년).

이런 도전과제와 불확실성에 직면한 상황에서 TSTF는 개별 기업들이 혼자서 이런 문제를 해결할 가능성이 없다고 주장한다. 이런 문제는 정치시스템이 감당해야만 한다는 뜻이다. 국가는 점차 정치적 해결책을 중재하는 능력과, 사회계약의 수준과 안정성을 기준으로 평가되어야 한다. 물론 혁신과 기술 역량이 중요하지만 그것으로 충분하지 않다. 이스라엘판 실리콘벨리를 만든 요시 바르디는 나에게 간단하게 말했다. "사회는 보트입니다. 만일 이 보트가 가라앉으면 구글과 같은 대형 스타트업이라도 보트를 구할 수 없을 겁니다."

우리의 연구는 자유세계의 많은 국가가 만든 사회계약은 지난 세기에 만든 것이어서, 안타깝게도 가까운 미래에 다가올 여러 도전과제에 직면할 준비가 되어 있지 않다는 것을 보여준다. 교육, 의료, 연금저축과 같은 기본적인 요구에 대한 정부의 성과는 천차만별이며, 많은 국가들은 충분하지 못한 것으로 예상되는 재원 때문에 비틀거리고 있다. 이제부터 발전적인 변화가 새롭게 나타날 것이다.

TSTF 국가들은 논쟁을 재설정함으로써 탁월한

사회계약을 이루어냈다. 논쟁의 전통적인 두 축은 좌파와 우파였다. 우파는 시장의 힘에 맡기는 것이 희소 자원—자본과 노동—을 배분하는 최선의 방법이라고 주장했다. 전통적으로 좌파는 시장에만 맡겨두면 엄청난 불평등이 발생하고 시장실패가 나타나기 쉽다고 주장했다.

둘 다 옳다.

매우 기업 친화적인 TSTF 국가들은 자유로운 기업과 무역이 번영을 이끄는 두 개의 엔진임을 알고 있다. 그들은 노력이 보상될 때 번영의 가능성이 더 크다는 것을 믿지만 순진하지는 않다. 자유 시장은 대부분의 영역에서 놀라운 결과를 만들어내지만, 금융, 교육, 의료, 환경 분야에서 보듯이 때로 정상궤도에서 이탈한다. 시장의 실패를 예방하거나 제한하는 개입이 없다면 경제적 손실에부터 대규모 재난에 이르는 결과가 발생할 수 있다.

일부 국가는 정부가 손대는 모든 것은 혼란을 유발한다고 믿는다. TSTF 국가들은 정부와 민간 부문이 '우리'와 '그들' 사이에서 제로섬 게임이나 줄다리기를 하는 것이 아님을 보여준다. 그들은 서로 보완적이다. 성공하려면 더 많은 시장과 더 나은 정부가 필요하다. 그들은 공존하면서 상호 협력해야 한다.

스위스의 국가소유 철도는 세계의 어떤 민영철도보다 더 잘 운영된다. 싱가포르와 핀란드 학교는 어떤 사립 초등교육 시스템보다 더 좋은 결과를 보여주며 불평등한 사회가 주로 불평등한 교육시스템의 결과임을 일깨워준다. 아일랜드의 IDA는 외국인 투자를 유치하려는 경쟁국보다 탁월하다. 네덜란드의 작은 도시 즈볼레는 재활용 플라스틱을 이용하여 종래의 도로보다 수명이 두 배 더 길며 건설비용이 적고 더 친환경적인 도로를 만들고 있다. 덴마크의 '유연한 사회보장' 개념은 기업이 직원을 더 자유롭게 해고할 수 있는 반면 시민들이 이직 과정에서 겪는 어려움을 완화하기 위해 만든 것이다. 이런 프로그램은 모두 시민들의 편익을 위해 공무원들이 운영한다.

여러 사회가 직면한 많은 도전은 정치적 국경에 국한되지 않는다. 따라서 대책을 세우지 못할 경우 그 결과는 예외 없이 모든 사회에 영향을 미칠 것이다. 기후변화나 플라스틱 폐기물 투기로 인한 해양 파괴에 대해 우리는 집단적으로 책임을 져야 한다. 이런 도전들은 한 국가가 감당하기에 너무 크기 때문에 국경을 초월하여―비록 국경이 약화된다 해도―더 큰 협력을 위한 새로운 질서가 필요하다. 네덜란드 지역사회들이 제방을 쌓기 위해 함께 일한 결과 그들 중 다수가 해수면 아래에 살 수 있게 된 이야기는 상호협력과 공존의 적절한 사례가 될 것이다. 미래 사회가 생존하고 번영하기 위해서는 상호협력과 공존이 필요하다.

덴마크 또는 스위스 따라 하기?

왜 어떤 국가는 번영하는데 다른 국가는 그렇지 못할까? 국가의 행동 이면에는 무엇이 숨어 있을까? 무엇이 국가에 동기를 부여하고 사회관계를 조직하고 이념과 정치에 영향을 주며, 갈등을 규제할까? 이러한 까다로운 질문들은 인류학, 역사, 경제학, 정치학과 같은 다양한 분야의 전문가들을 흥분시키고 주목을 끌었다.

2002년 란트 프리체트Lant Pritchett와 마이클 울코크

Michael Woolcock는 '덴마크 따라 하기Getting to Denmark'*)
라는 논문을 썼다. 그들은 덴마크를 안정적이고 민주적이며
포용적인 국가로 보았다. 이것은 다른 모든 국가가 간절히
바라는 모습일 것이다. 나의 최근작 「스위스 메이드Swiss
Made」에서 나는 스위스가 또 하나의 모델이 될 가능성이
있는지 물었다.

   덴마크 또는 스위스 따라 하기는 말하기는 쉽지만
실행하기는 어렵다. 기껏해야 한 국가의 성공은 다른 국가에
부분적인 모델이 될 수 있을 뿐이다. 하지만 고려해볼만한
가치가 있는 요소들은 있다. 왜 교사들은 모든 사회에서 좋은
급여와 존경을 받을 수 없을까? 노력과 기업가 정신은 당연히
보상을 받아야 하고 나태를 멀리해야 한다는 단순한 도덕적
공식에 누가 반대하겠는가? '분수에 맞게 살기'라는 스위스의
오랜 속담은 오늘날에도 타당한가? 스위스인들이 정부가 미래
세대의 희생에 기대어 국가 살림을 꾸리는 것을 반대한 것은
옳은가? 이런 질문 이면에는 TSTF 국가들의 핵심을 보여주는
관찰 결과들이 있다. 모든 국가들은 이런 내용을 숙고하거나
벤치마킹할 수 있다.

   TSTF 국가들이 성공을 거둔 것은 변화를 사전에
방지하거나, 최적의 해결책을 찾았기 때문이 아니라 변화에
대처하는 방법을 찾았기 때문이다. TSTF 국가들은 결코
완벽한 것은 아니지만 우리 모두가 직면한 도전과제들을
해결하기 위해 보다 신속하고 철저하고 정직하게 씨름하고

---

*) '덴마크 따라 하기'는 '해결책이 문제가 될 경우의 해결책; 발전과정
중의 혼란을 정리하는 법'의 원제목이었다.

있다. 그들은 유토피아가 아니라 실험실이다. 엄밀히 말하면, 그들은 제일 먼저 미래에 도착한 것일 수도 있다. 더 작고, 더 유연하고 더 통합적인 국가에 대한 연구는 우리에게 필요한 해답을 제공할 수 있다.

모든 국가는 출발점이 다르다. 따라서 그들에 관한 판단을 확대할 때에는 신중해야 한다. 하지만 역사를 통틀어 진보를 촉진하는 일차적인 방법은 사람들이 만들어낸 진보를 찾아내 그것을 최대한 널리 확산하도록 돕는 것이었다. 감자는 페루가 원산지이지만 지금은 많은 지역에서 재배된다. 모든 사람이 바퀴―또는 스마트폰―를 발명할 필요는 없었다.

이 책은 성공을 거둔 국가를 축하하고 다른 국가들이 자신의 필요와 환경에 기초해 이런 국가를 평가하도록 요청한다. 그들은 싱가포르 의료시스템, 핀란드의 교육시스템, 스위스의 미래세대 부채 이전 거부에서 보편적인 교훈을 발견할지도 모른다. 다른 국가들이 이런 성공 이야기에서 영감을 얻는다면 이 책의 목적은 달성될 것이다.

참고도서 및 추가 독서자료

Acemoglu, D. and J. A. Robinson. Why Nations Fail: The Origins of Power, Prosperity and Poverty (London: Profile Books, 2013). 「국가는 왜 실패하는가」(시공사).

Breiding, R.J. Swiss Made: The Untold Story behind Switzerland's Success (London: Profile Books, 2012).

Fairley, J. 'Women to Benefit From $22 Trillion in Wealth Transfer by 2020'. The Street, 2014. https://www.thestreet.com/story/12956116/1/wealth-transfer-some-22-trillion-in-assets-to-shift-to-women-by-2020.html.

Frey, C.B. and M.A. Osborne. 'The Future of Employment: How Susceptible are Jobs to Computerisation?' Oxford University, 2013. https://www.oxfordmartin.ox.ac.uk/downloads/academic/The_Future_of_Employment.pdf.

Gordon, R.J. The Rise and Fall of American Growth: The U.S. Standard of Living since the Civil War (Princeton, N.J.: Princeton University Press, 2016). 「미국의 성장은 끝났는가」(생각의힘).

'IMD World Competitiveness Rankings 2017 Results'. IMD, 2017. https://www.imd.org/wcc/world-competitiveness-center-rankings/competitiveness-2017-rankings-results/.

Kharpal, A. 'Alibaba sets new Singles Day record with more than $30.8 billion in sales in 24 hours'. CNBC, 2018. https://www.cnbc.com/2018/11/11/alibaba-singles-day-2018-record-sales-on-largest-shopping-event-day.html.

Kohr, L. The Breakdown of Nations (Cambridge, UK: Green Books, 2001).

Mahbubani, K. Has the West Lost It? A Provocation (London: Allen Lane, 2018).

Pritchett, L. and M. Woolcock. 'Solutions When

the Solution is the Problem: Arraying the Disarray in Development'. World Development, vol. 32, no. 2 (2004): pp. 191–212. https://doi.org/10.1016/j.worlddev.2003.08.009.

Sahadi, J. 'The richest 10% hold 76% of the wealth'. CNN Money, 2016. https://money.cnn.com/2016/08/18/pf/wealth-inequality/index.html.

Sala-i-Martin, X. and K. Schwab. 'The Global Competitiveness Report 2017-2018'. The World Economic Forum, 2017. http://www3.weforum.org/docs/GCR2017-2018/05FullReport/TheGlobalCompetitivenessReport2017–2018.pdf.

Taleb, N.N. The Black Swan: The Impact of the Highly Improbable (London: Penguin, 2008). 「블랙 스완」(동녘사이언스).

Tencer, D. '85% of Jobs That Will Exist in 2030 Haven't Been Invented Yet: Dell'. Huffington Post, 2017. https://www.huffingtonpost.ca/2017/07/14/85-of-jobs-that-will-exist-in-2030-haven-t-been-invented-yet-d_a_23030098/?guccounter=1&guce_referrer_us=aHR0cHM6Ly93d3cuZ29vZ2xlLmNvbS8&guce_referrer_cs=jvaxQcyE1O6EMlk7v43apg.

Thomas Jr., L. 'A $31 billion gift between friends'. The New York Times, 2006. https://www.nytimes.com/2006/06/27/business/27friends.html.

대담 및 인터뷰
앵거스 디턴, 리카도 하우스먼, 스티븐 핑커, 요시 바르디

부록

S8국가[*] 출신으로서 탁월한 업적을 남긴 세계적 지도자 목록

덴마크

A. P. Møller–Mærsk: 컨테이너 물류 분야의 선두주자.
Chr. Hansen: 프로바이오틱스, 효모, 천연색소 생산 분야의 세계적 선두주자
Demant: 모든 청각 분야를 포함하여 보청기와 의사소통용 의료기기 분야의 선두주자
Grundfos: 온수와 냉수를 공급하는 펌프기술 분야의 세계적 선두주자
Lego®: 플라스틱 블록 완구 제조분야의 선두주자
Novo Nordisk: 당뇨병 및 호르몬 관련 치료제 개발 및 유통 분야의 세계적 선두주자
Novozymes: 산업용 미생물 및 효소의 생산 및 판매 분야의 선두 기업
Vestas: 풍력발전용 터빈 설치 분야의 선두 기업

핀란드

KONE: 엘리베이터와 에스컬레이터 산업분야의 세계적 선두 기업
Metso: 자연자원 유통에 필요한 설비 공급 및 서비스 분야의 세계적 기업
Slush; 세계적 차원의 기업가정신 운동 및 컨퍼런스
Stora Enso: 다양한 재활용 가능한 친환경 산업용 제품 개발의 개척자
Wärtsilä: 해양 및 에너지 시장용 스마트기술 및 라이프사이클 솔루션 분야의 선두주자

[*] 이 목록의 목적은 S8국가의 기업을 전부 망라하기보다는 이들 국가의 기업들이 얼마나 폭넓은 산업과 분야에서 혁신과 시장 경쟁력을 성취했는지를 보여주려는 것이다. 나는 가급적으로 각 분야에서 알려지지 않은 지도자들을 강조하기 위해 그들을 중심으로 선택했다. 따라서 이 목록에는 에이비비ABB, 칼스버그, 필립스, 로체, 네슬레, 스와치, 유니레버, 유비에스UBS 등 널리 알려진 기업들은 포함되지 않는다.

아일랜드

Cosmo Pharmaceuticals: 소화기계 질환 치료제 분야의 세계적 제약 기업
ICON: 제약, 바이오기술, 의료기기 산업용 임상연구 관리 분야의 세계적 기업
Kerry: 영양성분, 기능성 성분, 시음용액의 선도적인 개발기업
Ryanair: 선도적인 저가 항공사
Stripe: 선도적인 온라인 결재 소프트웨어 공급 업체(아일랜드인 기업인이 창업)

이스라엘

Check Point: 사이버보안 제품 및 서비스 공급 분야의 세계적 선두 주자
Frutarom: 다양한 용도의 식용 에센스와 향료 분야의 선도적 공급자
ISCAR: 카바이드 금속 재질의 정밀공구 공급 기업
Mobile Eye: 무인자동차 기술 분야의 선도적인 공급자
SodaStream: 가정용 탄산수 및 착향 탄산음료 제조기기 제품 생산의 선두 주자
SolarEdge: 광발전시스템용 혁신적 에너지관리 솔루션 제공 기업

네덜란드

Acerta Pharma: 획기적인 암 치료제를 개발하는 바이오테크 기업으로서
최근 '유니콘' 기업이 되었음.
Adyen: 선도적인 결재 플랫폼 솔루션 제공 기업
ASML: 반도체 산업용 혁신적인 평판 인쇄시스템을 공급하는 선도 기업
Inalfa Roof Systems: 자동차용 선루프와 오픈루프 시스템 제조 분야의 선도 기업
NXP: 자동차용, 산업용, 휴대전화용 반도체 제조 분야의 선도 기업
Randstad: 인력관리 서비스 분야의 세계적 선도 기업
Royal Boskalis Westminster: 세계적인 준설 및 해양 서비스 공급 기업
Royal DSM: 영양, 보건, 지속가능한 생활 솔루션 분야의 세계적 선두 기업
TomTom: 네비게이션 기술, 소프트웨어와 지도 개발 분야의 선도 기업

싱가포르

DBS Bank: 세계 최고 은행으로 세 차례 선정된 혁신적인 아시아 상업은행
Grab: 동남아 지역의 선도적인 차량공유 서비스 제공 기업
Razer: 게임용 하드웨어, 소프트웨어, 시스템 제공 분야의 선도적 기업
Singapore Airlines: 선도적인 항공여객 및 화물운송 기업

스웨덴

Munters: 선도적인 산업용 공조기기 솔루션 공급 기업
NIBE Industrier: 난방기술 솔루션 분야의 세계적 선도 기업
SOBI: 혈우병과 같은 희귀질환 치료의 선두 주자
Spotify: 음악 스트리밍 서비스 분야의 세계적 선두 주자

스위스

Barry Callebaut: 코코아 생산 분야의 세계적 선두 기업
Bossard: 세계적 수준의 체결 부품 제조 기업
dormakaba: 보안 및 액세스 솔루션 분야의 선두 주자
EMS-Chemie: 세계적인 활성 폴리머 및 화학 기업
Endress+Hauser: 실험 장비 및 자동화 설비 분야의 세계적 선도 기업
Firmenich: 향수 및 향미 산업 분야의 최대 민간 기업
Givaudan: 향수 및 향미 산업 분야의 세계적 선도 기업
Logitech: 컴퓨터 및 휴대전화 주변기기 분야의 세계적 선도 기업
Partners Group: 국제적인 기관 고객들을 위한 사모투자 운용기업
Pictet: 프라이빗 뱅킹 및 글로벌 수탁서비스의 선두주자
Sensirion: 자동차 시장용 마이크로센서 개발 분야의 세계적 선두 주자
Sika: 건축 및 자동차용 전문 화학제품 분야의 선두 주자
Sonova: 보청기 제품의 세계적 선두 기업
Stadler: 매우 다양한 종류의 철도 차량 제조 분야의 선두 기업
Straumann: 치과용 임플란트, 보철, 바이오소재 제조 분야의 세계적 선두 기업
Swiss Re: 선도적인 재보험사
VAT: 진공밸브 기술 분야의 선두주자

감사의 글

이 여정은 코스타리카에서 휴가를 보내는 중 딸과 나눈 대화에서 시작되었다. 딸은 스위스에서 자랐지만 스크립스 대학과 칼 아트에서 공부한 뒤 지금은 윌리엄스 대학에서 조교수로 일하고 있다. 그래서 딸은 성인기 대부분을 미국에서 보냈다. 나는 아폴로 프로젝트가 추진될 당시 아버지가 근무했던 케이프 커내버럴 근처에서 자랐지만 성인기의 많은 시간을 스위스에서 보냈다. 나는 그 당시 미국적인 삶의 특징이었던 통일된 목적과 놀라운 단결심에 대해 좋은 기억을 갖고 있었다. 우리가 공동체 의식의 불안한 쇠퇴와 개인주의의 부상에 대해 한탄하면서 왜 작은 국가—스위스와 같은 국가—들이 더 훌륭한 사회통합 의식을 갖는지 자문하기 시작했다.

이 연구 프로젝트는 내가 하버드대에서 이 주제에 관한 몇 차례 예비적인 강의를 하고 학생들의 호응을 확인한 뒤에 구체화되었다. 나의 전 지도교수이자 하버드대 국제개발센터 소장이던 리카도 하우스먼이 그 강의에 참석한 뒤 나에게 연구비를 제공했다. 그의 대중적인 강의 'DEV-130: 왜 그렇게 많은 국가들이 가난하고 불안정하며 불평등한가?'에 대해 반대 주장을 제기하는 것은 '불가능한 과제'처럼 보였기 때문에 그의 승인은 그의 지적 성실성에 대해 많은 것을 시사한다.

하버드대는 지식과 인재의 보고다. 그래서 나는 나의 지적 능력을 모두 동원해 최선을 다했다. 나는 알베르토 알레시니, 피터 홀, 바버라 켈러먼, 데이비드 라이브슨, 제니 맨스브리지, 스티브 핑커, 대니 로딕, 켄 로고프, 래리 섬머스 등과 함께

할 수 있는 기회를 얻었다. 그들과 만날 때마다 나는 만나기 전보다 더 겸손해지고 더 많은 지식을 얻었다.

이런 종류의 책이 보통 그렇듯이 수 년 간 이어진 집필 과정에서 많은 사람들과 기관의 도움과 선의에 크게 의지했다. 이 책은 일반 독자를 대상으로 씌어졌지만 오랫동안 작은 국가와 국가 형성을 연구한 많은 학자들로부터 도움을 받았다. 여기에는 존 캠벨, 존 홀, 피터 카첸스타인, 토미 고, 오베 K. 페데르센, 데이비드 스킬링, 엔리코 스폴라오레, 토비아스 스트라우만이 포함된다. 그들은 역사, 문화, 정치, 사회경제에 관한 내용을 소개해주었다. 그들에게 감사드린다.

이 책에 가장 많이 기여한 사람들은 시간을 내 인터뷰를 허락해준 TSTF 국가의 학계, 산업계, 정부의 지도자들일 것이다. 나의 분석과 전망은 상당 부분 그들의 집단적 지혜에서 도출한 내용을 정리한 것이다. 그들은 각각 다양한 방식으로 그들의 국가의 역사, 경제, 정치시스템, 가치관, 사회규범에 관한 내용을 제공하여 나의 견해에 영향을 미쳤다. 이름이 인용되지 않기를 바라는 인터뷰 대상자의 프라이버시를 존중하여 그들의 이름을 언급하지 않지만, 그들의 인내, 관심, 성원은 이 책의 내용에 큰 도움이 되었다.

작은 국가와 함께 일하는 남다른 즐거움 중 하나는 지리적 거리가 멀지 않아서 몇 주 안에 수십 명의 흥미로운 사람들을 만날 수 있다는 것이다. 이 프로젝트 초기, 작은 국가에 관한 전문가이자 내가 처음 인터뷰한 맥길 대학의 존 캠벨은 나에게 덴마크를 방문해보라고 권유했다. 그가 말했다. "그곳에 가보세요. 그들은 쉽게 다가갈 수 있는 멋진 사람들입니다. 몇 주 안에 도서관에서 배울 수 있는 것보다 더 많은 것을 배울 겁니다." 존의 말이 옳았다.

나는 나의 최근작을 편집하고 은퇴한 이안 로저를 가까스로 다시 불렀다. 그의 열정이 타오르면서 각 장이 나와 우리 팀에 활력소를 제공했다. 편집자와 저자의 관계는 형이상학적일 수 있다. 이안 로저는 <파이낸셜 타임스>에서 오랜 동안 탁월한 경력을 쌓았다. 그는 내가 생각한 것보다 더 많은 지역과 산업 분야를 담당했고 마침내 국제뉴스 편집자가 되었다. 오랜 기간 묵혀두었던 초안이 이렇게 완성된 것은 주로 그의 비판적 조언 덕분이다―어떤 때는 조용히, 어떤 때는 격론이 벌어졌다. 내가 불분명한 내용을 더 명료하게 이해하게 된 것은 이런 상호작용 덕분이었다. 아울러 그는 순간순간 적절하고 필요한 유머도 제공했다. 그의 수많은 비판과 제안, 기운을 북돋우는 한바탕 유머의 가치는 나 외는 아무도 모를 것이다―하지만 그것은 대단했다. 조각처럼 글쓰기도 들어냄으로써 상당히 더 명료해진다.

나는 부르스 마더스에게서 큰 도움을 받았다. 일종의 펜팔 친구인 그는 매 단계마다 도발적이고 매우 귀중한 사고와 비판을 제시했다. 그는 놀라운 사람이었다. 오랜 친구 이언 리틀은 '너무 작아서 실패할 수 없는 국가Too Small to Fail'라는 책 제목을 제시했다. 뮤렌 글렌멀런은 아일랜드 전문가, 성 평등에 대한 용감한 주창자, 임시 편집자로서 매우 유용한 역할을 했다. 미네코 이케하시는 허술한 몇 챕터의 초안 원고를 처음 읽고 내가 그 원고를 던져버리고 다시 써야할지, 아니면 다음으로 넘어가야 할지를 판단하는 시험관 역할을 해주었다.

마야 존스는 이 책을 탄생시킨 핵심적인 팀의 충실한

일꾼이었다. 그녀는 계속 본문을 수정하고 많은 연세에도 불구하고 오랜 시간 소중한 편집 작업을 수행했다. 그리고 종종 모든 것을 통합하는 역할도 했다.

유명한 만화가 제레미 방크스는 각 장을 꼼꼼하게 읽고 매번 재미있고 통찰력 있는 일러스트를 제공하여 팀의 사기를 북돋웠다.

나는 이 책에서 소개하는 특정 국가나 내용에 도움을 준 몇몇 사람들에게 빚을 졌다. 여기에는 지지스 브락먼, 도널드 칼로, 비외른 에드룬트, 비크람 카나, 요한 드 코니그, 길헤르미 람바이스, 슬로모 마이탈, 앤더스 마젤룬트, 키피르 미즈라치, 프랑크 리히터, 알프 로돕프만, 데이비드 새뮤얼슨, 막스 소스란트, 릴리 타마세비, 알로이시우스 치아 제이안, 케빈 탄이 포함된다. 이들 모두에게 진심으로 감사드린다.

책은 단거리 경주가 아니라 마라톤이다. 책 작업과 인정 사이에는 큰 간격이 있다. 대상들이 계속 이동하려면 영감의 오아시스가 반드시 있어야 한다. <포린 어페어스>가 이 책에서 호주가 총기살인을 근절한 방법을 다룬 내용을 축약해서 발표한 덕분에, 우리는 사막을 중간쯤 건너는 시점에 이 여정을 계속할 가치가 있다는 격려를 받게 되었다. <파이낸셜 타임스>도 스위스와 카탈로니아를 비교한 나의 글에 대한 짧은 기사를 보도하여 지지해 주었다.

많은 기관들이 우리의 프로젝트에 함께 하면서 우리의 시도에 격려와 지지를 보내주었고, 그 결과 이 책의 발간과 하버드대 연구비 지원이 가능했다. 여기에는 레알다니아, 위스 연구소, 콜레지움 헬베티쿰(취리히대학과 취히리 연방공과대학)이 포함된다. 처음부터 그들은 어떤 식으로든

지원과 연구 결과를 연계하지 않는다는 점에 공식적으로 동의했다.

출판을 가능하게 해준 하퍼콜린스 인디아의 사친 사르마에게도 특별히 감사드린다.

모든 것에 대한 명확한 분석이란 것은 존재하지 않는다. 우리는 사실을 선택하고 가중치를 부여하고 다르게 해석한다. 이 책은 많은 국가와 주제를 다루었고, 그에 따라 실수도 있을 것이다. 당연히 실수에 대한 전적인 책임은 저자의 몫이다. 남은 실수가 사소하고 많지 않기를 바랄뿐이다.

책 표지의 사진은 나의 딸 조한나 브라이딩이 보더머하우스를 찍은 것이다. 1640년에 지은 이 건물은 풍성한 역사를 지니고 있다. 초기에 이 건물에는 괴테, 토마스만과 같은 작가들이 거주했다(토마스만의 기록물이 2016년 6월까지 소장되었다. 「너무 작아서 실패할 수 없는 국가」는 이곳과 하버드대를 오가며 구성되고 대부분 집필되었다. 그곳에 체류하게 해준 취리히 대학 총장이자 신임 연방공과대학 이사회 의장인 마이클 헨가터너에게 특별히 감사드린다.

마지막으로 미네코와 나의 자녀, 니콜라스, 조슈아, 조한나에게 특별히 감사한다. 사랑과 감사, 그리고 함께 나누는 더 나은 미래에 대한 소망을 담아 그들에게 이 책을 바친다.

저자소개

제임스 브라이딩은 스위스 로잔의 국제경영개발원과 하버드 케네디스쿨을 졸업했다. 그는 10개 언어로 번역된 《스위스 메이드 Swiss Made》의 저자다.

그는 「더 이코노미스트」, 「파이낸셜 타임스」, 「포린 어페어」, 「뉴욕 타임스」, 「사이언티픽 어메리칸」, 「월스트리트 저널」에 글을 발표하고 있다. 그는 하버드 국제개발센터 연구원으로 선임되었으며, 브루킹스연구소, 카토 연구소, 왕립 국제문제 연구소뿐만 아니라 베이징대, 컬럼비아대, 케임브리지대, ETH, 하버드대, 도쿄대, 프린스턴대, 스탠퍼드대에서 객원 강사로 초청받았다.

브라이딩은 공인회계사 자격을 갖고 있으며, Price Waterhouse Coopers의 선임관리자로, NM Rothschild & Sons 산하의 사업부 책임자로, Templeton Investments의 상임 이사로 각각 재직했다. 그는 존 템플턴 경, RIT Capital Partners [Lord] Jacob Rothschild의 전 CEO 프랑수아 메이어, 그 외에 다른 투자자들의 지원으로 1999년 스위스 소규모 투자 기업 Naissance Capital를 설립했다.

그의 최신작 《너무 작아서 실패할 수 없는 국가》에 힘입어 브라이딩은 2020년 다양한 지원자들의 도움을 받아 취리히에 본부를 둔 비영리단체인 〈S8nations〉을 공동 설립했다.

그는 아버지가 아폴로 프로젝트에 물리학자로 참여했던 시기에 케이프커내버럴 근처에서 성장했다.

역자소개
안종희는 서울대학교 지리학과와 환경대학원,
장로회신학대학원을 졸업하고 바른번역 아카데미를
수료한 후 전문번역가로 활동하고 있다. 옮긴 책으로는
「스위스 메이드」,「과학, 인간의 신비를 재발견하다」,
「도시는 왜 불평등한가」,「시대가 묻고 성경이 답하다」,
「분열의 시대, 어떻게 극복할 것인가」,「선택설계자들」,
「성장 이후의 삶」 등이 있다.

너무 작아서
실패할 수 없는 국가

	초판1쇄
찍은날	2023년 05월 11일
펴낸날	2023년 05월 19일

지은이	R. 제임스 브라이딩
옮긴이	안종희
디자인	이선이
펴낸이	홍상유
찍은곳	영신사

펴낸곳	에피파니
	출판등록 서울 제2 020-000107호
	등록일자 2015년 11월 26일
이메일	epiphanypublishers@gmail.com
페이스북	@atelier.epiphanie
인스타그램	@studio.epiphany
ISBN	979-11-956972-5-0 (03300)
	23,000원